LES MÂLES VERTUS DES ALLEMANDS

NICOLAUS SOMBART

LES MÂLES VERTUS DES ALLEMANDS

Autour du syndrome de Carl Schmitt

Traduit de l'allemand par
JEAN-LUC EVARD

*Ouvrage publié avec le concours
de Inter Nationes*

Passages

LES ÉDITIONS DU CERF
PARIS
1999

© *Carl Hanser Verlag*, 1991
(Postfach 86 04 20 – D-81631 München)

© *Les Éditions du Cerf*, 1999, pour la traduction française
(29, boulevard La Tour-Maubourg – 75340 Paris Cedex 07)

ISBN 2-204-05963-3
ISSN 0298-9972

INTRODUCTION

CARL SCHMITT, UN DESTIN ALLEMAND

> « Le travail scientifique impose pour site à l'érudit [...] un certain pays, des groupes et des pouvoirs déterminés et une position déterminée dans le temps. Le matériau dont il pétrit ses concepts et dont il dépend pour son travail scientifique le lie à des situations politiques dont l'issue heureuse ou malheureuse – fortune ou revers, bonheur ou malheur, victoire ou défaite – affecte aussi le chercheur et le professeur, décidant de son destin personnel. » (Carl Schmitt, 1950.)

> « Lorsque je relis aujourd'hui les notes de mon journal, je me demande : cette vie, somme toute, de quoi aura-t-elle été constituée ? Là il écrit sur la *Notion du politique*, là il participe – et de surcroît au premier rang – aux choses les plus intéressantes, il réfléchit, il conçoit une belle théorie de la "prime politique sur la possession légale du pouvoir", et continue ce faisant à mener sa propre vie. Qu'est-ce que cela, au juste ? » (Carl Schmitt, 1972.)

I

S'interroger sur le sens que revêt l'œuvre de Carl Schmitt à l'intérieur de l'histoire intellectuelle de l'Allemagne, c'est poser la question des conditions d'émergence de cette œuvre, et reconnaître l'effet peu ordinaire qu'elle exerce en tant que phénomène de l'histoire allemande. Pour parvenir à une réponse, il nous faut déterminer son lieu spécifique à l'intérieur de l'histoire allemande, ce qui revient à procéder entièrement comme l'entendait Carl Schmitt, qui ne se lassait pas de souligner que toute idée, toute théorie constitue la réponse au défi lancé par une situation concrète et ne peut être comprise qu'à partir d'elle.

La situation dans laquelle la pensée de Schmitt a développé sa dialectique du défi et de la réponse a toujours été, dans un sens très précis, la situation concrète de l'Allemagne de son temps. De quelle situation s'agit-il ?

« Le Führer nous rappelle toujours la débâcle de l'année 1918. C'est à partir d'elle que se détermine notre situation [1] »,

---

1. PB, p. 203 ; la citation suivante, p. 199. – Pour la signification des sigles, voir la liste des textes de Carl Schmitt cités, p. 387-388.

déclare Carl Schmitt en 1934. Et lorsque, dans le même contexte, il dit que « toute l'indignation morale suscitée par l'opprobre d'une telle débâcle [...] s'est accumulée en Adolf Hitler, et [...] qu'en lui elle est devenue la force motrice d'une action politique », il faut voir là plus que simple rhétorique apologétique prononcée pour apaiser le sentiment d'horreur né de la vague d'assassinats nocturnes perpétrés dans tout le Reich (le putsch de Röhm, comme on l'appelait, avait été écrasé, et la SA avait été en réalité évincée du centre du pouvoir dans le IIIe Reich, le 30 juin 1934). C'est la description exacte de la genèse de la prise du pouvoir par Hitler. Carl Schmitt formulait ainsi ce qui au plus profond de lui-même le liait – comme la majorité des Allemands – à Adolf Hitler. Mais l'effondrement de 1918 et tous les événements concomitants – empereur chassé, monarchie abolie, révolution et guerre civile, triomphe de l'Entente, « paix ignominieuse » de Versailles, dissolution de l'état-major, réparations, démantèlements et territoires perdus – résultaient eux-mêmes d'un échec issu de plus anciennes erreurs.

Carl Schmitt n'avait qu'un an de plus que Hitler. Il avait trente ans lorsque le IIe Reich s'effondra. Trente ans de domination wilhelminienne, trente années de malaise impérial avaient directement et indirectement nourri une phase importante de sa vie.

Lorsque Schmitt résolut en 1918 de devenir, vraisemblablement non pas « homme politique », mais théoricien de la politique, dans le but de tirer l'Allemagne de la fange de la défaite et pour la conduire vers de nouveaux sommets, il était totalement convaincu qu'on ne trouverait pas l'énergie nécessaire à un nouveau commencement en se lamentant sur 1918, mais en identifiant les causes de la débâcle ; et cette fois-ci, on ferait mieux. Derrière la catastrophe de 1918, qui « détermine notre situation actuelle », il distingue « l'arrière-plan écrasant de l'ensemble de notre situation politique [1] », et il ne désigne pas là l'histoire universelle, quoiqu'il pense selon des catégories de cette nature ; mais, avec la fondation du Reich par Bismarck, il accuse la rigidité dans laquelle l'Allemagne s'était figée suite à la réponse véreuse apportée au problème national, avec toutes les conséquences funestes qui en découlèrent sur le plan de la politique intérieure et extérieure.

Le thème existentiel central de la vie de Carl Schmitt, c'est l'Allemagne impériale. La colère provoquée par l'effondrement, la non-reconnaissance de la défaite trouvent leurs racines dans

---

1. PB, p. 203.

la douleur bien plus profonde que lui inspirait « cet organisme politique dénué de perspectives », qui, « construction étatique [...], n'était qu'un régime » sans « ordre stable conforme à une constitution [1] ». Schmitt ne s'est jamais départi de cette idée, si énergiquement qu'il s'y soit efforcé. Qu'il « combatte Weimar-Genève-Versailles », qu'il confère à l'« État total » la consécration du droit public, qu'il proclame qu'« aujourd'hui nous pensons à l'échelle planétaire et à l'intérieur de grands espaces [2] », ce sont toujours les problèmes du IIe Reich qu'il évoque.

Carl Schmitt est un épigone de l'ère wilhelminienne. Autant dans les trois dernières décennies de sa vie il recherchait le point de raccordement intellectuel qui mènerait vers une période nouvelle, d'autant moins était-il marqué par les problèmes et l'atmosphère, par les concepts et les tendances intellectuelles du tournant du siècle. Toutes les fibres de sa pensée l'ancraient profondément dans le XIXe siècle, et il faudra bien lui concéder d'avoir été le dernier bismarckien. Certes, il avait toujours eu l'ambition d'appartenir à ces figures « prophètes de l'esprit du monde » postées à la « pointe de l'évolution et de la conscience », cette « avant-garde qui possède le droit d'agir parce qu'elle possède la connaissance et la conscience justes [3] ». Voilà qui relève du style dans lequel la philosophie de l'histoire se légitime elle-même, et Carl Schmitt était trop hégélien pour pouvoir légitimer autrement sa propre position. De fait, il n'a jamais lutté au sein d'une avant-garde. Les étapes de sa pensée sont autant de combats sans issue livrés au cours d'une retraite... C'est à partir d'une situation désespérée qu'il pense, et il est lui-même un désespéré. Dans ses jeunes années, il a beau s'être adonné à l'offensive, à la polémique, à l'attaque, jamais la conscience ne l'a quitté d'être le défenseur d'une *cause perdue* *. C'est donc un trait de son habitus mental que de ne pas accorder foi à un avenir. Tous les personnages auxquels il a choisi de s'identifier au cours de sa longue existence, afin de clarifier à ses propres yeux et à ceux d'autrui ses desseins les plus secrets, étaient des hommes qui occupaient des positions perdues et qui – abhorrés par leurs contemporains – se tournaient avec nostalgie vers le passé : Joseph de Maistre, Donoso Cortés, Tocqueville et le prince de Danemark.

---

1. SZ, p. 26.
2. PB, p. 311.
3. *Parlementarisme et démocratie*, p. 72.
* Les mots et expressions en français dans le texte sont transcrits en italique (sauf les intertitres) et suivis d'un astérisque. L'astérisque peut aussi signaler une note du traducteur. [N.d.E.]

Mais, pour lui, la figure qui par excellence personnifiait la réussite, le triomphe du pouvoir, l'idée porteuse d'avenir, l'action couronnée de succès, était en même temps l'incarnation de tout ce qu'il abhorrait et croyait devoir combattre. Elle était la quintessence de ce que peut-être, au tréfonds de l'âme, il aurait voulu être, mais qu'un homme d'Allemagne ne peut être : un Juif anglais.

Carl Schmitt est l'héritier des « hommes d'Allemagne » qui ont fait et porté le IIe Reich – Bismarck, Roon et Moltke –, le rénovateur de l'État-soldat prussien contre la Révolution – à la seule différence qu'après l'échec de ce Reich, il voudra faire mieux qu'eux. Plus loin encore, son regard s'élance avec nostalgie vers la Reine des mers, rêvant de ses triomphes... Mais la loi sous laquelle il va servir s'appelle déclin.

Essayer de juger Carl Schmitt à partir du rôle qu'on lui prête ou qu'il a effectivement joué sous le IIIe Reich, c'est s'empêcher de comprendre son secret. On ne peut pas expliquer Schmitt à partir de Hitler, mais bien plutôt le contraire, dans la mesure en effet où l'on ne comprend le IIIe Reich qu'en le considérant dans la lignée du IIe Reich. Le défaut de croissance qui avait fait avorter ce dernier se réitère par une sorte de répétition compulsive, et mène derechef au second échec.

La problématique de l'Allemagne s'est articulée de manière si paradigmatique dans l'œuvre de Schmitt qu'il est possible de tirer de sa pensée un enseignement sur ce qu'il appelle « l'histoire du malheur allemand [1] ». C'est en cela que réside pour nous et pour la génération à venir l'intérêt exceptionnel – ou plutôt, la véritable signification – de cette œuvre, qui représentera toujours une source permettant de comprendre l'histoire allemande quand son contenu scientifique spécifique aura pris valeur de document d'archives ou d'histoire du savoir.

La construction des théories scientifiques de Carl Schmitt est inséparable de l'histoire du malheur allemand. Elle est le symptôme d'une maladie. Dans son contenu manifeste, elle constitue pour nous une source historique au même titre que d'autres. Sa valeur heuristique se situe au lieu même où, dans sa structure intrinsèque, elle reflète la structure de compréhension que se forme une nation d'elle-même, et dont on peut montrer qu'elle est la raison suffisante des fourvoiements de l'histoire allemande depuis 1871. Si nous en déduisons que ce sont les mêmes lois qui régissaient la période de l'histoire allemande qui commença en 1871 avec la fondation du Reich allemand par Bismarck et celle qui trouva son dénouement dans l'atroce débâcle du

---

1. PB, p. 199.

IIIe Reich sous Hitler, nous discernons où réside l'actualité de la pensée de Schmitt.

Qui lit avec soin l'œuvre de Carl Schmitt trouvera une réponse à l'interrogation sur les causes des erreurs dans lesquelles l'Allemagne a évolué – une réponse autre, certes, que celle qu'il cherche lui-même à nous donner. « La pensée historique est pensée de situations singulières et par suite de vérités singulières [1]. » L'erreur de l'œuvre de Schmitt représente la vérité de l'histoire allemande. Sitôt que l'on s'efforce de retrouver les racines de sa pensée dans les couches profondes et les plus profondes de la compréhension que les Allemands ont d'eux-mêmes, dans lesquelles nos mésaventures prennent leur origine, nous pouvons parler à bon droit de Carl Schmitt comme d'*un destin allemand par excellence.*

II

On doit invoquer trois dimensions pour donner une explication à ces réflexions.

La première représente l'analyse d'une œuvre dans laquelle s'est objectivée une certaine pensée de l'État et de la politique, de l'histoire et de la société. Dans la mesure où elle a un auteur, cette œuvre a une unité. Mais elle se compose d'une série de travaux singuliers – longs et courts –, dont la publication s'étale sur plus de soixante ans, soit sur deux générations. Elle reflète les développements et les mutations, les constantes et les contradictions d'un « effort de pensée » continuel, dont nous allons suivre les phases successives, afin de montrer dans ce qui fut d'une part explicitement dit, et d'autre part tacite, la structure d'un discours que nous considérons comme typique de cet auteur et de son œuvre, mais aussi de l'idée qu'une catégorie précise d'hommes d'Allemagne – la couche dirigeante conservatrice et ses porte-parole intellectuels – s'était formée d'elle-même et de son époque. En nous penchant sur l'œuvre de Carl Schmitt, nous enquêtons, au moyen d'un exemple représentatif, sur un chapitre de l'histoire intellectuelle et de l'histoire des idées en Allemagne – par conséquent sur un chapitre de l'histoire allemande *tout court* *.

Pour l'essentiel, l'œuvre de Schmitt est restée jusqu'à présent le domaine exclusif d'une certaine discipline : les sciences du droit, et, tout au plus, les sciences politiques. Nous tentons de montrer que, pour accéder correctement à la compréhension

---

1. GK, p. 147.

de cette œuvre, il faut transgresser les frontières interdisciplinaires. Quant à la méthode, nous nous en tiendrons ici principalement aux techniques d'interprétation de l'herméneutique, au nombre desquelles nous rangeons aussi l'outillage de la psychanalyse.

La deuxième dimension de notre analyse consistera à mettre en relation l'œuvre de Carl Schmitt avec son époque, soit un siècle d'histoire allemande, avec la problématique qui lui est spécifique. Notre thèse principale consiste à dire que cette œuvre, qui semble être un commentaire ininterrompu de l'histoire allemande, constitue une confrontation avec les problèmes auxquels s'est jadis heurtée cette même histoire, en particulier avec ce complexe décisif du destin allemand qui a son origine dans la fondation fatale du Reich par Bismarck. Les problèmes de Carl Schmitt sont ceux de l'Allemagne wilhelminienne. Ils ont marqué sa pensée et, plus loin, l'histoire allemande jusqu'à nos jours.

Nous devrons donc nous consacrer tout autant à l'Allemagne wilhelminienne qu'à Carl Schmitt.

Ce nœud complexe de problèmes n'est aucunement accessible à la conscience historique collective, il est au contraire largement obscurci par l'idée que nous nous faisons d'ordinaire de notre propre histoire, à laquelle la pratique universitaire de l'histoire a contribué de façon exemplaire. En ce qui concerne notre compréhension de l'histoire allemande du siècle dernier, nous vivons dans la fausse conscience.

Nous sommes désormais convaincus que l'œuvre de Carl Schmitt, dans les liens qu'elle tisse avec son époque et là où elle se compromet avec elle, nous offre un accès aux problèmes de fond de l'histoire allemande, non pas dans la mesure où ses écrits les rendraient manifestes, mais parce que sa pensée tente de trouver une réponse au défi qu'ils constituent. La pensée de ce juriste érudit est fondamentalement philosophico-historique : le *fatum* des Allemands l'obsède, et l'on peut dire que personne n'a mieux approché leur secret, même si, pour des raisons qui relèvent du syndrome de la problématique historique de l'Allemagne, son savoir s'est fait muet devant le secret. Il ne voulait ou ne pouvait enfreindre le tabou. Ce sera notre tâche que de « mieux comprendre l'auteur qu'il ne s'est compris lui-même » et de décrypter les chiffres de son discours.

La troisième dimension sera biographique. L'œuvre et l'histoire de la période sont imbriquées dans la biographie de l'auteur. Sa vie, qui a éprouvé l'histoire allemande, l'a supportée, l'a formée, qui a elle-même été façonnée par elle, qui la reflète et la représente, cette vie est aussi paradigmatique que son œuvre. Le détour par la biographie est nécessaire pour nous ménager un accès aux problèmes centraux de notre histoire – histoire « du malheur allemand » –, en espérant que les interprétations de son œuvre nous y conduiront. En nous appuyant sur l'histoire de cette vie, nous élargissons le champ sémantique de notre approche herméneutique. Et, au cours de l'interprétation de l'histoire personnelle de Schmitt – comprise comme destin typique et non comme celui d'un individu unique –, nous pourrons toujours renvoyer à des phénomènes parallèles, comme pour l'interprétation de l'œuvre – considérée comme expression caractéristique d'une certaine attitude mentale.

La pensée de Schmitt, son discours dans la mesure où il est doté de la pertinence historique de jadis, ne relève pas de sa cause privée. Carl Schmitt n'est pas un cas unique. Il n'est pas original. Il n'est peut-être que la figure la plus célèbre de toute une génération d'« hommes d'Allemagne » – tous nés aux alentours de 1888 –, celui qui avec une clarté exemplaire a exprimé un style et une orientation de pensée, un état d'esprit et une « mentalité », qui fut aussi significative que déplorable pour la culture politique de l'Allemagne et, par là, pour son histoire.

« Idéologie allemande », « révolution conservatrice », autant de mots clés qui renvoient provisoirement au phénomène d'histoire intellectuelle pour lequel un nom adéquat et une explication concise font encore défaut, et sans lesquels il demeure cependant impossible de parvenir à une compréhension de l'histoire allemande des cent dernières années. Ce n'est en somme qu'avec une explication de ce phénomène que nous commencerons à « surmonter » notre passé *.

Il suffit de donner quelques noms et quelques titres en exemples. Ernst R. Curtius : *Deutscher Geist in Gefahr* ; Otto Westphal : *Feinde Bismarcks* ; Alfred Bäumler : *Männerbund und Wissenschaft* ; Oswald Spengler : *Prussianité et socialisme* ; Ernst Jünger : *Le Travailleur* ; Hans Blüher : *Die Erhebung Israels gegen die christlichen Güter* ; Martin Heidegger : *Qu'est-ce que la métaphysique ?* ; Gottfried Benn : *Dorische Welt, Pallas*. Ces noms et titres, chacun les a en tête. D'autres, non moins représentatifs, sont quasi oubliés. Qui se souvient d'Ernst Bergmann, dont le livre *Erkenntnisgeist und Muttergeist* fut publié en 1931, ou du géographe Siegfried Passarge ? Et, dans ce contexte, ne faudrait-il pas nommer aussi les représen-

---

* Pour traduire *Vergangenheitsbewältigung*, mot fétiche en Allemagne à partir de 1949 et qui désigne tout ensemble la mise en cause, le retour critique, l'explication, l'interprétation, la condamnation et l'historicisation du passé nazi. [N. d .T.]

tants de la théologie dialectique ? Gogarten, par exemple, mais aussi Karl Barth. Chaque université, chaque faculté, chaque discipline avait ainsi sa mascotte.

L'ouvrage d'Armin Mohler *La Révolution conservatrice en Allemagne*, dilaté en un compendium de deux volumes, est devenu un *who's who* de cette catégorie d'hommes allemands. La placer sous l'étiquette de « révolution conservatrice » crée plutôt la confusion. Tous sont nés à la même époque, tous présentent le même profil social : des fils de petits-bourgeois, des « intellectuels ». Mais Mohler ne nous livre pas la clef qui nous donnerait accès à la mentalité qui leur est commune, et qui les relie entre eux [1].

Dans leur structure, les textes de ces auteurs sont identiques. Leurs arguments convergent. Leurs valeurs et leurs préjugés sont les mêmes, leurs thèses sont interchangeables, leur vocabulaire est identique. Qu'ils écrivent de façon « scientifique », essayiste, littéraire, philosophique, ils écrivent des pamphlets. Résolus, ils défendent contre un monde d'ennemis une « cause allemande », une « mission allemande », voire une mission mondiale, quelque chose de *völkisch* *, de « national », quelque chose qui soit tout autre, l'« authentique » ; une authenticité qu'ils propagent avec extase, emphase, existentiellement, et qui, structurellement et substantiellement, est dominée par une virilité obscure. L'« authentique » est une spécialité allemande, et une affaire d'hommes. Il est primitivement, fondamentalement,

---

1. Armin MOHLER, *Die konservative Revolution in Deutschland 1918-1932. Ein Handbuch*, Darmstadt, Wissenschaftliche Buchgesellschaft, 1989, 2 vol., 3ᵉ éd. revue et complétée. Trad. fse Henri Plard et Hector Lipstick, Paris, Pardès, 1993.

* Terme que nous ne traduisons pas, pour les raisons invoquées par J.-P. Faye dans *Langages totalitaires* (Paris, Hermann, 1972) et, récemment encore, dans *La Déraison antisémite et son langage* (avec A.-M. de Vilaine, Arles, Actes Sud, 1993). Ainsi, dans ce dernier ouvrage : « *Völkisch*, c'est aussi un néologisme. C'est un vieux mot germanique que les pangermanistes allemands et autrichiens ressortent du fond du placard médiéval et réhabilitent, et qui est lui-même mystérieux. Mais du moins il semble se comprendre du premier coup d'œil, parce qu'il vient de *Volk*, le peuple. Peut-on traduire par "populiste" ? Mais alors "populiste" avec le sens étroit qui serait synonyme d'antisémite, de raciste. Dans l'usage ancien, il y a des populismes plus ou moins anciens. [...] *Völkisch* [...] est le mot redoutable qui doit *permettre* le nazisme, car il est tellement mystérieux qu'il est inattaquable : il n'est pas vulnérable, car on ne peut pas lui reprocher cette référence au peuple ; mais en même temps, au premier coup d'œil, désormais l'on sait *de quoi* il parle, on sait que cela veut dire qu'il existe un groupe social à abattre – justement celui que désigne le mot antisémite. Il devient le signe de ralliement des antisémites, mais d'une façon voilée, "positive" en quelque sorte » (p. 29-30). [N. d. T.]

ontologiquement « allemand », et par là simultanément une masculinité martiale, héroïque, cruelle. Cette illusion de virilité allemande se distingue par l'intolérance et l'agressivité. Les déclarations de ses représentants sont à un haut degré nourries par l'affect. Un affect absolument incompréhensible au plan rationnel appartient à leur habitus mental, d'une certaine manière en est une partie constitutive. Il ne suffit pas de parler ici d'un affect « antilibéral ». Ces messieurs sont aussi antiféministes, antidémocrates, antisociaux – et antisémites. Posséder l'une de ces qualités, c'est les posséder toutes. La représentation singulière qu'ils ont du monde est imprégnée d'une fixation paranoïde sur l'ennemi. Ils définissent leur identité par la négation. Ce qui les stimule, c'est toujours la critique de la culture et de la civilisation (*Kulturkritik* *), sur le fond de la conscience d'une mission spécifique, d'un concept de la culture et de la civilisation, qu'on peut définir principalement comme un refus de la « modernité ». Ils se placent ainsi sur le terrain d'un « fondamentalisme ethnique ».

Il faut replacer le cas de Carl Schmitt dans cet environnement intellectuel. Carl Schmitt est un prototype. C'est là que réside, à mon avis, le seul intérêt qu'il puisse encore présenter pour nous. Le considérer comme un cas isolé serait tout autant insatisfaisant et insuffisant que d'entreprendre des recherches sur Heidegger et Jünger pris chacun en eux-mêmes. On n'atteindrait de cette manière ni le secret de leur œuvre, ni celui de leur influence. Leur signification historique (sur le plan de l'« histoire des idées ») ne réside pas dans ce qu'ils ont accompli en tant qu'individus dans leur domaine spécifique – en tant qu'historien, juriste, philosophe ou essayiste –, mais dans ce qu'ils ont de commun de façon si remarquable. Ce n'est en effet qu'en les considérant comme des « cas » dans le contexte étendu d'une « recherche sur les groupes » *(Kohortenforschung)* au sein d'une histoire des mentalités – selon la terminologie actuelle de la sociologie –, que l'on peut espérer se faire une image bien définie de leur physionomie intellectuelle. Il faut examiner les

---

* Autre mot fétiche dans la tradition allemande. Il remonte au dernier tiers du XIXᵉ siècle et désigne de manière générale tous les courants de protestation contre les aspects de plus en plus techniques de la modernité (ceux visés, entre autres, par l'expression wébérienne de « désenchantement du monde »). Mais ces courants de pensée sont hétérogènes et ne se restreignent pas à l'Allemagne : on peut considérer J.-J. Rousseau comme un des créateurs du genre « critique de la culture ». Pour une brève initiation à l'histoire du terme, voir Th. W. ADORNO, « Le bébé avec l'eau du bain », *Minima Moralia*, trad. E. Kaufholz et J.-R. Ladmiral, Paris, Payot, coll. « Critique de la politique », 1980, p. 40. [N. d. T.]

textes de ces auteurs comme Theweleit * l'a fait pour les livres et les biographies de ses chefs de corps francs. Et il s'avère alors qu'ils ont pensé de manière identique parce qu'ils avaient la même structure *psychique*. Non seulement la conformation de leur outillage intellectuel, mais encore celle de leur économie pulsionnelle était la même. Leur « pensée » est symptomatique d'une déformation psycho-pathologique, d'une « maladie ». Il s'agit là d'un « groupe symptomatologique [1] » dont on peut reconnaître la consistance aux concordances dans la genèse des symptômes, compte tenu de la diversité dans le détail. Les investigations sur la souffrance au principe de cette maladie, qui lie entre eux tous ceux qui en sont atteints, présupposent qu'on en ait arrêté le tableau de la façon la plus précise possible. Dans la mesure où Carl Schmitt est représentatif de cette « maladie », nous parlerons du « syndrome de Carl Schmitt ». S'agit-il d'un phénomène de l'histoire allemande relevant du passé ? Mieux vaut l'espérer. L'intérêt que nous pouvons avoir à le connaître est dû à la nécessité de comprendre le passé allemand, lequel, quoiqu'on s'échine, demeure énigmatique. Et, dans ce cas, il s'agirait d'une contribution au travail de maîtrise du passé. Or il semble, malheureusement, que la « maladie » n'ait pas été surmontée. Par intervalles, elle fait retour, si bien que la connaissance du « syndrome de Carl Schmitt » peut tout à fait se révéler comme l'outil heuristique d'un diagnostic à porter sur le présent en forçant la surface des choses.

Pour comprendre ces complexes de relations, il est indispensable de recourir à la psychanalyse. On ne dominera pas le phénomène avec les moyens de l'histoire des idées, des mentalités ou des sociétés. La psychanalyse est un produit de cette société d'Europe centrale où est apparu le « syndrome de Carl Schmitt ». Elle a été élaborée précisément pour permettre le diagnostic de ce type de maladie : un comportement obsessionnel enraciné dans l'organisation de la structure pulsionnelle et les troubles de la perception qui y sont liés, des agrégats d'affects et des actes manqués. Il fallait donc nécessairement que, psychologie des profondeurs appliquée à des individus de culture bourgeoise, on la transformât en une théorie de la culture. L'analyse de faits culturels complexes n'est pas possible sans la panoplie des outils de la psychanalyse – au sens le plus large de ce terme. Nous ne pouvons renoncer à son secours.

* Auteur contemporain, spécialiste de la biographie socio-historique à partir de l'étude des romans relatant la vie des corps francs dans les années 1920. A publié en particulier *Männerphantasien* (Francfort-sur-le-Main, 1977-1978). [N. d. T.]

1. Michael WORBS, *Nervenkunst*, Francfort-sur-le-Main, 1988, p. 285.

Mais rien n'est moins évident. On s'est accoutumé, à la longue, à tirer parti des lumières de la psychanalyse pour la compréhension des œuvres littéraires, et l'on ne répugne pas à lui faire interpréter les avatars connus par les écrivains au fil de leur vie. En faire aussi usage pour les auteurs d'ouvrages scientifiques est moins courant et passe même encore bien souvent pour inconvenant. Mais on ne voit pas pourquoi on n'utiliserait pas pour l'interprétation de travaux scientifiques les outils dont la psychanalyse se sert pour établir la vérité, ni pourquoi ce qui est légitime pour Thomas Mann serait défendu à l'endroit de Max Weber.

S'agissant de Carl Schmitt, la démarche psychanalytique est d'autant plus plausible que ce n'est pas l'expert du droit, mais le philosophe de l'histoire dont nous faisons l'objet de nos investigations, le mythologue aussi bien que le juriste, l'« Allemand », qui n'est pas seulement un penseur, mais aussi un poète, dont les défenses qu'il a opposées toute sa vie à la psychanalyse sont un des traits de caractère essentiels. Nous verrons que son affect à l'encontre de la doctrine freudienne relève du même syndrome que ses échafaudages théoriques. Là où, aujourd'hui encore, la science se verrouille contre la psychanalyse, on peut être assuré qu'elle a des affinités avec la tradition des familles politiques de droite. La résistance à la psychanalyse est la plus vive chez ceux qui ont le plus besoin d'elle. Nous parlons de psychanalyse au sens le plus large du terme, cela va de soi, Freud servant ici en quelque sorte de référence symbolique.

Mon modèle est ici Roland Barthes, avec son ouvrage sur Jules Michelet. « Le lecteur ne trouvera dans ce petit livre, ni une histoire de la pensée de Michelet, ni une histoire de sa vie, encore moins une explication de l'une par l'autre. Que l'œuvre de Michelet, comme tout objet de la critique, soit en définitive le produit d'une histoire, j'en suis bien convaincu. Mais il y a un ordre des tâches : il faut d'abord rendre à cet homme sa cohérence. Tel a été mon dessein : retrouver la structure d'une existence (je ne dis pas d'une vie), une thématique, si l'on veut, ou mieux encore : un réseau organisé d'obsessions. Viennent ensuite les critiques véritables, historiens ou psychanalystes (freudiens, bachelardiens ou existentiels), ceci n'est qu'une pré-critique : je n'ai cherché qu'à décrire une unité, et non à en explorer les racines dans l'histoire ou dans la biographie [1]. »

On verra l'importance que prend Jules Michelet pour le Carl Schmitt des dernières années. Au premier abord, on ne saurait

---

1. Roland BARTHES, *Michelet par lui-même*, Paris, Éd. du Seuil, coll. « Écrivains de toujours », 2ᵉ éd., 1969, p. 5 (1ʳᵉ éd., 1954).

en rien les comparer. Impression trompeuse, néanmoins. De lui-même, comme Michelet, Carl Schmitt aurait pu dire : « Je suis un homme complet ayant les deux sexes de l'esprit. »

III

Pour mon interprétation, j'ai suivi la chronologie de la vie et des œuvres de Carl Schmitt ; c'est seulement ainsi, je crois, que l'on peut correctement les lire l'une et les autres, en les enchâssant, néanmoins, dans le déroulement chronologique de l'histoire allemande. La vie de Schmitt embrasse près d'un siècle, elle est caractéristique d'une génération, celle de Hitler. Excepté Ernst Jünger, Schmitt a survécu à tous ses compagnons de route et de destin. Je l'ai souvent entendu se plaindre du faix de l'âge, pour la dernière fois lors de son quatre-vingt-dixième anniversaire, à Plettenberg, quand il se comparait à Nestor qui avait vécu plus longtemps que trois générations. Ce qu'il dit de Hobbes vaut pour lui-même : « Dans la crainte et la prudence, il vécut au-delà de ses quatre-vingt-dix ans et mena la vie d'un esprit indépendant [1]. » Dans l'indépendance, mais pas dans la liberté. « Liberté », c'est un mot qui n'apparaît pas dans le glossaire de Schmitt.

Pour faciliter au lecteur l'accès à l'œuvre de Carl Schmitt (et au présent ouvrage), je me suis résolu à découper sa vie en périodes. On peut y discerner nettement trois phases, au cours desquelles, dans la continuité de la pensée, son univers mental mute et s'épanouit.

Le Carl Schmitt des débuts, d'abord, jusqu'à la fin de la Première Guerre mondiale (il avait alors trente ans), jusqu'au *Romantisme politique* et au livre publié à peu près en même temps, *Nordlicht*. Phase des amitiés célébrées comme des cultes, des *Buribunken*.

Puis il y a, à mi-parcours, le Schmitt de la maturité et les succès de sa carrière de théoricien du droit public, l'engagement et les compromissions politiques. C'est la phase de l'étatisme obsessionnel, du délire-Râ. La *Théologie politique*, *La Notion du politique*, les essais de droit constitutionnel portant sur des problèmes d'actualité de la République de Weimar et de l'État hitlérien, *Begriffe und Positionen* (Concepts et positions) dans la lutte contre « Versailles-Genève-Weimar » (c'est-à-dire contre le parlementarisme, l'internationalisme et le pacifisme) et, tout officielles, les prises de position antisémites rentrent

---

1. ExC, p. 67.

dans cette période et forment sans nul doute un ensemble. Cette phase s'achève en 1942, l'année de la mort de la mère de Schmitt (alors âgé de cinquante-quatre ans). Le livre sur le *Léviathan* et le conte romantique *Terre et mer* marquent le virage – Schmitt tournant le dos à l'État et se vouant à de « nouveaux empires ».

Dans des essais éparpillés, il commence à développer tout d'abord sa « théorie du grand espace ». Le retour à la mer sert d'emblème à la troisième phase. Il publie son deuxième grand ouvrage (après la *Théorie de la constitution* de 1928), *Der Nomos der Erde* (*Le Nomos de la terre*, 1950). En même temps, dans le large cercle de ses amis, qui se ramifie au-delà des frontières de ce qui, après le Reich wilhelminien, la République et le III° Reich, est devenu la République fédérale, son influence commence à se faire sentir sur un mode ésotérique. Schmitt pose à l'augure, se fait épistolier, fait circuler de petits textes qui, tantôt imprimés, tantôt comme des *samizdat*, font qu'on continue de parler de lui. Pour l'essentiel, il consacre ses travaux à enquêter sur lui-même et à se justifier, dans des scénarios d'« histoire intellectuelle » toujours renouvelés. Il ne répudie rien, mais il se met en question. C'est la *Théologie politique II* qui correspond au pic de cette période, texte que bien des gens tiennent pour la révélation d'un sage en matière de philosophie de l'histoire – mais moi pour une pitrerie. Il est vraisemblablement l'un et l'autre, ce qui irait comme un gant à Carl Schmitt. Le Schmitt de l'épée *(Waffen-Schmitt)* s'est fait forgeron de mythes *(Mythenschmied)*, retournant ainsi aux jeux de sa jeunesse.

CHAPITRE PREMIER

SOLDAT ET BOURGEOIS

« Mon point de départ, c'est le soldat prussien. »
(Friedrich NIETZSCHE.)

« Je ne veux rien d'autre, maintenant, qu'être le premier
soldat. » (Adolf HITLER, discours devant le Reichstag au
début de la guerre, en 1939.)

De tous les écrits de Carl Schmitt, la petite brochure publiée
en 1934, *Staatsgefüge und Zusammenbruch des zweiten Reichs*
(Appareil d'État et effondrement du IIe Reich), est celui qui
exprime le mieux sa position intellectuelle et politique. Elle
porte un sous-titre significatif : « La victoire du citoyen sur le
soldat [1]. »

La taxinomie historique détermine pour l'histoire et pour
l'histoire des idées toutes les phases de la pensée de Carl
Schmitt. Sa construction théorique, mais aussi sa philosophie
de l'histoire et ses « mythèmes » sont présentés dans cet ouvrage
avec une clarté et une concision qui ne laissent rien à désirer.
Que la réception contemporaine des œuvres de Carl Schmitt
ignore tout de ce livre, le plus important peut-être, qu'elle n'en
ait pas reconnu la portée et qu'on ne l'ait sans doute même pas
lu (bien qu'une réimpression en fac-similé soit de nouveau disponible en édition pirate depuis 1988), c'est là un fait
caractéristique.

Commençant par analyser du point de vue de la théorie de
l'État le dilemme de droit constitutionnel du Reich – soit dit en
passant, une analyse qui n'a toujours pas trouvé sa pareille – et
partant de l'opposition entre « monarchie militaire prussienne »
et « mouvement libéral bourgeois », Schmitt construit un dualisme à l'échelle de l'histoire universelle, champ de tension à
l'intérieur duquel se déploie l'histoire des Allemands, de la
fondation du Reich jusqu'à l'époque la plus récente, la prise du
pouvoir par Hitler. Les pôles intellectuels de ce dualisme aux

---

1. Dans la série « Der deutsche Staat der Gegenwart », éditée par Han-
seatische Verlagsanstalt, jaquette noire et blanche, le titre est composé en
caractères gothiques agressifs.

dimensions non seulement temporelles, mais encore géographiques et iconographiques, sont d'une part « l'idée allemande (prussienne) de l'État », et d'autre part « un ensemble d'idées occidentales » qui – selon la terminologie du droit constitutionnel –, sous la forme du « constitutionnalisme » (« parlementarisme »), et de manière générale sous celle du « libéralisme », ont fait effraction dans l'espace allemand, ou, plus exactement, disons-le sans plus attendre, y furent introduites en contrebande par des Juifs dans un dessein de subversion *.

Le « soldat » et le « bourgeois » sont les protagonistes de ces deux principes. Avant d'examiner de plus près ce couple, nous devons bien nous représenter qu'il ne s'agit pas là d'une recherche universitaire, mais d'un écrit polémique, d'un pamphlet politique, d'une déclaration d'hostilités. Il s'agit d'une tentative d'atteindre le principe de la situation politique du moment et de la situer de force dans un contexte qui la rende intelligible. Schmitt pratique là la méthode du « coup d'épée décisionniste ». Ce qui n'enlève au texte rien de sa vertu heuristique. Au contraire, il faut tenir pour parfaitement réussie la pénétration au cœur de la problématique des « revers » allemands.

Du point de vue biographique, ce livre correspond au zénith de la vie de Schmitt. Il marque le pinacle de sa carrière d'écrivain politique après la prise du pouvoir de 1933. Il fut publié au moment historique où Schmitt pouvait se persuader que ses idées politiques avaient triomphé. L'« interrègne » weimarien était terminé. À la tête de l'État se trouvait enfin une personnalité apte à prendre des décisions et déterminée à le faire. Le parlementarisme était aboli. Liant les postes de premier personnage du Reich et de chancelier de l'Empire, la « fonction de Führer » *(Führeramt)* mettait fin au funeste clivage de la période wilhelminienne. L'État était ainsi définitivement délivré de la pensée constitutionnelle occidentale où il s'était empêtré. Érigé en principe, le pouvoir du Führer transformait une structure de commandement autoritaire en une forme officielle de rapport social. Par la suite, Robert Musil devait nommer cette évolution « l'élimination des civils ». « À côté des uniformes des militaires et des fonctionnaires apparaissent les uniformes de parti, etc. [1]. » Du même coup, l'entière souveraineté avait été rendue aux forces armées. Après la débâcle de 1918, l'Allemagne pouvait enfin s'organiser comme pur « État-soldat » (un État de

---

* Comme bien souvent dans les pages qui suivent, l'auteur paraphrase ici la pensée de Schmitt. [N. d. T.]

1. Robert MUSIL, *Journaux*, II, trad. fse Philippe Jaccottet, Paris, Éd. du Seuil, 1981, p. 298.

structure monarchique). Il s'agissait désormais de consolider
l'identité nationale par élimination de tous les éléments
« étrangers à la race ».

Le « soldat ».

Pour le lecteur de 1934, il était clair que le mot « soldat »
désignait le représentant symbolique de la monarchie militaire
prussienne – une monarchie inséparable de l'existence d'une
armée aux réelles capacités d'offensive. Il désignait le représentant d'une société (autoritaire) hiérarchisée (comme une
armée), où le service militaire obligatoire pour tous était l'outil
principal de la socialisation secondaire par laquelle chaque
membre de l'État vivait « de l'intérieur sa conversion en soldat
prussien [1] ».

Le « soldat » désigne une réalité sociale concrète, à savoir
d'une part les règles et le style de vie des couches dominantes
de la société prussienne allemande, avec un monarque en uniforme de cuirassier à sa tête, un chancelier de l'Empire en uniforme au Reichstag, etc. – une société où nul ne pouvait occuper
de position de commandement s'il n'était officier ou pour le
moins lieutenant de réserve –, et, d'autre part, aux échelons
inférieurs de cette société, les conditions d'existence d'un peuple
dressé au « service au quart de tour » (Mommsen). En haut, des
« hommes comme Bismarck, Moltke et Roon [2] », « les grands
hommes de l'Allemagne », en bas, les grenadiers, ceux auxquels
le jeune Kronprinz Wilhelm veut interdire de penser, car,
« lorsque le soldat pense, c'est à des inepties », et qu'une fois
leur temps de service accompli, l'on renvoie chez eux sur ses
paroles : « Vous étiez venus en civils, vous repartez en hommes. »

Tel était, dans le Reich wilhelminien, le modèle d'ordre en
vigueur pour tous les hommes d'Allemagne. « L'armée prussienne », l'« outil le plus extraordinaire du peuple allemand [3] »,
était le modèle de l'État poussé à sa perfection. L'armée n'est
pas un État dans l'État, dit Carl Schmitt, elle est l'État, l'« idée
de l'État des Allemands ».

Le modèle d'ordre inspiré par la figure du soldat valait pour
tous les domaines de la vie sociale, des manufactures Krupp

---

1. SZ, p. 14.
2. *Ibid.*, p. 18.
3. Adolf HITLER, *Mon Combat*, trad. fse J. Gaudefroy-Demombynes et
A. Calmettes, Paris, Nouvelles Éditions latines, 1934, p. 448. Sauf référence
explicite à la traduction française, qui est celle publiée chez cet éditeur,
l'original allemand est cité d'après l'édition de Munich en 1938.

jusqu'à la famille en passant par les institutions, les Églises et les universités. À ce système fut donné le nom de « militarisme » et, dans le monde occidental civilisé, avec force blâmes et railleries, il fut considéré comme un cas d'espèce et une extravagance allemande. Carl Schmitt l'a complètement intériorisé. Il s'y identifiait, portant aux nues l'« État-soldat » allemand. C'était là son idéal.

Le « bourgeois ».

Et le « bourgeois », qu'est-il ? La logique de l'antithèse fournit la réponse. Le bourgeois est le représentant d'un contre-courant subversif, ennemi de l'État et menaçant l'ordre établi. Il prône des idées incompatibles avec les exigences de fiabilité de l'appareil d'État et d'une armée prête à intervenir à tout moment, c'est-à-dire des idées libérales et humanitaires, des idéaux de constitution démocratique et parlementaire, des idées de droits de l'homme, de dignité de l'individu, de participation du « citoyen » à la *res publica* et de revendication de *pursuit of happiness*.

De telles idées visent en tendance la transformation de l'état de choses existant – l'abolition de la « monarchie » – et des instances de commandement « souveraines » (ne serait-ce que sous la forme de leur mise à l'écart et de leur neutralisation par une « constitution » et un régime parlementaire). Elles visent la sujétion de l'armée aux civils (et même, au bout du compte, sa démobilisation) et l'émancipation politique du sujet en citoyen autonome. Ces idées apparaissent comme la négation non seulement de l'ordre posé comme idéal pour l'Allemagne, mais de tout ordre, de l'ordre par excellence. Elles sont le « chamboulement », le véhicule de la subversion, des mots d'ordre de guerre civile, et le fourrier de l'anarchie. Elles font le lit du chaos. En d'autres termes, elles sont une *menace effroyable*.

Car, aux yeux de Carl Schmitt, le IIe Reich avait commis une lourde erreur de conception en donnant à ces forces, dans un système compliqué de réglementations de droit public, la possibilité institutionnelle d'influer sur la politique. Les conséquences ne pouvaient manquer de se faire sentir. Schmitt n'a jamais douté que les conceptions bourgeoises libérales constitutionnelles « dussent mener à la ruine l'État-soldat prussien sous le fardeau et l'épreuve d'une guerre mondiale en octobre 1918 [1] ». Pour lui, c'était là la victoire du « bourgeois » sur le « soldat ».

---

1. L, p. 109.

Carl Schmitt formule le cœur du problème de la façon suivante : « Soldat et bourgeois libéral, armée prussienne et société bourgeoise sont des antipodes à la fois en matière de vision du monde, de formation intellectuelle et morale, de pensée juridique et surtout en matière de principes fondamentaux de la structure et de l'organisation de l'État [1]. » On voit bien qu'il ne s'agit pas seulement d'une opposition entre des conceptions du droit constitutionnel et public. Certes, l'opposition du « soldat » et du « bourgeois libéral » indique deux principes fondamentalement différents de l'organisation et de la structuration de l'État et de la pensée juridique, mais elle dénote en même temps et surtout des oppositions quant à la « vision du monde » et à la « formation intellectuelle et morale ». Dans un autre passage, Carl Schmitt définit le bourgeois comme un « type d'homme [...] qui, *conformément à ses attributs génériques*, relève de la pensée constitutionnelle bourgeoise, mais pas de l'État-soldat prussien [2] ». Il y va, dit Schmitt, du « différend profond » entre deux « types humains *substantiellement différents* [3] ».

Différence de « substance », différence de « genre », de toute évidence, il y va ici de quelque chose d'autre que de ce que l'on a coutume de déterminer par les catégories économiques et sociologiques, ou par celles de la théorie politique. Il s'agit de quelque chose de plus profond et de plus fondamental. Pour construire de tels types, il faut une psychologie des visions du monde, des mentalités et des modèles de comportement – autant de méthodes bien éloignées de l'histoire des idées et des dogmes telle que nous la pratiquons familièrement, mais qui font tout naturellement partie des outils de l'anthropologie culturelle, et en particulier de son rejeton le plus récent, l'ethnopsychanalyse.

Deux « mythes » ?

À considérer de plus près la dichotomie du « bourgeois » et du « soldat », son caractère manichéen saute aux yeux : d'un côté, le bien, le « soldat », de l'autre, le mal, le « bourgeois ». Le « soldat » a un ethos, c'est un être moral, le « bourgeois » n'en a pas. Le « soldat » est l'ami, le « bourgeois » l'ennemi. Il est clair également que ce couple de contraires est chargé d'affects. Schmitt aime le « soldat » et déteste le « bourgeois ».

Cette haine du bourgeois traverse l'ensemble de son œuvre.

---

1. SZ, p. 13.
2. SZ, p. 23 [souligné par N. Sombart].
3. SZ, p. 13.

Dans son texte *Parlementarisme et démocratie*, il ébauche un tableau de l'histoire de cette haine : « Le bourgeois était connu depuis longtemps, en 1848, comme une figure haïssable, et l'on aurait trouvé difficilement, à l'époque, un auteur important qui n'ait utilisé le mot dans un sens péjoratif [1]. » Et c'est le mérite de Marx que d'avoir extrait le bourgeois de la sphère du ressentiment aristocratique et littéraire pour l'élever au rang d'une figure de l'histoire universelle qui incarne nécessairement « l'absolument inhumain ».

Manifestement, dans cet affect antibourgeois, le ressentiment voué au citoyen de la Révolution française et au bourgeois démocrate du Vormärz se mélange à la haine de classe vouée par le prolétariat au bourgeois capitaliste, et fonde, dans les têtes d'une intelligentsia petite-bourgeoise qui n'est ni de l'aristocratie ni du prolétariat, l'attitude pathétique du refus esthético-moral, refus qui se justifie au nom d'une critique de l'époque et d'une philosophie de la culture : « [Je crois que] l'histoire de cette image du bourgeois est aussi importante que l'histoire du bourgeois elle-même. »

À y regarder de plus près, il apparaît qu'il n'est pas si facile de désigner d'un nom la figure antagoniste à celle du « soldat ». Ses contours sont flous et embrassent quantité de composantes qui pourraient bien n'avoir qu'un point commun : être « haïssables ». Ils forment un vaste ensemble de phénomènes historiques, sociaux et psychiques que, dans l'usage courant du terme, l'étiquette de « bourgeois » ne peut directement désigner, même si, d'une manière ou d'une autre, on peut les mettre en rapport avec le terme « bourgeois ».

L'opposition du « soldat » et du « bourgeois » tend clairement à une polarisation d'archétypes que ne sauraient embrasser les catégories de la sociologie, de l'économie ou du droit public. Il y va de « Figures », au sens d'Ernst Jünger [2], c'est-à-dire d'images mythiques où se font face deux conceptions des destinées ultimes de l'homme.

Cette dichotomie – simplification inouïe exprimant la tentative délibérée de traduire les événements historiques en une formule lapidaire et définitive, et imitant dans le style de la philosophie de l'histoire qui est le sien les grandes simplifications d'un Hegel ou d'un Marx – est constitutive de la pensée de Carl Schmitt. Le grand maître des distinctions et disjonctions

---

1. *Parlementarisme et démocratie*, p. 74 ; pour les citations suivantes, voir respectivement p. 76 et p. 92.

2. « Par Figure *(Gestalt)*, nous entendons une réalité suprême, qui confère un sens » (E. JÜNGER, *Le Travailleur*, trad. fse Julien Hervier, Paris, Christian Bourgois, 1989, p. 363).

conceptuelles est en réalité un grand forgeron de mythes. C'est par là qu'il fascine. « Le sens de l'action [...] tient à la capacité de vivre par le mythe [1] », lit-on dans son essai sur Sorel (1923). Seul le mythe donne l'élan nécessaire à la bataille décisive. « Pas de pensées, aussi bien conduites seraient-elles, qui fassent le poids contre la force d'authentiques images, d'images mythiques [2]. »

Du « bourgeois » et du « soldat » nous pouvons dire ce qu'à l'occasion Carl Schmitt disait de Proudhon et de Donoso Cortés : « Contrairement à la tension dialectiquement reconstruite du marxisme hégélien, il s'agit ici de l'opposition immédiate et intuitive entre des images mythiques [3]. » Au sein de l'antagonisme opposant les mythes du « bourgeois » et du « soldat », Carl Schmitt trouve la clef du destin de l'Allemagne.

Ce sera notre tâche que de démystifier ce couple « mythique » de contraires, de manière à distinguer ce qui « se cache derrière ».

Pourquoi Carl Schmitt « aime »-t-il le soldat ? Pourquoi « hait »-il le bourgeois qu'il est lui-même ? Qu'est-ce qui l'amène, lui qui est inapte au service militaire, à se faire le chantre, l'apologiste et le théoricien de l'« État-soldat », de la vie et des convictions militaires, bref du militarisme allemand ? À quoi s'identifie-t-il, et de quoi se démarque-t-il ?

Bien entendu, Schmitt avait, lui aussi, été emporté par l'ivresse patriotique des intellectuels – professeurs, écrivains et poètes – qui, en 1914, *ne voulurent pas* faire de différence entre esprit, science et culture allemands, d'une part, et militarisme prussien d'autre part, et qui, chacun à sa manière, déclaraient au monde stupéfait que l'esprit allemand et la culture allemande, c'était justement le militarisme. Que l'on se rappelle seulement *Händler und Helden* de Werner Sombart ou les *Considérations d'un apolitique* de Thomas Mann. « L'"État autoritaire", si décrié, y lit-on, est, et reste, je le crois, la forme gouvernementale adéquate, dévolue au peuple allemand et au fond voulue par lui [4]. » « Le militarisme allemand [est] en vérité la forme et la manifestation de la moralité allemande [5]. »

Il s'agissait d'un plaidoyer emphatique pour la conservation

---

1. PB, p. 11.

2. L, p. 23.

3. *Parlementarisme et démocratie*, p. 87.

4. Th. MANN, *Considérations d'un apolitique*, trad. fse Louise Servicen et Jeanne Naujac, Paris, Grasset, 1975, p. 34.

5. Th. MANN, *Gedanken im Kriege* (1914), dans : *Werke, Politische Schriften und Reden* (éd. de poche en 8 vol.), Francfort-sur-le-Main, Fischer, 1968, vol. II, p. 14.

de la « spécificité allemande », contre la « submersion sous l'élément étranger », bourgeois, civil, culturel. C'était un acte d'autodéfense contre « l'inextinguible, la mortelle haine à notre égard de la démocratie politique, du rhéteur bourgeois de 1789, du républicain franc-maçon [...] contre notre système gouvernemental, contre notre militarisme moral, contre l'esprit d'ordre, d'autorité et de devoir [...][1]. » Mais quelle était donc la menace ? La « civilisation forcée de l'Allemagne[2] », la disparition de l'esprit allemand aspiré dans une Europe bourgeoise. Idée atroce ! « Il en eût résulté une Europe – eh bien, assez comique, à l'humanité un peu plate, triviale et pervertie, à l'élégance féminine, une Europe déjà un peu trop "humaine", un peu rocambolesque et braillant ses slogans démocratiques, moralement une Europe du *tango* et du *two-step*, une Europe d'affaires et de plaisir à la Édouard VII, une Europe Monte-Carlo, littéraire comme une cocotte parisienne, mais non une Europe où mes semblables auraient pu vivre plus avantageusement que dans une Europe "militaire"[3]. » « Celui-là blasphème qui souhaite que la spécificité allemande disparaisse de la surface de la terre au profit de l'*humanité* et de la raison, voire du *cant*. C'est vrai : l'âme allemande a en propre, très profondément, quelque chose d'irrationnel qui, pour le sentiment et le jugement d'autres peuples plus frustes, laisse une impression gênante et troublante d'étrangeté, et même une impression répugnante et sauvage. C'est son "militarisme", son conservatisme moral, sa moralité militaire – un élément de nature démoniaque, héroïque et enclin à reconnaître l'esprit civil comme le dernier et le plus indigne des idéaux humains[4]. »

Mais voilà Thomas Mann suffisamment cité. Un autre auteur aurait tout aussi bien fait l'affaire. Nous voulions simplement montrer ce que les hommes d'Allemagne – et non des pires – avaient en tête, et tout ce que cachait ainsi l'opposition du « soldat » et du « bourgeois ». La qualité du style peut changer, les arguments et le glossaire sont les mêmes. Il s'agit du même « discours ».

Cette opposition de la culture et de la civilisation, de l'État-soldat et de la démocratie, de l'élément démoniaque héroïque et de l'élément trivial corrompu, féminin et élégant, de la morale militaire et de la cocotte parisienne, Carl Schmitt ne l'a pas inventé, il n'a fait que prendre position. Ce qui, lors de la

1. Th. MANN, *Considérations...*, p. 38.
2. Th. MANN, *Gedanken im Kriege*, p. 17.
3. Th. MANN, *Considérations...*, p. 64-65.
4. Th. MANN, *Gedanken im Kriege*, p. 19.

Première Guerre mondiale, avait été une lutte héroïque du soldat pour s'affirmer contre le bourgeois, fut vécu, après 1918, comme le veule triomphe du bourgeois sur le soldat, et devait apparaître, après 1933, comme la revanche du soldat sur le bourgeois.

C'étaient les « idées de 1914 » contre les « idées de 1789 * » – opposition à la démocratie, au parlementarisme et misogynie ombrageuse –, l'« affect antilibéral », en un mot, la « très ancienne révolte de l'Allemagne contre l'esprit occidental [1] ». Voilà maintenant balisé le champ où nous devons rechercher le secret de cette étrange polarisation. Il est maintenant évident que la pensée de Carl Schmitt avec ses échafaudages théoriques, son arsenal conceptuel, ses métaphores et ses formulations, s'organise au sein d'un champ de tensions bipolaire aux affects survoltés. Les distinctions qu'il opère, ses argumentations, ses polémiques, et également les louanges qu'il distribue empruntent toujours le même vecteur.

La distinction de l'« ami » et de l'« ennemi » est tout sauf quelconque, « occasionnelle » (sur ce point, Karl Löwith fait erreur), elle est toujours un parti pris unilatéral excluant tout compromis. Autour de l'axe « soldat-bourgeois », la contrainte décisionnelle – le terme même « décision » l'indique – est guidée par une disposition à exclure l'élément étranger ** (« ce qui est spécifiquement et substantiellement autre ») et à se poser dans l'affirmation de soi. Il y va encore et toujours du tout ou rien et de la préservation de la substance propre que menace un effroyable danger. En son fond, l'état d'âme qui ici se signale est sans ambiguïté l'angoisse, l'angoisse existentielle. En aucun cas l'arsenal conceptuel de Schmitt ne doit sa pertinence fascinante – nous allons le voir – au caractère convaincant d'une analyse qui porterait sur la réalité et répondrait d'une manière ou d'une autre aux critères de la rationalité scientifique, mais au contraire aux fantasmes qu'elle interpelle.

Inaugurant sa carrière d'écrivain politiquement engagé, de théoricien de l'État, deux livres de Carl Schmitt nous frayent la voie jusqu'au cœur de la problématique du « bourgeois » et du « soldat » : *Romantisme politique* (1919) et *Théologie politique* (1922) – livres jumeaux dont chacun est subordonné à l'autre comme à son pôle.

---

* Allusion au livre de Johann Plenge publié en 1916 : *1789-1914. Symbolische Jahre in der Geschichte politischer Ideen*, dont l'auteur présente le conflit européen de 1914 comme un règlement de comptes avec la Révolution française. [N. d. T.]

1. Th. MANN, *Considérations...*, p. 63.

** *Entscheiden* (décider) inclut *scheiden* (séparer). [N. d. T.]

CHAPITRE II

ROMANTISME POLITIQUE

« Le romantisme [...] est féminin. » (Moeller VAN DEN BRUCK.)

« [...] car dans les progrès de l'homosexualité et les minauderies qu'on lui fait je pressens un sérieux danger pour la gent masculine en Allemagne. » (Maximilian HARDEN.)

« Dans ce *Romantisme*, c'est aussi, et ce n'est pas son moindre propos, son propre portrait que fait Schmitt. » (Karl LÖWITH.)

En 1919, juste après la Première Guerre mondiale, Carl Schmitt, qui se nommait encore Schmitt-Doritic, *Privatdozent* * à l'université de Strasbourg, publiait un mince volume sous le titre *Politische Romantik (Romantisme politique)*. En 1925, revu et complété, cet ouvrage allait connaître une deuxième édition.

Contre qui ou contre quoi ce brillant pamphlet est-il dirigé ? Jamais Carl Schmitt ne fut plus inspiré, plus féroce ni plus incisif. Rien ne lui échappe, pas le moindre détail. Ses digressions et ses notes en bas de page sont poussées jusqu'à la parodie de la perfection. Que dénonce-t-il là avec tant de verve ? Il s'agit prétendument d'Adam Müller, ou plutôt d'une tournure d'esprit dont celui-ci serait représentatif, à savoir : versatilité, arrivisme, dilettantisme, indécision de l'opportuniste et prolixité de la femelle. Une chose est certaine : ce livre n'a rien à voir avec une quelconque controverse esthético-littéraire sur le romantisme. Le livre *Romantisme politique* est un exorcisme.

---

* « Chez nous – chacun le sait –, le jeune homme qui se consacre à la science commence normalement sa carrière par le poste de *Privatdozent*. Après avoir conféré avec le spécialiste de la discipline qu'il a choisie et après avoir obtenu son consentement, il se fait habiliter pour l'enseignement supérieur en présentant un ouvrage et en se soumettant aux épreuves d'un examen, le plus souvent formel, devant le jury de la faculté d'une université. Désormais il pourra donner des cours en choisissant lui-même son sujet dans le cadre de sa *venia legendi*. Mais il ne perçoit aucun traitement, il n'a d'autre rémunération que la contribution des étudiants » (Max WEBER, *Le Métier et la Vocation de savant*, trad. fse J. Freund, Paris, Plon, UGE, 1959, p. 53-54). [N. d. T.]

Adam Müller était-il une dame ?

Cet être que Carl Schmitt nous met sous les yeux – « sans la faiblesse des biographes pour leur personnage [1] », mais non sans une bonne proportion de masochisme, en effet, « insincérité » (p. 44), « jactance » (p. 92-93), « déloyauté » (p. 142), « goût de l'intrigue » (p. 66) et « passivité » (p. 112) lui sont attribués –, de quel genre est-il ? Le « déracinement » (p. 47) et le « manque de suite dans les idées » (p. 143) en font un être exposé sans défense « à chaque impression nouvelle » (p. 113), « à chaque suggestion appuyée ». Pire encore, il « est aussitôt [...] prêt à faire tout ce qu'on lui demande » (p. 137) ! Quand il s'exprime, c'est toujours pour « protester de son affect, celui de l'assentiment ou du refus » (p. 136), réflexes d'« un jugement sans substance soumis aux affects » (p. 113) et qui peut s'intensifier jusqu'à l'« affect de la dévotion » (p. 47). C'est un être en fin de compte incapable de « s'attacher par une libre adhésion à une grande idée politique » (p. 143), et auquel la « politique » est tout aussi « étrangère que la morale ou la logique » (p. 159). Un être absolument incapable de prendre une décision. De qui s'agit-il ? Adam Müller (1779-1829), le « romantique de la politique » ? Le « romantique » tout court ? Ou l'univers romantique ?

Tout concourt à démontrer que l'auteur dont il est question dans ce livre n'était pas tout à fait un homme. *Expressis verbis*, lorsque sa « passivité si peu masculine » (p. 112) est mise au pilori, elle s'explique assurément par « sa nature féminine, végétale » (p. 113), c'est-à-dire par une « disposition psychique et physique » qui le « rend entièrement tributaire de son affect » *(ibid.)*, et non de l'idée ou de l'action.

Outre ce manque complet de défenses contre les influences étrangères et les suggestions, outre ces opinions et positions inconstantes, la tare maîtresse de notre sujet, c'est sa faconde, son « amour de la conversation », une éloquence qui, bien entendu, est tout entière le jouet de l'affect, qui n'exprime pas des idées et des concepts, mais des « humeurs » et des « associations », c'est-à-dire des paroles qui n'ont finalement pas de signification parce qu'elles sont « privées de leur contenu objectif » (p. 125). Des paroles qui ne sont pas suivies par des actes.

Lorsque, dans tel passage, on lit à propos du malheureux Adam Müller « Sa *faculté maîtresse**, c'est la rhétorique [2] » (p. 119), il ne s'agit pas là d'une vaine enjolivure. Pourquoi tout

---

1. PR, p. 28 ; toutes les citations suivantes sont extraites du même ouvrage.
2. Souligné par N. Sombart. [N. d. T.]

d'un coup « faculté maîtresse », en français, et non pas *Haupteigenschaft* ? Chez les hommes d'Allemagne, on se sert du français pour les sujets scabreux. Et, parmi les connotations du français, il y a celles qui sont érotiques. C'est quelque chose d'équivoque qui est ici signalé et suggéré, consciemment ou inconsciemment. Le « moment sexuel » projette ses lueurs. Le terme « maîtresse » déteint sur le terme « rhétorique » et le rend futile et suspect. Et lorsqu'il est même question du *bel canto* stylistique (p. 119), alors les associations sont laissées à leur libre cours, et le champ sémantique se débride : *bel canto*, cantatrice, actrice, demi-monde, pègre, – et de là à la *« prostituta en una taberna »* dont nous ferons bientôt la connaissance, il n'y a qu'un pas. Et d'entendre qu'une telle faconde mène à une « incroyable promiscuité des mots » (p. 23) ne nous surprendra pas. En bonne et due place, on a lâché là un mot dangereux et accrocheur *.

Faisant pendant à ce tableau, la remarque suivante était apparue un peu avant dans le texte : « dans l'anarchie romantique, chacun peut se forger son monde » (p. 24). « En chaque romantique, on peut trouver [...] des exemples d'un sentiment du monde anarchiste. » À quoi s'ajoute promptement le troisième attribut d'importance : un « panthéisme qui, au fond, sur le plan des sentiments, est toujours d'accord avec tout et donne à tout son approbation » (p. 110 et 112). Promiscuité, anarchie, panthéisme (« une manière amorale de comprendre tout et son contraire », p. 112), de quoi est-il donc question ? Il s'agit de la sainte trinité du règne des femmes et des manifestations de désordre moral, conceptuel et social qui sont le propre de ce règne, ne connaissant ni Dieu ni maître, ni loi ni norme et qui trouvent ses racines, en fin de compte, dans un déchaînement de la sexualité polymorphe que rien n'inhibe.

Sans anticiper sur des considérations que nous exposerons plus tard plus en détail, nous pouvons observer que l'instruction menée par Carl Schmitt contre « Adam Müller et consorts » suit une pente manifeste. Toutes les analyses suivent la même direction. Ce qui se donne pour une recherche sur un phénomène de civilisation européen du point de vue de l'histoire intellectuelle se révèle être un acte d'accusation, dont l'argumentation est agencée de manière à imputer à l'adversaire une grave insuffisance, un défaut psychique et physique, une infirmité, une maladie voire une tare secrète. Tout y concourt à prouver chez lui l'existence d'« attributs féminins ». Tandis que Carl Schmitt feint d'appréhender dans son principe le plus secret un « produit

---

* En allemand, *Promiskuität* a un sens directement sexuel. [N. d. T.]

aussi contradictoire et trompeur que le romantisme » (p. 27), il dresse en fait un catalogue de tous les préjugés misogynes en faveur à son époque, portant sur la « nature de la femme », son infériorité et par-dessus le marché sa fourberie. On n'est pas très éloigné de Möbius * et de Weiniger, ni même de Sigmund Freud (« Que veut la femme ? »). Il faut se rendre à l'évidence : Romantisme, ton nom est Femme ! Seulement, il n'est nulle part question de femmes dans l'opuscule de Carl Schmitt.

Le lecteur ne pourra donc plus douter qu'Adam Müller, sans être un homosexuel déclaré, avait néanmoins de fortes « dispositions » à l'homosexualité. Lorsque nous apprenons que cet homme qui a tant de goût pour la conversation donne le meilleur de sa personne « dans un cercle d'amis et de connaissances dont les sentiments de chaleureuse sympathie, la présence physique et les affinités intellectuelles le vivifient » (p. 119 s.), et que le lieu privilégié de la conversation est « la communauté qui est de fait toujours supposée présente », ce qui veut dire « la proximité immédiate, de corps et d'âme, d'amis et de gens aux convictions identiques » (p. 131), il s'agit là non pas d'aperçus psychologiques accessoires, mais d'insinuations, repérant la perle dans la verroterie. Cet Adam Müller, qui ne se maria jamais et n'en était pas moins le sempiternel protégé de dames fort bien nanties (« des filles de banquier berlinoises », p. 21) et de protecteurs au bras long, et qui était attiré par la vie et le gîte en commun avec d'autres hommes avait manifestement toutes les qualités positives et négatives du bel esprit et homme de lettres homosexuel. S'il ne figure pas sur la liste des vedettes dressée par Magnus Hirschfeld, c'est certainement pour la seule raison que sa réputation n'aurait pas justifié qu'on en fît état pour montrer quel nombre vraiment considérable de têtes renommées cultivaient ces penchants.

Il faut se demander contre qui on procède ici avec une rigueur aussi impitoyable et aussi inquisitoriale. Qui doit-on démasquer ici et mettre hors d'état de nuire ? Et quelle est la nécessité d'un tel procès dans les années 1915-1917 où ce pamphlet fut rédigé, en pleine guerre mondiale donc ? Pourquoi prouver à un homme mort en 1829 qu'il n'en était pas un ?

Le livre s'intitule : *Romantisme politique*. Une de ses dernières phrases en résume la thèse centrale : « Le romantisme politique s'arrête là où commence l'activité politique » (p. 162). Car la nature de la politique est l'action, et celle du romantisme

---

* Paul Möbius, médecin et « sexologue » de la seconde moitié du XIXᵉ siècle, et dont le livre *Über den physiologischen Schwachsinn des Weibes* avait fait grand bruit. [N. d. T.]

« un passéisme inconditionnel, annihilant toute activité »
(p. 161), plus précisément « un passéisme sans virilité »
(p. 112). Politique et romantisme, tels que Carl Schmitt les
comprend, sont sans commune mesure ! Tel est le résultat de
sa démonstration.

Nous ne déformerons pas le propos de Carl Schmitt, si nous
posons comme principe que sa polémique ne vise ni le romantisme comme phénomène historique ni la figure historique
d'Adam Müller. Schmitt a en tête le « type » que cet énergu-
mène représente de manière si exemplaire, à savoir : l'homme
« féminin et efféminé » qui ferait mieux de ne pas toucher à la
politique. « Le romantisme est quelque chose de spécifiquement
moderne » lit-on (p. 147), mais il y va pour Schmitt, nonobstant
toutes les ramifications et corrélations européennes de ce phénomène, de quelque chose de spécifiquement allemand. Adam
Müller, le romantique de la politique, présente la figure de la
mauvaise politique dans sa quintessence. La polémique est dirigée contre le risque de voir s'incarner le principe Adam Müller
dans le domaine de la politique allemande. Elle est dirigée
contre l'Adam Müller qu'il y a en tout Allemand. Et par là, bien
entendu, elle est aussi dirigée contre l'Adam Müller qu'il y a
en Carl Schmitt.

Dénoncer le « romantisme politique » comme un danger politique pour l'Allemagne, le dénoncer comme un danger guettant
la politique allemande, c'est là, en 1917, un propos qui va bien
au-delà des objectifs ordinaires d'un essai universitaire talentueux et qui trahit une prise de position politique, au sens où
l'on distingue entre ami et ennemi.

L'humeur « occasionnelle », l'allure papillonnante, la jactance de l'indécis prisonnier de ses affects et jamais vraiment
prêt à agir pour de bon, réagissant impulsivement à la moindre
sensation, à la moindre suggestion appuyée et sujet à des
sautes d'humeur, ces traits d'inconséquence, cette incapacité à
trancher, cette passivité finalement, telles sont précisément les
objections toujours renouvelées depuis Bismarck par les
hommes d'Allemagne à l'encontre de Guillaume II, dont la
passivité maniaco-dépressive, poussée jusqu'à l'apathie et au
dénigrement de soi pendant la guerre, paraissait justifier leur
critique, bien plus que son style de gouvernement pendant les
longues, les bien trop longues années de paix – un style
impulsif, rhétorique, guignant toujours l'effet et hautement
subjectif.

Le Reich a-t-il perdu la guerre mondiale parce qu'il avait à
sa tête un « romantique de la politique », un gonze efféminé ?
Si tel était le cas, il fallait en finir. Et c'était alors, en 1917,

pour un bon Allemand, une obligation patriotique que de se faire publiciste pour dévoiler les raisons d'une telle impéritie.

Par la thèse qu'il pose *a contrario* – à savoir, les romantiques de la politique font de la mauvaise politique et sont absolument inaptes à la politique, parce que ce ne sont pas de véritables hommes ou, inversement, une politique correcte, donc non romantique, ne peut être faite que par de vrais hommes –, Carl Schmitt prend position dans un conflit politique d'une actualité brûlante. Sa thèse atteint le cœur de la problématique politique de l'Allemagne wilhelminienne à l'heure de son déclin.

Le « romantique sur le trône des Césars ».

Je soutiens que le texte *Romantisme politique*, dans ses intentions politiques, s'il n'est pas dirigé directement contre Guillaume II, entretient en tout cas un rapport essentiel à l'Altesse, le Kaiser, en sa qualité de détenteur du pouvoir de décision suprême dans le Reich allemand.

Une note au bas de la page 147 de ce pugnace opuscule est l'indication ténue qui met sur la voie le lecteur attentif. Ce n'est pas la dernière fois que nous trouverons dans une note la clef des intentions véritables de Carl Schmitt. Il s'agit dans ce texte d'une exploitation « typiquement romantique » du matériau historique, à savoir la mise en parallèle de personnalités historiques. Comme en passant, dirait-on, il est fait mention de l'exemple le plus récent de ce genre de parallèle historique : le livre de l'essayiste français André Suarès *La Nation contre la race* [1]. Ni dans le corps du texte ni dans la note, on ne nous révèle de quel parallèle il s'agit. Or, dans ce passage très précisément, et uniquement dans ce passage, le discours – l'histoire des idées – touche à l'actualité historique. Comme quiconque peut s'en persuader qui se donne la peine de revenir sur le contenu de la discrète référence, il s'agit d'un parallèle entre Néron et l'empereur Guillaume II ! Le long discours consacré au « romantique sur le trône des Césars », entamé ici et qui fait partie sans aucun doute des passages les plus brillants du *Romantisme politique*, ne dévoile sa vraie signification qu'à un esprit averti. Il en va de même des précisions sur la mise en parallèle de personnalités historiques en général, et en particulier, celle d'empereurs romains et de princes contemporains comme trope « romantique ». Julien l'Apostat n'a pas le

---

1. Le livre fut publié en 1917 (!) à Paris. Mais quand est-il parvenu à Carl Schmitt ? pendant la guerre, à Munich ou à Strasbourg ?

moindre rapport avec Adam Müller, son rapport avec les Hohen-zollern n'en est donc que plus étroit.

On pourrait penser qu'en 1919, la philippique de David-Frie-drich Strauss contre Frédéric-Guillaume IV, publiée à Mann-heim en 1847, était depuis longtemps tombée dans l'oubli et présentait plutôt l'intérêt d'un document d'archives pour de studieuses recherches scientifiques. Tout au plus se souve-nait-on peut-être encore vaguement du *Caligula* de Ludwig Quidde (1892) comme d'un échantillon de ce genre littéraire. Mais c'était loin déjà ! La mise en parallèle de Guillaume II avec son grand-oncle appartenait en fait au registre polémique des invectives adressées au Kaiser, dont Maximilian Harden s'était fait une obligation patriotique dans sa revue, *Die Zukunft*.

Le 11 mai 1907, Harden, sous un titre éloquent, *Dubiosa*, met sous presse le portrait du « romantique sur le trône », que Heinrich von Treitschke avait décrit dans son gigantesque ouvrage d'histoire. C'était un livre qui battait tous les records en matière de partialité du jugement égaré par le subjectivisme. Le 24 août 1907, il introduit une citation de Sybel : « *Friedrich Wilhelm IV était pénétré d'une haute idée de l'esprit et du sentiment de sa personne ; mais même ses admirateurs les plus ardents n'ont jamais tenu qu'il eût le sens de la* Realpolitik *ni qu'il eût une nature de soldat*[1]. » Le parallèle auquel Harden voulait ici « faire allusion » était le suivant : le Reich allemand de Guillaume II aurait subi à Algésiras une déconfiture encore plus sévère que la Prusse de Frédéric-Guillaume IV à Olmütz. La politique non romantique est la *Realpolitik*. Mais il nous faut maintenant connaître l'histoire de ce roi.

La « tablée de Liebenberg ».

Mettre en parallèle un Kaiser avec un « Müller qui vit des rentes paternelles », voilà qui eût été un peu fort de café. « Le jeune dilettante berlinois[2] », voilà tout au plus la formule appli-cable aux deux personnages (telle était à peu près l'opinion que Bismarck, professionnel de la politique, se faisait du jeune mon-sieur). Non, dans la polémique contre le « romantique de la politique », il y va déjà de quelque chose de plus que de la critique de la personne du monarque, à la manière du *Caligula* de Quidde. Il s'agit de quelque chose de plus que la critique

---

1. Maximilian HARDEN, « Wilhelms Höhe » (24 août 1907), *Die Zukunft*, vol. 60, Berlin, 1907, p. 282 s. [souligné par N. Sombart].
2. PR, p. 124 [souligné par N. Sombart].

d'un style politique. En définitive, il y va d'une analogie d'un système politique qui rendait ce style possible, et dans cette mesure d'un problème de théorie de l'État et de droit constitutionnel.

La critique adressée au Kaiser sur le plan intérieur se concentrait sur un point : la nature du pouvoir qu'il exerçait du point de vue du droit public. Comment gouvernait-il ? Quelles étaient ses prérogatives légales ? Avec qui gouvernait-il ? Quel était le rapport des obligations prévues par la constitution (restrictions) et des prérogatives de la dynastie royale ? Comment fonctionnait l'instance de décision suprême ? Où était le *locus decisionis* ? Il y avait là manifestement quelque chose de « louche ».

Dans l'éditorial de la revue *Die Zukunft* du 18 avril 1908 (« Chronikon »), où il est fait allusion aux « conseillers officieux de la couronne », il ne s'agit, notons-le, que des conseillers de Frédéric-Guillaume IV. Nous trouvons dans un article du 6 juin 1908 (« Dissolving Views ») : « Une politique romantique de feu follet ne saurait porter des fruits appétissants et nourrissants. » C'est de nouveau Frédéric-Guillaume IV qui est en cause. Il est traité de « romantique de la Spree », que les Anglais ne prennent pas au sérieux : « Trop peu battant et l'esprit trop porté à la coquetterie. »

Tous ces exemples proviennent de la période où Harden était passé à l'attaque en règle contre le régime impérial et, quittant sa « turne de rédacteur » de Grunewald, avait transporté ses batteries dans les prétoires. C'était l'époque désastreuse des procès contre le comte Moltke et le prince Eulenburg, procès qui allaient ébranler le II\ee\ Reich jusque dans ses fondations. La personne du Kaiser était tabou et protégée par la constitution et le droit public. Il ne pouvait jamais être question de lui qu'indirectement. On ne pouvait l'atteindre qu'en attaquant les hommes de son entourage immédiat, ceux qui jouissaient de son entière confiance. Le parallèle avec Frédéric-Guillaume était une arme dans ce combat détourné, où il n'y avait pas de pardon.

Mais, chez Carl Schmitt, le jeu romantique des parallèles historiques est redoublé. En interrogeant, armé d'un stupéfiant appareil scientifique, la signification pour l'histoire intellectuelle du parallèle depuis longtemps révolu entre un empereur romain et un roi prussien, il suggère, mine de rien mais sans ambiguïté, un autre parallèle autrement plus actuel, celui entre Frédéric-Guillaume IV et Guillaume II. La note de bas de page est le clin d'œil de l'augure.

Derrière le Kaiser, dans l'ombre, se tiennent d'étranges « hommes d'État », un en particulier, à tu et à toi avec Guillaume, l'appelant, certes, officiellement et respectueusement

« Majesté », mais, dans le cercle des intimes, *Liebchen* (mon chou) : c'est Philipp von Eulenburg, Phili pour les intimes et pour le Kaiser.

« Cet homme m'a toujours dit », déclare Harden en 1908 (l'« homme » en question, c'est Bismarck), « le Kaiser, comme personnalité politique, vous déplaît par bien de ses traits essentiels ; à moi aussi. Mais croyez-moi : neuf dixièmes de tous ces aspects déplaisants, si ce n'est tous, passeraient inaperçus si Philipp Eulenburg n'avait pas placé sa tribu près de lui. Des gens répugnants. N'ayant rien à voir avec nous. Des sentimentaux, des superstitieux qui craignent les fantômes. Des étrangers aux austères vérités de la vie politique et sans les nerfs solides des sujets valeureux dont a besoin une grande nation. La plupart, par-dessus le marché, sont sexuellement déviants, et pas nets. Il y a là des connexions et des atomes crochus qui échappent complètement à des gens comme vous et moi [1]. »

Le portrait que Carl Schmitt brosse d'Adam Müller comme prototype du « romantique politique » ressemble à celui que fait Maximilian Harden de Philipp von Eulenburg, surpassant presque tout ce qu'on peut imaginer en matière d'infamie, de prétention et de parti pris, et qui ne fait que reprendre les insinuations lancées par Bismarck sur la place publique. Les œuvres d'Eulenburg sont « les produits d'un dilettante médiocre [2] », son activité de diplomate « une politique d'opérette », « une politique de romantique changeant fiévreusement ses plans » (p. 181). Et peut-on escompter autre chose de la part d'un homme qui chante ? *(Bel canto !)* Apparemment, même dans les couloirs du palais, on le surnommait le « bouffon de la cour ». Son style contraignit le baron « von Holstein, à qui la politique romantique ne disait vraiment rien » (p. 195) à prendre ses distances envers l'ambassadeur. Et bien sûr, il n'avait « pas la moindre endurance pour le travail monotone, auquel manquent tous les stimulants de l'émotion et du coup de théâtre » (p. 172). « Jamais il ne s'est attelé à une tâche pour l'amour de la chose. Jamais il n'a voulu une action qui se prolongeât dans l'universel » (p. 198), ainsi que se lamente Harden. « Des mots, toujours et rien que des mots » (p. 196 s.). « Est-il encore capable de sensation véritable ? » (p. 197). Non. Il est de mauvaise foi, roué jusqu'à la moelle. Bismarck l'appelait « le beau parleur

---

1. Voir Hugo FRIEDLÄNDER, *Interessante Kriminal-Prozesse von kulturhistorischer Bedeutung. Darstellung merkwürdiger Strafrechtsfälle aus Gegenwart und Jüngstvergangenheit*, Berlin, 1911, p. 351 s.
2. M. HARDEN, *Köpfe*, 3 vol., Berlin, 1923, vol. III (Procès), p. 173 ; toutes les citations suivantes sont extraites du même ouvrage.

romantique » ! « Comme politique, à ne pas prendre au sérieux ! » (p. 169 s.)

Il ne nous importe pas d'apprécier le rôle politique d'Eulenburg, c'est-à-dire la figure véritable du prince Eulenburg travaillant à sa défense dans son émigration intérieure au château de Liebenberg, et tout à sa correspondance avec des professeurs allemands, tandis que Carl Schmitt rédige son essai mordant. Il nous importe plutôt de considérer l'image que se faisait de lui un Maximilian Harden et qu'il catapulta sur la scène publique du Reich wilhelminien. Pour lui, Phili était le « romantique politique » *par excellence**, l'*alter ego* du Kaiser. C'était l'ombre du prince, un mauvais génie qui, au sommet du pouvoir dans le Reich, occupait le poste de conseiller le plus important. Ce sont lui et ses semblables qu'il faut rendre responsables de ce que Son Éminence, l'Intouchable, mène une « politique romantique » au lieu de faire de la *Realpolitik.*

Derrière « Adam Müller et consort », nous voyons nettement se dessiner les contours du « consortium de Liebenberg ». « Nous menons, dans le Reich allemand, une politique à l'eau de rose et bien trop molle [1] », accuse Harden. « Une des causes de cette politique de mollusque, je la voyais [...] dans le fait que [...] des hommes, des hypocondres de tout acabit, s'étaient regroupés autour de la personne du monarque [2]. » Hypocondrie, pathologie, absence de moralité, anomie. Des hommes « qui se voient contraints de dissimuler aux yeux du monde leurs vraies dispositions sous un masque [3]. » « Ces messieurs ont tenté d'entraîner le petit-fils de Guillaume le Modeste dans un romantisme [...] malsain. » C'est par eux qu'« une atmosphère s'est formée qui a rendu possible une politique si inconsistante, si molle. » Contre elle, Harden a mené une lutte sans merci pendant presque vingt ans, lutte qui culmina dans une série de procès qui secouèrent le Reich. « Au nom du Kaiser, nous devons être de *vrais* hommes, cela nous est imposé ! »

Nous savons ce dont il s'agissait : il s'agissait du soupçon de l'homosexualité. Le cercle de Liebenberg était une « camarilla de gitons » (c'est-à-dire de pédérastes). Le mot « gitons » *(Kinäden)* est dû à Bismarck et pourrait lui avoir servi d'euphémisme pour le cas où il aurait tenu à ne pas s'exprimer de manière trop

---

1. M. HARDEN, procès Moltke contre Harden, 1ᵉʳ juin 1909, *Die Zukunft*, vol. 63, Berlin, 1908, p. 167.

2. *Ibid.*

3. Voir H. FRIEDLÄNDER, p. 209 ; pour les citations suivantes, voir respectivement p. 348, 349, 229 et 279.

crue, « en homme qui ne mâche vraiment pas ses mots [1] ». Il y allait du délit prévu par l'article 175 du code pénal. Et ce n'était assurément pas pour de quelconques raisons de moralité – Harden s'en était toujours défendu –, mais parce que « l'homme dont le caractère se tempère de féminité n'est absolument pas fait pour les besognes de la politique [2] ». Seuls de « vrais hommes » sont à même de faire une véritable politique. C'est son intime conviction qui a inspiré à Harden ses offensives contre Eulenburg et le « cercle de Liebenberg ». Porté par elle, il revendiquait comme son devoir politique et patriotique de libérer le Kaiser de ces « conseillers si peu virils, mollassons efféminés » qui le coupaient de la réalité et l'empêchaient de conduire une *Realpolitik* active.

Si nous admettons qu'il rentrait dans les desseins politiques de Harden, ainsi que le formula dans sa première grande plaidoirie son avocat, le *Justizrat* Bernheim, d'« exterminer des hommes en leur qualité de politiques », des hommes qui, « en tant que politiques, méritaient qu'on les anéantît [3] », de ces hommes qui ne sont pas prêts à tirer « l'épée en cas d'urgence » et ne sont donc pas des « soldats » (procès Kuno von Moltke de 1907), on ne peut alors écarter l'idée que le procès intenté par Carl Schmitt au malheureux Adam Müller faisait écho aux grands procès. Ceux-ci se déroulèrent justement dans les années où le jeune Schmitt faisait ses premiers pas à l'université de Berlin et où, ardent juriste en herbe, il les suivait non seulement dans les comptes rendus de la presse, non seulement dans les articles de la revue *Die Zukunft* qu'à l'époque tout intellectuel allemand lisait, mais peut-être aussi dans le prétoire « du vieux bâtiment de Moabit ». Ces procès ont marqué sa génération, ils ne peuvent manquer d'avoir laissé une impression des plus vives au jeune homme alors âgé de vingt ans à peine. « Il faut se prémunir contre le danger qui menace la nation [4] ! »

L'homosexualité comme politique.

On ne saurait exagérer la signification politique de ces procès. Plus que n'importe quelle autre crise de politique intérieure ou extérieure, ils ébranlèrent le Reich allemand dans ses fonde-

---

1. M. HARDEN, « Schlussvortrag » (Discours de clôture), 9 novembre 1907, *Die Zukunft*, vol. 61, Berlin, 1907, p. 204.
2. H. FRIEDLÄNDER, p. 320.
3. *Ibid.*, p. 172.
4. M. HARDEN, « Prozessbericht II » (Chronique judiciaire II), 16 mai 1908, *Die Zukunft*, vol. 63, Berlin, 1908, p. 237.

ments et contribuèrent de manière décisive à ruiner la confiance que l'on portait à la monarchie et au monarque, à la couche dirigeante et à son art dans la conduite des affaires. Jamais l'affaire du *Daily Telegraph* n'aurait pu prendre les dimensions d'une véritable crise d'État sans les procès Harden à l'arrière-plan. Ils forment un tout. Ce sont des symptômes du même malaise, des batailles de la même guerre ! Il ne s'agit pas de questions sociales ou économiques, de colonies ou de course aux armements, de controverses d'ordre militaire ou constitu-tionnel, mais du danger effroyable que faisaient courir au Reich des hommes qui n'en étaient pas vraiment, c'est-à-dire des hommes au « tempérament sexuel contraire aux normes » (*Köpfe*, p. 170).

On avait touché là au point sensible de l'« organisme poli-tique ». Le problème de l'homosexualité, dans sa version spé-cifiquement allemande, était de fait, dans l'Allemagne wilhel-minienne, la question politique centrale. Pour nous familiariser avec cette idée, il nous faut tenter de trouver une réponse à cette question : pourquoi, aux yeux de Harden, les homosexuels constituaient-ils, pour le Kaiser et pour le Reich, un « malheur pour la nation [1] », un danger tel que le combat contre eux était une fin qui justifiait tous les moyens ? Partant de ses articles et des minutes du procès, on peut révéler trois niveaux dans la démonstration.

Premièrement, le rapport des homosexuels à la réalité est brouillé. Des hommes « obligés de masquer au monde leur fond véritable » peuvent, de par leur « fausseté intrinsèque [...] causer de gros dégâts [...] s'ils se rassemblent en quantité notable autour de la personne du monarque et lui donnent une image fausse de la situation réelle [2] ». Harden parle d'un « égarement fatal quant au véritable état de choses ». Une telle situation se produit avant tout quand ils sont nombreux à s'assembler autour de l'« Altesse ». Donc, on trouve chez les homosexuels une déformation de la faculté de perception devant conduire, quand ils exercent une fonction de conseillers, à des lacunes en matière d'information.

De plus, pour défendre les intérêts de leurs semblables, et non des « intérêts objectifs », les homosexuels sont soudés par des liens de solidarité incontrôlables et inintelligibles à ceux qui n'appartiennent pas à leur société. Ils n'ont jamais d'intérêts objectifs, mais seulement de nature privée. Et, de toute façon, ils forment une « communauté » de conjurés. Quand leur « cénacle

---

1. Voir H. FRIEDLÄNDER, p. 349.
2. *Ibid.*, p. 209 s. ; la citation suivante, p. 349.

amical » fait cercle autour du monarque, ils ne laissent plus approcher personne et font de lui leur prisonnier, leur otage. « Nous avons forgé un anneau autour de lui », avait déclaré à la légère et sans se douter de rien le comte Moltke. Harden déduit : « Cela crée une communauté qui, pour l'autre », que son rang met plus haut, « n'est pas visible. Il existe alors une coterie dont l'autre, celui qui prend les décisions, ne devine rien. » Elle donne à l'être tout entier sa « forme fondamentale [1] ». Les homosexuels isolent ainsi le monarque et le soustraient à l'influence des conseillers « responsables ».

Troisièmement, les liens de solidarité homosexuelle transgressent les barrières de classe. Le prince rejoint le pêcheur, le général l'officier d'ordonnance. Du temps déjà où il était conseiller référendaire, Bismarck avait observé « les effets de nivellement de la pratique collective des choses interdites, au sein de toutes les couches sociales [2] ».

Mais la « *c[och]onfrérie** » des gitons franchit aussi les frontières nationales. Ce qui est pire encore. Comme les conseillers du plus haut personnage de l'État détiennent nécessairement des secrets, surgit là un risque pour la sécurité. Les relations du prince Eulenburg avec le diplomate français Raymond Lecomte, un oncle de Jean Cocteau, illustrent les dangers effroyables liés à cette situation. Pour Harden, via les relations homophiles entretenues par les deux hommes – « à l'heure périlleuse où il y allait de la guerre et de la paix » –, une ligne de communication s'était établie, par laquelle les affaires les plus secrètes de l'État allemand parvenaient à la connaissance de l'étranger, de l'ennemi ! Harden se lança dans l'action au moment où il apprit que, sur l'invitation d'Eulenburg, Lecomte (simple conseiller d'ambassade) s'était entretenu avec le Kaiser à Liebenberg. La « tablée de Liebenberg » était ainsi prévenue de haute trahison ! Une fois encore, on put apaiser Harden lorsque Eulenburg, pour échapper au scandale qui le menaçait, accepta de disparaître à l'étranger. « Mais le romantique revint d'exil » (17 novembre), et l'on jasait fort : « Phili devrait obtenir un poste de gouverneur en terre impériale, et Lecomte passer au Quai d'Orsay [3] ! » C'en était trop. La position d'intransigeance absolue de Harden envers la France faisait partie de ses idées fixes. Qu'on imagine le résultat : deux homosexuels liés d'amitié, l'un en Alsace,

---

1. *Ibid.*, p. 246.
2. M. HARDEN, *Köpfe*, p. 182.
3. « Et, chez nous, ce seraient deux vieux amis, des homosexuels, qui, à l'heure du péril suprême, couperaient l'herbe sous le pied des responsables » (M. HARDEN, *Köpfe*, p. 186). « On avait porté atteinte au patrimoine juridique national » (*ibid.*, p. 185 s.).

l'autre à Paris ! « Nous aurions alors les périls du romantisme sur notre flanc le plus menacé [1] ! » Il faut supposer que Carl Schmitt avait pris ce danger au sérieux autant que Maximilian Harden et que des franges très étendues de l'opinion publique allemande.

Mais c'est le naturel passif de ces hommes efféminés que rien ne portait aux choses de la guerre qui attisait les soupçons. Ils font une « politique » par trop « mignarde et flasque », car, ainsi qu'ils le disent, « nous ne rêvons pas de mettre le feu au monde, nous avons bien assez chaud comme ça » (30 avril 1907) [2]. Ils veulent la paix, ces gaillards sont des « hérauts exaltés de la paix [3] ». Il n'y a rien de carré en eux. Ils veulent le compromis et recherchent des solutions quiètes et apaisantes, par opposition à la politique dure des vrais hommes qui envisagent fièrement et froidement le risque de la guerre, ne cèdent pas d'un pouce, ne tolèrent pas d'« humiliation » et n'encaissent pas de « soufflets ».

Le pire reproche que Harden pouvait faire au Kaiser et qu'il lui fit dans un éditorial du 6 avril 1907 [4] intitulé « Guillaume le Pacifique » – au sommet de sa série de mercuriales –, fut d'avoir deux fois reculé « dans une tempête où nous pouvions tenir tête en toute confiance ». Il était donc incapable d'agir et sans talent pour l'action résolue. « Pacifiste et timide », tel était, en français, le sous-titre du texte : autant valait prononcer une condamnation à mort.

Le syndrome de Harden.

Mais quel était donc ici l'enjeu ? Voici comment il faut se représenter les choses. Harden n'était pas seulement fasciné par le Kaiser, il était aussi amoureux de lui. Il n'avait pas pu lui résister. Il voulait, comme les autres, ressembler au Kaiser et être blond, distingué, beau, riche et puissant, c'est-à-dire un individu souverain. Il s'agissait là d'une fixation éminemment érotique allant jusqu'à l'identification sans réserve. Toute sa vie de journaliste, Harden (qui s'imaginait être un « homme politique ») n'avait tendu qu'à un seul but : attirer sur lui l'attention du Kaiser, lui montrer qu'il était du même rang et se rendre par

---

1. M. HARDEN, dans *Die Zukunft*, vol. 60, Berlin, 1907.
2. *Ibid.*, 23 avril 1907.
3. « Schlussvortrag » (Discours de clôture), 9 novembre 1907, *ibid.*, vol. 61, Berlin, 1907, p. 206.
4. « Wilhelm der Friedliche » (Guillaume le Pacifique), 6 avril 1907, *ibid.*, vol. 60, Berlin, 1907.

là aimable. C'est que chacun jouait des pieds et des mains pour être distingué par l'aimé. Tout jeune homme encore, Harden avait offert ses services à Son Altesse. Ce ne fut que lorsque ses avances ne furent pas payées de retour qu'il entra en relations avec Bismarck. Au lieu de devenir le *ghostwriter* du Kaiser, il en fut l'ennemi le plus implacable. Son journal, *Die Zukunft*, doit être lu comme le texte d'une cour faite durant trente ans. Comme dans la danse des sept voiles, chaque article est agencé de manière à retenir bon gré mal gré l'attention de l'Altesse qui, « dans l'empyrée auréolé de lumière », a son séjour en d'« inaccessibles altitudes ». Ce à quoi Harden aspirait le plus, c'était d'être aussi proche du Kaiser que les autres, ces privilégiés, les princes et comtes, les officiers de la garde et aides de camp. Tous ses efforts visaient à larder ces rivaux de coups de poignard. « Je ne porte sans doute pas la sémillante tenue », se plaignit-il une fois pendant les procès, « mais je suis le meilleur patriote. » C'était lui, et non pas eux, le conseiller qui convenait au Kaiser et devait être choisi par lui ! Et finalement, il crut bien avoir réussi, car il avait « libéré » le Kaiser de ses faux amis. C'était « chose faite » !

De par cet « acte de libération », il croyait sérieusement avoir fait du Kaiser son obligé, et était assuré qu'on allait lui manifester sa gratitude et le complimenter, lui offrir un poste de ministre, une ambassade ou le décorer. Un titre de noblesse ? « Prince Maximilian Harden », cela ne sonnerait vraiment pas si mal. Harden lui-même rapporte qu'il a choisi son « nom de guerre » pour sa consonance avec *hart* (« dur », par opposition à *weich*, *weichlich*, « flasque », « mou », et naturellement à *weiblich-weibisch*, « féminin-femelle ») et avec « Hardenberg », le ministre-président de la Prusse, le prince von Hardenberg (et non, pourrait-on croire, pour sa référence à Novalis). Sur le plan sociopsychologique, il est bien sûr possible d'interpréter cette histoire comme une lutte de pouvoir. La lutte de Harden pour obtenir les faveurs du Kaiser contre celui de ses conseillers en qui il plaçait le plus de confiance, Philipp von Eulenburg, comprend aussi cette dimension. Il y avait d'un côté les nobles palatins du puissant seigneur de pur style féodal, qui étaient tous membres de la caste aristocratique et guerrière du Reich, et de l'autre, l'homme de lettres bourgeois, le Juif assimilé qui n'a en propre que son intelligence, son « éducation » et son ambition.

Ici aussi, dans un contexte typiquement berlinois, la dynamique de l'émancipation des Juifs radicalisait, comme à Vienne, l'exigence de participation de la bourgeoisie de la classe moyenne et sa volonté d'avoir part au pouvoir politique, mais se heurtait, ici comme là-bas, à la résistance de la classe supérieure, l'aristocratie, qui n'entendait pas renoncer au monopole de la domination. Néanmoins, si l'on en restait à ce niveau d'analyse, l'explication du phénomène Harden serait manquée. Du plan socio-psychologique, il faut maintenant passer à celui de la psychologie des profondeurs, de la « pathologie sexuelle ».

Harden n'« aimait » pas le Kaiser au sens métaphorique, comme on pourrait le penser, mais dans l'acception précisément homophile du terme, comme Eulenburg. Pour l'un et l'autre, le Kaiser était le « héros viril » au sens du modèle viril de société conçu par Blüher *. Seulement, ce qui était pour l'un une relation d'amitié positive, pleinement vécue, se pervertit pour l'autre en une relation négative de haine, en une intense inimitié.

Ami-ennemi : cette polarisation trouvait ses racines dans le refoulement des pulsions érotiques qui fonde la fixation de l'objet sexuel. L'identification au Kaiser se transforma en une identification négative, l'admiration passionnée en un rejet passionné, et l'éloge dithyrambique en une critique acerbe. Néanmoins, même si perçaient encore les avances amoureuses à l'« Altesse » – moi, Maximilian Harden, je suis l'authentique, le vrai, le véritable *ami*, par opposition au rival à qui la préférence avait été donnée –, la cour amoureuse prit la forme inversée de la persécution. Cette véhémence de la poursuite plonge ses racines dans l'autorépression de chaque pulsion homo-érotique. Harden devait persécuter ce qu'il lui fallait réprimer[1]. La négation de sa composante homosexuelle propre fit de lui le persécuteur homosexuel type. Hans Blüher a précisément décrit ce « type de persécuteur » et la névrose de persécution qui en est caractéristique (à la suite de cette calamité qu'avaient été les procès Harden). Il s'agit d'un type « qui éprouve la plus indicible des aversions et des répugnances dans le contact avec ceux de son sexe, tout en leur étant passionnément soumis ». C'est à Blüher que l'on doit la formule : le combat contre les autres n'est que théâtre d'une guerre qu'on a fait basculer de l'intérieur vers l'extérieur[2]. Ce qui sonne presque comme une formule de Schmitt.

---

* Par des ouvrages publiés entre 1912 et 1919, Hans Blüher (1888-1955) a exercé une influence déterminante sur le grand mouvement de jeunesse allemand du début du siècle, la *Wandervogelbewegung*. [N. d. T.]

1. « La haine à l'égard des homosexuels est en quelque sorte la contrepartie normale du refoulement excessif des dimensions pulsionnelles homophiles – un refoulement exigé par la culture » (Martin Dannecker, *Der Homosexuelle und die Homosexualität*, Francfort-sur-le-Main, 1978, p. 47).

2. Hans BLÜHER, *Die Rolle der Erotik in der männlichen Gesellschaft. Eine Theorie der menschlichen Staatsbildung nach Wesen und Wert*, Iéna, 1921, vol. I, p. 148.

Georg Groddeck, dont nous entendrons encore parler, fut le disciple de Schweninger, le médecin personnel de Bismarck. Celui-ci fut l'un des témoins les plus importants des procès Harden, car, à cause de ses liens étroits avec l'ancien chancelier, il put confirmer ses propos sur les gitons et les « hommes des coulisses », rappeler l'opinion en laquelle Bismarck tenait le prince Eulenburg, et, par-devant tribunal, donner ainsi aux accusations de Harden toute l'autorité du père du Reich du haut de la position mythique que celui-ci occupait déjà à part entière. À ce propos, Groddeck écrit dans l'un de ses essais : « Je n'ai su que tardivement reconnaître que la haine contre l'amour éprouvé par des hommes pour ceux de leur sexe [...], que cette haine est à l'aune de la puissance des pulsions homosexuelles et de l'énergie dépensée à les refouler [1]. » Ce qui lui fait conclure : « Je tiens maintenant le refoulement profond de l'homosexualité pour une des strates essentielles de la manière de penser singulièrement unilatérale des Européens, dans le bon sens comme dans le mauvais. » Une idée que Groddeck formula à peu près en même temps que Hans Blüher, lequel, dans ses mémoires, analysa rétrospectivement l'affaire Eulenburg et le rôle qu'y joua Harden.

Le profond désir de Harden d'être au plus près du Kaiser prit ainsi la forme inverse du combat contre ceux dont il fantasmait l'« intimité » avec lui. Il projeta sur eux ce que son imagination lui soufflait de secrets désirs, et ceux-ci, inversant leur signe, rendirent détestable ce qui, d'abord, avait été aimable. L'intimité où les autres côtoyaient le Kaiser était son obsession. Se représenter ce qui « se passait » là dans le secret, dans les pavillons de chasse, dans les couloirs du palais, sur les yatchs de luxe dut le rendre malade de jalousie et d'envie. Telle que son imagination la lui faisait broder, l'« intimité » d'un Eulenburg avec le Kaiser était ce à quoi il aspirait le plus profondément, comme ces « chuchotements », ces « câlineries », ces « roucoulements » et « le suave criquet de cigales » qu'il ne cesse d'évoquer. Par toute la violence nécessaire au travail de répression de ces imageries, elles furent ensuite transfigurées en images de l'intolérable, de l'abject et, par-dessus tout, du mal absolu.

Or, c'était justement dans ce mal qu'il voulait s'introduire. « Plaise à ces messieurs de se retirer. » Si on lit Harden avec la même exactitude que le fit Karl Kraus [2], on peut reconstituer le

---

1. Georg GRODDECK, *Der Mensch und sein Es. Briefe, Aufsätze, Biographisches*, Wiesbaden, 1970, p. 139 ; la citation suivante, p. 140.

2. *Die Fackel*, n° 234-235, Vienne, 1907 ; reprint en 12 vol. (*Die Fackel 1899-1936*), Francfort-sur-le-Main, 1977.

déroulement de la chaîne de ses associations : les hommes (ceux qui dans l'ombre) (se tiennent) derrière le Kaiser, qui (sur le plan du droit constitutionnel) ne sont pas responsables (comme lui), les hommes de l'ombre et ceux de l'arrière, qui dans l'obscurité s'approchent par derrière du Kaiser, et le... et là vient la formule de Bismarck, celle qu'aucune minute du procès ni même Harden n'oseront coucher sur le papier, celle à cause de laquelle, au cours du procès, il fallut d'urgence prononcer le « huis clos ». La fixation sur le « derrière » de l'altesse, telle était l'obsession de notre Maximilian Harden – et pas seulement la sienne. Tous les ennemis du Kaiser en Allemagne étaient des névrotiques en proie à un refoulement massif. Et cette névrose du refoulement était le problème politique de l'Allemagne wilhelminienne.

« Un anneau magique s'est brisé. Les douces cigales et les hallucinés ne reviendront pas de sitôt [...] Le Kaiser est libre, et maintenant que, pour son bien, sa croyance en une politique romantique a été déçue, le voici avec toute une vie encore devant lui », exulte Harden le 20 juillet 1908 dans un article auquel il donne pour titre l'année de naissance de Carl Schmitt[1]. Comme on le sait, les choses tournèrent tout autrement. Les procès instruits contre la « tablée de Liebenberg » ne furent jamais menés à leur terme. Le seul résultat concret du point de vue juridique fut le jugement rendu le 29 octobre 1907 par le docteur Kern – juge de première instance, en sa qualité de président de la 188e section du tribunal de jurés au tribunal de première instance de Berlin-Mitte – dans le procès instruit pour offense à titre privé par le comte Kuno von Moltke contre l'écrivain Maximilian Harden. Ce jugement fut ensuite annulé pour vice de forme, mais il y figure la phrase suivante, on ne peut plus décisive : « d'un homme occupant la position tenue par la personne du plaignant, aussi longtemps que le paragraphe 175 a force de loi et que donc, même si ce n'est que sous la forme la plus extrême de sa pratique, il interdit l'homosexualité, on attend qu'il réprime une pulsion sexuelle de ce genre de telle manière que nul autre ne puisse la reconnaître[2]. »

C'était donc écrit noir sur blanc dans la loi et le jugement. Ce qui rendait ces hommes malades, c'était de devoir réprimer une pulsion sexuelle de telle sorte qu'elle ne fût reconnaissable par personne.

---

1. M. HARDEN, dans *Die Zukunft*, 20 juillet 1908, vol. 63, Berlin, 1908.
2. Voir H. FRIEDLÄNDER, p. 251.

Le soupçon d'homosexualité comme arme politique.

Mais comment réprimer cette homosexualité ? Le seul recours, dans ce cas, était Bismarck, la figure du père surdimensionnée, le grand patriarche, le phallus, – tel que le campe la statue de Hugo Lederer à Hambourg. Le père du Reich était installé en lieu et place du surmoi pour cautionner de tout son excédent monstrueux de poids le travail ardu du refoulement et de la censure. Le malheureux moi, malade d'amour, exposé aux à-coups des pulsions, trouvait là protection et appui. Tel était le rôle de Bismarck après sa démission. Il permettait de parer aux excès de passion que l'on pouvait éprouver pour le jeune et beau héros qu'était le Kaiser.

Bismarck avait concocté une image négative du Kaiser et décoché, après mûre réflexion, les traits empoisonnés qui, tôt ou tard, devaient atteindre mortellement Guillaume II. C'est à lui que l'on devait le parallèle avec le grand-oncle. Quoiqu'il n'en ait été question que dans le troisième tome des *Pensées et souvenirs* publié après la Première Guerre mondiale, Frédéric-Guillaume IV, dans les cercles hostiles au Kaiser qui venaient récolter leurs informations à Friedrichsruh, était un nom que l'on répétait souvent pour lancer une pique. Bismarck avait aussi mis au point la stratégie qui visait à mener la lutte non contre le monarque lui-même, mais contre ses favoris (pour Bismarck, les hommes qu'il rendait responsables de sa chute). Il fallut dix ans pour que Harden parvînt au bout de ses peines et pût apostropher son idole, et lui lancer dans l'au-delà un « Mission accomplie ! ». Il s'en est acquitté en public, dans la vieille salle du tribunal de Moabit. « Il se peut que bien des choses vous réussissent, mais faire tomber Eulenburg, ça jamais [1] », avait dit Bismarck au jeune journaliste, pour plus de précautions.

« Et pourtant si, ça a marché », lance-t-il triomphalement au juge. « Et les conséquences sont un baume pour le Reich et le Kaiser », se figurait Harden en 1909. Ce fut en fait le début de la fin.

La volonté de contester que Harden fût l'exécuteur de la vengeance de Bismarck, comme elle se manifeste dans les travaux les plus récents consacrés à Harden, appartient à la rubrique « Apologie de Bismarck à n'importe quel prix ». C'est un aspect de la résistance opiniâtre des Allemands qui refusent de détruire la figure paternelle qui pour eux incarne toute une époque. On ne veut tout simplement pas se rendre compte de ce que, cette fois, dans sa rancune de Titan, il voulait aussi

---

1. *Ibid.*, p. 353, ainsi que la citation suivante.

anéantir le Reich qu'il avait créé. Et l'on préfère alors établir
que Harden ne partage avec personne la responsabilité de ses
actes. La phrase clef du message adressé par Bismarck au jeune
homme de lettres qu'il avait mandé à Friedrichsruh parce qu'il
en avait correctement jaugé le tempérament d'opposant, se
trouve dans la relation que Harden a publiée de son premier
entretien avec « Bismarck hors service », avant même qu'il n'ait
commencé d'éditer la revue *Die Zukunft* : « Il n'y a plus de
ministres conseillers de la couronne, aujourd'hui, c'est la couronne qui conseille les ministres. » C'était pourquoi, dans le
contexte de la politique du jour, il n'y avait plus de place pour
l'auteur de cette formule, Bismarck. Ce qui revient à reconnaître
que la constitution du Reich, taillée tout entière à sa mesure,
n'était à même de fonctionner que dans la constellation suivante : un « monarque fantoche et un ministre président tout-
puissant. [...] Ce serait vraiment un malheur pour la monarchie
et pour notre unité si jamais nous devions en passer, ne serait-ce
que provisoirement, par des épisodes de rechute dans l'absolutisme ; car c'est alors la camarilla qui gouverne, ou pire encore,
l'éternel féminin [1]. »

Camarilla ou pire encore l'éternel féminin – cette analyse de
droit constitutionnel, cette analyse politique qui opère avec des
concepts que d'habitude on ne rencontre pas dans le droit public
allemand est restée, pour Harden, jusqu'à la guerre mondiale,
le fondement de ses étranges entreprises. Nous verrons plus tard
à quel point ces concepts sont constitutifs de la théorie politique
du théoricien du droit public qu'était Carl Schmitt. Nous touchons ici au problème central qui devait occuper Carl Schmitt
toute sa vie, celui de l'accès au détenteur du pouvoir, le problème de l'« antichambre du pouvoir ».

Sur le plan du droit constitutionnel, il y a tout d'abord l'opposition des conseillers en charge d'un poste de responsabilité et
de ceux qui sont sans responsabilités. Seules les personnes
expressément désignées dans la constitution et titulaires d'un
poste dans l'État sont des conseillers « responsables », et dans
la constitution du IIᵉ Reich, il n'y avait à ce poste que le chancelier du Reich. Strictement parlant, les chefs des trois cabinets
(le cabinet civil, le cabinet militaire et celui de la Marine) sont
déjà hors constitution, sans même parler des aides de camp et
de tout le train de la cour. En théorie et en droit constitutionnel,
il s'agissait de « conseillers sans responsabilités », quoique leur
influence s'étendît beaucoup plus loin que celle du chancelier

---

1. BISMARCK, *Gespräche*, Birsfelden, Bâle (s. d., vol. 3, p. 122 s., février
1891, reproduit dans *Aposta*, nouvelle série, 1893, p. 4 s.).

du Reich, « pour la simple raison déjà qu'ils voyaient plus souvent le Kaiser » (Bismarck). Or, si les conseillers sans responsabilités étaient des pédérastes, des gens dont la constitution physico-psychique interdisait que l'on s'en remît à eux et dont le rapport perturbé à la réalité rendait le conseil générateur de confusion, les malfaçons du droit constitutionnel se doublaient de malfaçons psychopathologiques. Derrière la question constitutionnelle se profile un problème psycho-sexuel. Le moment sexuel acquiert une pertinence politique. Diffamer des adversaires politiques moyennant des insinuations faites sur leur vie sexuelle appartenait au style politique de Bismarck, comme les pots-de-vin. Pour ce qui est des femmes, dira-t-on, cela tombait sous le sens, encore que nous verrons à quoi aboutirent ses insinuations sordides contre la princesse royale Victoria, la fille de la reine, la future Kaiserin Friedrich. Bismarck est même allé jusqu'à soupçonner la grande dame aux « yeux sensuels et brûlants de désir » d'avoir transmis à l'héritier du trône une maladie vénérienne [1] !

Sur le prince Battenberg, auquel la princesse royale voulait donner sa fille Viktoria mais que le Vieux avait choisie pour son fils en vue d'une alliance de la dynastie Bismarck avec les Hohenzollern, il fit répandre dans Sofia des rumeurs selon lesquelles le prince serait un homosexuel. Celles-ci nuisirent à ce dernier plus que l'argument officiel de politique étrangère selon lequel, pour la Russie, il était *persona non grata*.

Sa manière subtile de jeter le soupçon sur le jeune Kaiser Guillaume dont il tance la « sensualité », sans évoquer des femmes mais bien son engouement pour les grands gaillards et les aides de camp à la belle allure, va dans le même sens. Il s'acharne sur tous ceux qu'il rend responsables de sa chute, les « amis » sans responsabilités, les « acolytes » du Kaiser pour lesquels il forge l'expression *Kinäden* (les gitons). Bismarck, « l'ami hargneux des dogues féroces », a lancé aux trousses d'Eulenburg, comme un molosse sanguinaire, le jeune Harden qui avait fait le pèlerinage de Friedrichsruh comme d'autres faisaient celui de Bayreuth et dont il perçait précisément les ambitions et les capacités. Il s'était donc fait un objectif politique d'anéantir Eulenburg.

Le pacte entre les deux champions – ils n'étaient pas de force égale – fut scellé tandis qu'ils vidaient cette bouteille de Steinberger Kabinett 1862 que le jeune Kaiser avait fait apporter par un aide de camp à l'ancien chancelier du Reich en 1894, en

---

1. *Philipp Eulenburgs politische Korrespondenz*, éd. par H. John C. G. Röhl, Boppard-sur-le-Rhin, 1976, p. 248.

signe de réconciliation. Parmi tous les visiteurs qui prenaient la route de Friedrichsruh, Bismarck jeta son dévolu sur Maximilian Harden dans le but précis de consommer la grâce impériale. Sacrement et sacrilège en même temps, qu'il souligna d'un toast : « N'est-ce pas, Monsieur Harden, vous éprouvez pour le Kaiser autant de sympathie que moi ? » Rarement fut-il décidé d'un régicide avec une plus subtile ironie.

L'esprit d'escalier de l'histoire universelle se maria à l'humour noir des protagonistes. C'était un comte Moltke, un « aide de camp », qui avait été chargé de livrer la bouteille en question, non pas Helmut, le neveu du vieux Moltke, le futur chef d'état-major – ainsi que l'indiquent par erreur les éditeurs des *Entretiens* –, mais le comte Kuno von Moltke qui, treize ans plus tard, fut justement au centre des procès à scandale que Harden intenta contre les « amis irresponsables » du Kaiser.

Au nom de Bismarck, le « disciple de Bismarck » et exécuteur de sa vengeance, Harden, mena sa croisade contre la politique flasque, femelle et féminine, comme un combat contre la « politique romantique et les romantiques de la politique ». Au nom de Bismarck, il s'improvisa l'avocat de la vraie, de l'authentique politique, c'est-à-dire de la politique des hommes, de la politique virile. Au nom de Bismarck, il imposa une idée de l'État et de la politique, à savoir qu'elle était l'affaire des vrais hommes. Contre les tentatives du Kaiser d'aller sa propre voie, de suivre des chemins nouveaux et non bismarckiens, il fit valoir ce qu'il tenait pour l'« art politique à la vieille manière allemande ». Il s'opposait au style politique dont l'objectif n'était pas la guerre et le combat à tout prix, mais l'entente et la paix. Comme tous ceux qui embouchaient la même trompe, seule l'obsédait l'idée de donner au monde et avant tout à lui-même la preuve qu'il n'était pas par quelque côté homosexuel.

Ce qu'il tenait pour une « politique juste », c'était cette résolution de tous les instants de faire face à des situations extrêmes sans se laisser embobiner, à Dieu ne plaise, par les « sirènes de la paix », c'est-à-dire de faire en permanence preuve de sa virilité et de réprimer le féminin qui est dans chaque homme.

Du fait de la détresse où le jetait cette attitude de refoulement de ses propres penchants homophiles, Harden projeta ses sentiments paranoïdes de haine et d'angoisse sur la scène allemande. Or, ce qui surprend est que cette structure interactive et, en dernière instance, sexuelle-pathologique ait eu valeur de modèle quant à l'idée que l'Allemagne wilhelminienne se faisait de la politique. Harden n'était pas un « outsider » ni un cinglé. Il pouvait briguer la place de porte-parole de l'opposition bourgeoise intellectuelle, celle qui, d'une manière générale, s'opposait au Reich, à cause de la personne qui l'incarnait, sans cesser d'être monarchiste. Les fables sorties de son imagination subjuguaient l'opinion publique à un point à peine imaginable, et pesaient, chaque fois, d'un poids déterminant sur la conscience politique de la couche sociale dominante. Aucune des offensives des sociaux-démocrates n'aura eu une seule fois autant d'impact que la critique exercée en permanence par Harden.

Seules la structure de la personnalité et, par là, l'organisation pulsionnelle des hommes de cette étrange société wilhelminienne façonnée par la tradition prussienne et le paragraphe 175 ont rendu cette situation possible, car elles étaient constituées à l'image de Harden. Ce qui veut dire que, chez les uns et les autres, le refoulement pulsionnel, l'angoisse et les projections avaient eu les mêmes effets ou des effets très proches.

L'homosexualité dans l'Allemagne wilhelminienne.

Qu'en est-il au juste de l'homosexualité dans l'Allemagne wilhelminienne ? Qu'y a-t-il de spécifiquement allemand dans cette affaire ?

Bien que dans l'Allemagne prussienne le système patriarcal soit le modèle officiellement en vigueur, le seul légal et normal, des modèles de comportement spécifiques aux bans de mâles * sont intégrés dans les structures de l'État et de l'armée. Il existe des lieux importants – l'armée, l'*inner circle* – où ils sont déterminants. Ces deux attitudes opposées que l'on adopte par rapport à l'homosexualité dans les sociétés masculines, celle donc qui discrédite l'homosexualité latente et impose un type d'homme exclusivement masculin, et celle des bans de mâles où les relations d'homme à homme ont une connotation des plus sexuelles, ces deux attitudes coexistent dans l'Allemagne wilhelminienne – et cela à la différence de toutes les autres sociétés européennes, et disons même en opposition à elles. Réprobation sociale (et sanction juridique) et biotope homophile se complètent à merveille.

L'homosexualité s'était donc épanouie plus amplement qu'ailleurs. Mais elle n'en subissait que plus vivement la répression du patriarcat, et il en allait de même pour les persécutions connues par les homosexuels. Ce conflit se fit virulent quand il affronta la question de l'organisation des instances suprêmes de décision. Qui devait occuper le *locus decisionis* ?

---

* Pour rendre, faute de mieux, l'adjectif *männerbündlerisch*, lui-même formé sur le substantif *Männerbund* que nous avons de son côté traduit par « ban de mâles ». [N. d. T.]

Le jeune Kaiser – avec son *inner circle* – constituait le ban des mâles. Il était le centre et le point de référence d'un cercle d'amis, l'idole c'est-à-dire le héros masculin, ainsi que Blüher l'a défini. Pour eux, le beau jouvenceau blond et talentueux était la figure charismatique qui animait le ban. Pour ceux qui n'étaient pas véritablement épris de lui, la fascination ne les subjuguait pas moins. Il n'a d'ailleurs à maintes reprises pas caché que son désir le plus ardent aurait été de gouverner l'État avec une poignée de « vrais amis ». Le binôme politique de l'ami et de l'ennemi prenait chez lui une touche hautement personnelle, tout comme pour son cercle dans l'image qu'il se constituait de lui-même. L'« ami » y avait plus d'importance que l'« ennemi ».

Bien entendu, le Kaiser se rangeait officiellement et expressément du côté de l'ordre patriarcal et vouait l'homosexualité aux gémonies. Mais, de manière latente, il penchait sans aucun doute vers l'autre pôle – celui des bans de mâles –, comme tant d'autres, et il se vivait dans le rôle du héros masculin, et non dans celui du patriarche. Il n'est pas interdit de présumer qu'il a été ce que les Anglais appellent une *closed queen*. Une « fille emmaillotée dans un pourpoint de cuirassier », comme l'écrit Harden à propos d'Eulenburg [1], une belle image pour dire : en voilà une qui l'est, mais « n'ose pas ». Une reine dans un coffre (-fort).

À côté de son « héros de Kaiser ensommeillé * », Bismarck incarnait, lui, le modèle patriarcal du père autocrate, avec tous les symptômes attenants, phobie et répression de l'homosexualité. Ainsi, le conflit de pouvoir concernant le poste de commande et la lutte pour se ménager un « accès au détenteur du pouvoir » ne se déroulèrent-ils qu'en apparence au nom d'arguments « politiques » ou de droit constitutionnel. De par leur structure, ils furent, au plus haut niveau, un cas extrême de « persécution des homosexuels », et non du reste sans conséquences politiques.

L'absurdité de cette lutte tenait à ce que les hommes « efféminés » avaient en commun avec leurs persécuteurs – et comment ! – une peur profonde du « féminin », pour autant qu'il s'agissait de la sexualité féminine. C'était donc un combat entre des hommes qui croyaient avoir réussi le refoulement du féminin en eux et d'autres qui s'offraient le luxe de préserver leur part de féminité à l'abri des bans de mâles. Les « vrais

---

1. M. Harden, *Köpfe*, p. 203.
* L'expression est d'Eulenburg, elle se trouve dans sa correspondance. [N. d. T.]

hommes », au fond, persécutaient en eux une forme particulièrement subversive du féminin qui menaçait le précaire ordre
social des hommes, l'ordre patriarcal.

La répression de l'homosexualité est toujours une répression
du « féminin » par laquelle cherche à s'imposer un idéal de
virilité « pure » et martiale. Il s'agit d'un exorcisme.

Retour à Carl Schmitt.

En 1917, pour Carl Schmitt, il ne s'agissait assurément pas
d'Adam Müller et pas plus du prince Eulenburg, mais il était
question de politique allemande.

Voici une des dernières phrases de son livre sur le « romantisme politique » : « Le romantisme politique cesse là où
commence l'activité politique [1]. » Pourquoi ? Parce que si
l'essence de la politique est l'action, celle du romantisme, en
revanche, est un « passéisme inconditionnel, annihilant toute
activité » ou plus exactement, une « passivité sans virilité ».
« Politique » et « romantisme », ainsi que les comprend Carl
Schmitt, sont des grandeurs incommensurables. Tel est le résultat de sa démonstration. En clair, cela signifie que si, nous autres
Allemands, nous voulons connaître le succès en politique, il
faut nous débarrasser radicalement des romantiques. C'était là,
bien sûr, exiger du Kaiser qu'il quittât la scène politique. De ce
point de vue, Carl Schmitt a fait ce dont Harden avait une fois
proféré la menace : il a parlé avec le Kaiser « de choses
sérieuses », même si ces « choses sérieuses » s'appelaient, dans
le texte de Schmitt, Adam Müller. Je préfère penser qu'il a écrit
ses phrases péremptoires avant que de fait le Kaiser ne fût
contraint à l'abdication et à l'exil.

Le « romantisme politique » était bien sûr un sujet brûlant,
car chacun savait en Allemagne de qui et de quoi il s'agissait.
Quiconque suivait la politique même de loin avait encore en
tête les arguments de Treitschke, de Bismarck et de Harden.
Depuis les procès Eulenburg, le grand public savait en quoi
consistait proprement le « péril romantique ». Le contraire de
« romantique » était « viril martial ». Frayer la voie à une « nouvelle notion du politique à la hauteur de la situation » présup-
posait nécessairement une critique systématique du « romantisme politique » (et de la politique romantique).

En revenant de manière cryptique sur le thème du procès

---

1. PR, p. 162 ; pour les citations suivantes, voir respectivement p. 161 et
112.

Eulenburg qui avait été suspendu, Schmitt rejoignait le cœur de la problématique politique de l'Allemagne wilhelminienne, à savoir : en termes de droit constitutionnel et de droit public, la question jadis parfaitement inabordable, confuse et délicate, du mode de fonctionnement des cimes du pouvoir, la question des rapports du détenteur du pouvoir et de ses conseillers et celle de l'accès au pouvoir – question sur laquelle devait « échouer même un Bismarck [1] ».

« De tous temps les peuples [...] se sont demandé avec appréhension qui donc siège avec les rois sur les cimes escarpées [2]. » Pour Carl Schmitt, la question est de savoir qui prend les décisions (dans le Reich allemand), et comment. Question centrale de la politique dans l'absolu, et qui fascina Carl Schmitt toute sa vie. Mais, pour le moment, il ne l'aborde pas encore sur le plan de la théorie politique ou du droit constitutionnel, mais sur celui de l'histoire des mentalités et de la psychologie de l'individu. Son enquête l'amène à exposer quel « type d'homme » ne doit en aucun cas prendre de décision. Il faisait ainsi la preuve qu'il avait percé par intuition, par « flair », les « arcanes de l'Empire et les régions les plus reculées de sa réalité constitutionnelle [3] », sans y avoir le moindre accès. Au-delà de toute théorie de l'État, l'« antichambre du pouvoir » y était désignée comme le lieu où une théorie du politique aurait à faire ses preuves.

À la recherche des causes qui font obstacle à une politique « juste » – telle qu'il l'envisage –, c'est-à-dire mâle et virile, une politique de soldat, Carl Schmitt découvre le type de l'homme mou, efféminé et impropre aux dures œuvres de la politique. Parler de romantiques n'est ici qu'un euphémisme. Il s'empare donc du topos du « péril romantique » et, s'appuyant sur lui, définit à l'intérieur du « complexe de puissance à la fois sociologique et psychologique [4] » et due à la « perception des antagonismes essentiels [5] », une ligne de crête de mauvais augure qui sépare ce qui est intrinsèquement politique de ce qui est apolitique. Manifestement, la capacité même d'opérer cette distinction compte au nombre des prémisses mentales et morales d'une compréhension de la politique adéquate à son essence. Par cette distinction, Carl Schmitt a opté pour la « politique », contre le « romantisme ». Vue de l'intérieur et de l'extérieur,

---

1. VRA, p. 438.
2. M. HARDEN, « Parlando », 14 décembre 1907, *Die Zukunft*, vol. 61, Berlin, 1907, p. 364.
3. PB, p. 276.
4. *Théologie politique*, p. 28.
5. BP, p. 64.

cette distinction est « existentielle » – constitutive de sa résolution de devenir homme politique (ou plutôt théoricien de la
politique). La distinction est antérieure à la décision, laquelle
n'est possible que par elle. Avec le psychogramme du « romantique », il esquisse un portrait type de l'ennemi à partir duquel
il peut non seulement prendre personnellement position, mais
aussi se mettre du bon côté, ce qui signifie : assurer sa sécurité.
En se révélant politologue viril et mâle, il se prémunit simultanément contre tout soupçon d'homosexualité.

Mine de rien, la psychologie utilisée par Carl Schmitt dans
le domaine de l'histoire intellectuelle conduit le lecteur attentif
au point très délicat de la réflexion sur la région d'être du
politique où la sexualité fait scintiller ses feux – la doublure
rouge, dirait Ernst Jünger. Comme juriste, il sait que c'est le
point où les règles de la justice exigent le huis clos, « puisqu'ici
on va débattre de choses de nature sexuelle [1] ». Comme patriote,
porte-parole d'une idée de la politique allemande tournée vers
l'action, il sait que c'est là le point où commence le « malheur
de la nation ». À la même époque, Hans Blüher, lui aussi encore
sous le choc des procès Eulenburg et de leurs funestes conséquences pour le mouvement des « Wandervogel », esquisse sa
théorie homophile de l'État. Le diagnostic sociologique est le
même. Les conséquences qu'en tirent les deux hommes sont
opposées, mais en apparence seulement. Ce sont les deux
variantes d'une même façon de traiter la question interdite du
rapport de la sexualité et de la politique. Dans les deux cas, on
estime qu'une politique d'État est exclusivement une affaire
d'hommes et qu'elle exclut par définition tout ce qui est non
viril, et, bien entendu, *a fortiori*, le « féminin », qui lui est
étranger par nature. Ce qui relie la pensée de Blüher et de
Schmitt n'est rien d'autre que le code des bonnes manières du
ban des mâles.

Que fait Carl Schmitt ? « L'"ennemi mortel du romantisme"
[...] combat le danger irrationnel de ses propres ressources créa-
trices à l'explicitation desquelles ses textes semblent entièrement consacrés », ainsi qu'en atteste pour lui Hugo Ball [2], qui
savait peut-être mieux que quiconque ce qu'il entendait par là.
Avec le *Romantisme politique*, opuscule polémique d'opportu-
nité, Carl Schmitt se fournissait en quelque sorte le certificat
de virilité qui lui avait été refusé au moment du service militaire.

---

1. Voir H. FRIEDLÄNDER, p. 163.
2. Hugo BALL, « Carl Schmitts Politische Theologie », dans Karl MUTH
(éd.), *Hochland, Monatsschrift für alle Gebiete des Wissens, der Literatur
und Kunst*, 21ᵉ année, cahier 9, p. 265.

À la même époque à peu près, avant la fin de la guerre, il publie son livre sur *Nordlicht*, le poème du romantique Theodor Däubler. C'est un témoignage supplémentaire de ses démêlés avec le « féminin », alors qu'il s'efforce de devenir un « homme entièrement homme ». Mais nous y reviendrons plus tard. Le livre qui fait pendant au *Romantisme politique* n'est pas *Nordlicht*, mais la *Théologie politique*.

CHAPITRE III

THÉOLOGIE POLITIQUE

« Rien de tel que les masques pour se mettre à nu. »
(Jean GENET.)

« La chair – le sang – la vie. » (Joseph DE MAISTRE.)

Un mâle *.

Dans l'un de ses derniers ouvrages, *Hamlet ou Hécube*, Carl Schmitt a montré comment il est possible de parler de l'« arcane » d'une époque sans y porter atteinte. Et, par la même occasion, il a quelque peu levé le voile sur un secret. Tel le prince Hamlet, il organise, pour identifier le coupable, une mise en scène au sein d'une autre mise en scène. Dans le champ des tensions de l'histoire contemporaine et des luttes politiques du temps présent, il installe son estrade d'homme de science pour y mettre en scène un numéro d'« histoire intellectuelle ». Devant un public attentif, il y joue la pièce *Romantisme politique*. Toutes sortes de personnages y surgissent, Joseph de Maistre par exemple, et un certain Adam Müller. Mais tout le monde sait qu'Adam Müller n'est pas du tout le héros de cette pièce, et qu'il faut même voir en lui un antihéros. Or voyez un peu, le voilà qui s'affuble d'une grosse barbe, se coiffe d'une couronne impériale, se drape de pourpre et déclare qu'il est Julien l'Apostat ! Applaudissements ! Tout le monde sait qu'il ne s'agit en rien de Julien l'Apostat. Quand il déclare soudain qu'il n'est pas Julien l'Apostat, mais peut-être le roi de Prusse Frédéric-Guillaume IV, qu'on avait surnommé, on s'en souvient, le « romantique sur le trône », tous les spectateurs savent aussi qu'en vérité, il s'agit de quelqu'un d'autre encore, que l'on n'a, lui, pas le droit de nommer. Et, en un éclair, le thème central brille de tout son éclat, ce thème auquel on n'a pas le droit de toucher : le tabou de la reine.

Rien ne réussit à Adam Müller dans notre pièce. On lui chausse masque sur masque pour les lui retirer ensuite. Et, pour finir par une sensation, le public apprend qu'il ne s'agit en vérité que d'un rôle féminin ! Grand Dieu. Décanille, femelle ! Le public trépigne d'enthousiasme et d'indignation. Le secret reste intact. Il n'y aura pas eu de lèse-majesté. Mais on ne pouvait être plus d'actualité.

Le second morceau que, dans le genre de la *commedia dell'arte*, Carl Schmitt met en scène, en 1922, sur la place publique de l'histoire contemporaine, s'appelle *Théologie politique*. La troupe, on s'en doute, n'a pas changé. Mais cette fois, trois cavaliers particulièrement ombrageux sont au centre de l'intrigue.

La dialectique de la polémique radicale que Carl Schmitt avait déjà utilisée contre le malheureux Adam Müller veut que, dans la négativité de la victime, sa contre-image positive s'illumine. Et, d'une certaine façon, l'entreprise de liquidation ne peut être accomplie qu'à partir d'une position qu'il convient de comprendre comme une contre-position. Dans chaque argument, c'est toujours la contre-image qui est recherchée par contraste. En rendre les contours visibles, tel est le contenu positif de l'opération destructrice. Ainsi surgit sous nos yeux *a contrario* le héros visé dans l'antihéros. Et, bien entendu, il s'agit là du genre d'homme vraiment qualifié pour l'« âpre négoce de la politique », c'est-à-dire de l'homme politique authentique.

Ce dernier, ainsi que l'on pouvait déjà le lire dans le *Romantisme politique*, a la capacité de « s'en tenir fermement, de par sa libre décision, à une idée politique significative ». Contrairement au Kaiser, il sait comment résister à la violence de la « première impression [1] », sa « conviction politique est une affaire sérieuse » (p. 94), il est solidement enraciné dans son « milieu religieux, social et national » (p. 88), il est apte « aux différenciations logiques », aux « jugements de valeur moraux » (p. 114), et il mesure « à leur juste échelle » les « choses à leur état normal » (p. 112), ce qui veut dire, bien entendu, qu'il n'a pas cette « compréhension amorale pour tout et son contraire » *(ibid.)*. Son propos a de l'« épaisseur » et est direct. Sa pensée se rapporte au réel et est « ontologique » (p. 49). C'est un homme « actif » et « positif ». Il est à même d'agir et a le goût de l'action. En d'autres termes, c'est un vrai homme, « un mâle ».

C'est sous ce jour que « Harden le Dur », en 1907, avait présenté Georges Clemenceau aux lecteurs de la revue *Die Zukunft*, pour faire contraste par cette figure contemporaine à « Guillaume le Pacifique ». Clemenceau, en effet, ne faisait pas de politique « flasque et molle », mais une politique du goût de

---

1. PR, p. 47 ; les citations suivantes sont extraites du même ouvrage.

Harden, c'est-à-dire à la Bismarck [1]. Voilà un homme ! Gottfried Benn lui a même dédié un poème. Dans son sens de la contorsion, Harden avait alors visiblement de nouveau oublié qu'en 1903 encore, il s'était élevé avec véhémence contre l'« éternelle éploration de ceux qui réclament des "hommes forts" tenant "solidement les rênes" [2] ». C'était qu'autrefois il voulait être bien à la cour.

« Tre maschere ».

En quête de modèles de masculinité pour son nouveau livre *Théologie politique*, avec lequel il fait en 1922 son entrée en lice en belliqueux rénovateur de la grandeur allemande, Carl Schmitt imagine quelque chose de nouveau, et même de parfaitement original. Il présente au public allemand trois cavaliers de l'Europe occidentale latine et catholique en costume de la Restauration comme des représentants d'une pensée politique résolue. Il ne s'agit pas là d'auteurs à la large notoriété et à l'autorité incontestée, mais de silhouettes pour ainsi dire inconnues en Europe centrale et relativement obscures. Des génies méconnus, faut-il pourtant croire, car on nous les présente comme des figures clefs de la pensée européenne, comme les seuls à avoir compris au XIXe siècle de quoi il retourne vraiment. Un vicomte français, un comte savoyard et un marquis espagnol. Surprenant trio.

Tous les trois sont monarchistes, admirateurs de l'Ancien Régime et adversaires du parlementarisme. Ils nient en bloc les droits de l'homme, méprisent la liberté et le progrès, et sont antilibéraux à outrance. Même si d'aventure cela se produit, on n'a en aucun cas le droit de les ranger parmi les philosophes politiques « romantiques ». Ce qui les distingue est bien plutôt le fait que ce sont des « natures non romantiques [3] », « existentiellement liés à ce qu'ils représentent et à ce qu'ils défendent [4] ». Ils appartiennent, nous apprend Carl Schmitt, au type des penseurs « décisionnistes », et il lui plairait qu'on le considère lui-même comme l'un d'entre eux – c'est-à-dire comme conforme à une catégorie de son invention. Mais quelle

---

1. Maximilian HARDEN, « Heuert », 20 juil. 1907, *Die Zukunft*, vol. 60, Berlin, 1907, p. 85-89.

2. M. HARDEN, « Die Krankheit des Kaisers », 12 déc. 1903, *ibid.*, Berlin, 1903.

3. PR, p. 16.

4. *Théologie politique*, p. 43 ; pour les citations suivantes, voir respectivement *ibid.* et p. 48.

pièce joue-t-on, cette fois, sur ce théâtre dans le théâtre ? À
considérer de plus près nos trois messieurs et à les prendre au
mot, ils se révèlent comme des camarades particulièrement
agressifs, qui savent fort bien inspirer la crainte. La pièce
Romantisme politique était une farce si on la compare avec
l'atmosphère sanglante de la *Théologie politique*, qui est une
« grande pièce de cape et d'épée ».

Dans cette triade militante, le vicomte de Bonald (1754-1840)
est encore le plus inoffensif. Pour lui, le schéma hiérarchique
triangulaire de la monarchie est le principe architectonique de
l'univers. Le cosmos, l'État et la famille sont construits selon
le modèle monarchique de l'organisation autoritaire et hiérarchique de la domination. Structurellement, le « monothéisme,
la monarchie et la monogamie [1] » sont isomorphes. De par leur
fonction, Dieu, le roi, le *pater familias* (et en chaque individu :
la « volonté ») ont même substance, ils occupent chacun pour
son compte la même position dominante. L'ensemble du système d'argumentation – d'inspiration patriarcale – a pour fin de
révéler la monarchie absolue comme la seule forme d'État possible donnée par la nature. C'est sur de Bonald que Carl Schmitt
s'étend le moins. Ce qui se comprend, car le vicomte est franchement ennuyeux et complètement dépourvu d'humour. C'est
un doctrinaire inébranlable, un homme qui n'entend pas la plaisanterie, c'est-à-dire un « homme pour qui ses convictions politiques étaient une affaire sérieuse [2] ».

Nous en apprenons plus sur le comte Joseph de Maistre
(1754-1821). Pour lui, tous les gouvernements, au fond, sont
des monarchies ; ils ne se distinguent que par un point, selon
que la monarchie est héréditaire ou élective, que le monarque
est un individu ou un corps constitué. « Le gouvernement
monarchique est [...] naturel. » À cette affirmation correspond
le fait que, par nature, tous les hommes sont monarchistes :
« Tous les hommes naissent pour la monarchie [3]. »

Les conceptions monarchistes de Joseph de Maistre culminent
dans une « théorie de la souveraineté », c'est-à-dire dans un système de légitimation de la domination absolue. Le « souverain »
est tout, l'individu n'est rien. Pour de Maistre, la « souveraineté »
est une catégorie ontologique, ce qui bien sûr signifie une catégorie théologique. Le souverain des souverains est le pape. La
monarchie qui coiffe toutes les autres est la théocratie des papes.

À l'opposé du vicomte, qui a plutôt tendance à se répéter, le

---

1. *Théorie de la constitution*, p. 428.
2. PR, p. 94.
3. Joseph DE MAISTRE, *Œuvres complètes*, Lyon, 1884, vol. I, p. 424.

comte de Maistre aime le paradoxe qui stupéfie et la rhétorique provocante. C'est un styliste brillant. Baudelaire dit quelque part qu'il lui a appris à penser. Assurément, il avait là moins en tête le « bon chrétien et patriote [1] », celui avec lequel Carl Schmitt souhaite nous familiariser, que l'aristocrate excentrique et dandy, surnommé par Stendhal « l'ami du bourreau » – ce dont Carl Schmitt ne souffle mot.

Au marquis de Valdegamas (1809-1853), Carl Schmitt reconnaît « la grandeur consciente de soi d'un épigone spirituel de l'Inquisition [2] ». Bien qu'il montre également sa fidélité à Joseph de Maistre dans ses dernières années, la prédilection de Carl Schmitt va à Donoso Cortés. Au fil des ans, il lui consacre plusieurs essais, où il tente, selon des angles d'attaque toujours renouvelés, de le mettre au pinacle [3]. Il ne se lasse pas de rechercher, même dans ses points faibles et ses manies les moins pardonnables, de quoi établir l'importance toute particulière de ce bouffon d'Espagnol que son affect antidémocratique conduisit, pour finir, à se faire l'apologète passionné et inconditionnel de la dictature. Chez Donoso Cortés, le modèle monarchique se resserre sur sa fonction de décision souveraine débarrassée de ses oripeaux royalistes.

En quelle compagnie nous retrouvons-nous ? Que faut-il penser de ce que trois personnages de ce genre soient arrachés à la pénombre du passé et de l'oubli et poussés en « maîtres penseurs » sous la lumière des projecteurs de la scène politique de la République de Weimar ?

À suivre Carl Schmitt, ces trois monarchistes posent le fondement unique d'une théorie de l'État à la hauteur de son temps et supérieure à toute théorie allemande de l'État, qu'il s'agisse de l'ancienne théorie wilhelminienne, de Jellinek ou Laband, ou de la nouvelle théorie républicaine de Kelsen ou de Preuss. Schmitt veut nous suggérer que nous pouvons trouver ici la solution de la problématique spécifiquement allemande des années 1920. Comment le comprendre ?

La république est un mode déficient de monarchie.

Il n'est pas difficile, dans un premier temps, de mettre en parallèle la période de la Restauration française et la situation

---

1. PR, p. 87.
2. *Théologie politique*, p. 66.
3. Carl SCHMITT, *Donoso Cortés in gesamteuropäischer Interpretation. Vier Aufsätze* (le chap. II reproduit le chapitre de la *Théologie politique*), Cologne, 1950.

connue par la République de Weimar. Dans les deux cas, il s'agit d'une époque qui a suivi l'effondrement brutal d'une monarchie légitime. La révolution a relevé avec impertinence la tête durant cette période, et les idées démocratiques étaient partout en train de germer. Le « chaos » menaçait. La ligne de front politique passait entre révolution et contre-révolution. Ce que la décapitation du roi avait été pour la France (et auparavant pour l'Angleterre), l'abdication du Kaiser l'avait été pour l'Allemagne. À une différence près : ce que, dans un cas, l'on avait éprouvé comme un acte autonome d'émancipation politique revenait dans l'autre à l'acceptation passive d'une humiliation. Les Anglais et les Français s'étaient débarrassés de leur roi, aux Allemands, on avait dérobé le leur.

Selon de Maistre, « la Majesté des Souverains est la première propriété des peuples [1] ». Le bien le plus précieux du peuple est la majesté de son souverain, et non, pourrait-on croire, sa propre souveraineté. Le peuple allemand était dépossédé de ce bien et en était inconsolable. Quant à sa souveraineté propre, il ne savait qu'en faire. Ce que de Maistre, en effet, avait affirmé de tous les hommes, à savoir qu'ils sont nés pour la monarchie – audacieuse insinuation qui en son temps déjà avait fait sourire toute la France –, devenait pour les Allemands la constatation d'un état de fait : ils étaient *vraiment* nés pour la monarchie ! Comme on le disait à l'époque, ils avaient la monarchie « dans la peau ». Ils ne pouvaient donc s'arranger de sa perte. Pour eux, le passage de l'empire à la République de Weimar n'était pas un progrès ni même un simple changement de forme de l'État. C'était la perte catastrophique de l'État.

« Le concept de République allemande ne signifie ni plus ni moins que la désétatisation de l'État [2]. » « *Res publicae corruptio.* » Car « il n'y a État [que] là [...] où il y a un pouvoir royal ». « Perdre le roi désétatise l'État. » Ce n'est pas Carl Schmitt qui s'exprime ainsi, mais Hans Blüher, que nous avons déjà eu l'occasion de rencontrer, et qui par sa vie et sa pensée fut un modèle « du sentiment de fidélité au roi – sentiment singulier et si marqué chez l'Allemand (c'est-à-dire chez le mâle allemand) [3] ».

---

1. J. DE MAISTRE, vol. VII, p. 91.
2. Hans BLÜHER, *Die Erhebung Israëls gegen die christlichen Güter*, Berlin, 1931, p. 10 ; les citations suivantes respectivement p. 1, 15, 17 et 18.
3. Les représentations mystiques que Blüher se fait d'une « royauté allemande » explicitent ce qui se trouve implicitement, caché, dans la *Théologie politique* de Carl Schmitt. « Ce n'est que par le roi que le peuple devient peuple » (p. 105). Un peuple auquel on enlève son roi perd son âme, son honneur et son identité historique. Le crime commis par les Alliés contre le

La République de Weimar n'est pas un nouveau commencement, mais la triste fin de l'ère wilhelminienne. Ainsi que le fait Christoph Steding [1], il nous faut donc parler des années 1920 comme de l'époque du « wilhelminisme de l'après-guerre ». « Aucune idée nouvelle de l'État n'a réussi à combler le vide créé par la chute de la monarchie militaire », explique Carl Schmitt de façon apodictique [2]. Pour lui, le défi historique n'était pas la consolidation d'une nouvelle forme d'État, mais la reconstitution de l'ancienne avec des moyens plus appropriés. Pour lui et pour tous ceux qui pensaient comme lui et éprouvaient les mêmes sentiments, la République de Weimar était un mode déficient du régime impérial.

L'époque de Weimar était donc une période de restauration, dans la mesure où elle ne prenait sens que par rapport à une restauration de la monarchie. Et en effet, sur le plan du droit constitutionnel aussi, elle tendait vers ce but. Quant au fait qu'il n'y eut pas à proprement parler de parti monarchiste déclaré, il faut y voir une confirmation de cette thèse. Un tel parti manquait non parce que la monarchie passait pour définitivement liquidée, mais parce que, d'une manière générale, on la ressentait encore comme quelque chose de normal. « Le gouvernement monarchique [...] est naturel [3]. » Les Allemands étaient « monarchistes de cœur ».

La République était un mauvais arrangement provisoire. On le tolérerait le temps qu'il faudrait pour restaurer la monarchie. À l'exception des communistes, tous les partis, y compris la social-démocratie, étaient pour ainsi dire crypto-monarchistes. Chaque président du Reich n'était qu'un « succédané du Kaiser ». Hindenburg lui-même avait répété qu'il ne se prenait que pour le lieutenant du Kaiser. Tout permet de croire que, à sa mort, il avait « ordonné » à son successeur de ramener la dynastie des Hohenzollern [4]. Sans la faveur de principe dans laquelle

---

peuple allemand avec le traité de paix de Versailles était de le « dépouiller de son roi ». L'éviction du Kaiser et l'article sur sa responsabilité dans la guerre furent, plus que toute autre humiliation, « un affront à Dieu » et une intrusion dans la substance vitale de la nation.

1. Christoph STEDING, *Das Reich und die Krankheit der europäischen Kultur*, Hambourg, 1939. Carl Schmitt consacre à ce livre un long essai « Neutralität und Neutralisierungen » (1939), PB, p. 271 s.

2. SZ, p. 43.

3. J. DE MAISTRE, vol. I, p. 424.

4. Hermann RAUSCHNING, *Hitler m'a dit*, trad. fse Albert Lehman, Paris, Éd. Coopération, 1939, p. 200 : « Ce qui est sûr en tout cas, c'est qu'Hindenburg est mort en laissant à ses successeurs l'ordre de restaurer la dynastie des Hohenzollern. Il ne pouvait se représenter l'avenir de l'Allemagne comme

on tenait de tous côtés la monarchie, la prise du pouvoir par Hitler – ce qui échappe entièrement aux théories du fascisme – aurait été impensable. Hitler lui-même était un monarchiste « dans le sang ».

Comme sous le wilhelminisme d'avant-guerre, l'instance suprême du Reich était vide de substance. Le problème central de droit public et constitutionnel de la République de Weimar était donc également la question du souverain véritable, c'est-à-dire du détenteur « suprême » (légitime) du pouvoir. D'une certaine manière, le *locus decisionis*, occupé avec trop de « mollesse » du temps du Reich, ne l'était désormais plus du tout. Il fallait le tenir en réserve jusqu'à ce que vienne l'homme de la situation. Avec son livre, *Théologie politique*, Carl Schmitt tentait, *par personnes interposées**, de fournir la preuve que la monarchie était toujours la seule forme d'État valable – et, par conséquent, dans l'Allemagne des années vingt aussi. Nulle spéculation théorique sur la « souveraineté » en général ne peut nous abuser sur le fait qu'il s'agissait de raffermir le « monarque ». Il est donc logique que, dans la *Théorie de la constitution* de Schmitt, on trouve aussi une section sur le « président de l'État dans une constitution républicaine », et cela à l'intérieur du chapitre « La théorie de la monarchie » (§ 22, IV).

Mais pourquoi mobiliser ces trois théoriciens de l'État monarchistes venus d'autres pays occidentaux, si l'on veut assurer ses arrières pour lancer ce message national ? C'est qu'il n'y avait pas de doctrine nationale allemande de la monarchie absolue et, quant à la pratique monarchiste du IIe Reich, le ver était dans le fruit, rongée qu'elle était par des conceptions « constitutionnelles », ainsi que Carl Schmitt l'avait analysé avec exactitude.

La dilution des pouvoirs du roi par « neutralisation » – c'est-à-dire par la limitation constitutionnelle de la monarchie absolue et des attributions du roi [1] – s'était déclarée en Prusse dès 1848. Il s'agissait de la distinction trompeuse entre la monarchie « constitutionnelle » et la monarchie « parlementaire » introduite par Stahl-Jolson, un Juif venu du « ghetto de l'Allemagne du Sud [2] ». Il avait « suggéré » cette distinction au roi de Prusse et aux conservateurs, qui « croyaient avoir trouvé là la digue qui allait les sauver du raz-de-marée du constitutionnalisme occidental ». Et ils avaient malheureusement succombé à l'intrigue

---

assuré que sous la vieille dynastie dont le pouvoir s'était graduellement enraciné au cours d'un long développement historique. »

1. Inventé par le « romantique Benjamin Constant originaire de Lausanne » (PB, p. 74).

2. PB, p. 293 ; la citation suivante p. 275.

juive, qui avait abouti * au droit public impérial officiel porté à sa perfection par des Juifs, et tout particulièrement par le tout-puissant Laband. Cette doctrine « positiviste » du droit public servait à dissimuler un manque fatidique, à savoir le « choix » qui n'avait pas été fait de façon claire entre, d'une part, la monarchie militaire (fondée sur le pouvoir de commandement absolu du roi) et, d'autre part, le parlementarisme avec un semblant de roi constitutionnel (« le roi règne, mais ne gouverne pas »). Une telle distinction était du reste conforme au modèle occidental. Ainsi, la mise sur la touche progressive du monarque, qui était nécessairement en rapport avec le constitutionnalisme, put se dérouler sans entrave, jusqu'à ce que ses conséquences parussent au grand jour, à l'automne 1918.

La théorie politique allemande avait donc elle-même contribué à la chute de la monarchie. Il fallait par conséquent se débarrasser résolument de ses idées de compromis délétères (car judéo-occidentales et bourgeoises constitutionnelles), dont la République de Weimar était « l'accomplissement quelque peu posthume, mais d'autant plus impeccable [1] », et en revenir à des théoriciens plus radicaux de la scène politique d'avant 1848. C'était un autre type de régime dont on avait besoin.

C'était d'un raffinement extrême et d'une parfaite élégance que de s'assurer le concours d'affidés venus de l'histoire des idées et du droit, ces complices qui surgissaient de l'inconnu avec le prestige d'experts étrangers. En même temps, il était méritoire – et l'on reconnaîtra là la singulière performance de Carl Schmitt – d'élever le niveau de la discussion politique au-dessus du provincialisme des *querelles allemandes** et de se montrer à même de situer la problématique allemande dans une perspective plus large.

Le choix de ces trois aristocrates relevait aussi de la coquetterie, d'un certain snobisme et de l'aveu d'un élitisme de dandy, avec le mépris et le désespoir qui lui sont propres, face à une réalité inacceptable qui blesse le sentiment de sa propre valeur, et que l'on ressent comme peu flatteuse, voire scandaleuse. Pour les trois complices de Carl Schmitt, la monarchie était déjà une *cause perdue**, et leur argumentation apologétique ne constituait qu'un système de défense qui devait servir à sauver certaines valeurs ayant perdu leur évidence. À y bien regarder, il n'était même pas pour eux question de la monarchie. Mais quel était alors l'enjeu ?

---

* Ici encore, comme au chap. I (voir, p. 22), l'auteur paraphrase la pensée de Schmitt. [N.d.T.]

1. *Ibid.*

Nous pécherions par superficialité si nous nous bornions à constater que la *Théologie politique* est un plaidoyer nostalgique pour la monarchie et qu'en commentant l'œuvre de ces trois théoriciens conservateurs de l'État, Carl Schmitt a voulu afficher son monarchisme. Il a, sans nul doute, voulu montrer aux monarchistes allemands ce qu'il en est réellement de la monarchie. Ces derniers y voyaient le modèle de l'État « parfait », c'est-à-dire la conséquence sociopolitique logique d'une anthropologie et d'une sociologie conservatrices. C'est pourquoi Carl Schmitt nous a mis face à des personnages qui, par-delà les spéculations et les théorèmes du droit public et constitutionnel, peuvent nous faire entendre ce qu'est l'« État » dans l'absolu. Ce que, manifestement, plus personne ne savait en Allemagne. On l'avait oublié.

L'évocation de ces trois réactionnaires purs et durs sert donc à rappeler l'« essence de l'État ». Il faut bien l'avouer, nulle pêche dans les eaux de l'histoire intellectuelle européenne n'aurait pu ramener meilleure prise. Le trio nous emmène dans l'obscur arrière-pays des concepts, là où les images, les associations, les fantasmes et les chimères ont le champ libre. Notre sensibilité politique y a là sa patrie, et toute théorie de la politique y trouve également ses attaches « existentielles ».

« Männerphantasien * ».

Ce n'est qu'en apparence que la *Théologie politique* est une contribution à l'histoire des dogmes des sciences politiques. À la lire comme il se doit, elle montre la voie qui mène au royaume des fantasmes politiques. La « politique » – telle était la conclusion du *Romantisme politique* – ne peut qu'être l'affaire des vrais hommes et ne peut par principe être autre chose. Le recours à ce trio infernal nous permet d'apprendre ce qui traverse la tête de ces vrais hommes lorsqu'ils pensent politique, ou plutôt, plus précisément, lorsqu'ils *sentent* politiquement. Nous n'apprenons pas seulement pourquoi la « monarchie » constituait pour les mâles d'Allemagne une nécessité, mais aussi pourquoi il leur était impossible de penser la république.

Sans le dire, et peut-être sans le vouloir, Carl Schmitt, avec sa *Théologie politique*, verse une pièce essentielle au dossier de l'« imaginaire des hommes ».

----

* Titre du livre de K. Theweleit (voir ici, Introduction, p. 16). Mot à mot : « imaginations masculines ». [N.d.T.]

Le salut par le sang*.

Derrière la façade de la *Théologie politique* de Joseph de
Maistre, ouvrage qui culmine dans l'idée de l'absolue suprématie du pape, on trouve des théories qui avaient déjà semé l'effroi
parmi ses contemporains et qu'avait rendues célèbres son extra-
vagante apologie du bourreau (il le met sur un pied d'égalité
avec le « soldat »). Le « soldat » et le « bourreau » sont des
exécuteurs d'une grande loi universelle, « une grande loi du
monde spirituel [1] », « une loi occulte et terrible qui a besoin du
sang humain » (p. 14). Soldat et bourreau sont des « *tueurs* de
profession » (p. 5), des égorgeurs légaux et des « ministres de
la mort » (p. 4). Ils ont pour tâche et droit « de tuer sans crime »
(ibid.). Ils veillent à ce que soit acquitté le prix du sang dû à la
terre, ce tribut que réclame à grands cris « *la terre avide de
sang* » (p. 27). « N'entendez-vous pas la *terre* qui crie et
demande du sang ? » (p. 24).

Pourquoi la terre implore-t-elle du sang ? Parce que, avec le
sang dont on la gorgera, on apaisera les dieux. L'homme est
coupable de par sa sensualité, son existence corporelle, son
corps, sa chair et son sang (tous ces termes sont ici équivalents) :
« *La chair* ayant séparé l'homme du ciel » (p. 358). « L'homme
étant donc coupable par son *principe sensible*, par *sa chair* et
par *sa vie*, l'anathème tombait sur le sang ; car le sang était le
principe de la vie, ou plutôt le sang était la vie » (p. 297). Par
conséquent : « *Le ciel irrité contre* la chair et le sang *ne pourrait
être apaisé que par le sang* » (p. 300). De par le sang l'homme
est coupable, et il sera racheté par le sang. En d'autres termes,
il n'y a à proprement parler qu'*un seul* homme bon, c'est
l'homme mort.

On reconnaîtra là sans peine le dogme du péché originel,
quoique la doctrine du sang salvifique – « *le salut par le sang* »
(p. 300) – constitue une variante hétérodoxe, pour ne pas dire
hérétique, de la tradition chrétienne. De fait, nous nous trouvons
au sein d'une mystique du sang archéo-païenne. L'histoire est
une suite de sacrifices sanglants. « La terre entière, continuellement imbibée de sang, n'est qu'un autel immense où tout ce
qui vit doit être immolé sans fin, sans mesure, sans relâche,
jusqu'à la consommation des choses, jusqu'à l'extinction du mal
et jusqu'à la mort de la mort » (p. 25).

Pour payer à la terre cet octroi de sang agréé par Dieu, les
guerres sont nécessaires. Selon de Maistre, la guerre est « l'état
habituel du genre humain », et comme telle « la guerre est [...]

---

1. J. DE MAISTRE, vol. V, p. 21 ; les citations suivantes sont extraites du
même ouvrage.

divine ». De même, l'État a besoin de la peine de mort comme d'une institution permanente. « [...] la corruption et les vices [...] exigent que l'homme, dans certaines circonstances, meure par la main de l'homme [1]. » L'office d'égorgeur du « soldat » et du « bourreau » est indispensable à l'économie du salut de l'âme de l'humanité.

Mais *de qui* va-t-on verser le sang ? Voilà qui, au demeurant, est sans importance. Il *faut* que le sang coule, et cela seul est décisif. La victime du bourreau et les victimes de la guerre ne sont pas élues parce qu'elles seraient plus coupables que d'autres. Quand elle est innocente, et justement parce qu'elle l'est, il y a une victime, en lieu et place de tous ceux qu'elle représente. Et l'on peut même arguer, si l'on suit de Maistre, que plus la victime est innocente et plus elle est appropriée à un office expiatoire symbolique. C'est là que l'« idée universelle de la *communion par le sang* [2] » joue de ses effets énigmatiques. *Tous* les hommes sont coupables de par leur sang, chaque victime du sacrifice de sang, dont l'exécuteur est le bourreau ou le soldat, est donc une contribution à la réconciliation de tous avec les dieux – avec Dieu ?

Le « bon chrétien et patriote » de Maistre [3], avec ses imaginations macabres et sanglantes, ne le cède en rien à un marquis de Sade, qui était de même condition et du même âge que lui. Seulement, dans le sang versé, ce dernier voyait un défi blasphématoire lancé aux dieux au nom de la nature. Pour de Maistre, le sang est répandu au service de Dieu pour nier la nature de l'homme. Sa mystique sanguinaire est au centre d'un modèle d'ordre théocratique – à quel point ce modèle est chrétien, c'est là une question qui concerne les méditations des théologiens. On ne saurait néanmoins douter que ce point appartienne aux éléments composant la *Théologie politique* de Carl Schmitt.

La « gran contienda ».

Si les théories de de Maistre jettent une lumière apocalyptique sur la figure du « soldat », nous allons observer maintenant sous quel éclairage apparaît celle du « bourgeois » chez Cortés. Il se tient dans le brasier du feu éternel de l'enfer.

Tout comme le comte de Maistre et le vicomte de Bonald,

---

1. Cité d'après Émile FAGUET, *Politiques et moralistes du dix-neuvième siècle*, 1re série, « Joseph de Maistre », Paris, 1901, p. 34, 26 et 4.
2. *Ibid.*, p. 358.
3. PR, p. 87.

Cortés est convaincu de la stupidité, de la corruption et de la méchanceté de la nature humaine, c'est-à-dire, dans la langue de la théologie, « de l'absolue peccabilité et de la dépravation de la nature humaine [1] ». Si pour de Bonald il est entendu que l'« entendement de l'individu est trop faible et misérable pour reconnaître la vérité de lui-même », c'est également un fait et un principe de la réalité que l'homme est méchant dans sa volonté et dans ses pulsions. « L'homme est nul. » Carl Schmitt peut donc dire de Donoso Cortés, et c'est là en même temps le comble de tout éloge possible : « Son mépris des hommes ne connaît plus de limites. »

Chez Donoso, cet extrême mépris de l'homme se concentre sur la variante moderne de l'espèce humaine dans laquelle s'est frayé chemin une croyance absurde en la possibilité de la liberté, en l'autonomie morale et en la faculté de jugement de l'homme. Il s'agit de la bourgeoisie libérale, c'est-à-dire du « bourgeois » dans la terminologie de Carl Schmitt.

La haine éprouvée par Cortés envers la bourgeoisie atteint, en effet, des sommets inégalés. L'affect aristocratique d'une couche sociale à laquelle des formes d'existence féodales servent encore de repères se teinte, dans la rhétorique hyperbolique du marquis espagnol, de dimensions eschatologiques. En bon chrétien, il reconnaît derrière le masque bonhomme du bourgeois le rictus de Satan. Cortés n'a pas son pareil dans la critique de l'incapacité politique de la bourgeoisie et dans celle de ses attrape-nigauds. Il a forgé la formule suggestive de « classe palabrante », qui peut parler, mais non agir, qui cherche toujours des compromis et esquive toute décision. Ce qui revient, par ce consentement permanent, à une concession à l'ennemi juré.

Les railleries de Carl Schmitt sur la volubilité du romantique, que nous avons déjà relevées, faisaient ainsi écho aux formules de Cortés. Ce dernier appelle en effet la « discussion perpétuelle » « un produit de l'imagination d'un comique sinistre [2] ». La critique du parlementarisme de Donoso, qui va jusqu'à établir l'impossibilité des formes de gouvernement parlementaires, provient du ressentiment du misanthrope qui nie carrément et ridiculise le principe de la constitution de la volonté démocratique.

Mais ce que Cortés reproche avant tout au bourgeois, c'est sa déshérence morale, son incapacité à distinguer le bien du mal. Elle trouve à s'exprimer sans vergogne et au grand jour de deux manières. D'une part, elle se manifeste dans la désinvol-

---

1. *Théologie politique*, p. 63 et 66.
2. *Ibid.*, p. 62.

ture avec laquelle la bourgeoisie s'assoit sur la présupposition qui veut que les hommes soient bons. D'autre part, et ceci est pire, elle se manifeste dans « les élans risibles de leurs désirs charnels [1] » (ainsi que Carl Schmitt les commente), c'est-à-dire dans leur incapacité à reconnaître que c'est dans les plaisirs de la chair que le mal a élu domicile. Manifestement, le sentimentalisme humanitaire et la sexualité, le libéralisme et le libertinage vont de pair. Ce sont les deux facettes du mal que le bourgeois incarne. Le plaisir pris à discutailler et l'irrésolution ne sont que les symptômes d'une impéritie morale dont la virulence politique a ses racines dans l'asservissement aux pulsions. Elle est d'autant plus dangereuse et méprisable que ses représentants ne sont pas même conscients de cette connexion. Tous les hommes sont mauvais, mais le bourgeois est le plus mauvais d'entre eux, car il a perdu la faculté de reconnaître la cause de sa déshérence. Et c'est pourquoi il est aussi le plus stupide. Cet aveugle n'ayant la moindre idée de rien est un agent de la dislocation et de la destruction de tout ordre. Il entraîne à l'abîme et au chaos l'homme de culture. La bourgeoisie est donc le fourrier de l'anarchie.

L'année 1848 avait rendu visible l'imminente catastrophe dans toutes ses dimensions. Carl Schmitt ne se lasse de le répéter. Là, sous les pieds des « peuples et des gouvernements », un abîme « hideux » s'était « subitement » ouvert, « un abîme de terreur [2] ». Cortés seul avait jeté un regard au fond de cet abîme. Ce qui en fait aux yeux de Carl Schmitt le « plus grand penseur politique du XIXᵉ siècle », c'est le « fait surprenant qu'en 1848 un homme apercevait toute la mer de sang où afflueraient pendant cent ans encore tous les fleuves de la révolution », avec pour résultat final « un monde où le sang jaillirait même du roc ». Chez Cortés, le « sang » de la révolution qui, après la première Révolution française, avait inspiré à Joseph de Maistre son mythe sanguinaire, donne au « raz-de-marée de la démocratie » les couleurs de flots de sang qui, enflant en une grande marée, balayent aussi les derniers bastions de l'« ordre ».

L'ivresse inspirée à Carl Schmitt par les visions de ce manichéen hystérique ne connaît pas de bornes. Avec une fermeté et une radicalité inégalée, l'antagonisme politique du XIXᵉ siècle et du siècle présent (tel que le voit Schmitt) est ramené à une claire et ultime antithèse. Voilà ce qui fascine Carl Schmitt.

---

1. *Théologie politique*, p. 66.
2. DC, p. 81 ; pour les citations suivantes, voir respectivement p. 77, 109 et 110.

L'opposition de la révolution et de la contre-révolution, de l'État et de l'anarchie, de l'ordre et du chaos, repose en fin de compte sur une opposition entre des conceptions de la fin ultime de l'homme. Ainsi, face à la thèse impudente de l'humanisme révolutionnaire pour qui l'homme est bon et né pour être libre, Donoso Cortés établit le dogme de la nature pécheresse et de la dépravation de l'homme. « Cette intensification radicale se manifeste par l'importance croissante des thèses axiomatiques sur la nature de l'homme [1] », qui aiguise l'antagonisme à l'horizon d'un ultime grand combat décisif.

Pour Carl Schmitt, l'importance de Donoso Cortés tient à ce qu'il a discerné la dimension historique-universelle et métaphysique de ce combat et qu'il en appelle à la dernière mobilisation pour la « bataille décisive » : « *La gran contienda* » !

Si, de son côté, Joseph de Maistre, avant l'assaut de la révolution bourgeoise, croit encore au palliatif de la monarchie absolue, celle-ci a, pour Donoso Cortés, démontré depuis longtemps son incapacité à résister à l'assaut du mal. Pour éviter la catastrophe, il exige comme recours ultime des moyens radicaux : « face au mal radical, il n'y a que la dictature [2]. » Ainsi, « de la conscience que l'époque exige une décision » – ce qu'il faut lire ainsi : de la décision de livrer la grande bataille décisive – « surgit au point central de la pensée, et avec une rigueur extrême, le "concept de décision" [3] ».

Le sabre et le poignard.

Entre autres superbes formules de Donoso Cortés – qui fascinaient Carl Schmitt parce que s'y condense un faisceau de lignes eschatologique et que s'y ramasse l'essence de toutes les oppositions dans le contraste de deux symboles fortement imagés –, on compte le mot célèbre selon lequel il préfère la « dictature du sabre » à une « dictature du poignard ». Le texte est trop beau pour qu'on ne le cite pas *in extenso*.

« Il ne s'agit pas de choisir entre liberté et dictature. Si c'était là de quoi il retourne, tout comme vous tous [...] mon suffrage irait à la liberté. Il s'agit du choix entre la dictature de l'indignation et la dictature de gouvernement, qui n'est pas si oppressante ni si ordurière que la première. Je choisis la dictature d'en haut parce qu'elle vient de régions plus pures et plus salubres. Il s'agit finalement du choix entre la dictature du poignard et

---

1. *Ibid.*, p. 61.
2. *Théologie politique*, p. 74.
3. Hugo BALL, *Carl Schmitts Politische Theologie*, p. 265.

la dictature du sabre. Je choisis la dictature du sabre parce qu'elle s'attache à plus d'honneur [1]. »

Même à l'âge des mitrailleuses et des cocktails Molotov, les deux armes, si peu égales, n'ont rien perdu de leur signification symbolique, inscrites comme elles le sont dans les profondeurs de l'inconscient collectif.

Le poignard rentre dans le champ sémantique du sabre pour ses valeurs mineures – pour ses valeurs majeures, c'est uniquement l'épée. Le poignard renvoie à la dimension de l'histoire culturelle, l'épée à celle de l'histoire mythique. Comme épée de l'Empire, comme épée de la justice, comme épée de Dieu, comme glaive de feu de l'archange, le sabre rentre dans la sphère du « sacré », il n'est absolument plus une arme, mais le symbole éminent de la domination reposant sur la transcendance.

Le sabre est un objet noble et conforme au code de conduite chevaleresque. C'est l'attribut du chevalier, de l'officier et du noble, c'est-à-dire du seigneur. Par lui et avec lui, l'homme se fait homme qui possède et défend son honneur, qui, selon Montesquieu, est le principe de la monarchie. S'il perd l'honneur, le noble ne peut plus non plus prétendre à son sabre. Il le tend à l'adversaire auquel il se rend. Le sabre est ainsi l'attribut essentiel qui distingue le « soldat » du « bourgeois ».

À l'opposé du sabre, le poignard n'est absolument pas une arme, au sens noble du terme. Il est l'instrument du méfait criminel, du meurtre vulgaire et de l'attentat. Le sabre est dégainé et menace l'adversaire de face. Le poignard est tiré, et enfoncée dans le dos de la victime. Le sabre est poli, le poignard enduit d'un poison. Un sabre enduit de poison est impensable. Le sabre est précieux, le poignard sans art et bon marché. Le sabre prolonge le bras, le poignard n'est qu'un coup-de-poing métallique. Le sabre est l'ornement des « belles sphères » de la société, de ses régions pures et salubres – les couches supérieures –, le poignard est l'outil des mondes souterrains et figure dans la panoplie du valet et du peuple. La « bande menaçante des brigands qui habitent avec nous nos grandes villes [2] » est armée de poignards, comme une meute de bandits des Abruzzes.

« L'empereur Guillaume II était le premier empereur d'Allemagne qui avait tendu la main pour la réconciliation aux chefs du marxisme, sans se douter que les fourbes n'avaient point

---

1. « Rede über die Diktatur » du 4 janvier 1849, dans *Donoso Cortés, Die Reden*, Zurich, 1948, p. 47 s.
2. BISMARCK, *Pensées et Souvenirs*, trad. fse E. Jaeglé, Paris, Librairie H. Le Soudier, 1899, I, p. 453.

d'honneur. Tandis qu'ils tenaient encore la main de l'empereur dans la leur, ils cherchaient de l'autre le poignard [1]. »

Vil, lâche et oblique, l'anarchiste qui tue l'impératrice en fait usage. (Ce n'était même pas une véritable dague, mais, plus bas encore, un outil pour les travaux ordinaires détourné de sa fonction, une lime.) Le rasoir de Babo – que Carl Schmitt sentait frôler sa gorge [2] –, mais aussi le pic de Bakounine qui transportait tellement Ernst Jünger, tel était le registre du poignard.

Le sabre dans la main d'une femme est une anomalie. Une Jeanne d'Arc se transforme aussitôt en un homme-femme dont la féminité doit être sérieusement mise en question. Elle devient un objet de la pathologie sexuelle. Mais le poignard, les femmes peuvent aussi le manipuler avec prédilection. De Charlotte Corday jusqu'à la Tosca, le poignard dans la main de la femme fanatique (« déchaînée ») est une figure de la menace sempiternelle que les femmes font peser sur tous les hommes.

Du « poignard dans le pourpoint » de la ballade de Schiller jusqu'à la « légende du coup de poignard dans le dos », le poignard fait partie des phobies des hommes d'Allemagne. Il hante l'histoire allemande. « Le sabre à la main, je combats pour la patrie », dit le patriote loyal. « Le poignard dans le pourpoint », Timon rôde, projetant un attentat pour libérer la cité du tyran. C'est avec le sabre que l'on défend l'État sur les marches du trône, tandis que du poignard on en menace les « parties vitales ».

Les connotations sexuelles sont ici évidentes. Tandis que le sabre est un symbole phallique et représente une virilité agressive, le poignard en symbolise la menace, les périls qui pèsent sur elle et la défiguration. Tiré de son fourreau *, le sabre est phallus. Il marque l'état d'urgence, et non, bien sûr, l'état normal. Il indique l'« état d'exception », le moment extatique de la « décision » *(Entscheidung)*, où l'on tire l'épée du fourreau *(aus der Scheide)*. Tirer l'épée, cela signifie : « il tient le coup », il « est à la hauteur de la situation », il « affirme sa souveraineté ». On range sans peine le vocabulaire décisionniste de « l'état d'urgence », de « l'état d'exception », de « la souveraineté » et de « la décision » dans le champ sémantique du sabre.

La peur du « coup de poignard » hante l'œuvre de Carl Schmitt. « La transformation de la légalité en arme de guerre civile fit immédiatement suite à la transformation du droit en

---

1. Adolf HITLER, *Mon Combat*, p. 205.
2. ExC, p. 21.
* « fourreau » : en allemand *Scheide* – qui signifie aussi « vagin ». [N.d.T.]

légalité », lit-on en 1950 dans l'essai « Das Problem der Legalität [1] ». Ce qu'il convient de traduire ainsi : l'épée de la justice
et du bourreau, le sabre d'un ordre juridique assis sur une autorité véritable devient le poignard de la légalité démocratique.
La « légalité » est devenue un « instrument tactique », une
« arme empoisonnée ». « Depuis, des expériences politiques et
des explications relevant de la pédagogie populaire et vulga-
risées par Bert Brecht ont contribué à ce que la légalité devienne
une devise de gangster [2]. »

Ainsi le couteau de Mackie Messer a-t-il trouvé sa place dans
l'histoire du droit.

L'évocation du poignard mobilise immanquablement et dans
toute sa véhémence l'angoisse masculine de la castration, c'est-
à-dire de l'amputation des « parties vitales ». Ce qui lui confère
l'auréole du danger absolu et ultime. Dans sa forme primitive
archétypique, le poignard est aussi le couteau avec lequel on
abat la bête sacrifiée. « La dictature du poignard » : cette image,
dans tout ce qu'elle a d'effroyable, est celle de la conspiration
subversive, du soulèvement, de l'insurrection anarchiste et du
chambardement où tout un chacun, homme et femme, cache un
poignard dans ses vêtements pour frapper les puissances
garantes de l'État aux parties sensibles.

Les innombrables poignards ainsi dissimulés sont les dents
du monstre apocalyptique qui menace l'ordre des hommes. Il
n'est pas difficile d'exhiber l'image de terreur qui, dans les
fantasmes masculins, se tapit à l'affût et à la périphérie la plus
reculée du symbole du poignard, qui n'est, certes, jamais
complètement consciente, et qui pourtant est toujours présente,
à savoir : la *vulva dentata* dont l'effroyable morsure dérobe à
l'homme son attribut le plus précieux.

Bismarck, encore une fois.

Nous n'avons pas par cette analyse quitté le terrain de la
théorie politique de Schmitt, telle qu'il l'a esquissée dans la
Théologie politique. Schmitt sait, bien sûr, ce qu'il fait, quand
il introduit de Maistre et Donoso Cortés dans le débat politique
en cours sous la République de Weimar. Mais il ne retourne
pas toutes ses cartes et tait ce qu'il y aurait à dire d'essentiel
sur ces messieurs.

---

1. VRA, p. 447 ; pour les citations suivantes, voir respectivement p. 448
et 450.
2. *Théologie politique II*, p. 170.

Au fond, il ne s'agit là de nouveau que de l'« interprétation historique d'une situation historique concrète », à savoir l'Allemagne du Reich bismarckien. De même que derrière Adam Müller se profilent les personnages de Guillaume II et de ses amis, de même, derrière le trio infernal des adversaires démoniaques du « cénacle de Liebenberg » apparaît Bismarck. « Moltke, Roon, Bismarck », tels sont les noms de la trinité symbolique des hommes qui fondèrent le Reich. Mais il ne s'agit au fond que de la silhouette dominante de l'un d'eux, à qui l'on doit tout, c'est-à-dire du père puissant qui seul sait maîtriser les situations précaires.

Mais pourquoi ne pas en venir alors sans détour à Bismarck ? La raison est simple : dans le climat de crise des premières années de la République de Weimar, on pouvait tout aussi peu invoquer le prince Bismarck comme autorité politique que l'on avait pu s'en prendre publiquement au Kaiser, en particulier pendant la guerre. Mais s'il y avait quelqu'un en Allemagne qui avait percé la problématique de son temps avec la même radicalité et avec la même résolution que, par le passé, de Maistre et Donoso Cortés, c'était Bismarck, et nul autre : Bismarck, comte, prince et même duc.

Sans être catholique et invoquer le péché originel, Bismarck, de par la tradition kachoube * – protestante piétiste – à laquelle il appartenait de toutes ses fibres, n'était pas moins convaincu de la bêtise et de la méchanceté de la nature humaine que ne l'étaient les trois cavaliers d'Occident.

Son mépris pour l'homme ne connaissait pas non plus de bornes. Pour lui, tout ce qui vagabondait là en matière de constitutionnalisme, de libéralisme, de socialisme et – en bonne conséquence – d'anarchisme, au nom de la stupide théorie qu'en son fond l'homme est bon et que seuls le dépravent les rapports sociaux, tout cela n'était qu'un mascaret qui venait déferler sur le *rocher de bronze**** de l'ordre existant, c'est-à-dire « une maladie balayant tout le monde civilisé [1] » contre laquelle il fallait se prémunir par tous les moyens.

Comme s'il avait lu Donoso Cortés qu'il avait connu à Berlin en sa qualité d'ambassadeur d'Espagne – mais qu'au grand regret de Carl Schmitt il n'appréciait pas –, il n'avait pris ses

---

* Tombé hors d'usage, l'adjectif désigne une région et une population autonomes d'origine slave, à la fin du Moyen Âge, aux environs de Dantzig, qui finirent par se fondre dans la zone prussienne. On en trouve encore des traces dans la littérature contemporaine – par exemple dans les romans de Günter Grass. [N.d.T.]

1. BISMARCK, « An den Kaiser », Berlin, 4 avril 1872, *Aus seinen Schriften, Briefen, Reden und Gesprächen*, Zurich, 1976, p. 461.

fonctions de ministre président qu'une fois parvenu à « persuader le roi qu'il ne s'agissait pas pour lui de la différence entre un conservateur ou un libéral de telle ou telle nuance, mais de la différence entre le pouvoir du roi et celui du parlement, ce dernier étant nécessairement à écarter, quitte à devoir passer par une période de dictature [1] ».

Et si nous voulons savoir ce que voulait dire Bismarck quand il dénonçait comme un péril extrême pour la monarchie, c'est-à-dire pour l'État, l'influence conquise par les puissances féminines, la funeste influence de « l'éternel féminin » (une puissance à bannir aussi, en éloignant de l'antichambre du pouvoir les hommes efféminés, les gitons), il nous suffit de citer de Maistre qui, par l'équivalence qu'il avait établie entre la chair, la vie et le sang, est un représentant avéré de l'infamie selon laquelle les femmes sont une « calamité » pour la « politique » : « Elles deviendront les instruments funestes d'une corruption universelle qui atteindra en peu de temps les parties vitales de l'État [2]. »

Bismarck aussi, à la fin de son règne, était résolu à en venir quoi qu'il en coûte à un ultime affrontement. Le Bismarck des dernières années *était* l'homme de la bataille apocalyptique décisive qui occupait l'imagination de Donoso Cortés. Et il voulait se battre sur les mêmes fronts que ce dernier ! Ses plans de coup d'État n'étaient pas des feintes tactiques destinées à surmonter des difficultés momentanées de politique intérieure. Ils mettaient tout en jeu, et avaient tous les traits de l'énergie du désespoir. « Chez un homme comme Bismarck, vers l'année 1890, la simple idée, la simple évocation d'une liquidation [...] du IIe Reich [...] était l'indice certain de la situation désespérée, disons même de l'absence d'issue pour ce corps politique [3] », écrit Carl Schmitt. Il avait, bien entendu, étudié dans les détails les plans de putsch de Bismarck, en rendant compte du livre de l'historien Zechlin qui dévoilait à une opinion publique troublée un aspect de son idole connu jusqu'alors des seuls initiés qui, pour cette raison, avaient enfoui leur savoir au plus profond d'eux-mêmes.

Le « profond désespoir », voire l'« absence de toute issue » dont Carl Schmitt crédite le Reich, doit être compris au premier chef comme une déclaration sur la condition psychique du fondateur du Reich. De Bismarck on peut dire ce que Schmitt, dans un mélange d'admiration et d'empathie, dit de Donoso Cortés :

---

1. BISMARCK, *Pensées et souvenirs*.
2. J. DE MAISTRE, vol. V, p. 323.
3. SZ, p. 25 s.

« Le désespoir de cet homme [...] est souvent proche de la folie [1]. »

La liquidation du Reich moyennant une résolution prise à l'unanimité par les princes de la Confédération n'était que le dernier acte des plans de bataille de Bismarck. Il s'agissait d'en finir une fois pour toutes avec les « puissances de subversion », et cela dans un terrible bain de sang. Dans la panique qui s'emparerait alors de toutes les couches de la population, et en premier lieu des dynasties – les Hohenzollern à leur tête – insuffisamment résolues à défendre leurs prétentions au pouvoir, Bismarck résilierait la constitution du Reich et lui substituerait une monarchie militaire prussienne purifiée de tout compromis véreux, c'est-à-dire un État autoritaire qui pourrait être dirigé de manière dictatoriale.

Mais pour cela il fallait que le sang coule ! « Il arrive parfois que le vrai bien-être consiste à verser le sang, le sang d'une minorité séditieuse, car il s'agit de défendre une majorité éprise d'ordre et respectueuse de la loi [2] », ainsi s'exprima-t-il au cours d'un entretien avec le correspondant à Berlin du *New York Herald*, le 23 avril 1890. Mais le jeune Kaiser ne voulait pas du bain de sang de la bataille décisive dont rêvait le vieux Bismarck. Il congédia le vieil homme qui lui dispensait de tels conseils, car il savait bien qu'un tel remède de cheval, à supposer que le peuple allemand n'y laissât pas sa peau, mettrait à la tête du nouvel État non pas la dynastie des Hohenzollern, mais celle du vieux condottiere. Et il ne le voulait pas, car il était trop efféminé, lui, le « romantique assis sur le trône [des Césars] [3] » ou peut-être simplement parce qu'il subissait l'influence d'hommes qui n'étaient pas de vrais hommes et succombait aux chuchotements séducteurs de l'« éternel féminin », le pire des périls pour le monarque selon Bismarck.

On sait où cela mena. Le Reich fut balayé par le mascaret démocratique. Puis, ce fut le vide politique où s'affrontaient, comme dans une guerre civile, la restauration et la révolution. La grande antinomie de l'époque connut de cette manière une authentique intensification. *Maintenant*, aux yeux de Carl Schmitt, l'heure de la grande et sanglante bataille avait sonné pour l'Allemagne...

---

1. *Théologie politique*, p. 67.
2. BISMARCK, *Aus seinen Schriften...*, p. 547.
3. *Théologie politique*, p. 104.

Pourquoi le sang doit couler.

Il n'était peut-être pas si aberrant, dans l'Allemagne de 1922, de rappeler à la mémoire, ne serait-ce qu'implicitement, une théorie politique où était préconisée la nécessité métahistorique de la mise à mort sacrificielle et du « bain de sang ». Un flot de sang ininterrompu ne traverse-t-il pas l'histoire allemande du XIXe et du XXe siècle ? Du mot de Faust sur le sang « liqueur exquise/Quintessence des sucs », en passant par le « sang et le fer » *(Blut und Eisen)* de Bismarck jusqu'au « sang et sol » *(Blut und Boden)* des national-socialistes, on a toujours parlé du sang en Allemagne, et toujours en un lieu significatif du discours.

N'oublions pas que le *mythe fondateur** du IIe Reich était le sang versé sur les champs de bataille français, où le « soldat » avait payé son dû au culte. Les rêves sanglants du général von Falkenhayn, qui voulait « saigner » l'armée française au cours de la Première Guerre mondiale (au prix d'un bain de sang pour sa propre armée), rêves qui menèrent aux combats de Verdun, ont tout de même quelque chose d'obsessionnel ! Ils se situent dans la perspective de la vision de Joseph de Maistre, pour qui la terre doit être gorgée de sang afin que les hommes soient rachetés de leur « faute ».

Il existait parmi les élites allemandes un code de l'honneur qui ne pouvait se maintenir en vigueur si le sang n'était régulièrement versé. « Le sang devait couler » pour que restât immaculé le noble blason, et cela non pas pour l'individu s'estimant atteint dans son honneur, mais pour tous ceux de son état dont l'honneur aurait été atteint si l'individu ne le rétablissait pas pour son propre compte. C'est sur cette conception que reposait la pratique du duel dans l'Allemagne wilhelminienne. Elle jouait aussi un rôle important dans la politique intérieure. Presque toutes les crises de politique intérieure s'accompagnaient de duels ou, du moins, de provocations en duel. N'était apte à se battre en duel que celui qui pouvait « donner réparation ». Lui seul avait un rang où il pouvait se rétablir en versant le sang. Les autres n'avaient pas d'existence sociale. C'étaient des civils, des bourgeois, des gens du peuple [1].

L'honneur par le sang était le privilège du « soldat ». Quant à celui qui n'était pas soldat, ce qui signifie ici officier, il devait mériter son admission dans la couche dirigeante des hommes allemands moyennant un rite d'initiation sanglant : la *Mensur* (différend réglé sur le terrain). La cicatrice au visage (au stade

---

1. Voir l'ouvrage important de Norbert ELIAS, *Über die Deutschen*, Francfort-sur-le-Main, 1989.

atteint par la culture européenne au XIXe siècle, c'était un cas unique de mutilation rituelle avalisée par la société), était le signe fièrement exhibé du sang versé pour être admis dans la communauté des hommes, la « société virile ». On était alors digne de « donner réparation » comme un noble et un soldat, et l'on avait alors un « rang ». La ligne de démarcation sociale qui séparait le « soldat » du « bourgeois » était donc une frontière sanglante.

Toutefois, la trace sanglante ne traverse pas seulement l'histoire allemande, elle mène aussi au centre de la *Théologie politique* de Carl Schmitt. Il souscrit, lui aussi, aux imaginations sanglantes de ses illustres prédécesseurs. La politique telle qu'il la professe est ce « au nom de quoi on pourrait [...] donner à certains le pouvoir de répandre le sang ». « Les concepts d'ami, d'ennemi et de combat tirent leur signification objective de leur relation permanente à ce fait réel, la possibilité de provoquer la mort physique d'un homme [1]. » Le mythe du sang est ce qui, de par la prérogative que possède l'État de verser le sang, transforme en un acte souverain ce qui serait un meurtre crapuleux. Derrière les analyses historiques et les précisions introduites par Carl Schmitt se cachent des « fantasmes masculins * » auxquels elles doivent leur singulier pouvoir de fascination.

Le sang qui coule au cours du rituel d'initiation des bans de mâles, même s'il ne s'agit que d'une gouttelette, est la reproduction symbolique dans la blessure de l'homme du sang menstruel du vagin (la « blessure » de la femme). Dans toutes les cultures et à toutes les époques, nous trouvons des rituels d'initiation où le garçon, le « jouvenceau », est admis dans la « maison des hommes ». Le sens de ces rituels sanglants ne varie pas : faire du jeune mâle un homme, c'est-à-dire le dresser, dans son habitus sexuel et social, à des modes de comportement virils. Ce qui signifie qu'on l'immunise contre les séductions et la surpuissance du monde des femmes et qu'on le détache symboliquement, comme homme, de la femme. Par l'acte symbolique de cette blessure, le jeune garçon passe du monde des mères à celui des « pères [2] ». Dans notre horizon culturel, c'est la circoncision qui est le rituel de virilité le plus marquant. Nous y reviendrons plus loin en détail.

Ce n'est qu'après avoir saigné que l'homme peut se sentir à

---

1. *La Notion du politique*, p. 75 et 73.
* Pour *Männerphantasien*, voir note p. 16. [N.d.T.]
2. Voir Bruno BETTELHEIM, *Les Blessures symboliques. Essai d'interprétation des rites d'initiation*, trad. de l'anglais Claude Monod, Paris, Gallimard, 1971.

la hauteur des femmes et laisser libre cours à sa mégalomanie phallique de violence et d'oppression physique.

Le sang doit couler, car le sentiment masculin d'infériorité par rapport à la femme et la conscience de son infériorité de mâle doivent être apaisés. Car l'homme sait que ce n'est pas lui mais la femme qui engendre la vie et règne en maître sur la mort.

Nous voici arrivés au point central de la *Théologie politique*. Dans la mystique du sang de Joseph de Maistre, nous avons rencontré le produit non dissimulé des plus vieilles angoisses de l'homme. Avec ses imaginations sanguinaires, le comte appartenait pleinement à une tradition millénaire de misogynie patriarcale, fondée non pas sur un mépris des femmes, mais profondément enracinée dans l'angoisse inspirée par le « féminin ». Ce qui sépare les hommes du ciel, c'est bien entendu leur vie sexuelle. La vie sexuelle qui reproduit la vie, c'est-à-dire la sexualité de la femme intégrée par ses fonctions organiques à la nature et à ses grands cycles dont elle et chaque mois ses règles sont la preuve inébranlable et le symbole toujours renouvelé. La « femelle », sa corporéité et sa sexualité coupent le « mâle » de son salut mental et spirituel. « La femme est le péché de l'homme » (Th. Däubler). Le sang qui ne peut être effacé que par le sang est le sang menstruel de la femme. Et les rituels sanglants des hommes sont en vérité une magie protectrice.

Aux antipodes du « soldat » et du « bourreau », il y a donc « la femme » qui doit être proscrite et domestiquée (la chair, la vie et le sang), et la peur terrible que la femme pourrait bien s'émanciper. Ce qui serait la catastrophe à l'état pur. Ce péril – lui et nul autre – est l'effroyable menace de la révolution, de la démocratie et de l'anarchie. Malheur si on leur lâche la bride !

Sur le plan de la logique des fantasmes, le sentiment de menace et la peur qu'il provoque ne se rapportent pas à n'importe quelles femmes – la société ne les a-t-elle pas déjà mises hors d'état de nuire ? Ils s'avivent chaque fois que surviennent des événements qui mettent en péril la société des hommes comme structure de domination, à savoir le chamboulement, la révolution et l'anarchie. Et, derrière ces signes, le grand ennemi, l'ennemi de toujours est aux aguets : l'« éternel féminin ».

Nous voyons donc tout ce que Donoso Cortés avait en tête quand il prenait parti de manière aussi résolue pour la dictature du sabre contre celle du poignard. Nous pouvons aussi maintenant comprendre pourquoi cette formule de Donoso a autant fasciné Carl Schmitt. Mais il ne s'agit, ni dans le cas de Joseph

de Maistre ni dans celui de Donoso Cortés, de protocoles de
séance de psychanalyse, mais de textes clefs dus à des écrivains.
Carl Schmitt nous présente ces auteurs comme des cas exem-
plaires s'opposant aux romantiques fatigués, tel Adam Müller,
et il leur attribue, parmi tous les théoriciens de l'État, le rang
le plus éminent quant aux théorèmes de la « souveraineté » et
de la « décision ». Il élabore à partir d'eux sa propre théorie de
l'État et indique en s'appuyant sur eux comment les hommes
d'Allemagne doivent sauver la culture occidentale du naufrage.
Le tonnerre gronde terriblement sur cette scène. Mais ce qui
surnage a plutôt piètre mine : le souci des « parties vitales » (de
l'« État »), qui sont destinées à être *dures*.

CHAPITRE IV

LA PEUR DU CHAOS

L'anarchiste russe.

Dans cette pièce à faire frémir qu'est la *Théologie politique*, d'autres personnages font aussi leur apparition. Comme le veulent les lois de la dramaturgie, une canaille s'oppose au héros. L'intrigue consiste à la démasquer et à la mettre hors d'état de nuire. La canaille, dans la *Théologie politique*, est un personnage dont la répugnante ignominie nous est, elle aussi, familière : l'anarchiste. Pour lui donner de l'épaisseur face aux trois mousquetaires de l'Europe de l'Ouest qui l'embrocheront au fil de leur épée, il apparaît sous le masque de l'anarchiste « russe ». Son nom ? Mikhaïl Alexandrovitch Bakounine (1814-1876). Le rideau se lève : « C'est avec les Russes, et notamment avec Bakounine, qu'apparaît l'ennemi proprement dit de toutes les idées reçues de la culture européenne [1]. » Et, bien entendu, il fera une entrée en scène explosive.

Partant de l'idée faible que l'« homme est bon », Bakounine se lance à l'attaque – dans une offensive totale – de l'ordre social dominant et en exige le démantèlement radical. Pour assurer à l'homme le libre espace nécessaire à son épanouissement, il veut établir *une société sans domination et sans pouvoir* *. L'*Aufklärung* suspectait jadis que toutes les législations religieuses provenaient de la même source que les institutions politiques, à savoir de la croyance erronée en une puissance prétendument supérieure qui commande au destin de l'homme sans que sa volonté y ait part. Bakounine a prolongé cette intuition en une théorie de l'émancipation en rapport non seulement à la violence structurelle de nature politique et sociale, mais aussi à la violence spirituelle, prétendument éternelle et immanente à toute société humaine. Au « Je suis le Seigneur, ton Dieu » du prêtre, au « Soyez soumis à l'autorité » du détenteur du pouvoir politique, à l'exigence de docilité du *pater familias*

---

1. *Parlementarisme et démocratie*, p. 87.
* Pour traduire *Gewalt*, qui signifie aussi « violence ». [N.d.T.]

« maître chez soi » – autant de formes d'expression de la même mentalité qui est la prémisse intellectuelle de toute servitude –, Bakounine oppose un solennel « ni Dieu ni maître », devise de l'individu qui a pris conscience de son autonomie et qui est résolu à la conquérir d'arrache-pied.

Pas de Dieu, *pas* d'État, *pas* de père. Telle est, noir sur blanc, la « théologie politique » de l'anarchisme, à savoir la négation de la théologie. Carl Schmitt a repris de Bakounine, en même temps que le concept, la méthode qu'il appelle sociologique et qui consiste à enquêter sur des « structures conceptuelles » et sur leur identité aux « structures sociales ». Et quelles sont les structures sociales que l'on trouve par-devers « tous les concepts transmis par la culture de l'Europe de l'Ouest » ?

« *Ein Volk, ein Kaiser, ein Gott* » (un peuple, un empereur, un Dieu), disait-on dans l'Allemagne wilhelminienne, d'où sortit après 1933 « *ein Volk, ein Reich, ein Führer* » (un peuple, un empire, un Führer). Dans la parodie qu'est le livre *Théologie politique II*, Carl Schmitt suit à la trace et avec une belle abondance d'arguments pseudo-théologiques et d'histoires ecclésiastiques cette « identité de structure entre les concepts ». Il y va de l'« *unité* du *monarque* [...] comme mise en place, représentation et maintien de l'ordre établi [1] ». Il y commente dans cette œuvre ses problèmes de prédilection, revêtu de l'habit des pères de l'Église. Son souci est désormais la « scientificité » de la théorie politique [2].

Carl Schmitt n'évolue comme toujours que dans le sens de la tradition de l'« argumentation patriarcale », quel que soit le genre de savoir appelé à faire valoir sa compétence – et la théologie ne sera certes pas le seul. Le pouvoir *(Gewalt)* de l'État est dérivé de l'« autorité et du pouvoir du père dans la famille ». « La monarchie a son fondement et son modèle dans l'empire paternel », aurait dit de Bonald. Dans sa théorie de la constitution, Schmitt avançait déjà qu'il s'agissait d'« un trans-

---

1. *Théologie politique II*, p. 92 et 126.
2. « La politique n'est point une science, et la sociologie ou la politologie ne sont pas, à titre de méthodes "exactes", des sciences compatibles avec la théologie. La théologie, en revanche, se veut science et elle le demeure tant qu'un concept totalement différent de science n'a pas réussi à refouler la religion et sa théologie dans les tréfonds de son type de profanité et à les liquider, à l'instar de la psychanalyse, comme anachronismes et névroses. Le concept compatible opposé à la théologie comme science est une autre science, qui doit aller au-delà d'une simple science d'appoint ou méthode » (*Théologie politique II*, p. 158 ; trad. modifiée). À nouveau, Schmitt désigne son ennemi avec la plus grande précision. À l'horizon, il y a le danger que « le monde cesse d'être "politomorphe" » (*ibid.*, p. 175) – par là, la discrimination de l'ami et de l'ennemi cesserait de servir de critère au politique.

fert qui mérite d'être pris au sérieux, intéressant au moins pour la psychologie sociale [1] ». Ici en tout cas, l'identité des structures « sociales » et « conceptuelles » est évidente.

Nous verrons ce qu'en fin de compte Bakounine présente comme alternative au monothéisme, à la monarchie et à la monogamie, à savoir : l'agnosticisme (libre pensée), le fédéralisme, la libre association, la coopération et la convivialité. Contre la domination des hommes et des pères, il propose la communauté des frères et des sœurs. L'utopie matriarcale allume ainsi ses feux face à l'ordre patriarcal. Qu'au regard d'un tel programme une « majorité éprise de paix et respectueuse de la loi [2] » puisse être prise d'un sentiment glacial d'épouvante, voilà qui est encore compréhensible. Les biens les plus sacrés étaient en cause : l'autel et le trône, la famille et la propriété ! Du reste, nul ne savait exactement comment allait fonctionner cette société nouvelle. L'on s'en tenait alors de préférence au vieil ordre en place. La Commune de Paris, où de toute évidence on avait bel et bien tenté de réaliser l'utopie anarchiste, n'avait-elle du reste pas fait, au grand jour, la démonstration de ce qui surgit dans « le déchaînement des passions sauvages de l'anarchie [3] » ? « Le chaos » !

Dans la seconde moitié du XIXe siècle, l'anarchisme radical et en acte fut le spectre d'horreur qui rôdait à travers l'Europe, et si l'on dénombre les têtes couronnées et chefs d'État qui tombèrent sous sa main, on doit reconnaître qu'il a été extraordinairement efficace.

Ce qui avant tout rendait le libéralisme, le socialisme et le communisme si dangereux, c'est que, dans leurs ultimes conséquences, ils menaient à cet « anarchisme ». C'est pourquoi on les mettait dans le même sac que lui. « De même que l'anarchisme résulte des foucades des sociaux-démocrates, de même la faute des meurtres et guet-apens anarchistes retombe nécessairement sur la social-démocratie », disait Bismarck après l'attentat sur la personne du président Sadi Carnot, en 1894. Il formulait ainsi le point de vue de l'ensemble de la classe politique [4]. Que Bebel s'escrimât pour le démentir était peine perdue, car *qui s'excuse s'accuse**.

La peur inspirée par l'anarchisme était à ce point intériorisée par la couche dirigeante de l'Allemagne wilhelminienne que l'on ne peut expliquer aucune de ses réactions politiques sans

---

1. *Théorie de la constitution*, p. 428.
2. BISMARCK, *Aus seinen Schriften*, p. 547.
3. BISMARCK, *Pensées et souvenirs*, II, p. 135.
4. Heinrich HOFMANN, *Fürst Bismarck*, Stuttgart, Berlin, Leipzig, 1913, vol. I, p. 145.

faire le lien entre cette peur et ses réactions. Bismarck parlait d'une « épidémie », d'une « forme de maladie nouvelle dans la Chrétienté », d'une « maladie contagieuse [1] ».

Après l'attentat perpétré sur l'impératrice Élisabeth, la tante qu'il idolâtrait, Guillaume II, sans s'en être d'abord ouvert au chancelier du Reich, adressa à son paternel « collègue et ami » François-Joseph un de ces télégrammes que la spontanéité dictait à sa fidélité. Il y déclarait que l'empereur d'Allemagne comptait sur une initiative autrichienne « s'agissant de mesures à prendre de concert contre l'anarchisme qui provient du libéralisme, de la sentimentalité humanitaire, des discours captieux visant à gagner la faveur populaire et avant tout de la couardise des parlements ». Le télégramme se concluait ainsi : « Agir, il faut agir [2] ! » C'était, mot pour mot, du Donoso Cortés.

La « bataille décisive » se profile à l'horizon. Mais, fondamentalement, il s'agit du programme politique de Carl Schmitt. Ses constructions politiques épousent très exactement la directive donnée par Guillaume II à l'issue des manœuvres qu'il avait dirigées en Prusse-Orientale. Elles contribuaient à la « lutte pour la religion, pour la moralité et l'ordre, contre les partis de la subversion [3] ».

De Shelley à Shaw.

Bien entendu, l'anarchisme n'était pas une invention de Bakounine. Il n'était russe que dans la mesure où il rentrait dans le « patrimoine intellectuel occidental » d'importation qui, depuis le XVIIIe siècle, à partir de l'Angleterre et de la France, inondait l'Europe centrale et celle de l'Est. L'idée de la liberté avait « transité d'Ouest en Est [4] ». Dans *Un conte d'hiver*, Heinrich Heine dépeint la manière dont ces produits de contrebande passaient les frontières. Le Berlin de Hegel et le romantique prussien juif furent des étapes importantes de cette infiltration. Il n'est pas excessif de dire que l'anarchisme – projet émancipateur d'un monde nouveau et meilleur – constitue l'apport le plus original de la pensée occidentale aux destinées de l'homme ; que, avec le positivisme scientiste, il est un moment authentiquement nouveau de la compréhension philo-

1. Heinrich HOFMANN, *Fürst Bismarck*, p. 143 s.
2. Bernhard Fürst VON BÜLOW, *Denkwürdigkeiten*, 4 volumes, éd. Franz von Stockhammern, Berlin, 1930, p. 240.
3. *Reden des Kaisers. Ansprachen, Predigten und Trinksprüche Wilhelms II.*, éd. Ernst Johann, Munich, 1977, p. 63.
4. *Parlementarisme et démocratie*, p. 92.

sophique que l'homme a de lui-même, et qu'avec lui commençait une ère nouvelle de l'histoire de l'humanité, à nulle autre
comparable.

Mais l'anarchisme russe doit aussi être considéré comme une
« tentative remarquable et largement couronnée de succès pour
convertir la philosophie en vie [1] ». Quiconque se penche sur
l'histoire du XIXe siècle se convaincra que l'anarchisme comme
phénomène européen était le véritable grand défi de l'époque.
Là soufflait l'esprit, car c'était là qu'une croyance nouvelle avait
surgi et qu'une anthropologie nouvelle, « romantique », mit un
terme à la pensée théologique traditionnelle. La *Théologie politique* de Bakounine ne transposait pas des concepts théologiques
dans une théologie de la révolution, mais elle démolissait et
ridiculisait la théologie. L'élan iconoclaste est bel et bien visible, mais n'est pas l'essentiel. Il s'agissait d'ouvrir la voie à
une compréhension nouvelle de la « nature » de l'homme. La
grande charte de l'anarchisme en philosophie ne se réduit pas
aux célèbres thèses de Ludwig Feuerbach. Il s'agit en fait de ce
que Carl Schmitt nomme la « pseudo-religion de l'humanisme
absolu ».

La pensée anarchiste a trouvé son premier représentant
d'importance en Angleterre. Depuis sa date de naissance – et
non pas seulement dans les fantasmes angoissés de Bismarck et
des hommes d'Allemagne –, elle n'est pas sans rapport avec les
« femmes anglaises » et avec l'émancipation de la femme. La
fille de l'anarchiste William Godwin, la seconde femme de
Shelley, Mary, imprégnée des idées révolutionnaires de son
père, fut l'une des premières femmes non seulement à avoir
exigé l'émancipation de la femme, mais encore à tenter de
passer à l'acte. Déjà sa mère, Mary Woolstonecraft, était montée
sur les barricades [2] à l'époque de la Révolution française.

Anarchisme et « féminisme » ont la même origine. Par nature
ils vont de pair, comme l'émancipation politique et la libération
sexuelle. L'étonnante œuvre poétique de Shelley vit le jour sous
les yeux de Mary – une œuvre qui, dans sa substance, est le
premier grand règlement de comptes avec la tradition patriarcale
de l'Occident et qui culmine dans la vision d'une humanité
androgyne à venir. Shelley fut chassé d'Oxford après que, à
l'âge de dix-neuf ans, il eut fait imprimer son essai, *Sur la
nécessité de l'athéisme*. Le poème où pour la première fois il

---

1. Peter Schreibert, *Von Bakunin zu Lenin. Geschichte der russischen
revolutionären Ideologien 1840-1895*, vol. I, Leyde, 1956, p. 20.
2. Mary Woolstonecraft (1759-1797), *Vindication of the Rights of
Women*, Londres, 1792, trad. fse Marie-Françoise Cachin, Paris, Payot, 1976.

tente de donner une forme mythique à une humanité libérée de la monarchie, du christianisme et de la domination masculine est en même temps une invocation de la grande mère : *La Reine Mab* (1813). Avec toute la splendeur de ces vers anglais, l'idée du matriarcat fait son entrée dans l'histoire des idées en Europe.

Cette atteinte aux bonnes mœurs, le fin jouvenceau la paie de l'exil qui, comme Lord Byron, le conduisit vers le Sud sensuel et païen, et vers une Italie plus imaginaire que réelle. Il vécut là, prenant ses aises, dans une communauté réduite qui scandalisa l'Europe par la promiscuité qui y régnait entre homosexuels et hétérosexuels. Aujourd'hui encore, l'indignation que provoquèrent les expériences de Shelley en matière de style de vie n'est pas passée. Et l'on commence lentement à comprendre de quoi, à proprement parler, il retournait. « *Shelley's closeness to women, as a friend, lover, husband, mentor, brother, did involve a breaking-down of gender boundaries. It also, however, involved a distaste for whatever was bounded – the aggressive, alienated, privatized "male" ego. It's a kind of dissolution he's after [...] he imagines intellectually and practically heroic women, but their true value (anyone's true value) lies in the oceanic connection. His passages of cosmic sex are extraordinary* [1]. »

Sous l'influence de Shelley – et sur les bords du même lac de Genève d'où Germaine de Staël et le « romantique » Benjamin Constant étaient originaires –, Mary Woolstonecraft a créé le personnage qui, jusque dans l'imagerie du cinéma contemporain, a représenté l'« esprit viril » dans ses conséquences extrêmes – prométhéen ou faustien, comme on voudra – : cet homoncule allant jusqu'au menaçant robot ou au monstre dangereux qui anéantit son démiurge Frankenstein dans le désert de glace du pôle Nord.

Parler de Shelley, qui, bien entendu, était familier à un connaisseur de l'histoire intellectuelle européenne tel que Schmitt, c'est se rappeler ce qu'est véritablement le « romantisme ». Chez tout romantique, lit-on dans le *Romantisme poli-*

---

1. « L'intimité de Schelley avec les femmes, en tant qu'ami, amant, mari, mentor, frère, entraîna une rupture des frontières de genre. Elle entraîna aussi, cependant, un dégoût envers tout ce qui était limité – l'*ego* "mâle" agressif, aliéné, "privatisé". C'est un type de dissolution qu'il recherche [...] ; il imagine intellectuellement et pratiquement des femmes héroïques, mais leur véritable valeur (la véritable valeur de tout un chacun) réside dans la connexion océanique. Ses passages sur le sexe cosmique sont extraordinaires » (Nathaniel BROWN, *Sexuality and Feminism in Shelley*, Harvard, 1980).

tique, on trouve des « échantillons d'une identité anarchiste [1] », il « aime le contact proche » et il est « féminin ». Comme prototype du romantique, Shelley aurait fourni une cible bien meilleure que le malheureux Adam Müller. Mais dans le contexte allemand, seule chose qui importait à Schmitt, il ne faisait certes pas aussi bien l'affaire.

Nous avons pourtant une autre raison de nous remémorer Shelley. Il est la contre-épreuve typiquement anglaise de son contemporain et compagnon de destin, Heinrich von Kleist, le Prussien et l'Allemand sur lequel nous nous pencherons ailleurs, à cause de la place qu'il occupe dans l'univers mental de Carl Schmitt. En mettant en vis-à-vis ces deux jouvenceaux, nous discernons quel abîme sépare l'aristocratie anglaise de l'aristocratie prussienne. Dans un cas, l'utopiste au grand cœur qui conçoit le matriarcat, qui mène réellement une existence « libre » et se noie dans la Méditerranée, dans l'autre le névrosé torturé, se fracassant sur les écueils de la sexualité et qui se brûle la cervelle au bord du Wannsee * en compagnie d'une femme dont il fait sa victime. Les différences dans la destinée des deux poètes tiennent aussi lieu de symboles quant à l'art de vivre de deux couches sociales à la tête de l'État et de deux cultures politiques. Cela, Carl Schmitt, bien entendu, le savait. Sur les planches de son théâtre de l'histoire intellectuelle, il aurait pu camper Shelley non seulement en « romantique », mais aussi en représentant de l'anarchisme européen – ce à quoi néanmoins le bel adolescent ne se prêtait pas, car il n'était pas assez terrifiant. Bakounine, le colosse russe débraillé à la barbe sauvage, convenait infiniment mieux au rôle du méchant. Et nous noterons donc que le prototype de l'« anarchiste » n'était pas un « anarchiste russe », mais un couple androgyne anglais.

C'est pourquoi Shelley occupe une place importante dans les commentaires d'un des meilleurs connaisseurs de l'anarchisme occidental. Nous voulons nous tourner maintenant vers lui parce qu'il a mieux compris que quiconque à quel point il importe d'étudier l'anarchisme dans l'histoire allemande. Je veux ici parler de George Bernard Shaw. Il dit tout haut ce que, dans l'atmosphère intellectuelle étrangement trouble du IIe Reich, la conscience publique avait largement refoulé (à moins qu'on ne veuille parler d'une véritable dissimulation). En ce qui concerne les espérances humaines qui s'étaient manifestées dans l'anarchisme, le plus grand visionnaire – plus grand que Shelley même si on peut le placer au même niveau que lui et même si on ne

---

1. PR, p 110.
* Un des grands lacs de la périphérie de Berlin. [N.d.T.]

peut le comprendre sans lui – fut le plus grand génie artistique du XIXᵉ siècle, un Allemand, Richard Wagner. Wagner qui – et c'était là la découverte de Shaw – avait combattu sur les barricades de Dresde avec Bakounine, créa avec le personnage de Siegfried la figure mythique de l'anarchiste, c'est-à-dire du héros qui entre en lice pour imposer l'exigence humaine de réalisation de soi contre les dieux.

Et de fait, Shaw, l'Anglais qui nargue quelque peu Shelley, a pris Richard Wagner au mot avec plus de perspicacité qu'aucun autre. Sans se laisser troubler par la puissance d'envoûtement de sa musique, il a interprété *L'Anneau* comme une des contributions les plus importantes à la philosophie politique du XIXᵉ siècle, par analogie avec le *Manifeste communiste* qu'il met sur le même plan que la *Tétralogie* [1], et cela dès 1898 (l'année de la mort de Bismarck). Shaw a découvert cette équation de l'histoire intellectuelle : *Siegfried, c'est Bakounine.*

Mais, contrairement à Donoso Cortés, Shaw ne succombe pas, face au défi anarchiste, à l'hystérie ni au désespoir. Il en analyse sobrement et avec humour les mérites et les chances qu'il a d'arriver à ses fins, « l'anarchisme étant, nous assure-t-il, une des croyances notables des XVIIIᵉ et XIXᵉ siècles. » Et il n'hésite pas non plus à dire que « l'accroissement apparent de l'anarchie est la seule mesure du degré de progrès [2] ».

Ce qui préoccupe Shaw, ce sont certaines déficiences pratiques du généreux projet, en particulier celles de ses représentants dont l'inexpérience et la maladresse le navrent sincèrement. Il aborde aussi la question de la Commune parisienne : sans qu'elle fasse figure à ses yeux de carnaval de sorcières ou de « jaillissement d'anarchisme sauvage », elle est plutôt la triste histoire d'idéalistes en panne, lorsque les forces de l'ordre, non moins bonhommes, sèment un implacable carnage. Et ce ne fut pas par « cruauté », non, mais parce que l'on ne pouvait s'y prendre autrement. Parce que les hommes, pour vivre ensemble en société, doivent tenir compte d'une série de « règles de circulation », simplement pour ne pas mourir de faim et parce que, sur ce point, la théorie anarchiste échoue déplorablement. Shaw en vient à conclure que les idées anarchistes sont pratiquement irréalisables – ce qu'il appelle « l'impossibilité de l'anarchisme ». Il se rallie – comme par raison – aux fabiens.

---

1. (George) Bernard SHAW, *The Perfect Wagnerite*, 1ʳᵉ éd. anglaise, 1898, trad. fse Augustin et Henriette Hamon, *Le Parfait Wagnérien*, Paris, Éd. Montaigne, et Paris, Éd. d'Aujourd'hui, coll. « Les Introuvables », 1975.
2. *Ibid.*, p. 83-84 et p. 98 [trad. modifiée].

Mais il ne voit pas pourquoi il faudrait traiter l'anarchisme comme une hérésie ou une entreprise démoniaque.

Quant à l'évolution de l'Allemagne, la fondation du Reich en 1871 doit avoir fait figure aux yeux de Shaw d'irrésistible triomphe de « la trinité Wotan-Loki-Albéric [1] », c'est-à-dire des puissances contre lesquelles s'insurge Siegfried-Bakounine. Mais qu'est devenu ce dernier ? La réponse de Shaw est aussi laconique que pertinente : « En effet, Siegfried ne vint pas et ce fut Bismarck qui vint [2]. » À quel point Shaw connaissait bien non seulement l'anarchisme en Europe, mais aussi les réalités allemandes, on le voit à ce qu'en Siegfried il ne reconnaît pas seulement Bismarck, mais indique aussi l'autre parallèle, le personnage de Ferdinand Lassalle, à qui il fait le compliment peu ordinaire d'avoir été le seul révolutionnaire de poids qui, « politiquement », fut à prendre au sérieux [3]. Sans hésiter, il reconnaît dans Lassalle l'alternative allemande à Bismarck, et cela doit ici nous suffire. C'est un point sur lequel nous reviendrons en détail plus tard.

D'un côté, « Siegfried-Bakounine », de l'autre, « Wotan-Loki-Albéric ». Ce serait méconnaître Carl Schmitt que de croire que cette configuration lui aurait échappé. Schmitt n'est pas seulement un grand admirateur de Bismarck, mais aussi un amateur et un connaisseur de la musique de Wagner. Il s'est exprimé sur la signification de Wagner dans son essai sur le *Nordlicht*, où il le surnomme le « grand enchanteur [4] ». L'essai publié dans les *Bayreuther Blätter* de 1912 sous le titre « Richard Wagner und eine neue "Lehre vom Wahn" » (Richard Wagner et une nouvelle théorie du délire – théorie qui s'inspirait de la *Philosophie du comme si* de Vaihinger dont un chapitre est dédié à Wagner) est sans doute plus important encore. Ce qui intéresse ici le futur forgeron de mythes, c'est que « tout le processus de genèse du mythe connaît une réévaluation, tant du point de vue logique et psychologique que du point de vue éthique [5] ». « On obtient à la fin [de l'analyse des *Maîtres chanteurs*] ce qu'il y a de plus beau et de plus sublime en matière de philosophie du comme si pour la vie pratique : reconnaître que le délire est utile, utilisable et que, pratiquement, il est incontournable. »

---

1. *Ibid.*, p. 136.
2. *Ibid.*, p. 126.
3. *Ibid.*
4. N, p. 44.
5. Carl SCHMITT, « Richard Wagner und eine neue "Lehre vom Wahn" », *Bayreuther Blätter*, 1912, p. 240. La citation suivante, p. 241.

Et Carl Schmitt de citer maintenant le *Siegfried*, en son passage peut-être le plus important pour ce qu'il dit de l'anarchie :

> J'héritai tout seul de mon corps,
> en vivant, je le consume.

Ces vers, dit-il, « le Siegfried de Richard Wagner les chante selon un intervalle merveilleusement montant et descendant. Une sensation bouillonnante et physique de bonheur semble s'y lover. Aucun compositeur ni aucun poète lyrique n'a donné expression à une si forte sensation physique de bonheur [1]. » Avant de nous pencher plus avant sur le chiffre de la « sensation physique de bonheur », nous voudrions céder au plaisir « romantique » d'une « mise en parallèle », celle que nous suggère irrésistiblement George Bernard Shaw dans un trait si brillant qu'il y résume l'histoire allemande du XIXᵉ siècle en une formule lapidaire : « Au lieu de Siegfried, ce fut Bismarck qui fit son entrée. »

Bismarck et Wagner.

Le junker poméranien était un Hun. L'homme de théâtre saxon était un gnome aristocrate et plébéien, homme d'État et musicien. Au premier abord on pourrait penser que ce sont là des grandeurs sans rapport, voire contraires. À y regarder de plus près, on voit combien de choses ils ont en commun. D'abord, ce sont des individus de génie qui, dans l'Allemagne du XIXᵉ siècle, ont imposé aux conditions régnantes la voie qu'ils ont choisie pour se réaliser, eux et leur œuvre. Ils partagent tous deux la mégalomanie, la conscience de leur valeur, indomptable et inébranlable, et la fierté d'être Allemand, c'est-à-dire leur idée presque mythique d'une supériorité allemande et d'une mission universelle des Allemands, au service de laquelle ils doivent se mettre et dont ils se sentent les porteurs et les réalisateurs. Dans cette étrange Allemagne, l'impuissance politique et une puissance intellectuelle hors pair faisaient bon ménage, s'opposant et se complétant – fait anormal que Mme de Staël avait découvert dans toute sa virtualité et à l'aide duquel Napoléon avait tenté de faire place nette. C'était une Allemagne où l'on pouvait ramasser une couronne d'empereur « dans le caniveau * » et remporter un empire, mais où l'on ne faisait pas

---

1. ExC, p. 80.

* Sur l'origine de cette formule, voir ici la section « Les parlementaires juifs », chap. IX, p. 236-239. Allusion au refus opposé en 1848, à la suite de

l'histoire, préférant la penser. Pour un génie, quel défi c'était de s'élancer dans la partie et de donner forme au magma ! Bismarck et Wagner grandirent dans ce champ de forces, s'emparèrent hardiment de l'idée d'une mission allemande et se chargèrent de leur propre chef – sans en avoir reçu le mandat – d'aider les Allemands à réaliser leur mission historique et à fonder le « Reich » dont nul ne savait s'il serait un empire spirituel ou temporel, un « organisme » voué aux Muses ou à la politique. Le junker prit en 1848 la route de Berlin pour faire sortir son roi de sa boîte et restaurer le pouvoir monarchique absolu. Le maître de chapelle combattit sur les barricades de Dresde et rêvait d'une monarchie populaire, démocratique et fille des arts.

Dans l'Europe du congrès de Vienne, le legs politique de la Révolution française n'avait été invalidé qu'en apparence. Entre les pôles de la révolution et de la restauration, entre l'utopie démocratique et anarchiste dans ses ultimes conséquences et la réalité constitutionnelle féodale, le champ s'était ouvert à un combat politique de nature spirituelle. Partout, on était conscient de la crise permanente d'où allait surgir et devait surgir quelque chose d'absolument nouveau – quelque chose, mais quoi ? Les forces et les puissances qui étaient là à l'œuvre, Wagner les a figurées dans la langue du mythe, dans sa *Tétralogie*, épopée du siècle qu'aujourd'hui, plus de cent ans après, nous n'avons pas de mal à interpréter. Cette œuvre est même, aujourd'hui plus que jamais, l'instrument le plus utile à une interprétation des gestes du XIXᵉ siècle.

Wagner en est de loin le sociologue le plus considérable. Son analyse l'emporte sur toute autre, y compris sur l'analyse marxiste. Qu'il est piètre, le modèle de la lutte de classe où la réalité sociale est réduite à un antagonisme polaire, quand on le compare avec l'*Anneau des Nibelungen*, avec ses dieux, ses géants, ses nabots, ses Nibelungen et toits échancrés *(Giebelungen)* et qui, le plus facilement du monde, fait bon compte de la fiction selon laquelle on pourrait donner à tous les hommes la même mesure « humaine ». Wagner part de la diversité sociale qui imprime sa physionomie à la société européenne, c'est-à-dire : de la juxtaposition des dynasties, des aristocraties et des grandes bourgeoisies, des prolétaires et des petits-bourgeois, chacun avec son destin historique propre, celui à partir duquel

---

la période de troubles révolutionnaires, par le roi de Prusse Frédéric-Guillaume IV à la délégation mandée par le Parlement de Francfort, qui lui offrait la couronne de l'Empire. Le roi la repoussa, la couronne de l'Empire n'était pas à « ramasser dans le caniveau ». [N.d.T.]

l'« homme » n'est rien de plus qu'une attente et un défi, dont une catégorie dangereuse de quelques visionnaires fait son affaire, en apportant l'« idée idiote » que l'« homme est bon ». Tel est le sens du personnage de Siegfried.

Le IIe Reich et Bayreuth sont des réponses à peu près contemporaines (1871 et 1876), mais de sens contraire, au même défi. Et du reste leur contexte immédiat est le même, non dans un sens métaphorique, mais de la manière la plus réelle qui soit. C'était le même trésor des Welfes dont Bismarck avait sans vergogne dépouillé le roi aveugle de Hanovre et avec lequel, pour commencer, Louis II de Bavière avait été soudoyé, qui emporta l'indispensable consentement de ce royaume à la fondation du Reich, puis, indirectement, permit de financer le projet wagnérien du festival de Bayreuth.

On oublie trop facilement et trop à son aise que l'on n'aurait pas pu proclamer le vieux Guillaume « empereur d'Allemagne » – et Dieu sait à quel point il faisait la sourde oreille –, si l'on n'avait soudoyé Louis II, ce prince de contes de fées établi à Hohenschwangau, neveu de Frédéric-Guillaume IV et cousin de l'impératrice Elisabeth – un des personnages clefs de ce siècle, encore un « romantique sur le trône ». Les poètes l'ont célébré à ce titre :

> Roi, le seul vrai roi de ce siècle, salut, Sire,
> Qui voulûtes mourir vengeant votre raison
> Des choses de la politique [1]...

Les *choses de la politique** s'opposent ici à la raison romantique, c'est-à-dire à la véritable sagesse. C'est le contraire de ce que le théoricien de l'État Carl Schmitt veut nous faire accroire.

Mais nous voulons, quant à nous, avancer ici l'idée que ce n'est pas un hasard si, grâce à ses points faibles, ce génial artiste roi, ce rêveur sur le trône qui le premier reconnut la grandeur de Wagner, permit à Bismarck de fonder son Reich. Sans sa complicité, l'exploit des « hommes raides comme des tambours-majors », qui fut en fait un coup de force politique, n'aurait été qu'une impudente razzia.

Wagner n'aimait pas Bismarck quoique, comme lui, pour un moment du moins, il ne pût se consoler de ce que Paris ne fût pas parti en fumée. Antipathie réciproque. Le « prince Bismarck » ne se sentait pas particulièrement attiré par l'art de Wagner. D'une manière générale, il n'avait guère de temps pour

---

1. Paul Verlaine, « À Louis II de Bavière », *Œuvres poétiques complètes*, Paris, 1962, p. 426.

s'occuper de théâtre et de musique. « La politique a tout vidé en moi », disait-il. Avec obstination, Bismarck fit barrage aux demandes de Wagner pour que le Reich dégageât des ressources pour son projet de festival national. Bismarck ne voulait pas marcher sur les plates-bandes du roi de Bavière. Mais, à sa manière, il ne lui refusa pas sa considération. « Moi-même je ne manque pourtant pas d'une certaine idée de moi-même, mais ni avant ni après avoir rencontré Richard Wagner je n'avais vu un Allemand se mettre si haut [1]. »

Et ce fut un coup de l'« ironie du destin » – ou de la « ruse de la raison » –, si le dernier opéra auquel Bismarck en compagnie du tsar assista juste avant d'être limogé était *L'Or du Rhin*, cette mise en scène de ses (mé)faits historiques. C'était là l'œuvre d'un anarchiste pur sang. Wagner écrivait dans son carnet de notes, alors que, pour la monarchie, Bismarck prenait le risque d'un conflit à propos de la constitution : « Liberté, cela signifie : ne tolérer au-dessus de nous aucune autorité qui soit contraire à notre être, à notre savoir et à notre volonté. Si nous nous donnons de nous-mêmes une autorité qui ne nous offre rien d'autre que ce que nous savons et voulons, elle est du coup superflue et déraisonnable [...]. Mais tolérer une autorité dont nous présumons qu'elle ne sait ni ne veut ce qui est juste, voilà qui est servile. » Pas d'autorité, qu'est-ce à dire ? Le passage s'intitule en toutes lettres : « Anarchie. »

Une insondable énigme demeure, mais c'est là l'arcane de l'histoire allemande : comment cet homme put-il devenir un fanatique de la haine contre les Juifs ? Fondé sur une philosophie de la culture, son antisémitisme, qui avait pour complément l'annonce emphatique de la mission civilisatrice des Allemands, n'est explicable que par l'évolution tragique que connurent les relations entre Juifs et Allemands [2]. Nous y viendrons lorsque nous chercherons à comprendre à quoi tenait l'antisémitisme de Carl Schmitt.

L'anarchie n'a rien à voir avec la terreur.

Si nous nous rallions au point de vue de Shaw qui considérait les anarchistes comme des ratés de la politique et si, qui plus est, nous faisons nôtre la conception que l'anarchisme est tout sauf une doctrine de la terreur et qu'il est plutôt une philosophie de

---

1. Hermann HOFMANN, *Fürst Bismarck*, vol. I, p. 201 et 203.
2. Sur ce sujet, on se reportera aux travaux importants de Hartmut Zelinsky.

la non-violence et de l'amour, de la tolérance et de la liberté, il nous faut alors trouver une réponse à la question suivante : pourquoi l'anarchisme était-il aux yeux des hommes d'Allemagne et des théoriciens de l'État allemands un danger si effroyable qu'aucune technique, si radicale fût-elle, n'aurait pu suffire à le prévenir, pas même le pire bain de sang ?

Faisons tout d'abord une remarque à propos du « terrorisme ». On peut considérer comme assuré que la vague des terroristes de la « propagande en acte » qui, à la fin du XIXᵉ siècle, accomplirent tant d'attentats, était un égarement atypique de l'anarchisme authentique, égarement que les théoriciens de ce dernier, conscients de leurs responsabilités, ont toujours sévèrement condamné. On ne peut s'expliquer cet égarement que comme le résultat de la peur de l'anarchisme et comme un fruit de la « peur du chaos », c'est-à-dire comme un avorton des projections paranoïdes des organes de police lancés aux trousses des « ennemis de l'État ».

La conversion de la « philosophie en vie » devait emprunter de tout autres chemins que ne l'imaginaient les couches dirigeantes de l'État et leurs appareils policiers. Aucun anarchiste véritable n'était capable de meurtre, mais ceux qui avaient peur des anarchistes ne pouvaient pas imaginer autre chose : il fallait que les anarchistes fussent des assassins. Il y avait là une certaine logique, mais elle ne valait que pour ceux qui faisaient la chasse aux anarchistes, et non pas pour ceux-ci. L'« anarchie » n'est-elle pas justement le projet de libérer l'homme de ses réserves de violence, celles de l'intérieur et celles de l'extérieur ? La définition de l'anarchie formulée par Emmanuel Kant a toujours sa valeur : « Loi et liberté sans violence. » Il s'agit de remplacer l'« État fondé sur la force » par la société libre, dit un représentant éminent de cette école de pensée, Bruno Wille, dans son livre *Philosophie der Befreiung durch das reine Mittel*, publié en 1894 chez S. Fischer à Berlin. Tout, mais pas la violence ! Il s'agissait d'utiliser la dilatation de la conscience, la persuasion par les arguments de la « raison », l'enseignement, l'information, la communication et l'exemple de formes d'existence novatrices, mises en pratique par des pionniers qui donnent l'exemple. Mais il ne fallait pas non plus s'en remettre à la « théorie », car la théorie est toujours violence.

On voulait changer les rapports sociaux, mais pas par les moyens de la « politique » tels que Carl Schmitt les comprend. À la place de la « lutte », de la « fixation sur l'ennemi », de la stratégie lourde des menaces et du dogme, c'étaient la paix et la concorde qui devaient apparaître. « Agir communicationnel à vocation consensuelle », dirait-on aujourd'hui.

La négation de Dieu, le refus de l'État, la mise au rancart du mariage monogamique hétérosexuel : foin des trois M de l'ordre patriarcal (monothéisme, monarchie, monogamie), oui, voilà bien ce qui figure au programme. Mais pourquoi voulait-on ce nettoyage ? Parce qu'il s'agit de structures de violence fondées sur la domination et la sujétion, et sur la répression et l'oppression. Mais il n'était pas question de contre-violence. Et c'était déjà à ce refus de la violence – la violence engendrant nécessairement toujours la violence, même quand elle est appliquée pour éliminer la violence – que tenait la polémique de Bakounine contre Marx, où Bakounine eut du reste le dessous. Il fallut le stalinisme pour avérer la justesse du pronostic de Bakounine selon lequel toute organisation d'un pouvoir prétendu provisoire ou révolutionnaire surgi pour diriger l'anéantissement de l'État ne peut être qu'une duperie.

L'anarchie est la négation du pouvoir dans sa forme de violence organisée. L'anarchie est donc la négation du politique au sens où Carl Schmitt le comprend. Le caractère subversif de la stratégie anarchiste tient justement à ce qu'elle n'attaque pas son adversaire, mais le « prend à revers » et se déclare « élément non combattant ». Ce qui est hautement « irréaliste », mais il n'est pas possible de dire que cela constitue un danger mortel pour la « majorité éprise de paix et respectueuse de la loi », qui légitimerait une opération d'anéantissement total. Le péril de l'anarchisme tient bien plutôt aux dangers auxquels il expose ses représentants. Ce n'est pas l'anarchiste qui met la société en danger, mais bien la société qui menace l'anarchiste [1].

Le refus des *choses de la politique**, tel est le scandale qui provoque une formidable incertitude. Que reste-t-il de la « loi et de l'ordre » dans une pareille incertitude ? Où est la menace dans l'épouvantable abîme apolitique qui inspire une telle horreur aux représentants de l'ordre établi et à leurs idéologues ?

Le paradis terrestre *.

Pour trouver une réponse, il n'est besoin que de lire attentivement Carl Schmitt : ils redoutent le *« paradis terrestre* »*, « en deçà paradisiaque d'une vie immédiate, naturelle et d'une "corp"-oréité sans problèmes [2] », et ces « paradis illusoires » qui se transformeront en « véritables enfers [3] ».

---

1. Voir N. SOMBART, « Räuber und Gendarmen », *Nachdenken über Deutschland*, Munich, 1987, p. 134 s.
2. *Théologie politique*, p. 73.
3. DC, p. 110.

À leur manière, les détenteurs du pouvoir ont parfaitement compris le message anarchiste, à savoir qu'il y va de la « liberté », d'une libération et du « dépassement de l'aliénation et de la dépossession de soi dans une corp-oréité sans problème [1] ». Ils ont compris que les « paradis » de la « fin des problèmes » sont des paradis de la sensualité et des plaisirs des sens, où « brille quelque chose de la nudité adamique » (p. 80) et « d'une nudité blanche » (p. 82). Ils ont compris que la société libre de toute domination est aussi une société « guidée par le plaisir » et dans laquelle « le bonheur adamique du jardin des plaisirs » brille de tous ses feux. Un bonheur de l'au-delà, physique et corporel.

Mais de quoi s'agit-il ? Carl Schmitt donne la réponse précisément dans le passage où il cite avec nostalgie les vers de Siegfried : « L'identité pure à soi-même, dans le sentiment de bonheur d'un métabolisme heureusement accéléré. » Même si la phrase ne se veut que métaphorique, c'est là l'exacte description clinique de l'orgasme.

Le « mode d'existence du corps » est la sexualité. La sexualité est « plaisir ». Le plaisir est défoulement et « déchaînement des pulsions ». Pour les gardiens de l'État, l'anarchie est la sexualité librement vécue et libérée. Mais, dans ces crânes masculins, la « sexualité libre » équivaut toujours à la libération de la sexualité féminine. Ce qui reviendrait à la libération des femmes, à l'émancipation des femmes et à la suppression des causes sociales de leur oppression, c'est-à-dire du mariage monogamique, de la famille patriarcale et de l'État. Et ce serait alors la promiscuité, la communauté des femmes, et pour le dire franchement, la domination des femmes qui viendraient les détrôner. En d'autres termes, une victoire de l'anarchie serait le triomphe de l'« éternel féminin ».

Carl Schmitt a tout à fait raison de rappeler que « la famille monogamique reposant rigoureusement sur la *patria potestas* [...] contredit l'anarchisme poussé dans ses ultimes conséquences [2] ». L'anarchiste veut l'amour libre, l'amour en liberté, l'amour pour des êtres humains libres et égaux en droits, et donc la liberté de la femme. La menace qui pèse sur le « trône et l'autel » n'en est que la conséquence. Il suffit de remettre les théories de Joseph de Maistre et de Louis de Bonald sur leurs pieds pour s'en aviser. « Monothéisme » et « monarchisme » sont des prolongements du modèle de domination patriarcal fondé sur la sujétion de la femme à l'homme. Le germe de

---

1. ExC, p. 82 ; les citations suivantes sont extraites du même ouvrage.
2. *Parlementarisme et démocratie*, p. 83.

toutes les structures de pouvoir est de fait la relation duelle hétérosexuelle institutionnalisée dans la monogamie.

« [...] la dissolution de la famille reposant sur la puissance paternelle [1] », que Donoso Cortés, à juste titre, redoutait comme l'ultime conséquence de la révolution, vise à la destruction de l'ensemble du système patriarcal. Elle entraînerait celle de l'État et de toutes les instances qui, selon les termes de Carl Schmitt, assignent artificiellement « une obligation *(sollen)* étrangère, introduite du dehors, à la vérité et à la beauté naturelles et immanentes de la vie humaine [2] ».

Le « Tu dois » *(sollen)* est l'« idée politique » de l'ordre patriarcal. Il s'agit de l'« idée de la répression », de la dure oppression, et, en dernière analyse, de la répression de la sexualité des humains. C'est le « monde moral », car la non-répression serait a-morale. Ainsi, si la répression cesse, le monde moral disparaît, et avec lui le « politique ». « Avec l'élément moral, dit Carl Schmitt, disparaît l'idée politique [3] » – de l'ordre patriarcal, nous faut-il ajouter.

Cette cohésion excitante de la politique et de la sexualité, Carl Schmitt nous en fait la démonstration, *post festum* en quelque sorte, dans son livre sur le *Léviathan* de Hobbes. L'État absolutiste a pour tâche – selon Hobbes, mais c'est bien là aussi la conviction de Schmitt – de « briser le dangereux esprit de rébellion et le quant-à-soi de l'individu [4] ». Qu'il ne s'agisse là que de sexualité, nous l'apprenons en lisant le passage où il est question de la perfection de l'État termitière, fondée sur l'« anéantissement absolu de la sexualité » de ces animaux. « Le problème du devenir-État chez l'homme est infiniment plus compliqué, déplore Carl Schmitt, parce que celui-ci ne renonce pas à sa sexualité et préserve ainsi tout son individualisme rebelle [5]. » C'est le seul passage, dans l'œuvre de Schmitt, où est lâché le mot ordurier, « sexualité ».

Sur le plan du discours, « en surface » pourrait-on dire, la formule de Schmitt est abstraite, pompeuse et mystificatrice : « L'absolutisme étatique est [...] l'oppresseur d'un chaos irrépressible en son noyau, à savoir : dans l'individu [6]. » Sur ce point, avance Carl Schmitt, la forme donnée à l'État par Hobbes « est toujours moderne (1938) ».

La brutalité verbale de ce fantasme de violence ne peut que

---

1. *Théologie politique*, p. 72.
2. *Ibid.*, p. 72-73.
3. *Ibid.*, p. 73.
4. L, p. 57.
5. *Ibid.*, p. 58.
6. *Ibid.*, p. 34.

nous fasciner, sa transparence et son actualité ne laissent rien à désirer. « L'État est l'oppresseur », « anéantissement complet de la sexualité », « dangereux esprit de rébellion et quant-à-soi de l'individu », « irrépressibilité », « chaos ». Tel est le langage d'un des auteurs les plus marquants de notre siècle, et dont la valeur ne peut plus guère être mise en question. Il nous faut ici le prendre au mot.

La peur du chaos.

L'État protège du chaos. Le « chaos » est le péril que constitue l'individu rebelle et obstiné qui refuse de renoncer à sa sexualité, laquelle doit être anéantie, ce à quoi l'on ne parvient, hélas, que partiellement. Elle demeure ainsi la chose menaçante dont on a « peur ». La « peur du chaos » est la peur de la sexualité « en son fond irrépressible ». « Chaos » sert de formule cryptique à la sexualité indomptée qui doit être anéantie. Le « chaos », dans ce langage, est synonyme d'« anarchie ». Les deux termes permettent de dire l'indicible sans le nommer.

La « peur du chaos » est la justification de l'idée politique. Le « chaos » n'est pas la guerre civile, l'insurrection ou le « renversement », mais la « rébellion qui menace » au « fond de l'individu ». Et la « peur du chaos » n'est pas la peur de quelque chose d'extérieur, d'un péril au-dehors, mais la peur d'une menace intérieure, c'est-à-dire de l'assaut des pulsions refoulées qui pèsent de tout leur poids. C'est en fin de compte une peur de sa propre sexualité que l'on ne parvient pas réprimer. Elle remet en question l'organisation précaire de la structure pulsionnelle de l'homme dans la société patriarcale et menace sa position de possesseur monopolistique de la suprématie, c'est-à-dire du pouvoir qu'il a le droit d'exercer et ne peut pas ne pas exercer. Son monopole du pouvoir est pris sur sa propre sexualité (son noyau « conscient ») moyennant une incessante répression intrapsychique. La « "corp"-oréité sans problèmes » « paralyse [1] » la puissance politique de l'homme. Et si c'est elle qui commande au reste, alors la lèpre et les flammes attaquent les « parties vitales de l'État ».

Ergo : la répression de la sexualité est la présupposition de l'exercice du pouvoir politique (en tout cas, la négation de la sexualité par le biais de la « morale »). Ce qui signifie d'abord l'« annihilation » de la sexualité féminine. Le principe de la répression se concentre précisément sur l'éradication de la

---

1. *Théologie politique*, p. 73.

sexualité féminine. Tout le système repose structurellement sur l'oppression de la femme. Le pouvoir de l'État est misogyne.

Il est alors parfaitement logique d'avancer que, idéalement, le parfait État se fonde sur la désexualisation totale de tous les citoyens et qu'il se compose d'individus dont on a par ablation retiré le dangereux germe. Il se compose donc d'eunuques et de femmes excisées. Il s'agit du modèle du despotisme oriental, à la différence près qu'outre le monopole du pouvoir politique le despote oriental se réservait aussi le monopole sexuel. Dans la version de Hobbes et de Schmitt, les dominants aussi sont asexués. Le « souverain » est une grandeur abstraite et asexuée.

Le contre-projet anarchiste de société non violente et guidée par le plaisir ou de « paradis terrestre » se fonde en revanche sur la reconnaissance de la sexualité de tous les individus, ceux des deux sexes, de la « sensualité », du « corps vital » des humains, et donc de l'homme et de la femme. Le refoulement des pulsions et la violence sont solidaires, de même que la non-violence, le « plaisir des sens » et la réjouissance.

C'est là précisément ce que signifie l'idée que « l'homme est bon par nature », par opposition au dogme du péché originel. Lorsque Carl Schmitt dit : « On peut analyser toutes les théories de l'État et toutes les doctrines politiques en fonction de leur anthropologie sous-jacente et les classer selon que, consciemment ou non, elles posent en hypothèse un homme corrompu de nature ou un homme bon de nature [1] », il faut entendre que, pour lui, le véritable critère de distinction tient au point de savoir si la sexualité de l'homme est à évaluer positivement ou négativement. « Bon par nature » signifie que le sexe est bon. Idée funeste !

Aussi ne nous étonnerons-nous pas si Carl Schmitt déclare que « toutes les théories politiques véritables postulent un homme "corrompu" [2] ». Une telle prémisse est très exactement la substance du politique, telle qu'il l'entend. La politique et la sexualité sont deux grandeurs sans rapport, dès lors que cette dernière est jugée positivement. Troeltsch et Seillière (dans son livre sur le romantisme) nous ont montré les conséquences de la « négation du péché originel » en se servant de l'exemple des « sectes, des hérétiques, des romantiques et des anarchistes [3] », tout comme nous l'enseigne Schmitt. Ce refus conduit au « déchaînement des pulsions », qui suscite la peur. Et seul l'État est de bon secours contre elle. « À l'origine de l'édifice étatique

---

1. *La Notion du politique*, p. 103.
2. *Ibid.*, p. 107.
3. *Ibid.*, p. 111.

[...] il y a la peur de l'état de nature [1]. » L'« état de nature » comme état dans lequel la sexualité naturelle de l'homme n'est (ou ne serait) pas réprimée, mais reconnue, et qui est (ou serait) le fondement de l'organisation sociale.

Lorsque Carl Schmitt se demande à quoi peut bien tenir le fait que la « foi en la "bonté native" de l'homme [soit] liée à la négation radicale de l'État [2] », il ne peut s'agir là que d'une question rhétorique, car il sait bien que « la libération du corps et la libération politique sont nécessairement des frères jumeaux toujours alliés [3] ».

Appariement terrible que redoutent les patriarcaux protecteurs de l'État. Pour eux, l'« émancipation de la chair » est l'« émancipation de la femme ». Et l'« émancipation politique » est le naufrage de leur État, de la domination masculine et de celle du « ban des mâles ». C'est ce que veut dire Engels – le vieux bon vivant – quand il dit, à la même époque à peu près que Bachofen : « L'essence de l'État comme de la religion est la peur de l'humanité devant elle-même. » Pour nous, il est significatif que Carl Schmitt cite cette phrase dans un passage chargé de sens [4]. Et c'est pourquoi nous pouvons préciser et avancer que l'essence de l'État est la peur éprouvée par l'homme devant la femme.

Nous comprenons maintenant aussi que l'« enfer » des « paradis illusoires » de l'humanisme absolu est la réapparition de l'« état paradisiaque des origines », « chaos » et « anarchie », « domination de la femme » et « amour libre » – tout cela d'un seul coup. Au cours de la seconde moitié du XIXe siècle, un terme fit son apparition qui désignait cette fantasmagorie ambivalente, un mot magique qui promettait salut et perdition, inspirait la peur tout en permettant de s'en libérer, Carl Schmitt le prononce : le « matriarcat ».

Le grand péril qui menace l'Occident, la « civilisation d'Europe de l'Ouest », c'est le « retour au matriarcat, qui serait prétendument l'état paradisiaque initial [5] ». Anarchisme, socialisme, libéralisme et constitutionnalisme – le bourgeois libéral

---

1. L, p. 47.
2. *La Notion du politique*, p. 106.
3. Johann Jakob BACHOFEN, *Le Matriarcat. Essai sur la gynécocratie dans l'Antiquité suivant sa nature religieuse et civile*, trad. de la Préf. par le Groupe français d'études féministes, Paris, 1903, p. 116 [trad. modifiée]. On trouve dans le même ouvrage, p. 115 : « Ce progrès dans l'attachement de l'existence aux sens coïncide partout avec la dissolution de l'organisme politique et avec la décadence de la vie politique » [trad. modifiée].
4. *Théologie politique*, p. 60.
5. *Ibid.*, p. 73.

et le « romantique » –, tous sont des agents de la décomposition de la société masculine et patriarcale. Leurs menées subversives préparent le retour de la « gynécocratie ».

Dans ce passage, où le terme clef est prononcé, un personnage fait son entrée en scène à l'improviste. Il n'est pas costumé, mais semble s'être fourvoyé dans la pièce et surgir tout droit de l'actualité la plus proche. C'est un contemporain, dans des nippes minables, ni rasé ni peigné : docteur Otto Gross. Otto Gross occupe dans la *Théologie politique* la même place que Ponce Pilate dans le *Credo*. L'évocation de son nom [1] – point culminant dans la séquence des grands anarchistes cités, Babeuf, Bakounine, Kropotkine – fait un accroc dans ce tableau de l'histoire intellectuelle. Cette déchirure ouvre comme une fenêtre sur la problématique du temps présent.

Carl Schmitt renonce au jeu des mystifications et cite nommément celui qu'il considère comme son unique et véritable antagoniste, comme l'adversaire intégral et absolu des positions que lui-même représente si passionnément (en y engageant toute son existence), c'est-à-dire son « ennemi » pur et simple.

---

1. *Ibid.*, p. 64.

CHAPITRE V

LE « VÉRITABLE » ENNEMI : OTTO GROSS

« Gross » et « klein ».

Le nom de « Gross » figure dans le premier texte programmatique de Carl Schmitt. Un « petit » *(klein)* l'avait placé là. En effet, Carl Schmitt n'était pas assez grand pour répondre à l'appel de la conscription. Il était si petit que ses camarades d'école se moquaient de lui. Même les hommes en charge de l'État, les généraux et les hauts fonctionnaires, qui lui devaient pourtant la théorie de leur action, l'appelaient, lui l'adulte célèbre, *das frühreife Carlchen* (Charlie le précoce).

Tout lecteur de Carl Schmitt sait l'usage particulier qu'il fait de l'adjectif « grand » *(gross)*. Ce mot est pour lui plus qu'une définition de la grandeur. C'est un signe de la qualité, presque un ordre. Il constitue la plus haute décoration qu'il puisse conférer. Il s'en est largement expliqué [1] dans sa « théorie du grand espace ».

Que les ressources de la langue allemande, ses possibilités de rimes et de créations verbales soient aussi de la partie, cela est certain. *Gross* rime avec *Schoss* (giron) ainsi qu'avec *Moos* (mousse). Les connotations sont évidentes. On est renvoyé ici à ce qu'il y a de plus grand, dans l'absolu, à ce qu'il y a de plus puissant, c'est-à-dire au giron de la mère originaire cosmique dispensant la vie et la mort.

Même de petite taille, un homme peut être « grand ». Toute une série d'exemples en témoignent ; des hommes de taille particulièrement petite font partie des très grands de l'histoire : Louis XIV, Napoléon et Richard Wagner étaient presque des nains. La psychologie individuelle d'Alfred Adler en fait même toute une théorie. Souffrir de sa petite taille suscite un complexe d'infériorité, qui incite à rechercher une compensation dans la grandeur à laquelle on aspire.

---

1. Voir C. Schmitt, « Der neue Raumbegriff », *Raumforschung und Raumordnung* (1940), repris plus tard dans la 4ᵉ éd. de *Völkerrechtliche Grossraumordnung mit Interventionsverbot für raumfremde Mächte. Ein Beitrag zum Reichsbegriff im Völkerrecht*, Berlin-Vienne-Leipzig, 1942.

Quel est en histoire le critère de la grandeur ? De par leur ample stature, les « hommes d'Allemagne » (Bismarck, Moltke, Roon, Guillaume Ier) ne passaient pas inaperçus. Dans ses *Pensées et souvenirs*, Bismarck avance que, dans l'histoire et pour la postérité, passent pour « grands » ceux qui ont fait couler le sang en abondance. Mais peu importe.

Comment Carl Schmitt connaissait-il Otto Gross ?

En 1922, quand Carl Schmitt publia sa *Théologie politique*, Otto Gross était mort et oublié depuis deux ans déjà. Sa période active remontait aux années d'avant-guerre, celles de la bohème berlinoise, viennoise et munichoise. L'influence qu'il avait exercée tenait pour l'essentiel au rayonnement personnel du jeune médecin sur un petit cercle d'écrivains et de femmes. Son emprisonnement à Berlin en 1913, sur l'initiative de son père, et son internement dans un asile psychiatrique firent quelque bruit sur la place publique, pour un bref moment, lorsque Maximilian Harden publia dans sa revue, *Die Zukunft*, une pétition accompagnée d'une douzaine de signatures. On y protestait de son sort et on y prenait sa défense. Mais un non-initié ne pouvait vraiment pas comprendre à quoi tenait son importance. Le jeune juriste Carl Schmitt s'intéressa-t-il à ce cas d'une intervention de police contraire à la loi ?

Ou bien, en observateur attentif du bref épisode de la révolution munichoise, en lecteur du flot de brochures et revues subversives qui paraissaient autrefois pour disparaître tout aussi rapidement qu'on les avait lancées, a-t-il pris connaissance, dans les numéros 2 et 5 du petit journal *Soviet*, des deux essais d'Otto Gross, « L'idée fondamentale du communisme dans le symbolisme du paradis » et « Orientation pour les intellectuels » ? Voire connu les « Trois essais sur le conflit interne », publiés à Bonn en 1920 ? Quoi qu'il en soit, que Schmitt ait discerné l'importance de ces publications presque apocryphes et qu'il ait rangé le nom d'un parfait inconnu parmi ceux des représentants de l'anarchisme en Europe, Bakounine et Kropotkine, voilà qui est énigmatique. On y verra un indice de sa connaissance intime de la subculture de la bohème.

C'est son intérêt toujours vif et jamais avoué pour la psychanalyse qui dut pousser Schmitt à travailler le livre de C. G. Jung, *Types psychologiques*, publié en 1920, c'est-à-dire peu après la mort d'Otto Gross. Il lui était possible d'y lire, au chapitre VI, une présentation détaillée de la typologie psychologique et anthropologique d'Otto Gross, sous le titre « Le problème des types dans la psychopathologie ». Une fois de plus, il est surprenant de remarquer la sûreté instinctive avec laquelle il a saisi la position de Gross dans toutes ses conséquences explosives.

Il voyait en lui apparaître une compréhension nouvelle de la nature humaine, aux antipodes des idées qu'il était sur le point de représenter et qui fonderaient sa pensée.

Sans doute n'est-il pas erroné de présumer que c'est l'ami de Schmitt, Theodor Däubler, qui le premier lui signala Otto Gross. Däubler l'avait peut-être rencontré en personne à Ascona, où il voulait fonder une commune anarchiste avec Fanny von Reventlow. Mais peut-être Schmitt a-t-il simplement connu des gens qui subissaient le charisme de Gross, cet homme étrange.

Ou bien était-ce Max Weber qui avait mis Schmitt sur la trace d'Otto Gross ? Avait-on eu vent à Munich de la liaison de Weber avec Else Jaffé, née baronne von Richthofen, qui avait mis au monde un enfant conçu avec Gross et qui, la première, avait attiré l'attention de Max Weber sur cet esprit rebelle ? Max Weber fit le voyage d'Ascona pour servir de conseil juridique à Mme Gross en vue d'une pension alimentaire pour ses enfants. Pour Weber, Otto Gross était la figure de proue « charismatique » de l'autre monde qu'il signale, dans sa célèbre *Zwischenbemerkung* *, comme une terre nouvelle pour la recherche sociologique, à savoir Éros et son empire. Mais il était semblable à Moïse qui ne vit, comme on sait, la Terre promise que de loin sans pouvoir la fouler.

Nommer Otto Gross, un nom qui sent le soufre, dans un texte à paraître dans un volume publié en l'honneur de Max Weber, c'était là une provocation anarchiste bien préméditée. Et les démêlés de Carl Schmitt avec le théoricien du « pragma de la violence » en seraient alors le thème. Il voulait lui montrer, même dans un geste posthume, qu'il savait où en menaient les chemins les plus secrets [1].

---

* Il s'agit d'un long essai placé entre les deux sections principales du grand ouvrage de sociologie des religions, *Gesammelte Aufsätze zur Religionssoziologie*. [N.d.T.]

1. Sur ce point, voir les lettres de C. Schmitt à Hansjörg Viesel (H. VIESEL, *Jawohl, der Schmitt. Zehn Briefe aus Plettenberg*, Berlin, 1988), qui confirment de manière surprenante mes hypothèses. C. Schmitt avait attiré mon attention personnelle sur le nom d'Otto Gross dans la *Théologie politique*, sans faire de commentaires, il est vrai, et sans répondre exactement à mes questions. Il m'a seulement légué – ce fut son dernier cadeau – le livre d'Otfried Eberz, *Sophia und Logos*, qui plus est son propre exemplaire de travail, abondamment mis à contribution, truffé de notes et de passages soulignés. « Sur le thème du "matriarcat", je me suis jadis [*i. e.* de 1915 à 1920] beaucoup entretenu avec Otfried Eberz ; mais je ne sais pas si ce dernier connaissait Otto Gross, je ne le crois pas », écrit-il en 1973 à Viesel, p. 7. Voir aussi N. SOMBART, « Max Weber und Otto Gross, Zum Verhältnis von Wissenschaft, Politik und Eros im Wilhelminischen Zeitalter », *Nachdenken über Deutschland*, p. 22 s.

Où se situe Otto Gross au sein de l'histoire intellectuelle ?

Shelley et Wagner, par les voies de la poésie, de la philosophie de l'histoire et de la pensée gnostique, ont tenté d'exprimer la relation du « masculin » et du « féminin », et celle également de la bisexualité humaine et de la nécessaire destruction de l'ordre patriarcal. Il en allait de même pour les contributions de Bakounine, de Kropotkine et d'Engels sur le plan historique, sociologique et économique. Mais tout cela n'allait pas au-delà de ce que leur permettait la langue du XIXᵉ siècle telle que l'avaient forgée le romantisme et l'idéalisme. Certes, ils s'étaient émancipés du discours de la théologie et de la « pensée ontologique », mais ils s'étaient arrêtés à cette frontière où les structures mentales, les conventions sociales et les normes de l'ordre patriarcal avaient dressé le barrage d'une censure à la fois intérieure et officielle, et qu'on ne pouvait forcer que dans la transgression poétique, dans les transes du délire ou dans la musique.

Ils n'avaient pas pu briser l'interdit séculaire, le tabou de la sexualité. Car il ne pouvait en être question que sous une forme voilée, métaphorique et camouflée. L'univers de la sexualité au XIXᵉ siècle était encore le sujet dont on ne parle pas et auquel il vaut mieux ne pas penser. Les nouveaux critères de la science, le scientisme technocratique (positivisme) et l'économisme marxien n'avaient pu y changer quoi que ce soit. Au contraire, ils se révélèrent comme des formes nouvelles des mécanismes de défense de la société patriarcale, c'est-à-dire comme des stratégies de refoulement et d'occultation du domaine de la sexualité. Quant aux exceptions mémorables, on citera Bachofen, J. Stuart Mill, Auguste Comte – celui des dernières années – et Feuerbach.

La grande percée décisive eut lieu au tournant du siècle, quand la transformation des rapports sociaux rendit intolérable à un nombre de plus en plus important d'individus le poids de la violence structurelle accumulée au sein de la société patriarcale et des institutions de l'État. Cette percée engendra, au sein d'une « contre-culture » – la bohème des intellectuels et des artistes –, la dynamique intellectuelle qui allait permettre de se libérer de ce surcroît de puissance répressive.

Le changement eut lieu au cours d'une période relativement courte, entre 1890 et 1910, au zénith de l'« ère » wilhelminienne. *Toutes* les innovations artistiques y trouvèrent leur origine. On les évoque bien souvent. Mais le fait qu'elles ne fassent qu'un avec l'élaboration scientifique nouvelle de la question de la nature de l'homme et avec une « anthropologie » entièrement nouvelle n'est pas toujours mentionné avec la clarté qui serait de rigueur. Il s'accomplissait à cette époque un « travail du concept » dont la fin de l'art n'était qu'un des reflets.

Ce ne furent pas des artistes, mais au premier chef des médecins, des psychiatres et des neurologues qui établirent une tête de pont vers le nouveau continent de la pensée et créèrent l'appareil terminologique et conceptuel qui servit à l'articuler. Il s'agissait en effet d'hommes que leur pratique mettait aux prises avec les profondes perturbations psychiques des individus et avec la pathologie de la société patriarcale de leur époque, et qui, dans une visée thérapeutique – et sous la pression des souffrances de leurs patients – enquêtaient sur les causes du mal et recherchaient les possibilités de s'en débarrasser.

Ils forcèrent la dure écorce dont la psychologie traditionnelle avait enrobé le secret de la vie intérieure des humains, brisèrent les barrières qui depuis des siècles séparaient la « raison » *(ratio)* de l'« imagination », la *psyché* du *soma*, l'« homme » de la « femme », et pénétrèrent dans le *no man's land* des avatars intrapersonnels, intrapsychiques, connus par l'homme. Ils accédèrent ainsi au noyau malléable où les pulsions ourdissent leurs (mé)faits, pulsions dont on connaissait sans doute l'existence, mais du mode de fonctionnement et de la dynamique desquelles on n'avait qu'une idée fort vague et dénuée de valeur scientifique. On se contentait de présumer là le siège de l'« invincible chaos ».

Les symptômes qui donnaient à ces chercheurs leur point de départ étaient visiblement fondés sur des troubles dans l'organisation de ces pulsions. Ils faisaient sentir leurs effets sur l'organisme et sur le comportement de chaque individu comme autant de facteurs pathogènes, engendrant des « troubles psychiques », avec leurs séquelles somatiques et leurs retombées sur la vie de ces individus. L'anamnèse renvoyait toujours à la même piste : le foyer de la maladie était d'ordre « sexuel ». C'était dans le domaine sexuel que les revers d'ordre familial et social trouvaient leur source et leurs répercussions. *La pathologie de la société patriarcale est une pathologie sexuelle.* Ainsi, les investigations menées sur le « *noyau* le plus intime » de l'homme se transformèrent nécessairement et en toute logique en une recherche sur la sexualité.

De la sorte, le grand tabou de la société patriarcale était entamé. *Ne pas* le respecter, c'était là au demeurant le préalable à une compréhension novatrice des rapports sociaux, la possibilité de démasquer les présupposés *sexuels* des structures sociales et de mettre à nu la racine sexuelle pathologique de la grande crise. On ne pouvait faire une brèche dans le secret sans une transgression. Cette effraction dans les arcanes de la zone tabou avait quelque chose d'iconoclaste et de révolutionnaire. C'était comme escalader un mur et faire une « descente » chez les *mères* *.

Il n'est pas fortuit qu'elle ait eu lieu dans les pays d'Europe où la société des pères, avec ses formes monarchistes patriarcales, était devenue le dernier bastion de conditions d'existence périmées au milieu d'un monde pris dans un processus de transformation déchaîné, c'est-à-dire dans le Reich et dans la monarchie danubienne. Du point de vue d'une topographie de la culture, la grande percée s'effectua dans le triangle compris entre Vienne, Munich et Berlin. La capitale de l'Allemagne wilhelminienne en faisait aussi partie, et pas seulement la « Vienne de Freud » ni Schwabing !

Wilhelm Fliess, l'ami de Sigmund Freud, vivait à Berlin. La « psychanalyse » vit le jour grâce au dialogue entre ces deux hommes. Et c'était également à Berlin que, parallèlement, Georg Groddeck élaborait *ses* conceptions, qui conduisirent aux mêmes résultats. Galvanisé par les idées de Freud, Otto Weininger écrivit son livre, *Sexe et caractère*, un best-seller de l'époque.

Leur objectif commun était de démystifier une sexualité qui faisait de l'homme comme mâle et père son point de référence, c'est-à-dire une sexualité soumise à la répression. Il s'agissait de démystifier les stéréotypes de la « virilité » et de la « féminité » qui lui étaient associés et de faire valoir la dimension anthropologique de l'homosexualité. Conséquence ultime de leur démarche, ils débouchèrent, chacun à sa manière, sur le phénomène originaire de la bisexualité de l'être humain, qui était le problème véritable et central de leur siècle.

Il convient de signaler un document important dans ce contexte : les notes rédigées par le président Schreber (1903) [1]. Il s'agit d'un protocole des souffrances psychiques d'un homme jeune, haut fonctionnaire et juriste, qui n'était pas parvenu à « réprimer ses pulsions de telle manière que nul ne puisse les reconnaître [2] ». Il constitue, du point de vue du patient, le diagnostic complémentaire à celui de la pathologie sexuelle. On

---

* Par allusion au vers du *Second Faust* de Goethe : « *Zu Euch Mütter steige ich hinab* » (« Vers vous, mères, je vais descendre » – les puissances chthoniennes sont interpellées). [N.d.T.]

1. Daniel Paul SCHREBER, *Mémoires d'un névropathe*, trad. fse Paul Duquenne et Nicole Sels, Paris, Éd. du Seuil, coll. « Le champ freudien », 1975.

2. Voir la sentence dans le premier procès Harden-Moltke, dans Hugo FRIEDLÄNDER, p. 251.

peut voir dans ce livre la clef de la névrose caractéristique des hommes d'Allemagne à cette époque. En tout cas, dans les cercles d'experts, ce livre connut très vite une étrange notoriété, bien plus que de coutume. Aujourd'hui, le président Schreber passe pour le psychopathe le plus célèbre. Carl Schmitt a-t-il lu son livre ? Je n'en doute pas.

Tous les hommes d'Allemagne avaient des difficultés avec leur père et tous étaient des « mandataires » de leur mère. Mais derrière le père réel, charnel, chef de la famille patriarcale dont ils étaient issus, apparaissaient de toute leur hauteur les figures paternelles historiques, « institutionnalisées » et « intério-risées », qui dominaient la société.

Sans la pression exercée par la figure disproportionnée du père monarque, sans la figure pour ainsi dire pétrifiée de l'empe-reur François-Joseph pesant sur la Cacanie, la thèse du « complexe d'Œdipe » n'aurait pas été élaborée à Vienne. C'est à cette situation que la « psychanalyse » devait sa puissance explosive, sa puissance politique et révolutionnaire, clairement suggérée dans *L'Interprétation des rêves* [1].

A Berlin, en revanche, c'est la pathologie sexuelle de Magnus Hirschfeld qui vit le jour ; l'homosexualité en constituait le problème central. Il s'agissait en quelque sorte du problème des fils, dans la horde des frères, après le meurtre du patriarche (Bismarck). Le docteur Hirschfeld était intervenu en qualité d'expert dans les procès Harden, où, une fois encore, le Père avait fait sentir la trique. Georg Groddeck avait aussi sa part dans cet ensemble, lui qui était l'élève favori du médecin per-sonnel de Bismarck – Ernst Schweninger –, le seul homme à qui « Bismarck ait obéi », comme le dit Groddeck. Cette relation a permis de faire la lumière sur le fonctionnement du pouvoir, car Groddeck parvint ainsi à ses vues sur les connexions en jeu entre « sexe » et « caractère » et sur le lien entre « masculin » et « féminin ».

Il faut bien nous représenter que cette révolution intellectuelle aux conséquences aussi incalculables aujourd'hui qu'hier se déroulait pendant la période où, en Allemagne, la persécution contre les homosexuels atteignait son peu glorieux point culmi-nant au cours des procès Harden – et cela ne tenait pas non plus du hasard.

Un problème de générations ? Il y en avait aussi un, naturel-lement. La révolution intellectuelle n'aurait pas été possible si les fils ne s'étaient pas révoltés contre les pères. Et cette

---

1. Sur ce point, voir Carl E. SCHORSKE, *Vienne fin de siècle, politique et culture*, trad. fse Yves Thoraval, Paris, Éd. du Seuil, 1983.

thématique la place sur le même plan que l'expressionnisme littéraire des Hasenclever et Bronnen *. Mais n'oublions pas de mentionner qu'il y eut aussi la révolte des filles contre les pères. Je n'évoquerai ici que les noms de Lou Andreas-Salomé, de Fanny (Franziska) von Reventlow et des sœurs Richthofen.

Cette révolution n'aurait pas eu autant d'impact sans le surcroît d'intensité que la problématique père-fils avait trouvée dans la minorité juive. Devant l'intransigeance des couches dirigeantes de l'aristocratie, celle-ci avait échoué dans sa tentative de s'intégrer à la société bourgeoise. Les espérances du judaïsme de sécularisation (la génération des pères, liée au libéralisme) produisirent l'excès inverse dans la génération des fils, la « haine de soi du Juif [1] », non sans les stimuler aussi aux performances culturelles qui sont le bénéfice ineffaçable de la culture juive allemande de cette époque – un des sommets de la grande culture occidentale, en contrepoint de l'Allemagne officielle. Quand nous parlons de l'« Allemagne wilhelminienne », nous devons toujours avoir ces deux pôles présents à l'esprit : la culture « officielle » de la couche dirigeante, l'aristocratie allemande prussienne, les « soldats », et la contre-culture bourgeoise libérale et allemande juive. Nous y reviendrons plus tard.

Au sein de cette « contre-culture », on élaborait, avec un incroyable courage moral, la *nuova scienza*, la nouvelle science de l'homme. Ce fut là que se produisit la véritable percée du XXᵉ siècle au milieu du XIXᵉ. Ce fut l'œuvre d'une poignée de pionniers, d'hommes qui se connaissaient et étaient unis par des liens d'amitié, même s'ils vivaient en des lieux différents. Mais, jadis, les postes et les chemins de fer fonctionnaient de manière impeccable. On peut à bon droit parler d'eux comme d'une authentique avant-garde, concept auquel, du reste, ils donnèrent leur empreinte. Otto Gross qui, par exception, n'était pas juif

---

* Walter Hasenclever (1890-1940) a écrit avec son drame *Le Fils* (mis en scène pour la première fois à Berlin en 1916) un des manifestes de l'expressionnisme. Autre pièce de lui : *La Décision* (*Die Entscheidung*). Arnolt Bronnen (1895-1959) fut avec B. Brecht un des tout premiers expressionnistes actifs sur la scène de théâtre après 1918 et fit un esclandre en 1920 avec sa pièce *Vatermord* (Patricide). Sur l'ensemble de la période du théâtre expressionniste, voir *L'Expressionnisme dans le théâtre européen*, Paris, CNRS, 1971. Franziska von Reventlow (1871-1918) fut une des figures les plus représentatives et les plus entières de la bohème libertaire du Munich d'avant-guerre. Les deux sœurs Richthofen frayaient dans le même milieu (M. Weber a immortalisé l'une d'elles en lui dédiant l'une de ses études de sociologie des religions, celle sur le *Judaïsme antique*). [N.d.T.]

1. Voir N. SOMBART, « Freuds Vienna », *Nachdenken über Deutschland*, p. 52 s.

faisait partie de l'avant-garde qui réalisa cette percée dans la zone tabou de la « science de l'homme » occidental et patriarcal.

Lié à elle de par son âge, le jeune Carl Schmitt connaissait lui aussi le climat intellectuel façonné par cette avant-garde. Il savait ce qui se passait, sans lui-même s'engager. Il nous a laissé un témoignage de sa participation sceptique et ludique à ses débats dans *Die Buribunken* (publié en 1917-1918), livre qu'il faut lire comme une sorte de règlement de comptes avec la psychanalyse – règlement de comptes passant, il est vrai, par l'appropriation de la psychanalyse.

Qui était Otto Gross ?

Otto Gross était l'homme qui, vingt ans avant Wilhelm Reich et quarante ans avant Herbert Marcuse, partant de la pratique psychothérapeutique, élabora les fondements théoriques de la « révolution sexuelle » (à en croire Werfel, la notion même vient de lui), c'est-à-dire la théorie de l'éruption du potentiel érotique de l'homme comme prémisse de toute émancipation sociale et politique [1].

Cette éruption commence par une redistribution des rôles sexuels jusqu'alors assignés à l'homme et à la femme, par une réforme de la structure familiale patriarcale, monogame et hétérosexuelle, et par une libération de la femme, cette gardienne des énergies libidinales réprimées dans la société des pères. En effet, ces forces se font sentir aussi chez l'homme, mais une fois seulement qu'il est affranchi de son rôle de *pater familias*. Il faut faire intervenir la bisexualité foncière – ou, plus profondément, la « perversité polymorphe » – de l'être humain, pour faire des formes nouvelles de la communauté le socle du processus d'individualisation et de socialisation. Et il en va de

---

1. Otto Gross (1877-1920), né à Griebing près de Feldbach dans la Steiermark, fit des études de médecine, passa son habilitation, et fut en cure analytique chez Freud et C. G. Jung. Publications : *Zur Frage der sozialen Hemmungsvorstellungen* (1901) ; *Zur Biologie des Sprachapparats* (1904) ; *Über Bewußtseinszerfall* (1904) ; *Über Destruktionssymbolik* (1914) ; *Zur Überwindung der kulturellen Krise* (1913) ; *Die Einwirkung der Allgemeinheit auf das Individuum* (1913) ; *Anmerkungen zu einer neuen Ethik* (1913) ; *Notiz über Beziehungen* (1913) ; *Protest und Moral im Unbewußten* (1919) ; *Zum Problem : Parlamentarismus* (1919) ; *Zur neuerlichen Vorarbeit : Vom Unterricht* (1920) ; *Die kommunistische Grundidee in der Paradiessymbolik* (1919) ; *Drei Aufsätze über den inneren Konflikt : Über Konflikt und Beziehung ; über Einsamkeit. Beitrag zum Problem des Wahns* (1920). Pour une part, ces essais ont été publiés dans la trad. fse de Jeanne Étoré, dans un recueil intitulé *Révolution sur le divan* (Paris, Solin, 1988).

même des modèles nouveaux de relations sociales et érotiques dans lesquelles l'initiative revient à la communication, et non à la domination. Le mot clef, chez Otto Gross, est « relation ».

Politiquement, Gross était à gauche, une gauche radicale. Comme médecin et psychanalyste, il se voulait sans réserve au service d'une conception rationaliste de la science. Comme écrivain, il recherchait l'affrontement politique. Bien que, assurément, il se tînt pour un « communiste » et poursuivît ses activités dans le milieu politique formé par des hommes comme Becher, Mühsam, Jung, Landauer et Eisner, c'était un authentique anarchiste. Définir Otto Gross comme un anarchiste n'est pas une simple *façon de parler**, ni une manière de le ranger quelque part dans l'histoire intellectuelle. Il connaissait personnellement Kropotkine et entretenait, les documents le prouvent, des relations de nature conspiratrice avec l'anarchisme militant de son temps. Il avait des rapports épistolaires avec ses figures les plus représentatives et écrivait dans leurs revues. Il est vraisemblable, même si l'on n'en a pas de preuve formelle, qu'il participa au congrès anarchiste d'Amsterdam de 1907.

La première thèse de Gross était que la réalisation du contre-projet anarchiste devait commencer par la destruction de l'ordre patriarcal. Otto Gross s'est réclamé sans hésiter de ce genre d'action. Fidèle au style anarchiste de la propagande « par le fait », il prônait l'exemple par la vie qu'il menait et visait à anéantir en soi-même les contraintes sociales. En tant que psychothérapeute, il entreprit de réaliser des modèles de formes associatives nouvelles. Il fut l'inspirateur des communautés délivrées du souci des conventions (il avait encouragé sa femme à devenir la compagne du peintre anarchiste Ernst Fried) et l'animateur de communes (à Ascona, par exemple, dont il fut refoulé, on l'accusait d'avoir organisé des « orgies »). La ressemblance est frappante avec les tentatives de l'anarchiste italien Giovanni Rossi (un médecin lui aussi) et avec sa thèse : « *amare più persone contemporaneamente è una necessità dell'indole umana* [1]. »

Gross n'était pas homosexuel, mais il tenait la bisexualité pour un fait de nature et pensait qu'aucun homme ne peut savoir ce qui fait son prix pour une femme tant qu'il n'est pas au fait de sa dimension d'homosexualité. Le respect qu'il éprouvait pour la souveraine liberté de ses congénères allait si loin qu'il

---

1. « Aimer en même temps plusieurs personnes est une nécessité de la nature humaine » (Giovanni Rossi, *Cecilia, comunità anarchia sperimentale*, Livourne, 1893 [réimp. et trad. innombrables, reprint allemand de 1975]).

reconnaissait non seulement leur droit à la maladie comme forme d'expression d'une protestation légitime contre une société répressive – il aura été ici le prédécesseur de l'antipsychiatrie d'un Ronald D. Laing et d'un Alain Fourcade –, mais en faisait de même quand ils aspiraient à la mort, en prêtant la main du médecin pour que ce vœu fût exaucé. C'est ainsi qu'il fut poursuivi en justice pour assistance à suicide et condamné à une peine de prison.

Sa seconde thèse est : qui veut modifier les structures de domination (et les rapports de production) d'une société répressive doit commencer par modifier les structures de domination en son propre for et exterminer l'« autorité qui a pénétré en force dans notre propre intimité ». La performance de la psychanalyse comme science est aux yeux de Gross d'avoir créé les conditions de possibilité et forgé les instruments de cette entreprise.

Ce qui fait au premier chef l'importance de Gross, c'est d'avoir jeté la passerelle qui unit la psychanalyse au socialisme. En 1912, dans une lettre à l'anarchiste Fritz Brupbacher – un texte qui plus tard fit beaucoup de bruit – il écrit qu'à ses yeux, sa tâche est de « faire comprendre l'avenir imprévisible de la psychanalyse comme étant l'âme justement du mouvement révolutionnaire de demain [1] ».

C'était là un point où il allait encore plus loin que Freud et que n'importe lequel des novateurs (à l'exception peut-être de Wilhelm Reich). Le caractère subversif de Gross consistait à intervenir au point même où la psychanalyse se trouvait devant l'alternative suivante : devenir une théorie du changement social ou bien une pratique d'adaptation à la société. Il a opté pour la révolution. Freud, qui avait longtemps considéré Otto Gross comme un de ses disciples les plus doués et à qui les moments subversifs de ses propres découvertes posaient un vrai problème, s'est séparé de Gross sur ce point décisif. « Nous devons rester des médecins. » Par la suite, il s'est acharné sur lui comme sur un hérétique et a tenté de le ridiculiser et de le mettre hors circuit en donnant la consigne de rayer ses écrits de l'index officiel des publications analytiques.

Otto Gross a connu toutes les formes de la persécution politique : boycott économique, prison, extradition, internement en asile psychiatrique, mise en tutelle judiciaire (qui atteignit sa femme et ses enfants), diffamation ; la pire de toutes ayant été le silence fait sur son nom après sa mort. Cette occultation

---

1. Cité d'après Emanuel HURWITZ, *Otto Gross « Paradies ». Sucher zwischen Freud und Jung*, Zurich, Francfort-sur-le-Main, 1979, p. 110.

délibérée est un chapitre de l'histoire intellectuelle, ou plutôt de l'histoire de la politique allemande. Elle démontre la justesse de ses thèses. Le moyen le plus sûr de rayer de la carte une pensée « subversive » est encore d'effacer les moindres traces laissées par les penseurs incommodes (« les trouble-fête »). Les mécanismes de la censure fonctionnent à la perfection là où les mécanismes castrateurs de la société des pères sont le mieux intériorisés. La puissance de la censure est alors fondée sur l'amour voué au censeur.

Otto Gross a enduré le destin d'un enfant unique dont les relations avec son père et sa mère ont été perturbées. Il était issu du milieu de la bourgeoisie culturelle allemande, dont la génération précédant la sienne ne fut pas capable de copiloter les transformations sociales en cours. Son père, Hans Gross (1847-1915), bel exemple de tyran patriarcal, était professeur titulaire d'une chaire, directeur d'un département universitaire et fondateur d'une science répressive, la psychologie criminelle. Il joua le rôle de l'époux et du père paternalistes jusque dans ses outrances fascistes.

Gross était lui-même un de ces « handicapés », produits de l'ordre patriarcal, et, à juste titre, il en rendait son père responsable. En réalité, c'était aussi sa mère – et peut-être elle en priorité – qui faisait souffrir Gross. Il considérait que l'homme, le *pater familias*, son mari, la violait et qu'elle n'était que son jouet. Il la souhaitait plus émancipée, plus souveraine, et espérait s'unir à elle à l'occasion de chacune de ses « liaisons », pour la délivrer et lever ainsi la malédiction de violence qui pesait sur l'être humain. Gross se rebella contre la domination des pères. Son rêve était le royaume des mères, le « matriarcat ».

La théorie de la violence d'Otto Gross.

Pour Otto Gross, le processus au bout duquel la femme finit par occuper la place qui est la sienne dans l'ordre social et familial patriarcal constitue le traumatisme de l'histoire de l'humanité – traumatisme dont sourdent les souffrances que l'homme éprouve en lui-même. Ce traumatisme remonte à la période durant laquelle le régime matriarcal des origines devint un régime patriarcal – il s'agit du passage de l'« état paradisiaque originaire » à la « société des mâles ». Mais qu'est-ce qui rend la société patriarcale si insupportable ? La domination de l'État, celle des pères, celle du « surmoi », la *violence* ! Pas tant la violence bestiale (quoiqu'elle ne fasse pas défaut) que la violence structurelle, car tout le système fonctionne dans la violence.

Avec une grande détermination, Otto Gross s'attaqua à la question de la violence. Qu'est-elle à proprement parler ? qu'est-ce qui la fait surgir ? comment se perpétue-t-elle ? et comment pourrait-on l'éliminer ? Il ne s'en est pas tenu, tel Max Weber, au « pragma de la violence » qui veut que l'indigence vienne de la pauvreté *. Il fit ressortir le modèle de toutes les structures de violence du rapport entre les sexes. C'est là que l'on peut appréhender la violence, et c'est là seulement qu'on peut y mettre fin. Pour régler le problème de la violence des relations sexuelles, le processus de transformation des rapports sociaux et l'émancipation de l'individu autonome doivent commencer par instaurer une société libre de toute domination.

À la différence de Freud, Gross distingue deux pulsions fondamentales : un besoin de contact physico-psychique qu'il nomme la « sexualité primaire », et « l'instinct de conservation de l'individualité propre ». Éros et volonté de pouvoir, libido et instinct de conservation. D'un côté, on a l'« univers propre », de l'autre la réélaboration de l'« univers étranger », c'est-à-dire des conditions d'existence de la société patriarcale transmises par le milieu social. Par elles, un conflit naît entre les deux univers. On peut penser ici au conflit freudien du principe de plaisir et du principe de réalité.

Dans le processus de socialisation – l'« éducation », comme on dit –, le besoin de contact physique sexuel reste entièrement frustré (au profit du dressage « anal »). L'élément psychique est inféodé aux exigences de l'adaptation et sert à enregistrer les suggestions de l'univers étranger. Le résultat est l'isolement dû aux conditions de vie dans le milieu social, c'est-à-dire aux rapports de pouvoir. Le besoin de contact libidinal originaire doit désormais fournir l'énergie requise par les contenus suggérés de l'extérieur. Il faut des contacts, à n'importe quel prix, c'est le « masochisme ». L'instinct de conservation se rebelle fougueusement contre cette tendance. Cette révolte contre la sexualité, cette « volonté de pouvoir », ce surmoi hypertrophié prenant la sexualité en tenailles mènent au « sadisme ».

Les rapports de pouvoir faisant sentir leur pression, le besoin de contact libidinal originaire compose alors avec une *aptitude à la soumission*, d'une part, et avec une *aptitude à l'oppression* de la part du pouvoir, d'autre part. Le besoin de contact se fait

---

* Pour rendre ici une plaisanterie berlinoise sous forme de pseudo-dicton : « *Die Armut kommt von der Pauvreté* » ; *Armut* signifiant « pauvreté ». [N.d.T.]

paradoxalement complice de la violence, dit Otto Gross. « C'est le pouvoir affirmé et redoutable de l'autorité sur la vie indivi-duelle [1]. »

Deux types de comportement se forment ainsi, en rapport avec la différence des sexes auxquels on les identifie (« viril » : dominant, sadisme, et « féminin » : dominé, masochisme). Le conflit interne entre univers « propre » et univers « étranger » – le conflit entre pulsion du moi et sexualité (besoin de contact), entre la tendance à l'abandon (tendance qui est le désir) et la « volonté de pouvoir » – est ainsi attiré vers la sphère de la sexualité. Il devient le conflit de deux composantes pulsion-nelles antagonistes de nature sexuelle, lesquelles, devenues des stéréotypes du « masculin » et du « féminin », faussent le jeu des rôles entre individus pour le plus grand profit de la structure violente du pouvoir qui, ainsi, se reproduit et se rode. Les pro-totypes psychiques de la « masculinité » et de la « féminité » tels que nous les connaissons aujourd'hui sont un « produit artificiel et le résultat d'une adaptation [2] » aux rapports sociaux en vigueur (simultanément pervertis).

Le lieu de ce processus d'adaptation est l'ordre familial et patriarcal. « Il a pour prémisse la volonté de pouvoir dans la relation sexuelle de l'homme avec la femme et la tendance à la sujétion de la femme par rapport à l'homme. Il induit ainsi une adaptation des deux sexes à la forme du rapport de réciprocité qui leur est imposée. En d'autres termes : sous la pression des rapports sociaux en vigueur et par la modification de la sensi-bilité sexuelle due à cette pression, le sadisme de l'homme et le masochisme de la femme deviennent des traits essentiels, caractéristiques et universels des deux types, "virilité" et "féminité [3]". »

Aux notions de « virilité » et de « féminité » est soudée une image unilatérale et faussée des dispositions sexuelles fonda-mentales. En effet, la « "pulsion du moi", la volonté de puis-sance, la tendance au viol, c'est-à-dire le sadisme, se confondent et s'identifient pour les deux sexes avec la formule "vouloir être homme". Au contraire, le besoin de contact et le don de soi, la tendance à la soumission, le masochisme, se confondent avec la formule "vouloir être femme" [4]. »

Dans les conditions sociales telles qu'elles nous sont données, l'amour hétérosexuel est lié en permanence à des représentations

---

1. Otto GROSS, *Trois essais sur le conflit intérieur*, trad. fse J. Étoré, *Révolution sur le divan*, p. 135.
2. *Ibid.*, p. 130.
3. *Ibid.*
4. *Ibid.*, p. 125-126.

de viol de la part de l'homme, ou, de la part de la femme, à celles d'un viol subi. C'est ce que Gross appelle l'imposition à l'hétérosexualité de moments de violence. En tant que répercussion dans le psychisme des conditions d'existence en vigueur, le rapport de réciprocité des deux sexes devient un symbole de la relation de domination ou de sujétion. Il est le modèle des rapports de force.

La troisième thèse d'Otto Gross est : le dépassement de tous les rapports de force structurels n'est possible qu'en mettant un terme au « viol » sexuel de la femme.

Le schéma se complique un peu quand – et la généralisation est d'une importance décisive – est prise en compte la composante homosexuelle qui a ses racines dans la bisexualité originaire, c'est-à-dire dans le fait que chaque être humain, quel que soit son sexe biologique, possède une composante « masculine » et une composante « féminine ». De la sorte, et de par la condition particulière connue par la femme – où, pour l'inconscient, les notions de « virilité » et de « féminité » deviennent des symboles d'un rapport de domination –, le besoin de sujétion chez l'*homme* et l'instinct de conservation chez la *femme* reçoivent nécessairement leur forme d'expression au moyen du motif homosexuel.

Parce que l'amour hétérosexuel est en rapport avec le viol infligé et subi, il faut comprendre la conversion à l'homosexualité comme une protestation élevée contre cette tendance destructrice. Chez l'homme, la composante sadique est hétérosexuelle, celle masochiste suit donc une pente homosexuelle. Chez la femme, la composante masochiste est d'orientation hétérosexuelle, et la dimension sadique (ou, pour mieux dire, celle qui vise l'intégrité de la personnalité) est donc homosexuelle.

L'antagonisme sadomasochiste prend donc la forme de couples dynamiques caractéristiques et différents pour chacun des deux sexes. Chez l'homme : sadisme hétérosexuel et homosexualité *passive*. Chez la femme : masochisme hétérosexuel et homosexualité *active*. On peut comprendre toute la sphère de l'homosexualité passive et du masochisme chez l'homme comme une interversion pulsionnelle de la composante masochiste et homosexuelle.

La soumission à l'État et à l'autorité mobilise cette composante masochiste homosexuelle. Elle n'est possible, absolument parlant, que par son entremise. De fait, la « société des mâles » se fonde sur une perversion des énergies libidinales, dans laquelle la variante sadique – conformément au modèle de la violence structurelle hétérosexuelle – se transforme en plaisir

éprouvé à l'exercice de l'autorité, tandis que la variante « masochiste » trouve à se satisfaire dans le plaisir de l'obéissance,
dans la soumission à l'autorité et dans la condition de « sujet ».
C'est là que, dans son homosexualité passive, l'homme simule
l'attitude de soumission de la femme.

Le modèle de violence de l'État – de la domination et de la
sujétion – fonctionne donc par la reproduction homosexuelle
des caractéristiques principales du mariage, marquées au sceau
du viol. De manière perverse, l'État, ainsi que s'exprime Gross,
prohibe l'homosexualité bien que et parce qu'il est lui-même
porteur du « symbole de l'homosexualité ». « Il est hiérarchi-
quement constitué : il y en a toujours un qui est à la charge de
l'autre [1]. » Il s'agit ici d'une homosexualité « secondaire », qui
est le phénomène complémentaire d'une hétérosexualité obsessionnelle structurellement pervertie.

Cependant, il y a l'homosexualité primaire, partie intégrante
de la bisexualité authentique, mais qui n'a pas encore sa
« constellation », étant plutôt un « pur vécu ». « Elle est cet
élément vital qui est exprimé dans le vécu partagé et dans la
joie partagée [2]. » Sa fonction biologique la plus importante est
la faculté qu'elle donne de ressentir le rapport de l'autre sexe
à sa sexualité, faculté qui commande elle-même la qualité des
relations humaines et celle de leur communauté.

La liaison et la dénaturation sadomasochistes des deux
grandes pulsions, le besoin de contact et l'instinct de conservation fondent la pathologie de la société : individus en conflit
avec eux-mêmes, échec perpétuel dans les relations des individus les uns avec les autres, violence structurelle de l'« État »
et « souffrances du monde ». Dans ses tableaux de maladie, la
psychopathologie, qui est toujours une « pathologie sexuelle »,
en est le reflet. Sur le méridien de la « volonté de pouvoir » (la
peine prise pour maîtriser la réalité, pour façonner intellectuellement l'unité de l'univers psychique), il y a la paranoïa. Sur
celui du masochisme (s'abandonner à des contenus inconscients
et étrangers), il y a la schizophrénie, comme on la retrouve chez
le président Schreber.

Résumons-nous. Gross est convaincu que la cristallisation de
ces deux stéréotypes, « masculin-féminin », entrave et barre la
vocation propre et la plus profonde de l'individu et de son
univers relationnel, à savoir la maturation des dispositions
propres et adéquates à la personnalité *et* l'obtention d'un contact
intime et réciproque avec l'autre. Il est convaincu que la vio-

---

1. Cité d'après Emanuel Hurwitz, *Otto Gross*, p. 107.
2. *Ibid.*, p. 108.

lence structurelle solidement inscrite dans cette polarisation constitue un corps étranger et sempiternellement perturbateur par rapport aux « aspirations innées et indélébiles de la nature humaine ».

Révoquer la violence structurelle dont Otto Gross met à jour la racine anthropologique, telle est l'ambition fondamentale de l'anarchisme. Le cap qu'il fixe à l'action politique et au fil conducteur du comportement éthique – inscrit dans les « aspirations innées et indissolubles de la nature humaine », c'est-à-dire dans le désir d'une réconciliation de l'« univers propre avec l'univers étranger » –, son utopie est la (ré)instauration de relations non violentes entre les sexes et la mise en forme de communautés de vie humaines sur la base d'une sexualité non violente.

C'est ainsi que l'on doit se représenter le « paradis terrestre ». Ses aspects sociaux, économiques et écologiques sont dérivés de ce remodelage en profondeur. En surgit un tableau d'ensemble qui, sur beaucoup de points, correspond à celui que Bachofen avait conçu du matriarcat, lui qui, sous couvert de reconstitution archéologique, peint un âge d'« humanité clémente » et de « sexualité assouvie », « où les hommes étaient plus pacifiques et plus heureux ». Un âge non pas de « peur » et de « servilité », mais d'amour et de compassion, de prévoyance maternelle et de fraternité. Bachofen ramène toutes les manifestations de la culture des sens au « régime matriarcal » des rapports entre les sexes, régime caractérisé par la suprématie des femmes. Constat ou vision, Friedrich Engels put à bon droit nommer le « droit matriarcal une révolution complète, à savoir l'inversion radicale du "préjugé patriarcal" ».

Si je vois juste, Otto Gross est le premier sinon le seul à avoir pris à la lettre l'idée de Bachofen d'un couplage de l'émancipation charnelle et de l'émancipation politique, et à avoir testé la validité de ses fondements anthropologiques. Comme Bachofen, il est convaincu que les « progrès de la sensualisation de l'existence [...] doivent coïncider avec la liquidation de l'organisation politique et [...] de la vie de l'État [1] ». Sous cet angle, on peut comprendre la raison pour laquelle, selon Gross, l'« anarchie » et le mythe du matriarcat se rejoignent. L'Éros matriarcal est le pôle opposé à la violence masculine. La réalisation de l'anarchisme serait alors vraiment quelque chose de l'ordre du « retour du matriarcat ».

C'est exactement dans ce sens que surgit, chez le Carl Schmitt de la *Théologie politique*, la notion de « matriarcat » au voisi-

---

1. BACHOFEN, p. 115 [trad. modifiée].

nage immédiat du nom d'Otto Gross. Il ne s'agit pas d'une référence quelconque, mais d'un chiffre magique où se diraient en leur quintessence tous les périls au regard desquels les peuples d'Europe doivent se réunir pour la défense de leur patrimoine le plus sacré et pour la « bataille décisive ».

Carl Schmitt et Otto Gross.

À juste titre, Carl Schmitt considérait Gross comme son seul véritable adversaire, son *interlocuteur valable**, qui traitait la question du droit, de la loi, du pouvoir et de l'État non en juriste, dans les structures conceptuelles verrouillées d'une théorie politique ritualisée, ni en sociologue avec les outils d'une théorie de la société désuète, toujours déjà trafiquée par l'idéologie, mais en la ramenant à sa racine anthropologique. Ce qui veut dire que, aux questions décisives qui sont au centre de la pensée de Schmitt comme théoricien de la politique, Gross a donné des réponses par rapport auxquelles celles du théoricien du droit constitutionnel paraissent trompeuses.

Toute sa vie durant, Carl Schmitt a fait front contre la psychanalyse. Il met un point d'honneur à respecter « un tabou de pureté [qui] est profondément enraciné dans la tradition de la culture allemande [1] ». Il n'enfreint pas le tabou de la sexualité, il le protège. Son idéal en matière de savoir n'est pas celui d'une « avant-garde » subversive, mais d'une science qui revendique pour elle-même le statut de la théologie. Schmitt soutient fermement que la théologie et les sciences juridiques ont pour tâche, à part égale, de dessiner pour notre expérience historique un ensemble rationnel de connexions qui en facilite la compréhension. Il y va pour lui de la « rationalité » scientifique, et il juge important de situer son apport à la construction théorique à l'intérieur de la tradition du rationalisme occidental. Or, la rationalité de cette construction théorique est la défense organisée autour du tabou et le rempart qu'elle dresse autour de lui. Elle est un élément de l'auto-engendrement historique de l'homme mâle qui tranche définitivement le cordon ombilical qui le rattachait au « matriarcat ».

Dans son labeur scientifique, Schmitt a systématiquement et consciemment tenté de recouvrir et de voiler – et il y voyait

---

1. Extrait d'un tapuscrit de C. Schmitt intitulé « Was habe ich getan ? » (« Préambule à un débat » du 12 juin 1956, Düsseldorf), texte dont la publication de Schmitt, *Hamlet ou Hécube*, fait la teneur (collection particulière N. Sombart).

même, un temps du moins, sa tâche propre – ce qu'Otto Gross (et, de manière générale, la psychanalyse), au regard des mêmes phénomènes sociaux et politiques, avait entrepris de mettre à jour et de découvrir, à savoir : la sexualité humaine.

Il est dans la logique du système de Schmitt que cette dernière en soit radicalement éliminée, car en parler signifie toujours évoquer le funeste problème de la mère et du « sexe féminin ».

Cette occultation n'est pas propre à Carl Schmitt seulement, mais aussi, jusqu'à aujourd'hui, à la théorie politique allemande et à ce qui se nomme en l'occurrence les « sciences politiques ». Le dogme n'est toujours pas entamé qui veut que le sujet politique et le sujet philosophique soient asexués. L'ensemble de la construction conceptuelle, y compris dans ce surgeon qu'en est la théorie des systèmes, vise à produire un ensemble de connexions intelligibles qui soit hygiéniquement garanti, aseptisé et absolument asexué.

Ainsi, notre « théorie politique » est un élément dans l'arsenal des mesures de défense et des stratégies d'extermination de la « société des mâles ». Comparée avec toutes les autres contributions qu'on compte dans ce domaine, la théorie politique de Carl Schmitt est l'expression la plus pure de cet état de choses. Par exagération, on pourrait dire : « Elle n'a rien à voir avec la politique », elle est elle-même, comme « construction théorique », symptôme d'une perturbation dans le rapport entre les sexes, et relève, telle une névrose en bonne et due forme, du domaine de la pathologie sexuelle.

La théorie de la politique de Carl Schmitt est *par excellence** la théorisation de la névrose des « mâles d'Allemagne », c'est-à-dire de la société de l'ère wilhelminienne. Et en effet, sa tentative de produire un homme univoque, qui ne serait « que mâle », et d'éliminer radicalement le féminin et le fait fondamental de la bisexualité des humains, a eu pour conséquence de proposer une solution sans équivalent dans l'histoire de la civilisation, une solution à la longue impraticable, ainsi que les faits allaient le montrer.

Carl Schmitt, à proprement parler, ne fait que renforcer la ligne frontière derrière laquelle se rencogne la pensée mâle. Son ignorance de la psychanalyse fait partie de ce système de fortifications, tout comme son recours à une théologie en fin de compte imprégnée d'Aristote. Dans cette mesure, il était tout à fait légitime de se polariser sur Otto Gross. Carl Schmitt en est le contraire. Gross veut élargir les découvertes de la psychanalyse à une théorie de l'émancipation sociale et à une pratique anarchiste de destruction de la famille. Schmitt, lui, veut empêcher la révolution au moyen d'une « théorie politique » (la théologie) fondée sur le modèle de la violence exercée par le père.

De même qu'Otto Gross dut mettre à jour les racines sexuelles de tout agir humain et, bien entendu, de toute action politique aussi, de manière à mobiliser les forces du changement, de même Carl Schmitt ne pouvait avoir d'autre démarche que de débouter ces forces, ce qu'il fit avant tout en se conformant à la tradition professorale du « tabou de la pureté », c'est-à-dire en s'abstenant de les nommer.

À l'opposé de Gross, il a opté, jeune homme, pour le père (« les pères ») et s'est fait l'avocat de l'« État agent de violence ». Avec sa théorie politique, Schmitt a élevé la tradition continentale de l'ordre patriarcal jusqu'à d'ultimes sommets. Là où Gross devait devenir le pionnier de la libération des femmes, Schmitt s'est mis au service des stratégies de défense dressées contre le « féminin ».

On pourrait avoir l'impression que le grand théoricien de la souveraineté demeure sous l'emprise de la peur et de la servilité, qu'il dispense de tout questionnement indiscret la science de la domination héritée du passé et qu'il l'amène seulement à se vêtir de nouveaux concepts. Mais ce serait se fourvoyer. Carl Schmitt aussi est un « mandataire » des mères. « Je dois tout à ma mère. » *Lui* aussi rêvait, comme le dit Kleist, d'accéder au « lit de l'impératrice ». Le simple fait qu'il ait mentionné Otto Gross, le fait même qu'il en *connût l'existence* prouve que les combats défensifs qu'il mène ne tiennent pas à un non-savoir aveugle, mais à une connaissance intime de la position ennemie. « L'ennemi est ma propre question en une Figure », a-t-il dit. Lui aussi avait en lui l'autre dimension, l'autre sexe, et il connaissait la nostalgie du matriarcat comme la grande séduction, le grand défi et le « péril » éternel.

Nous verrons *à quel point* il la connaissait et l'aimait, et quels furent les démêlés du champion de l'État et de la démonstration de force avec le « tabou des mères », c'est-à-dire pour un professeur de droit public avec le « tabou de la reine ».

DE CE QUE « NORDLICHT »
DE THEODOR DÄUBLER
FUT AUSSI UN LIVRE DE CARL SCHMITT

« Le péché originel, c'est de méconnaître l'androgyne. »
(Franz BAADER.)

Un service d'ami.

Trois ans avant de décrocher son attestation de virilité en réglant ses comptes avec le *Romantisme politique* – certificat qui lui donnait le pouvoir légitime de s'occuper sérieusement de politique –, Carl Schmitt avait publié un livre que les exégètes orthodoxes de ses œuvres ont en général tendance à négliger. C'est un péché de jeunesse et une œuvre de jeunesse difficile à situer, il faut bien l'avouer, dans le système d'une œuvre consacrée aux sciences politiques. Or il s'agit là d'un livre particulièrement important pour l'interprétation des travaux de Carl Schmitt. Nous voulons parler de l'essai publié à Munich en 1916, *Theodor Däublers* Nordlicht (*Nordlicht* de Theodor Däubler).

Le lecteur attentif y trouve les éléments essentiels de la démarche qui allait imprégner la pensée de Schmitt jusque dans sa dernière phase. C'est à la seule condition de ne jamais oublier que, derrière toute sa construction théorique, ses démêlés avec la philosophie de l'histoire du *Nordlicht* de Däubler n'ont jamais cessé, que l'on est à même de saisir le développement et l'épanouissement, les avatars et les sommets de l'œuvre de Schmitt dans toute leur ampleur.

Le thème de *Nordlicht* est le thème secret de sa vie. Rétrospectivement, ce modeste écrit fait figure de jalon. L'auteur avait alors vingt-huit ans et était déjà professeur d'université à Greifswald. Mais il était encore pris dans les incertitudes du moratoire sociopsychique que la guerre faisait traîner en longueur, et se partageait, indécis, entre Berlin, Munich et Strasbourg. Le voyageur sait déjà quelle direction sera la sienne, mais une fois encore, il s'accorde – plein d'une douloureuse nostalgie – un coup d'œil dans celle qu'il ne prendra pas. Et pourtant, quoique le livre de Schmitt se donne pour une aide à la lecture de celui de Däubler, pour introduire les néophytes dans le labyrinthe de sa monumentale épopée, il ne souffle mot sur son véritable propos, du moins pas ouvertement. Il ne dit jamais que la moitié des choses.

L'autre moitié, plus essentielle, n'est que suggérée par allusions, et comme en passant. Carl Schmitt conservera ce style elliptique jusqu'à la fin de sa vie. Il faut avoir soi-même lu *Nordlicht* – et Schmitt ne néglige rien pour y inviter le lecteur – pour découvrir que l'intérêt de l'analyse ne tient pas à ce que dit l'auteur, mais à ce qu'il nous tait. C'est ainsi qu'il préserve son secret. Et, plus de trente ans plus tard, ce ne seront de nouveau que des allusions dont Schmitt nous fera cadeau comme d'un fil d'Ariane, de manière à nous mettre en quête de cet endroit dissimulé de l'« arcane de son *fatum* [1] ». Peu de temps avant sa mort, Schmitt déclarait, sur un ton péremptoire, à l'auteur de ces lignes : « Nul n'a le droit d'écrire sur moi qui n'aurait lu mon *Nordlicht*. »

En 1914 déjà, dans son écrit *Der Wert des Staates und die Bedeutung des Einzelnen* (La valeur de l'État et l'importance de l'individu) – son premier livre après le doctorat –, il avait placé en exergue un vers de Däubler :

Tout d'abord il y a le commandement. Les hommes viennent après.

Ce qui sonne comme une devise où est hypostasiée la primauté de l'État, qui semble être aussi la thèse principale du livre. N'empêche que si l'on sait ce que Däubler pensait véritablement de l'État, l'on tend l'oreille à l'instant où Carl Schmitt, à la fin de son développement, relativise sur le plan de la philosophie de l'histoire et de la métaphysique le parti pris par Däubler pour l'État, en évoquant soudain des époques de *médiateté* et d'autres d'*immédiateté*. Il n'y a que « dans les périodes de médiateté [...] que pour les hommes la substance devient moyen, et l'État la valeur éminente ». Il n'y a que pour cette médiateté que la « pensée discursive » a de la valeur, « progressant par concepts » à la manière de Hegel pour qui l'État se fait l'instance morale suprême. Dans des « époques d'immédiateté », en revanche, c'est la pensée intuitive qui domine. C'est là un hommage rendu au vrai Däubler, au Däubler entier, et nous comprenons alors que, dans l'exergue placé en tête du livre, le nom entier doit être lu parallèlement. L'« avocat

_____

1. ExC, p. 52.

de la médiateté » (que Carl Schmitt feint d'être dans son premier livre sur l'État) peut signaler que « seule la source qui jaillit loin de la mer et doit se frayer sa voie à travers les obstacles peut devenir fleuve majestueux ; mais l'homme de l'immédiateté voit que tous les cours d'eau, les fleuves imposants comme les modestes ruisseaux, aboutissent finalement à la mer, pour trouver la paix dans son infinité [1] ».

L'immédiat *par excellence**, c'est Däubler. À plusieurs reprises, il est célébré comme tel dans cet essai, *Nordlicht* [2]. Le poème est même interprété comme l'antithèse d'un monde de « la médiateté et de la prévisibilité universelles ». Mais on lit en conclusion : « *Nordlicht* de Theodor Däubler [...], à la fin d'un parcours sauvage et superbe, se jette en fleuve serein et puissant dans la mer européenne des pensées enclavée entre les deux mots : nature et grâce. » La pensée discursive de Carl Schmitt, elle aussi, nous le verrons plus tard, « finira par aboutir à la mer ».

Dans le petit livre, publié en 1950, où il se livre à une réflexion sur lui-même, *Ex captivitate salus*, Carl Schmitt nous raconte que, dès 1910, il a mis toute sa ferveur au service de l'œuvre de Däubler. Le « malheureux bohème débraillé [3] » avait sans doute bien exercé sur le jeune homme la fascination du génie poétique absolu. Schmitt révérait dans le colosse le « bon génie de la sensibilité européenne ». Pour aller le trouver, il fit un voyage et le poursuivit avec lui. Et ses visites le comblèrent. Partout où Däubler surgissait, il se trouvait des gens pour boire ses paroles. C'était un virtuose du monologue qui féconde *, un animateur incomparable de la conversation. L'« intime amitié personnelle » de Schmitt et Däubler fut donc une des expériences vraiment fortes de la vie de Carl Schmitt. Dans son grand âge, il en parlait encore avec une admiration fougueuse. En 1938, il me mit l'épopée dans les mains, à moi qui avais quinze ans. « Däubler est un fleuve impétueux dont les flots charrient n'importe quoi, des boîtes de conserve, des cadavres de chats, mais aussi l'or le plus pur de la poésie allemande », aimait-il à dire. Ce que Stefan George peut avoir été jadis pour d'autres, Theodor Däubler le fut pour Carl Schmitt.

Nordlicht est une plaquette qu'il dédie en 1916 à un certain Fritz Eisler, lequel, « dans sa grande sagacité et finesse » l'a « affermi » dans son « admiration » pour Däubler. Puis, au

---

1. WS, p. 109 s.
2. N, p. 41 ; pour les citations suivantes, voir respectivement p. 64 et 62.
* Pour *« spermatischer Monolog »*, allusion au *logos spermatikos* des stoïciens. [N.d.T.]
3. ExC, p. 45 ; pour les citations suivantes, voir respectivement p. 46 et 51.

même Fritz Eisler, il dédie en 1928 sa grande œuvre universitaire, la célèbre *Théorie de la constitution*. Ce Fritz Eisler n'est pas, contrairement à ce qu'on a supputé, le frère de Ruth Fischer et du compositeur Eisler, ni le fils de l'historien juif libéral de Leipzig qui avait pris fait et cause pour la pureté de la langue allemande, mais c'est assurément un Juif allemand. Quelle que soit son identité, il fut un ami de jeunesse, « un frère » de Däubler. Il faisait manifestement partie, comme Carl Schmitt, du petit cercle des admirateurs de Däubler, et c'était un homme à l'existence suffisamment aisée pour soutenir financièrement le barde anarchiste itinérant et permettre, notamment, que son œuvre fût imprimée. C'était un ami de jeunesse comme Franz Blei et Hugo Ball. On devine l'atmosphère intellectuelle où l'on se gorgeait de considérations sur l'histoire et de jeux de mots, et où le futur spécialiste de droit donnait libre cours à son *Witz* dans l'*underground* qu'était la bohème intellectuelle de l'Allemagne wilhelminienne. Ce furent les années frénétiques de la révolte contre les pères, durant lesquelles l'expressionnisme et le dadaïsme firent aussi leurs premières armes.

Carl Schmitt écrivit ses parodies littéraires avec et pour ses amis. Pour eux, il s'offrit le loisir d'une blague, qui consistait à rédiger un pastiche de « traité savant », les *Buribunken* [1], où, de toute sa morgue, il réglait ses comptes avec la psychanalyse. C'est ce que les Français appellent un canular, une farce de potaches. L'atmosphère « buribunkienne » allait demeurer une constante dans la vie et l'œuvre de Carl Schmitt, même si, pendant une longue période, elle resta latente. Elle ne réapparut que dans son œuvre tardive, *Théologie politique II*, qui est une authentique parodie de soi où, tel un Méphistophélès paré de la toge de Faust, il pousse ses disciples bien dociles à chercher l'âme sœur.

Après la Première Guerre mondiale, les relations de Carl Schmitt avec Theodor Däubler s'attiédirent. Schmitt se sentait désormais plus attiré vers Konrad Weiss. Une fois le *Romantisme politique* publié, il semblait inévitable que Schmitt se détournât de Däubler. Le pamphlet contre Adam Müller était aussi nécessairement braqué contre la « fièvre d'interprétation romantique [2] » de Däubler que, dans son essai, il louait encore sans réserve.

On peut difficilement imaginer deux livres d'un même auteur, publiés presque en même temps et écrits durant la même période, plus contraires et plus contradictoires l'un avec l'autre

---

1. Dans la revue *Summa*, 1917-1918.
2. N, p. 14.

que le *Romantisme politique* et *Nordlicht*. Le *Romantisme politique* est une provocation au combat. *Nordlicht* est le livre de l'amitié au service de tendres sentiments. Il est étrange néanmoins de noter que la même personne qui figure dans un livre l'ami devienne dans l'autre l'ennemi. Dans l'essai intitulé *Nordlicht*, on lit : « De par son contenu [...], l'ouvrage plonge ses racines dans le romantisme [1]. » C'est là non seulement définir les origines intellectuelles de l'œuvre, mais aussi montrer que son auteur était conscient de la vraie signification de la grande levée d'espoirs qui s'était produite au nom d'une nouvelle idée de l'homme, alors que, dans le *Romantisme politique*, il l'ignore si niaisement. Les deux livres sortirent coup sur coup, et l'un peut sembler comme démenti par l'autre.

À un moment décisif de sa vie et de l'histoire, le jeune *extraordinarius* [*] s'arrache à la dangereuse et trouble atmosphère de la vie de bohème et des cercles amicaux et se soustrait à la fascination exercée par des « vers qui jettent une lumière gnostique [2] », de manière à prendre ses marques avant de faire son entrée en force dans l'arène politique de la société des mâles – une fois seulement son outillage conceptuel clair et distinct. « Or l'heure a sonné ! Oui, il a senti et choisi, et pris sa décision avec virilité », comme dit le poète dans *Hermann et Dorothée*, une autre œuvre considérable de l'épopée allemande. Schmitt décida de devenir un homme politique, décision pour laquelle Däubler ne convenait pas.

La « politique » suivie par Däubler se manifeste dans son appartenance au si étrange Forte-Kreis – une conspiration « d'intellectuels anarcho-aristocratiques » –, où l'on comptait, outre l'auteur du traité mystique *Siderische Geburt* (Naissance sidérale), Erich Gutkind (1877-1965), Frederik van Eeden, Gershom Scholem, Martin Buber et Walther Rathenau. Dans les années 1913-1914, le groupe résolut, par concentration de ses énergies pneumatiques, de « faire sortir l'univers de ses gonds, pour exprimer la chose d'une manière ésotérique, mais claire [3] ». Ils se promettaient d'empêcher la guerre, notamment grâce à leurs expériences spirituelles et mentales. La chose fit long feu, car les membres du Forte-Kreis se querellèrent. Le

---

1. *Ibid.*, p. 15.
* Grade des professeurs affectés à une faculté mais non titulaires de la chaire qu'ils occupent. [N.d.T.]
2. ExC, p. 47.
3. G. SCHOLEM, *De Berlin à Jérusalem. Souvenirs de jeunesse*, trad. de l'allemand Sabine Bollack, Paris, Albin Michel, 1984, p. 124-125.

projet s'apparentait à ceux de la *Kosmische Runde* *, qui voulait initier, par des danses magiques, l'impératrice Élisabeth à la « grande mère », ou aux velléités spiritistes du « cercle de Liebenberg », un cas limite du « romantisme politique ».

Le fait que Carl Schmitt, en 1928, dédie sa *Théorie de la constitution* à Fritz Eisler ne tient pas au hasard. Nous verrons ce que signifient chez lui les dédicaces. Ce sont des signaux. Il faut les entendre comme autant d'indications sur les valences positives du binôme ami-ennemi dans son existence. La dédicace à Fritz Eisler nous montre que le politologue du décisionnisme, même à l'époque de sa fixation la plus entière sur l'État, n'a pas rejeté ce qui le relie encore en son for intérieur à la phase Däubler et au cénacle amical de jadis. Malgré le parti pris pour la politique « mâle » dictée par les circonstances, il n'a jamais vraiment rompu avec le romantisme. Même là où il se réclame entièrement de la théorie et du concept, de la disjonction et de la décision, il demeure l'« avocat du médiat » qui révère en secret la pensée intuitive, et reste l'ami du mythe et de la poésie. Il sait que la langue est ambivalente, toujours divinatoire, toujours étrangement inquiétante et grosse de secrets, et qu'elle ne peut jamais être assujettie à la seule pensée discursive, car elle s'abreuve à d'autres sources. Le mythe est plus puissant que tout concept. « On a beau donner une direction claire à ses pensées, rien n'y fait contre la force de véritables images mythiques [1] », dit-il un jour.

De fait, plus de trente ans après, dans le livre où il se met à nu, *Ex captivitate salus*, publié en 1950, Carl Schmitt revient sur le « colosse débraillé ». Après la Seconde Guerre mondiale, après avoir été relevé de ses fonctions, après sa détention à Nuremberg, et après le point final mis à sa carrière politique, il dédie à Däubler les pages les plus belles et les plus émouvantes qu'il ait jamais publiées [2].

Même s'il ne s'agit là encore que d'allusions, nous n'en apprenons pas moins dans quels endroits cachés nous devons rechercher l'« arcane » de son « destin [3] ». Nous avons maintenant la garantie que nous ne nous fourvoyons pas. Anima – le nom de sa fille – est évoquée. Anima est le signe sous lequel, au zénith de son existence, le grand virage eut lieu – ce « tournant » accompli de la Terre ferme vers le libre Océan. Anima

---

* Cercle ésotérique autour de la personne de A. Schuler, dont plus tard Ludwig Klages, lui-même auteur du livre *Vom Kosmogonischen Eros* paru en 1926, publia les œuvres. [N.d.T.]

1. L, p. 123.
2. ExC, p. 45-47.
3. *Ibid.*, p. 52.

représente la fonction féminine dans la psyché masculine (C. G. Jung). C'est aussi à Anima qu'était dédié *Terre et mer*, l'opuscule dans lequel Carl Schmitt annonçait son passage à l'« autre pôle ». Ce passage eut lieu au cours des plus sombres années de l'autodestruction de l'Allemagne, lorsqu'à tous les hommes avertis il devint évident que la tentative de réparer la catastrophe de 1918 avait mené à la définitive confirmation de la défaite.

Rétrospectivement, il nous est possible de dire que le véritable Carl Schmitt se donne à voir dans l'essai consacré à *Nordlicht*. La période qui va du *Romantisme politique* au *Léviathan* (1919-1938) – la phase de la fixation sur l'État – n'est dans cette longue existence qu'une grande parenthèse, une période de guerre et de service commandé si l'on veut, ou de dessaisissement de soi. Nous dirions, nous, d'obsession et de maladie. Maintenant, avec *Ex captivitate salus*, nous entendons une interprétation de *Nordlicht* toute nouvelle. Proudhon, l'anarchiste, le Satan de Donoso Cortés, devait prétendument, dès les années trente, l'avoir inspirée à Schmitt. Des myriades de noms surgissent maintenant, des noms que, dans les scénarios schmittiens de l'histoire intellectuelle européenne, nous avions croisés tout au plus comme des ombres à peine perceptibles, Charles Fourier, par exemple, et le comte Henri de Saint-Simon. Ces références nous permettent de reconnaître plus clairement la mouvance intellectuelle par laquelle Schmitt approfondit, moyennant les amères expériences d'une longue existence, son rapport à Däubler.

Lorsque, ensuite, il est question de l'« influence incalculable de Bachofen[1] », la formule clef est lancée, mais on en reste à ces allusions discrètes. Même en 1950, Carl Schmitt ne veut toujours pas cracher le morceau. Il nous faut même feuilleter le *Nomos der Erde* (publié à peu près en même temps) pour apprendre quel rang exceptionnel il accorde à Bachofen parmi les têtes pensantes du XIXe siècle. Aux côtés de Michelet, le voici qui surgit à l'improviste comme un des grands parmi les initiés des « arcanes de l'histoire ». Jusqu'à cette date, il n'était pas une seule fois apparu dans le registre des personnages schmittiens. Désormais, il est une des sources mythiques où s'abreuve le savoir ésotérique de Schmitt. Michelet écrivit des livres réputés sur la mer et les sorcières. De Bachofen, Ludwig Klages dira qu'« en des paroles qui bruissent comme des sources

---

1. *Ibid.*, p. 50.

souterraines il a chanté la perfection close des puissances chtho-niennes de l'accueil maternel [1] ».

Bien entendu, le jeune Carl Schmitt connaissait l'existence de Bachofen, il devait l'avoir lu, mais il n'en faisait pas mention. L'auteur du *Matriarcat* est sans nul doute un des maîtres-pen-seurs de la « contre-culture » antiprussienne et antipatriarcale de l'ère wilhelminienne. Sans Bachofen, le *Nordlicht* de Däubler était impensable et incompréhensible.

L'hypothèse élaborée par Bachofen, à savoir l'« influence sur la vie des peuples des rapports entre les sexes et de la façon plus ou moins noble de les concevoir [2] », a révolutionné l'his-toire classique de l'Antiquité. Däubler lui a donné la forme d'un poème sur la philosophie de l'histoire, et cela en un texte ren-versant. La comparaison des deux œuvres nous enseigne à quel point la science et la poésie, la construction théorique et l'acti-vité de l'imagination, la pensée discursive et la pensée intuitive se côtoient étroitement. Une telle comparaison nous montre notamment la force qui engendre et motive les deux œuvres, à savoir la nostalgie du royaume des mères et du matriarcat, nos-talgie qui monte des profondeurs de l'inconscient.

Par un long détour, la trajectoire de Schmitt mène de Däubler à Bachofen. C'est pourquoi, tout à fait dans l'esprit de Däubler, son ultime dithyrambe est une méditation sur un tombeau, « *una tumba* ».

Le poème de l'Occident.

Qui connaît aujourd'hui encore le *Nordlicht* de Theodor Däu-bler ? Dans les années où il fut publié (1910), seul un petit cercle de connaisseurs et d'admirateurs avait entendu parler du poème épique en trois volumes. Bien que *Nordlicht*, cette épopée, fût la performance littéraire la plus marquante de l'époque wilhel-minienne, le public épris de littérature et les experts en littérature n'en prirent jamais vraiment note et la prirent encore moins au sérieux. Seule exception notable, Moeller van den Bruck qui, dans les nombreux tomes de son histoire de la littérature et des productions de l'esprit allemandes, lui décerne la place, qui lui revient, de sommet de la « culture allemande dans la phase de sa maturité et de son accomplissement ». Mais Moeller van den

---

1. Ludwig KLAGES, « Vom kosmogonischen Eros », dans : Hans-Jürgen HEINRICHS (éd.), *Materialien zu Bachofens « Das Mutterrecht »*, Francfort-sur-le-Main, 1975, p. 113.
2. J. BACHOFEN, p. 108 [trad. modifiée].

Bruck ne put faire admettre l'idée qui était la sienne – nonobstant que lui-même n'y demeura pas fidèle. C'était beaucoup demander que de soutenir le choc de trente mille vers s'étirant sur plus de mille pages.

Ainsi, le petit texte de Carl Schmitt a aussi pour objectif de faire prendre conscience au public allemand de l'importance d'un grand poète injustement méconnu. Le polémiste brille ici dans le rôle ingrat de l'apologète inconditionnel. Au fond, ses apologies souvent outrancières de Donoso Cortès ne sont jamais que des prolongements et des reprises des polémiques de l'Espagnol dirigées, en accord avec lui, contre l'ennemi commun. Il n'y a pas de piques dans l'apologie de Däubler, si l'on ne retient pas la petite sortie contre Rathenau. Carl Schmitt, ici, ne s'attache pas à une idée politique, son engagement va plutôt à une cause humaine, avec générosité et désintéressement.

« *Nordlicht*, écrit-il en 1916, est le poème de l'Occident [1]. » Sans aucun doute, l'œuvre est le grand poème représentatif de son époque. En a-t-on trouvé la clef, de manière à débusquer dans ce monde exubérant d'images poétiques certaines questions contemporaines dans leur actualité, que l'épopée devient alors une des sources essentielles à la compréhension de notre époque. À en juger par ses dimensions et par sa portée, on ne peut à vrai dire – et c'est ce que Carl Schmitt fait [2] – que la mettre sur le même pied que la *Tétralogie* de Wagner. Sur le plan de l'histoire de la culture et du style, on ne trouvera tout au plus d'équivalent que dans les poèmes symphoniques et les opéras de Richard Strauss, dont l'importance et la signification pour l'Allemagne wilhelminienne ont été relevées par Barbara Tuchmann la première [3].

L'homme est un être elliptique. « Homo est duplex. »

Tout d'abord, on admirera certainement *Nordlicht* comme un monument de la langue qui n'a pas son pareil. Et l'on s'enhardira peut-être même à affirmer que la langue allemande n'a jamais été poussée jusqu'à une si profuse abondance et à un éclat si fascinant, et que jamais non plus les ultimes ressources phonétiques et sémantiques n'en auront été aussi complètement exploitées que dans ce poème. « L'aspect exorbitant de l'œuvre

---

1. N, p. 63.
2. *Ibid.*, p. 43.
3. Barbara W. TUCHMAN, *Der stolze Turm. Ein Portrait der Welt vor dem Ersten Weltkrieg 1890-1914*, Munich, Zurich, 1969 (titre de l'éd. originale : *The Proud Tower*, New York, 1966).

tient à son rapport à la langue [1] », dit très justement Carl Schmitt. C'est une langue pleine d'orgues et de roucoulements, de chants et de résonances. À lire *Nordlicht*, on comprend ce que Schmitt a en tête quand il évoque l'« immanente qualité divinatoire de notre langue allemande [2] ».

Mais, quoi que l'on puisse dire de la « plénitude immanente de la langue [3] » chez Däubler, de sa véhémence et de sa puissance expressive, de la richesse des images, de la splendeur de ses métaphores et de ses créations verbales – et, sur ce point, Carl Schmitt n'est pas en reste –, l'originalité autant que la force avec laquelle cette épopée parle de son temps ne tiennent pas à sa langue, mais à son thème.

À suivre Carl Schmitt, le thème en est « la question cosmique spirituelle de l'opposition des sexes » (p. 40). Ce n'est pas entièrement faux, mais c'est une simplification et une généralisation inconvenantes, qui dérobent l'essentiel. Il y va de la question anthropologique et historique de la sexualité des êtres humains, fondée sur une donnée fondamentale qui n'a jamais été suffisamment prise en compte ni approfondie, à savoir leur bisexualité. Le thème de l'épopée de Däubler est la *bisexualité des êtres humains en tant que destin-monde*.

À sa manière, le *Nordlicht* du « Souabe » Däubler (p. 16) fait pendant, cent ans plus tard, à la *Phénoménologie de l'esprit* du Souabe Hegel (p. 55). Avec la même exigence consistant à fournir la clef de l'évolution de l'humanité sur le plan de la philosophie de l'histoire, Däubler esquisse une phénoménologie de la sexualité. Un siècle après Hegel, il entreprend, dans la mouvance du romantisme allemand et européen – Schiller, Wilhelm von Humboldt, Schlegel et Novalis, sans oublier Shelley –, cette percée audacieuse dans la voie d'une anthropologie androgyne qui appréhende l'humain comme un être bisexuel, et le masculin et le féminin comme une unité. Cette pensée inouïe et difficile à articuler fut peut-être toujours familière au savoir ésotérique, mais, mise à la portée de la conscience de l'Occident chrétien, elle ne pouvait manquer de faire sentir ses effets de subversion révolutionnaire. Il n'y a pas de texte, y compris dans l'ensemble de l'œuvre des romantiques, où ce thème cardinal soit traité de manière plus ample et plus pénétrante. Si, avec sa phénoménologie, Hegel donna à la philosophie de l'esprit sa plus haute expression patriarcale et, somme toute, aristotélicienne, alors l'épopée de Däubler est celle de son dépassement.

---

1. N, p. 42.
2. ExC, p. 83.
3. N, p. 45 ; les citations suivantes sont extraites du même ouvrage.

Nordlicht est l'épopée-monde de la bisexualité. Le déploiement historique et dialectique de la double sexualité des humains comme *primum movens* de l'évolution de l'humanité y trouve sa représentation. Ce thème semble ne pouvoir être figuré à sa vraie mesure que dans la langue mythique de la poésie, car, dans quelque aire culturelle que ce soit, les mythes de l'humanité ou les contes sont l'élément où le savoir originaire se conserve dans son intégrité. En effet, dans sa substance mythique, la langue est bisexuelle, comme nous le savons depuis Wilhelm von Humboldt au moins. Mais cette bisexualité ne concerne pas le plan de « la pensée discursive et conceptuelle ». La construction théorique est au service du masculin, de sa suprématie et de ses stratégies de défense, et elle s'oppose au féminin. Sa bisexualité s'épanouit dans l'« abondance profuse » et dans sa « qualité divinatoire » (p. 45), dans ses phonèmes et dans les images qu'elle invoque. Nul ne le sait mieux que Carl Schmitt. « Les profondeurs du monde et de l'âme se révèlent dans de telles paroles, dans une langue qui a renoncé à toute médiateté » (p. 54 s.).

L'« hiéroglyphe fondamental » (p. 11) de cette bipolarité sexuelle – une dualité dans l'unité – est l'« ellipse », « expression du dualisme universel du monde visible » *(ibid.)*, ainsi que le commente Schmitt (car bien entendu, avec la minutie qui lui est propre, il a aussi déterré le théoricien romantique de l'ellipse que l'on avait oublié). *L'homme est un être en ellipse.*

Il n'y a pas de généralisation de ce fait anthropologique fondamental et constitutif – dans le sens de son extension à la « question cosmique et spirituelle » (p. 40) ou au « dualisme du monde » – qui pourrait nous détourner de l'idée qu'il y va essentiellement du dualisme sexuel, du domicile double de la sexualité humaine et de l'opposition du « masculin » et du « féminin » en l'homme – ces deux pôles de l'être humain en sa totalité, lui l'être générique dont la nature tient dans la tension, dans le conflit et, en fin de compte, dans la réconciliation de ces deux pôles. « Les deux foyers de l'ellipse cherchent à retrouver le centre du cercle » (p. 11). Telle est la dynamique, le *telos* de l'histoire. Comparés à ce dualisme, tous les autres dualismes cosmiques et mentaux paraissent de simples projections d'un anthropomorphisme plus ou moins conscient de sa bipolarité.

L'époque où le poème de Däubler vit le jour et fut publié correspond assez exactement à celle de la redécouverte de la bisexualité par la paire d'amis qu'étaient Freud et Fliess. Qu'elle coïncide avec la phase la plus virulente de répression de l'homosexualité, vers 1907-1908, n'est bien sûr pas non plus sans

signification dans ce contexte. Sur le plan de l'histoire intellectuelle, le questionnement dont fait l'objet l'homosexualité et la
découverte de la bisexualité vont de pair.

Däubler rejoint ici une investigation portant sur les coulisses
du système, qui était fondée sur l'opposition à la violence structurelle de la société militaire aristocratique des mâles et qui
s'orientait vers l'élucidation de ses points faibles et de ses
« parties sensibles ». Il est à présumer qu'il en était directement
informé. La bisexualité a dû être un des thèmes favoris des
conversations de café de Vienne et Berlin. Pour ceux qui
sapaient le tabou de la morale sexuelle en vigueur dans cette
culture, c'était un « tuyau » précieux entre tous.

En lisant les vers de Däubler (ou mieux : en les écoutant, car
il faut les déclamer pour mieux les goûter), nous éprouvons
comment le « sujet » épique de l'histoire mondiale aspire à sa
réalisation et comment le « moi du récit » parcourt toutes les
époques de la civilisation qui composent le canon de l'histoire
universelle, eurocentrique et académique, de l'ancien Orient
jusqu'au temps présent et vers un avenir flou. Mais ce n'est pas
un cycle historique défini en termes masculins que nous suivons
là.

Ce « moi » épique n'est pas le « moi » patriarcal de l'histoire
de la philosophie, d'Aristote jusqu'à Hegel (et Nietzsche) – ce
moi qui, absolument parlant, constitue l'autonomie en une subjectivité virile et en un sujet ontologique, et qui se démarque
de l'objet, et par là de la « nature » et du « féminin ». Le moi
épique est un être bisexué apprenant à se réaliser lui-même dans
ses démêlés avec sa sexualité et par elle, d'abord sous les auspices d'un combat, puis dans le clivage, la fracture et, pour finir,
dans la réconciliation des deux pôles.

De l'unité de l'origine androgyne d'un être à deux sexes qui
vit dans une paisible évidence la sensualité de sa nature corporelle, la composante masculine se détache par secousses successives. L'« esprit » se détache de la « nature », du corps et de
la chair, pour entamer, mâle et rien que mâle, sa longue marche
à travers les diverses phases de la « fracture du corps et de
l'âme [1] », qui sont autant de paliers dans le raidissement et le
durcissement d'un schisme sexuel dont chaque épisode aboutit,
aux termes du cri de malheur qui donne le branle à l'histoire
universelle, à une effroyable catastrophe :

---

1. Theodor DÄUBLER, *Das Nordlicht*, éd. dite de Florence, 3 vol., Munich-
Leipzig, 1910, 2ᵉ partie, p. 245.

> Arrachez-vous donc à la femme !
> La femme est rien que terre[1] !

Et, selon des variations toujours renouvelées, elle continue : « La femme, les chaînes terrestres, voilà ce dont l'homme doit se séparer » (p. 271). Car « l'esprit ne peut s'épanouir que soustrait à la nature physique » (p. 269). Seul « l'homme qui s'est complètement dissocié de la femme peut distinguer en soi-même l'esprit du corps » (p. 271). « Et pur se fait celui qui ne connaît pas la femme et son effroi » (p. 428). Lignes dont nous ferons bien de prendre note. Fracture et fission, tels sont les mots clefs.

La mémoire maintient en vie la symbiose préhistorique des sexes, le mythe d'un paradis perdu. Là où bute l'histoire définie comme le processus d'une laborieuse réalisation de soi des humains finissant par trouver leur identité, l'utopie d'une société (ou d'une étape de la culture) nous invite à un ordre où la fracture est de nouveau dépassée dans une synthèse androgyne du corps et de l'esprit. Le « paradis terrestre », l'« âge d'or » sont, d'une part, un passé mythique, et d'autre part la vision d'une société future idéale. Perte et retour du « matriarcat ». Nous voici avisés !

Le délire-Râ.

La langue aussi est bisexuelle. La marque langagière du principe viril dans *Nordlicht* est la syllabe *ra*. Carl Schmitt a relevé que la syllabe primordiale *ra* domine l'œuvre tout entière et la traverse en leitmotiv selon des combinaisons verbales toujours nouvelles. Râ, le nom du dieu égyptien, est la forme phonétique évoquant l'essence masculine d'une virilité extrême et exclusive, il désigne la force qui éloigne le sujet de son pôle féminin au cours d'une sorte de purification :

> Râ lui-même est pubère idée de l'existence
> Qui croît tel un esprit et surmonte le corps[2].

Râ est esprit, la femme est terre, corps, pulsion, sexe, sexualité, nature. Râ représente le principe du dépassement et celui d'une ascension. « Râ veut que nous autres les hommes nous perdions l'instinct de la terre » (p. 161), Râ veut aussi que nous en payions le prix. Il est l'instinct réprimé, l'ascèse : « Le sexe n'a pas le droit de gâcher sa route à Râ » (p. 162). La voie de

---

1. *Ibid.*, p. 244 ; les citations suivantes sont extraites du même ouvrage.
2. *Ibid.*, p. 161.

Râ mène à la pure spiritualité, au royaume de l'esprit, ce qui veut dire, sur le plan historique concret, à la fondation de l'État. « Ce pour quoi ce qui devint homme se sépare de la créature féminine » *(ibid.)*.

> Là, le voilà là le drame des puissances viriles de Râ
> Se réveillant partout et déchaînant le combat de Râ,
> Riant tout en cognant dru, fendant la masse,
> Donnant forme aux États, surveillant les esclaves [1] !

On le voit, c'est une histoire pleine de violence et de sang. Râ est le facteur de violence. Sa façon d'opérer est le combat. Son triomphe est la domination et l'asservissement.

Sous la forme d'un mythe, on nous propose là une manière originale de répondre à la question du surgissement et de l'essence de l'État. Cette théorie de l'État, qui est un moment déterminant dans l'ensemble de la conception et de l'architecture de l'épopée de Däubler, donne sa valeur d'actualité à cette œuvre pour l'Allemagne wilhelminienne. Et, jusqu'à aujourd'hui, elle n'a rien perdu de son actualité.

Visiblement, dans sa présentation dithyrambique de la naissance de l'État – il la situe dans un « Iran mythique » où est édifiée la forteresse des Parsis sur le mont Ararat –, Däubler s'en tient de très près à la théorie jadis fort prisée de la constitution de l'État qu'on opposait directement aux théorèmes de la doctrine officielle de l'État. Selon ses termes, l'État n'était ni un institut de bienfaisance publique ni la plus haute instance morale, et en aucun cas le fruit de contrats quelconques, réels ou simulés, mais l'institution coercitive du pouvoir de la guerre et de la violence. À l'idée courante de l'État et à sa conception juridique on opposa une idée historique et sociologique, et à la théorie du contrat on opposa une « théorie de la violence ».

« Dans l'idée sociologique de l'État », lit-on chez Ludwig Gumplowicz, qui, un des premiers, formula cette thèse, « la *naissance de l'État* a l'apparence d'un *événement historique* déclenché par un groupe d'hommes organisés en guerriers qui font valoir leur avantage contre un groupe d'hommes étrangers à la guerre [2]. »

« Le coup d'envoi de cette formation de l'État fut donné le plus souvent par des hordes guerrières qui progressèrent de la condition de brigands à celles de combattants [3]. » C'est exac-

---

1. Th. DÄUBLER, p. 161.
2. Ludwig GUMPLOWICZ, *Die sociologische Idee*, 2ᵉ éd., Innsbruck, 1902, p. 66. Voir aussi Franz OPPENHEIMER, *Der Staat*, 3ᵉ éd., Iéna, 1929.
3. L. GUMPLOWICZ, p. 117.

tement le tableau que dresse Däubler. Les Parsis assaillent d'inoffensifs laboureurs et les contraignent à faire acte de soumission. « Riant tout en cognant dru, fendant la masse [...] surveillant les esclaves [1]. » « C'est seulement dans ce heurt et une fois nouée la relation de commandement et d'obéissance, celle des dominants et de leurs sujets », que surgit un État [2].

Il s'agit là tout simplement d'un tableau des rapports de domination en Europe centrale au tournant du siècle, tableau où l'ethnologie et l'anthropologie de la culture créent une impression de distance qui dépayse. Une théorie de ce genre ne fut évidemment pas l'œuvre de fonctionnaires professeurs de droit constitutionnel, mais de marginaux, de gens de plume à l'écart de toute carrière universitaire, et de sociologues *Privatdozenten* d'origine juive sans aucune chance de promotion. Ils s'étaient tous égaillés à travers l'histoire universelle et aux quatre coins de la terre, passant au large de la *fable convenue**du droit constitutionnel pour chercher dans les lieux les plus éloignés possible dans le temps et l'espace le matériau qui viendrait confirmer et fonder le malaise qu'ils ressentaient à vivre dans le réel des institutions des empires d'Europe centrale, un matériau qui était bien loin de leur faire défaut, que ce fût dans l'Antiquité, au Moyen Âge, dans ce « grand laboratoire sociologique qu'était l'Afrique » (une formule que l'on doit à Leo Frobenius) ou dans ce « complexe d'histoire de la civilisation qu'est l'Iran » (Carl Schmitt), l'Iran sur lequel Däubler avait jeté son dévolu.

Au même moment et suivant le même axe, Freud explorait la *terra incognita* de l'inconscient individuel et collectif, pour élaborer ensuite, dans *Totem et tabou*, sur la base des diagnostics de sa psychologie des profondeurs, son modèle de la fondation de l'État, qui est une variante de la théorie de la violence. L'aiguillon de la connaissance était le même dans les deux cas.

Sur le même front, celui d'une violence structurale, Däubler, le bohème débraillé, se trouvait solidaire d'une couche sociale subalterne, étrangère aux choses de la guerre, politiquement impuissante et endurant le monopole du pouvoir d'une couche aristocratico-militaire en position de force. L'opposition de cette couche subalterne n'aboutit pas à une théorie de la révolution, mais à des théorèmes de philosophie de la culture.

Or, dans l'« Iranische Rhapsodie * », nous trouvons bien plus que le reflet poétique de la « théorie sociologique » de la genèse

---

1. Th. DÄUBLER, 2ᵉ partie, p. 161.
2. L. GUMPLOWICZ, p. 118. Voir aussi F. OPPENHEIMER, p. 5 : « Une institution sociale qui fut imposée par un groupe humain victorieux à un groupe humain vaincu. »
* Un des chants de *Nordlicht*. [N.d.T.]

de l'État. Dans son paradigme du surgissement de l'État, Däubler va bien plus loin que tous ses compagnons d'époque et de destin, tous en quête d'une construction théorique et scientifique de l'État et qui, en fin de compte, n'ont guère plus à proposer que le vieux canasson marxiste pour qui l'État est l'instrument de pouvoir de la classe économiquement dominante, ou que les thèses anarchistes selon lesquelles l'État est l'appareil de pouvoir qui fait violence à l'individu. Et, par souci de respectabilité bourgeoise, ils rabaissèrent encore l'enchère en considérant d'avance comme irréalisable tout changement et en renonçant à toute utopie. Quand elle dit « comprendre » les lois sociologiques et historiques, cette intelligentsia bourgeoise libérale trouve finalement à s'arranger avec la « division du travail réalisée et maintenue sous la contrainte, où différents *segments constitutifs de la société* s'articulent en un tout ». Ou, pour le dire autrement, elle s'arrange avec « une majorité de groupes sociaux en position d'hégémonie et de subordination [1] » (exception faite des « communes libres » d'Oppenheim). Or, tel n'est pas le cas de Däubler !

Par le canal de la poésie, il exprime ce qu'aucun des anthropologues de la culture, ethnologues et sociologues n'a osé dire, à savoir que l'État se fonde non seulement sur l'oppression des « civils » par une horde guerrière, mais aussi, essentiellement, sur celle du féminin par le principe masculin, c'est-à-dire sur l'oppression de la femme par l'homme. Däubler montre ce qui n'avait été exprimé par aucune théorie politique de son époque avec autant de clarté et de hardiesse, à savoir que l'État est une phase de la « lutte des sexes ». Avec toute la licence que lui donne la poésie, il vend la mèche et nous met sous les yeux l'origine sexuelle de l'État.

Assurément, fonder un État est affaire de guerriers, et donc, comme telle, affaire de mâles. « Le Perse est un homme, son impétuosité, son sens du droit et de l'État ainsi que de la race sont spécifiquement masculins. Pour la femme, en revanche, il ne connaît pas d'autre endroit que le harem », commente Carl Schmitt, qui ajoute : « Dans l'*Iranische Rhapsodie*, la femme est perdue et trahie [2] ».

> Ma femme portera désormais des broches d'or
> Nous voulons tous oser fonder un État,
> Sans défaillance devant le coup à donner au vieux monde [3] !

---

1. L. GUMPLOWICZ, p. 66 et p. 52.
2. N, p. 32.
3. Th. DÄUBLER, 2ᵉ partie, p. 258 ; les citations suivantes sont extraites du même ouvrage.

Les broches d'or ne doivent pas faire illusion, la condition de possibilité de la domination est la séquestration de la femme, sa mise à l'écart et son assujettissement. La relation sociologique instaurée entre classe dominante et classe subalterne n'est dans tous les cas que la conséquence du pouvoir des hommes, en germe dans la violence faite aux femmes.

« L'instinct primordial du Parsi, c'est le clivage des sexes » (p. 267), voilà la phrase clef. La prise du pouvoir par les hommes dans l'État est une réorganisation du « rapport entre les sexes », qui revient à réduire l'humain au masculin. Il s'agit d'un acte contre nature, d'une manière de résilier la bisexualité de l'homme. Tel est le péché originel de l'histoire. Däubler énonce ainsi l'indicible : les « préposés du politique * » ne sont pas le maître et le domestique (Hegel), la protection et l'obéissance (Hobbes) ou l'ami et l'ennemi, ainsi que Carl Schmitt tente d'en fonder l'idée, mais le clivage des sexes.

> ... *fissure* est en nous credo bien simple [1].

> L'homme qui s'est complètement *dissocié* de la femme
> Peut en soi-même *distinguer* l'esprit du corps [2].

> Aucune femme ne fera entrave ni à mes buts ni à mes faits [3].

> Le corps sensible du secret cosmique...
> Nous oblige perpétuellement à *distinguer* [4].

Le désir obsessionnel de discriminer se transforme en un désir obsessionnel de décider. Ainsi surgit l'éthique des hommes et des guerriers, qui est spécifiquement liée à l'État : « Être un homme est un devoir, l'unité des sexes, une malédiction » (p. 299).

La dissociation artificielle du « masculin » et du « féminin » exige une tension continuelle des forces, et un travail de refoulement. Elle exige de la virilité qu'elle fasse sans cesse ses preuves, non pas, pourrait-on croire, sous la forme de la puissance sexuelle, mais sous celle de la continence, obligation étant faite de s'abstenir des plaisirs, des tourments et du sexe. Qui veut être homme n'a pas le droit de « connaître la chair de la femme » (p. 467). L'homme est sans arrêt forcé de se carapaçonner contre cette menace, défié qu'il est dans sa virilité par

---

* L'expression est de Julien Freund. [N.d.T.]
1. *Ibid.*, p. 267.
2. *Ibid.*, p. 271 [souligné par N. Sombart].
3. *Ibid.*, p. 161.
4. *Ibid.*, p. 67.

le féminin. La répression va jusqu'à l'éradication. Ce qui signifie aussi et notamment la « répression du féminin » en l'homme (« La femme en moi », p. 449). L'évacuation du « féminin » est la prémisse de la production de l'homme *pur*. « Celui-ci devient pur qui ne connaît la femme et son horreur » (p. 161).

> Ce qui est faible, l'homme doit dès le début le conjurer,
> Le sexe n'a pas le droit de gâcher sa route à Râ :
> Et si l'on se fait tout homme, on peut presque s'émasculer [1] !

L'« homme » (l'être humain) idéal est en fin de compte un être asexuel et asexué. Castrat. Termite. Et, à ce titre, il est à coup sûr le citoyen idéal : « C'est asexués qu'ils seraient utiles à l'État [2]. »

L'« esprit » est le principe masculin qui a légitimé l'histoire de l'« autoproduction du mâle », et par là la domination patriarcale. Dans la philosophie de l'histoire, cette domination commence avec la constitution de la logique et de l'anthropologie aristotéliciennes qui, à la matière matriarcale, opposent la forme énergie masculine en pervertissant l'ancienne représentation traditionnelle de la régénération à partir du féminin et de la mère nature. Par un « renversement » paradoxal, elles hypostasient à sa place l'énergie de procréation masculine à laquelle, à partir de l'« esprit » – *ex nihilo* – et sans fondement biologique, elles confèrent la primauté.

« L'époque du monde que nous connaissons, c'est l'esprit qui la créa, et il est toujours homme », dit Stefan George [3]. C'est l'époque-monde du patriarcat, qui a connu un ultime apogée dans l'univers des États d'Europe centrale au XIXᵉ siècle. Trois mille ans de société masculine, de domination masculine, de délire masculin et d'angoisse masculine.

Dans la mythologie historique de *Nordlicht*, que l'on pourrait décrire comme le tableau poétique de l'évolution avortée de l'humanité sous le signe du patriarcat et comme l'analyse du syndrome « esprit-mâle-État », la théorie toute neuve du patriarcat prend toute son ampleur. L'autonomie de la subjectivité masculine se constitue sous le signe d'un mythe continuellement réinterprété de la résurrection, mythe dont font partie l'exorcisme et la purification. L'État est un produit du délire de virilité.

Il est à mettre au crédit de Däubler d'avoir inclus la dimension « somatique » au sein de l'histoire et d'avoir pu ainsi révéler le

---

1. *Ibid.*, p. 162.
2. *Ibid.*, p. 163.
3. Stefan GEORGE, *Werke*, Munich, 1983, vol. II, p. 167.

« plan sexologique [1] » de la genèse de l'État, plan qui était inaccessible – et nous en sommes toujours là – à la théorie politique de la société masculine. En faisant de la polarité homme-femme, masculin-féminin, l'axe de l'évolution de l'humanité, il put décrire les retombées historiques et sociologiques du syndrome esprit-mâle-État non pas, tel le cours sublime du monde de Hegel, comme un déploiement « dialectique dramatique » de l'esprit du monde « qui est toujours homme », mais comme une déplorable régression.

Performance qui serait impensable si ne s'était pas fait sentir l'influence de Bachofen, qui le premier s'était rendu compte que la civilisation patriarcale de l'Occident avec ses États, ses guerres, ses institutions juridiques, ses fictions et ses crises avait été précédée par une autre, la civilisation matriarcale, où les hommes étaient plus paisibles et plus heureux. C'était un âge de « suave humanité » et d'une sexualité assouvie. Ce n'était pas un âge de « peur » et de « servilité », mais un âge d'amour et de compassion, c'est-à-dire de prévenance maternelle et de fraternité (de l'amour entre frères et sœurs).

« Le sanglant âge masculin avait succédé à l'éon de paix féminin », dit Otfried Eberz [2], le premier à avoir repris les idées de Bachofen. Un nouvel éon de paix succédera-t-il au sanglant âge masculin ? Ou bien le patriarcat dérive-t-il désormais vers un déclin irrémédiable ? Telle est la question à laquelle Däubler voulait donner réponse. Elle n'a rien perdu de son actualité.

À elle seule, sa « théorie de l'État » – la métaphore du délire-Râ – ferait de *Nordlicht* un document dont la portée artistique déborde largement son époque. Mais ce n'est là qu'un des deux versants de l'épopée de Däubler.

Fièvres d'amour.

Quoique le triomphe de l'homme sur le féminin soit célébré comme celui de l'esprit sur la nature, du supérieur sur l'inférieur, de la spiritualité sur la sexualité, il ne fait jamais vraiment exulter l'homme. L'« anéantissement complet » échoue. Opprimé, évincé, refoulé, le féminin devient la source d'une menace permanente. On le redoute et on le désire. Le charme subsiste et la rechute est toujours possible. Le refoulé l'emporte

---

1. La formule est due à Hans Blüher (*Die Rolle der Erotik in der männlichen Gesellschaft*, Iéna, 1919, vol. II, p. 93).
2. Otfried EBERZ, *Sophia und Logos oder Die Philosophie der Wiederherstellung*, éd. Lucia Eberz, Munich-Bâle, 1967, p. 494. Voir aussi O. EBERZ, *Vom Anfang und Niedergang des männlichen Weltalters.*

sur l'instance de refoulement. Ainsi, le délire de Râ est toujours aussi une angoisse et une défense paranoïde opposée à une force supérieure.

La relation de l'élément masculin et de l'élément féminin n'est pas égale, la polarité est asymétrique, et l'ellipse n'est pas parfaite. Elle a plutôt la forme d'un œuf. En effet, si, formellement, il y a égalité des droits, un avantage de fait échoit au féminin. Il y a une prépondérance naturelle du féminin, car les femmes sont toujours les mères – toujours la nature –, et les hommes jamais rien que les fils pris dans un originaire rapport de dépendance. On comprend alors qu'ils soient continuellement sur la défensive, même une fois parvenus au pouvoir. Le moins que l'on puisse dire, c'est que les femmes ne cessent d'inquiéter les hommes. L'homme sait parfaitement qu'il est pur et simple fragment :

> Depuis que ton moi a connu l'éveil de la conscience,
> Brûlait incandescent un pan d'ellipse [1].

Ainsi, il va « éternellement aspirer à l'ellipse [2] ».

L'« autre morceau d'ellipse » n'a nullement disparu. Il réapparaît à chaque époque sous de nouvelles formes et doit à chaque fois être de nouveau maté jusqu'au moment où – et voici la bonne nouvelle de l'épopée – la réunion, à la fin des temps, des deux éléments séparés sera acquise sur un plan supérieur, c'est-à-dire sur le plus haut des plans. Après l'extirpation de la chair par l'esprit vient la résurrection de la chair en esprit ! C'en sera fini alors des combats et des guerres. Et l'État sera devenu superflu. « Il sera pardonné à la chair, afin qu'advienne la paix du monde [3]. »

Toutes choses dont Carl Schmitt ne nous dit quasi rien dans son essai sur Däubler. « L'idée selon laquelle la femme est [...] recherchée par le moi est une des chevilles qui font la cohésion des idées dont se compose l'ouvrage », observe-t-il comme en passant [4]. En réalité, il s'agit là de la cheville de l'ensemble, et pas seulement de cette œuvre, mais de l'histoire de l'humanité.

La quête – souvent désespérée – du féminin sert de fil conducteur à travers le labyrinthe de l'histoire. À l'impératif « Arrachez-vous de la femelle » s'oppose une exigence catégorique, « L'être humain doit s'incorporer l'âme féminine [5] », exigence

---

1. Th. Däubler, 2ᵉ partie, p. 121.
2. *Ibid.*, p. 206.
3. *Ibid.*, p. 487.
4. N, p. 32.
5. Th. Däubler, 2ᵉ partie, p. 374.

qui scelle l'unité et la cohésion de l'œuvre de Däubler. La langue va, de nouveau, nous indiquer la voie.

Aux rythmes rhapsodiques en *ra*, à la furie du délire-Râ, correspond un autre registre sonore et sensuel, inféodé sur le plan rythmique et phonétique à l'autre pôle de l'ellipse dont Carl Schmitt ne nous dit rien : les variations du son primordial *ou, oust*. Aucun mot, dans *Nordlicht*, ne réapparaît aussi souvent que le terme « fièvres de l'amour » *(Brunst)*. On le retrouve dans des combinaisons toujours nouvelles, rimes, assonances, dérivés et allitérations. Il se trouve très souvent plusieurs fois sur une même page. Rentrent dans le vaste champ phonétique et sémantique du pôle féminin des termes tels que plaisir *(Lust)*, volupté *(Wollust)*, plaisir primordial *(Urlust)*, gonflement *(Schwulst)*, sein *(Brust)*, moite *(schwül)*, homosexuel *(schwul)*, braise *(Glut)*, sang *(Blut)*, rage *(Wut)*, déferlement *(Flut)*, gouffre *(Schlund)*, bouche *(Mund)*, jouissance *(Genuss)*, coulée *(Guss)*, manie *(Sucht)*, soif *(Durst)*, couvée *(Brut)*, mais aussi jungle *(Dschungel)*, marais *(Sumpf)*, tourbillon *(Strudel)*, pourpre *(Purpur)*, obscur *(dunkel)*, écorché *(Wund)* et bigarré *(bunt)*. Ou bien encore : assoupissement *(Schlummer)*, miracle *(Wunder)*, désir *(Wunsch)*. « Quant à fixer la valeur de chacune des voyelles, il y faudrait consacrer d'amples explications. Mais elles sont surabondantes [1] », constate Schmitt, non sans une pointe de regret, pourrait-on penser. Cependant, il n'en reste pas moins à l'analyse des variations *ra*. Ce sera l'affaire du lecteur attentif que de découvrir lui-même l'autre aspect, que Schmitt, comme à l'accoutumée, se contente d'indiquer discrètement, gardant ailleurs le silence.

Écoutons seulement comment Däubler s'y entend à jouer avec la sensuelle syllabe primordiale contenue dans le son *Brunst*. Des constellations de mots se condensent, qui remontent directement de cette région de la langue où, comme le dit Carl Schmitt, « la langue [...] se pense elle-même [2] ». À fleur de pulsion, sensuelles, elles frayent dans une immédiateté irrésistible un accès direct à la sphère des désirs et du désir. Bien loin de toute précision et univocité conceptuelle, elles indiquent des figures avec leur halo d'associations au sein du « lexique de l'inconscient » : *Brunstblume* (fleur des fièvres d'amour), *Brunstbraut* (fiancée de fièvres d'amour), *Sprudelbrunst* (bouillonnantes fièvres d'amour), *Brunstdasein* (vie de fièvres d'amour), *Brunstdunstgewitter* (nuées orageuses des fièvres d'amour), *Brunstenge* (isthme des fièvres d'amour), *Brunst-*

---

1. N, p. 49 s.
2. N, p. 47.

funke (étincelle des fièvres d'amour), *Brunstfürstin* (princesse des fièvres d'amour), *Brunsteruptionen* (éruptions des fièvres d'amour), *Brunstgedanken* (pensées des fièvres d'amour), *brunstgeil* (dans la chaleur des fièvres d'amour), *Brunstgewitter* (orage des fièvres d'amour), *Brunsthund* (chien des fièvres d'amour), *Brunstjagden* (chasses des fièvres d'amour), *Brunstsalamander* (salamandre des fièvres d'amour), *brunstschwül* (humide des fièvres d'amour), *brunststarr* (raidi par les fièvres d'amour), *Schmerzbrunst* (fièvres d'amour douloureuses), *Brunstwolf* (loup des fièvres d'amour), *brunstwuchtig* (emballé par les fièvres d'amour), *Brunstwucht* (emballement des fièvres d'amour).

Ce sont de véritables joyaux de l'évocation phonétique du féminin. Les « braises des plus profondes chaleurs d'amour », par exemple, ou bien l'« épreuve d'attrait des chaleurs d'amour », ou le « désir du plaisir des chaleurs d'amour [1] » se réfèrent irrépressiblement au lieu mystérieux du corps féminin, à la « très secrète macule » en l'« angle des cuisses » (p. 144) autour de laquelle tournoie tout le désir de ces chaleurs d'amour. C'est la « fleur des braises les plus ardentes » (p. 273). « Faites ainsi jaillir des triangles un monde de voluptés » (p. 64).

Qui tient à savoir quels fantasmes le féminin refoulé a embrasés dans la tête des mâles de l'ère wilhelminienne n'a qu'à lire *Nordlicht* !

À l'apogée de la domination du monde par le principe masculin, alors qu'il bascule dans la maîtrise et la destruction techno-scientifique du monde, le féminin va s'imposer encore une fois avec une véhémence insoupçonnée. En Europe centrale, la société mâle *par excellence**, l'explosion fut plus forte qu'ailleurs. Mais il s'agit d'un phénomène commun à toute l'Europe. *Lulu* de Wedekind, *Le Feu* de d'Annunzio, *Salomé* de Wilde et *Électre* de Hofmannsthal (les héroïnes de tous les opéras de Richard Strauss sont des femmes) appartiennent à la même constellation, où *Nordlicht* fait pâlir toutes les autres étoiles. La nostalgie du féminin fut rarement invoquée de manière plus fougueuse et plus suggestive.

La femme est l'aurore de rêve d'un printemps ensommeillé,
Le pressentiment des soifs des plus profondes chaleurs d'amour données avec abnégation,
La nuit de toute possibilité, loin, sans limites,
L'étonnement que tant de têtes fassent en songeant des sommets [2].

---

1. Toutes ces citations sont extraites de la 2ᵉ partie du *Nordlicht* de Th. Däubler.
2. *Ibid.*, p. 152.

Mais la femme est la matérialité sensuelle, elle est la beauté, le plaisir. Que de magnificences tout de même peut prodiguer la nudité de la femme [1] !

En vérité, sa nudité est splendide à contempler [2].

La nudité de ce corps de femme allait à l'infini [3].

Cela, les tableaux de Stuck * et de Moreau, la musique de Wagner et de Strauss ne l'ont pas dit avec moins d'insistance. Fascination, désir, lubricité, mais aussi et toujours, souterrainement, angoisse et haine. Il faut se rappeler la « nudité paradisiaque » qui tracasse tant Carl Schmitt [4].

Dans toutes ses configurations où, au cours des siècles, l'objet redouté et manquant, refoulé et adjuré, a pris des formes multiples et contradictoires, la femme croise, pris dans son odyssée, le « moi du récit » réduit à sa masculinité. Ce sont alors des épisodes mythiques, des contes et des aventures où se donnent à voir divers aspects d'une profonde ambivalence dans la relation de l'homme à la femme et au féminin. Ils sont les fruits d'une maladive imagination masculine, où pourtant se manifestent aussi les percées toujours renouvelées, toujours virulentes d'une réalité qu'on ne peut liquider ni récuser. *Nordlicht* est une véritable phénoménologie de la « phantasmère », de la bonne et de la mauvaise mère, en ses métamorphoses et ses rejetons, ceux que Däubler nous fait voir au fil d'un grisant bal masqué : Gorgone et Déméter, matrones et catins des temples, amazones et vierges, madones et dominas, putains et sorcières.

La sorcière et son grand maître.

Les groupes de représentations du féminin ne sont pas sans pertinence pour une théorie du politique telle que la « théorie de l'État » de Däubler. Cela vaut tout particulièrement pour le couple de la madone et de la sorcière.

La sorcière marque le point d'intrusion le plus dangereux du féminin dans le monde masculin de l'Occident chrétien. Elle est le revers et le pendant de la « madone ». « La femme se fait

---

1. *Ibid.*, p. 62.
2. *Ibid.*, p. 279.
3. *Ibid.*, p. 400.
* Franz von Stuck (1863-1928), né en Autriche, participa aux manifestations du Jugendstil et au mouvement de la Sécession. Parmi ses élèves, on compte Klee et Kandinsky. Munich lui a consacré un musée, la villa Stuck. [N.d.T.]
4. *Ibid.*, p. 96 (ExC, p. 80).

madone [...] et devient en même temps sorcière », relève Carl Schmitt dans une note de bas de page [1]. De même que la figure de la madone lie ensemble tous les moments positifs du féminin, de même la figure de la sorcière lie tous les moments négatifs du féminin : séduction, débordements sexuels et transgression. La sorcière est la déformation grimaçante des plaisirs terrestres qui ont été niés et de la sensualité. Elle est la tare, la déchéance, la déréliction. Elle répand l'« épidémie du plaisir ». La sorcière est une « peste ».

Sorcière et catin font la paire, comme la madone et la domina, qui sont asexuées, aseptisées, hygiéniques et chastes, quand elles ne sont pas tout simplement vierges, viragos, sublimation, dénaturation et excarnation. Nous reconnaissons les deux aspects de la mère originaire, de la phantasmère, dans l'ambivalence de laquelle la bonne et la mauvaise mère sont présentes à part égale. Il s'agit de la « mama » qui, dans le poème de Däubler est adjurée sur le bûcher par de pitoyables « groupies » de Satan, dans une interminable et déchirante litanie de douleur :

« Mama, ah mama » geignent en trépignant les malheureux.
« Mama ! » la cohorte des victimes du péché n'a que ce hurlement à la bouche [2].

Quant au moi masculin, anxieux pour son intellect et pour les aspirations secrètes duquel toute la séance d'envoûtement a été mise en scène, il en est écrit :

Je sais bien : je n'eus pas le droit de connaître chair de femme !
Désormais c'est le bourreau qui m'en protège !
Je paradais, voulais courir à la fête des sorcières
Et en rêve j'ai consommé mon innocence.

« Espèce d'envoûteur ! » crie-t-on en me faisant souffrir
Ce dont seul serait capable ce soudard de bourreau [3].

Il apparaît dans ce passage – et c'est là une nouvelle preuve de l'intuition de Däubler – un personnage important qui est une des armes les plus éprouvées de l'État et fait partie intégrante de toute théorie de l'État. Il est le personnage dans lequel la fonction défensive de l'État trouve son expression symbolique effective et sa tâche, à savoir : tenir en échec l'assaut des pulsions débridées, le chaos et l'anarchie. C'est *le bourreau*.

Il n'y a que le grand maître des sorcières qui puisse venir à

---

1. N, p. 79.
2. Th. DÄUBLER, 2ᵉ partie, p. 464.
3. *Ibid.*, p. 467.

bout d'elles. « "Espèce d'envoûteur !" crie-t-on [1] », et lui aussi devra en passer par le bûcher. Lui non plus n'a rien d'une créature sortie de l'imagination du poète, il est bien plutôt partie prenante dans le sabbat des sorcières qui tracasse l'État mâle et qu'une théorie de l'État visant à sa conservation ne saurait délaisser. Qui est le grand maître des sorcières ? Cette question prend même plus d'importance que la chasse aux sorcières. Le grand maître est l'homme qui possède le secret du commerce avec les femmes et dédaigne l'interdit jeté sur la satisfaction des pulsions, ignorant même l'interdit de l'inceste. Il est évidemment bisexuel. C'est l'enfant d'Éros que guide le plaisir de l'« Éros matriarcal » non violent. Il est le favori, le conseiller de la reine, il sait que le « pouvoir » n'est pas affaire d'hommes à la peine, mais qu'il est toujours délégué par les femmes, et que *tout pouvoir* est féminin.

Comme il possède ce savoir, il a ses entrées chez les mères. Il a accès au détenteur du pouvoir, et cet accès est toujours accès à la « reine ». Qui maîtrise, impavide, l'accès au « sanctuaire du pouvoir » est le grand maître des sorcières. Qui peut entrer dans le lit de sa mère est « roi ».

Nous ferons voir plus tard le rôle central que joue cette question dans le contexte de l'œuvre de Schmitt. Mais rien de tel ne se trouve dans son essai sur Däubler.

La femme est l'avenir de l'homme *.

À l'encontre de *L'Anneau des Nibelungen* de Wagner dont le Siegfried, finalement, ne parvient pas à combler les espoirs que son créateur avait placés en lui, le poème de Däubler porte en lui une utopie : la vision d'avenir d'une espèce humaine libérée du délire-Râ, c'est-à-dire l'apogée et le dénouement des errements et tourments ** de l'histoire. Cette fin des temps, que l'on fera bien de se représenter dans l'immanence d'un en deçà terrestre et planétaire, possède trois caractéristiques particulières : l'État masculin aura cessé d'exister, à la relation entre l'homme et la femme son venin aura été enlevé, et le pôle masculin et le pôle féminin auront pu chacun se compléter et s'épanouir harmonieusement.

La voie pour y parvenir n'est pas celle d'une pratique révolutionnaire, mais d'une prise de conscience de la totalité

---

1. *Ibid.*
** Allusion au roman de Fontane paru en 1888, *Irrungen, Wirrungen.* [N.d.T.]

humaine et d'un dépassement de la fracture, c'est-à-dire un
résultat de l'« effacement de la malédiction lancée contre la
chair [1] ». Si on y regarde bien, il s'agit de l'occasion pour les
femmes de prêter main-forte à l'homme empêtré dans son
délire ! Mais le pressentiment de ce bon secours prend la forme
d'une éternelle nostalgie, d'un savoir des choses dernières et
d'un rêve plus réel que toute réalité et dans lequel chacun d'entre
nous se dit :

> On vit pour se dresser droit de toute sa hauteur
> Et sans ménager rien qui soit destructible :
> La vérité est dans les rêves où vous la rêvez [2].

Une situation insupportable ne doit pas être maintenue pour
elle-même ; on détruira sereinement « ce qui est destructible ».
Et cela concerne les normes de droit et les lois morales, qui
musellent de force le monde dans le système de l'État des mâles.
« Les dix commandements : vains intérêts d'État [3]. »

> C'est en vous que vous devez capter l'État des libertés,
> Car c'est vous qui l'êtes, et non pas vos règles morales,
> Qui sont les pâles créatures des sens [4].

Ce n'est pas l'esprit Râ, mais l'« esprit de [la] liberté, nourri
par une volonté d'existence [5] » et qui s'est « incorporé l'âme de
la femme », qui fondera alors un nouvel ordre. « À la chair il
sera pardonné afin qu'advienne la paix du monde [6]. » Alors
sonne l'heure des « royaumes efficaces », « apparaissant dans
l'enthousiasme [7] ». Le paradis perdu des humains androgynes,
le « jardin de paix des origines [8] » est alors retrouvé. Et ainsi
l'« épouvante » venant de la « femme [9] » est également surmontée pour toujours. Le sentiment d'angoisse et de menace sans
fin est banni dès que l'homme a « accepté » le féminin.

Et la violence touchera *alors* à son terme dans le rapport entre
les sexes. C'est *cela*, la « liberté », et rien d'autre. « L'homme
élira un jour la femme dans une auréole de liberté [10] », nous

---

1. Th. DÄUBLER, 2ᵉ partie, p. 487.
2. *Ibid.*, p. 510.
3. *Ibid.*, p. 450.
4. *Ibid.*, p. 515.
5. *Ibid.*, p. 510.
6. *Ibid.*, p. 487.
7. *Ibid.*, p. 495.
8. *Ibid.*
9. *Ibid.*, p. 428.
10. *Ibid.*, p. 491.

promet Däubler, et il fait miroiter la perspective d'une relation entre homme et femme dans laquelle l'homme ne sera pas maître et dominateur, ni la femme esclave et subordonnée :

> Reviendrais-tu, mon enfant, au bout de quelques centaines d'années
> Que tu ne serais plus le cavalier de la femme,
> Elle accoucherait en compagne de sœurs en liberté
> Et te porterait secours ! Alors je demande : « La femme en moi [1] ? »

Oui, la femme en toi ! Il faut bien mesurer ce que ces lignes – elles datent de 1910 – contiennent d'explosif. Pour bien saisir la témérité du message salvifique de Däubler, nous citons les quatorze lignes du sonnet où *Nordlicht* atteint un de ses points culminants :

> Oh féminité en moi, je t'aime, comme je t'aime !
> Je te retiens, tu irais sinon périr tout entière.
> À l'alliance elle sourit encore, ma divinité,
> Alors aime-moi, pour que je ne me fracasse pas !
>
> Je sais, si je restais dans mon royaume,
> C'est la même ronde qui m'entraînerait, écartelé,
> Et pourtant je veux me faire le héraut de la Grande Nouvelle cosmique,
> Alors soulève-toi, femme, et fais-toi voleuse d'amour !
>
> Nous sommes la grande passion des mondes,
> Car nos âmes sont des soleils en feu
> Et notre volonté peut déjà s'affirmer lumineuse.
>
> Esprit que nous sommes, agréant au fond de notre désir,
> La vie sombre et s'élève dans les cônes de rayons
> Des soleils propices qui se sont d'eux-mêmes élancés [2].

On aura quelque mal à parler ici d'une théologie politique, mais non pas, assurément, d'une « théologie des sexes » au sens d'Eberz. Nonobstant toutes les « fractures », nous sommes toujours les « sentinelles vigilantes de l'unité élémentaire [3] ». Il y a en nous la promesse de l'avenir, reflet de notre similitude avec Dieu.

> Un individu plus libre habitera-t-il jamais sur terre ?
> C'est en vous qu'il est contenu, non dans le temps !
> C'est vous-mêmes qui abritez la majesté de Dieu trônant en soi-même [4].

Je ne sais quel parti en prendra l'orthodoxie catholique ou protestante – elle a sa problématique du Père, du Fils et du

---

1. *Ibid.*, p. 449.
2. *Ibid.*, p. 267.
3. *Ibid.*, p. 510.
4. *Ibid.*, p. 505.

Saint-Esprit –, mais la « divinité » de Däubler, souriant « à l'Alliance », est un androgyne. La « Grande Nouvelle cosmique [1] » en est la bonne nouvelle : la bisexualité est accomplie, non pas « l'esprit qui est toujours homme » (Stefan George) – l'esprit de l'ère patriarcale –, mais celui qui « réconcilie le monde et résonne plus fort que lui [2] » (comme le dit la dernière ligne de l'épopée), l'esprit bisexué de la gnose, l'esprit divin de la tradition kabbalistique des Juifs, qui est tout uniment homme et femme.

Nordlicht est le symbole de la promesse d'un monde pacifié. Dans l'épopée de Däubler, l'humanité suit son itinéraire, du Sahara au pôle Nord. Le monde méditerranéen de l'histoire occidentale, sans se prolonger vraiment jusqu'aux Temps modernes, apparaît comme un purgatoire de la guerre des sexes. L'Égypte mythique, l'Arabie et la Mésopotamie en furent l'enfer. Mais, dans cette topographie de la philosophie des sexes de Däubler, le paradis est transféré vers le Nord. Pourquoi donc le Nord ?

Quoique sur ce sujet, dans son texte de 1916, Carl Schmitt ne souffle mot, il nous indique, dans les commentaires qu'il consacre plus tard à Däubler, que la « lumière du septentrion » relève des mythes de la pensée utopique des socialistes français de la toute première génération, et il évoque nommément Proudhon. Mais, dans ce contexte, il évoque également Charles Fourier, et de fait c'est Fourier qui, découvreur authentique de la « lumière septentrionale », en a fait l'emblème d'un futur âge du monde où l'humanité et la terre se trouveraient enfin à l'unisson avec le plan de la création divine.

Fourier, le « romantique des sciences économiques », découvre dans la vision d'un « nouveau monde transfiguré », nous dit Carl Schmitt [3], « le signal météorologique d'une humanité qui se sauve elle-même [4] ». Pour Fourier, le présent (son temps, notre temps), qu'il appelle « civilisation », est une aberration due à notre méconnaissance des desseins divins. Dieu voulait le bonheur de l'homme sur une terre paradisiaque. Il importe de remettre en branle le processus de la création qui fut interrompu. Non seulement la société humaine – c'est-à-dire les rapports de production, les relations entre les sexes et les structures administratives – va se perfectionner, mais aussi le monde animal et celui des plantes, et de même la planète. Les

1. Th. DÄUBLER, 2e partie, p. 602.
2. *Ibid.*, p. 491.
3. N, p. 13.
4. ExC, p. 49.

mers se dessaleront, les eaux irrigueront les déserts, la banquise des pôles fondra, et dans les cieux, signe de l'accomplissement, la lumière septentrionale brillera de tous ses feux. Telle est la version que Fourier donne de la « Grande Nouvelle cosmique ».

La conception que Fourier se fait d'une bienheureuse fin des temps – il l'appelle l'âge de l'« harmonie » – présuppose la libération sociale et sexuelle de la femme, de pair avec la suppression de la domination de l'homme sur l'homme et de l'homme sur la nature. Pour Fourier, il s'agit de supprimer la violence structurelle qui trouve son germe dans l'asservissement de la femme par l'homme, avant qu'elle ne devienne le modèle de l'exploitation sociale et de la domination politique. C'est Fourier qui est à l'origine de la formule étonnante selon laquelle le degré de culture d'une époque historique peut se mesurer au degré de liberté dont y jouit la femme.

Il connaît déjà ce que Bachofen révélera et proclamera, au grand effroi de ses contemporains, à savoir qu'il ne peut y avoir d'émancipation politique sans émancipation sexuelle.

L'émancipation sexuelle signifie tout d'abord et toujours l'émancipation de la femme. Son degré le plus élevé n'est pas l'égalité formelle des droits, mais, au grand jour, la suprématie substantielle du féminin et le retour du « matriarcat ».

De pareilles idées se trouvaient déjà chez les romantiques allemands : « Tout cela, des romantiques l'anticipent tranquillement [1]. » Elles sont même le noyau de ce que l'on peut nommer le « syndrome romantique » et dont l'interprétation si effroyablement partisane et si éloignée de l'essentiel que nous en donne Carl Schmitt porte à faux. Or il sait parfaitement de quoi il retourne. Ces idées d'émancipation sexuelle qui, par-delà Schlegel, interpellent le cercle formé à Coppet, autour de Mme de Staël et de Benjamin Constant, confèrent aux idées émancipatrices du libéralisme politique leur dangereuse dynamique et leur force irrésistible.

Souterrainement, ces idées ont continué à faire sentir leurs effets, produisant des femmes comme Flora Tristan, George Sand et Marie d'Agoult, la mère de Cosima Wagner, qui devait exercer sur Nietzsche une influence si décisive. Elles trouveront leur expression la plus haute dans les mots de Louis Aragon : « La femme est l'avenir de l'homme. »

Si révolution il y a, c'est bien celle-ci, et non la relève d'une forme de domination par une autre, qui est une simple variante de la violente hégémonie des hommes. Il y va ici de la suppression de la domination dans l'absolu, de l'édification d'un

---

1. N, p. 106.

« royaume » non violent de jouissance sensuelle et de fraternité, et du « jardin des plaisirs originaires », en d'autres termes, de l'anarchie !

De fait, le noir étendard de l'anarchie et les irradiations iréniques de *Nordlicht* forment un ensemble. Le « bohème débraillé » était évidemment un anarchiste. Rappelons-nous que Mary Woolstonecraft-Shelley, fille d'anarchiste et compagne d'un romantique, femme du prophète génial de la bisexualité, fait périr le monstre de Frankenstein, cet avorton de la démence masculine, dans les régions glacées du pôle Nord. Y a-t-il là, en fin de compte, quelque connexion avec l'épiphanie polaire de Däubler ? Pensait-il à Mary lorsqu'il composait ces vers :

La femme qui fut prédite, sur l'étendue glacée,
Traversant les songes des femmes, elle aura en main les destins du monde [1].

Nous n'en savons rien, mais cela est peu probable. Chez Däubler, que la Méditerranée obsède, l'Angleterre n'apparaît pas en toutes lettres. Et il nous serait tout aussi difficile de prouver qu'il avait connaissance des œuvres de Fourier, à peu près introuvables. N'empêche qu'il a vécu sept ans à Paris (de 1901 à 1907), où, dans des cénacles littéraires, Fourier exerçait une influence grandissante sur les initiés. Nous n'entendons du reste pas non plus contribuer à en reconstituer l'histoire, mais plutôt mettre en valeur, ainsi que l'entendait Carl Schmitt, des affinités et des connexions au plan de l'histoire intellectuelle, et des généalogies qui nous permettent de mieux comprendre l'origine et la mouvance intellectuelle d'une grande idée. Ainsi, il serait intéressant de savoir dans quelle mesure Däubler a eu vent en son temps de la réception allemande de Fourier. Comme on sait, du côté allemand, l'ouvrage le plus décisif et le plus répandu sur Fourier est dû à la plume d'August Bebel, lequel a également écrit un livre important sur l'émancipation des femmes.

La manière singulière dont les lignées fouriéristes allemandes et françaises se recoupent au tournant du siècle tandis que, à Paris, Däubler travaille à son épopée, est décrite dans un roman de Maurice Barrès au titre caractéristique. Il s'agit de *L'Ennemi des lois*. Le héros expérimente de nouvelles formes d'existence et de vie amoureuse. Et il est lui aussi fasciné par Fourier et par la social-démocratie allemande, et notamment, cela va de soi, par la figure de Ferdinand Lassalle. Le troisième homme

---

1. Th. DÄUBLER, 2ᵉ partie, p. 71,

dans la troïka des scénarios futuristes du jeune Français est...
Louis II de Bavière.

Voilà tout ce que, plus tard, le Carl Schmitt soulagé du
délire-Râ nous signale de Fourier [1]. C'est là un autre XIXᵉ siècle
que les visions sanguinaires de Joseph de Maistre, de Donoso
Cortès et de Bismarck.

On ne court aucun risque à affirmer que *Nordlicht* est une
des manifestations les plus grandioses du rayonnement exercé
par la pensée utopique de Charles Fourier. Ce qui, pour une
œuvre qu'on se plaît à revendiquer comme typique de la culture
allemande de l'ère wilhelminienne, n'est pas sans surprendre
tout d'abord.

Cette œuvre relève bien entendu de la « contre-culture ». Elle
nourrit la vision d'un retour du matriarcat comme une grande
alternative, en matière de philosophie de l'histoire et de politique sociale, aux abus de la monarchie militaire patriarcale. Il
faudrait examiner comment, au tournant du siècle, la thèse
socialiste utopiste ou anarchiste de la libération de l'humanité
par la femme et celle, philologique et mythographique, du
régime matriarcal, convergent pour trouver une confirmation
inattendue dans la redécouverte de la bisexualité humaine par
la médecine et la biologie. Ces trois linéaments d'une réflexion
nouvelle sur la vraie nature de l'homme trouvèrent dans la
pensée d'un Otto Gross une première synthèse aussi précaire
qu'explosive.

« L'impératrice apparue en rêve. »

Nous nous étions demandé comment expliquer que Däubler
ait situé son utopie – dont la lumière septentrionale est le symbole et le phare – dans un « Nord » mythique. Il est temps d'y
revenir.

Depuis le préromantisme, nous connaissons la signification
si dense du Nord comme point cardinal, liée à l'idée d'un processus de délivrance rédemptrice de l'humanité, progressant du
sud vers le nord. Le procès de purification de l'humanité est
conçu comme une route vers le nord. Il en est ainsi tout particulièrement chez Görres, le « véritable mystique du septentrion » (Bohrer *). Le conte de Klingsohr dans *Henri d'Ofter-
dingen*, l'œuvre de Novalis, transforme la région de la banquise

---

1. ExC, p. 50, 85.
* Karl-Heinz Bohrer, théoricien contemporain de la littérature allemande.
[N.d.T.]

et la zone polaire décrite au début en un nouvel Éden, tandis qu'Éros s'empare du royaume d'Arthur.

Parmi les attributs septentrionaux, si chargés de sens, on a les éléments suivants : l'émergence d'un nouvel âge d'or, le royaume de l'éternité, de la mer, d'un Éros impeccable et d'une nouvelle rencontre du féminin. Ils forment une série fermée et consistante de représentations.

Chez Däubler, la chose devient claire, la « véritable orientation » du développement de l'humanité, procès d'humanisation se déroulant du sud vers le nord est aussi, essentiellement, un chemin allant de la terre vers la mer, ce qui veut dire : du continent vers l'Océan (la Méditerranée qui prend une place tellement centrale dans son épopée n'est dans cette perspective qu'une mer intérieure). « Marche donc vers la mer [1] », ainsi que le dit l'impératif de la quête de soi. À la rencontre avec la mer échoit, à l'apogée du développement du sujet de l'histoire universelle, une signification décisive. « La mer de féminine douceur [2] » est l'élément où, même s'il ne s'accomplit pas encore, commence du moins l'affranchissement de l'homme. L'homme s'affranchit du délire-Râ, tandis qu'il reconnaît la femme qui est en lui.

> À la mer, à la mer, pour chanter la femme, ma femme !
> Elle croit, la mer, le chant de l'homme va l'accomplir [3].

De même que dans les structures cristallines du mythique mont Ararat l'idée Râ, d'une certaine manière, se matérialisait – c'est là qu'on a érigé le bastion de l'État –, de même l'expérience de l'Océan où confluent les éléments de la féminine douceur communique au sujet de l'histoire universelle le premier envoûtement et la première vision séduisante du futur royaume non violent et sans périls. « Image exaltante » que le « royaume efficace [4] », il est le royaume du Nord, de la mer, des femmes souveraines et des reines. « Je pourrai maintenant dévisager l'impératrice en rêve [5] ! »

On me permettra de formuler ma conjecture : en situant son utopie au Nord, Däubler suggère l'Angleterre. Qui est l'« impératrice » sinon l'« impératrice des Indes », la reine d'Angleterre ? À l'époque où *Nordlicht* prenait forme, il n'y avait que cette impératrice qui pouvait avoir des dimensions mythiques

---

1. Th. DÄUBLER, 2ᵉ partie, p. 108.
2. *Ibid.*, p. 545.
3. *Ibid.*, p. 495.
4. *Ibid.*, p. 493.
5. *Ibid.*, p. 281.

(après que l'impératrice Élisabeth, la crypto-anarchiste errant sur les mers et d'île en île, eut succombé à un attentat anarchiste). En tout cas, dans la constellation fantasmatique où se rejoignent l'idée de rédemption de l'humanité par le féminin, la métaphore de la mer et la vision de l'impératrice, nous trouvons le même schéma fondamental que celui qui, chez le Carl Schmitt de la dernière période, a marqué l'image mythique de l'Angleterre. Même si le lien peut être établi, on peut dire à tout le moins que l'identité structurelle des fantasmes indique que la genèse a eu lieu dans les mêmes conditions. La matrice en est commune.

N'en doutons pas, Carl Schmitt, tant qu'il subissait le sortilège du bohème anarchiste Däubler, a « dévisagé l'impératrice en rêve ». Mais, jadis, comme ébloui, il a fermé les yeux. L'effroi inspiré par la femme l'emportait sur ses attraits. Il n'a pas perçu la déesse dispensant le pouvoir, mais l'image de la sorcière.

Carl Schmitt n'a pas fait le moindre usage des conceptions visionnaires de l'épopée de Däubler. Au contraire, on ne peut se défendre de l'impression qu'il n'a au fond écrit l'opuscule sur *Nordlicht* que pour détourner l'attention du lecteur de l'aspect subversif de l'ouvrage vers des considérations générales de philosophie de la culture et de théologie. Sa théorie de l'État, qu'il met au point dans le *Romantisme politique* et qu'il expose pour la première fois dans la *Théologie politique* de 1922, peut carrément être considérée comme la tentative de condamner expéditivement l'utopie de Däubler en en prenant au mot la théorie de l'État, à savoir le spectre des Parsis. Dans la perspective de *Nordlicht*, la théorie de l'État de Carl Schmitt fait figure de théorisation parfaite du délire-Râ.

Mais comment se fait-il qu'un homme aussi judicieux, qui avait été l'ami intime de Theodor Däubler pendant dix ans et qui, comme aucun, en avait exploré les œuvres dans leurs ramifications les plus reculées, soit resté insensible au message du poète ? Il ne peut y avoir été sourd. Et pourtant il résolut de « radoter des formules de droit » au lieu de « recréer la chair ».

Notre réponse est la suivante : il a eu affaire à la *peur*. Les mécanismes psychiques et les conventions de la société dans laquelle il avait vu le jour ont déclenché en lui la réaction normale, celle qui est adéquate au système. Pour quelqu'un qui voulait faire une carrière politique et devenir professeur d'université, l'attestation de virilité par où le féminin serait exorcisé était indispensable. Carl Schmitt s'est soumis à la « norme », à ce qui était « normal ». Et puis, comme jeune juriste, n'avait-il pas pris connaissance de la sentence du docteur Kern, juge de première instance, où était observé – nous l'avons déjà mentionné – que « d'un homme dans la position de la partie civile (officier de la garde au grade de général) on attend [...], tant que la loi admet le § 175 [...], qu'il réprime une telle pulsion sexuelle de manière à ce que nul autre ne puisse s'en aviser ».

S'il avait oublié cette phrase, elle lui fut remise en mémoire, au plus tard au cours de ses stages, par son supérieur hiérarchique. Quand celui-ci apprit que Carl Schmitt, pour saluer son ami Däubler sur le quai de la gare, lui avait donné une accolade par trop fougueuse, il lui fit savoir que c'était là chose « déplacée en public ».

CHAPITRE VII

LA NOTION DU POLITIQUE

Oser fonder l'État.

« S'attaquer à une œuvre révolutionnaire : un ordre politique allemand [1]. » Telle était la mission que Carl Schmitt s'était fixée à lui-même et qu'il assuma avec le même fougueux élan que n'importe quel chef de corps franc. « Révolutionnaire », dans ce contexte, voulait simplement dire : hardie, radicale, « ainsi que le font les révolutionnaires », mais non progressiste, émancipatrice et selon l'esprit des idées de 1789 (ou de 1917). Il décida donc, lui aussi, de devenir un homme « politique ».

Il s'agissait de construire un « État » dans le « vide » que constituait la République de Weimar, qui ne pouvait revendiquer pour elle le fait d'être un « État » véritable. Or le modèle de l'État idéal avait été et demeurait la monarchie *absolue*. Le IIe Reich, lui non plus, n'avait pas été une monarchie absolue. Et il s'agissait donc maintenant de créer un État meilleur que l'avait été le Reich de Bismarck. La condition préalable était d'analyser les rapports de domination dans le IIe Reich, et, en complément, d'enquêter sur la théorie dominante de l'État en Allemagne. Carl Schmitt s'est acquitté de l'une et l'autre tâche avec brio.

Critique du IIe Reich.

Sans aucun doute, Carl Schmitt est le critique le plus pénétrant du dispositif constitutionnel de l'Allemagne wilhelminienne. C'est là sa contribution majeure et durable à une histoire et une doctrine de la constitution pour l'Allemagne. Mieux que quiconque, il a mis au jour les antinomies et les apories de la réalité constitutionnelle allemande telles que, bien au-delà de l'effondrement de 1918, elles déterminèrent non seulement le destin de la République de Weimar, mais aussi les paramètres de la passation des pouvoirs de 1933 et l'édification du

1. SZ, p. 49.

« IIIᵉ Reich » national-socialiste. La différence qu'il faisait entre droit constitutionnel positif et réalité constitutionnelle sur les plans substantiel et existentiel, entre constitution « juridique » et constitution « politique », ainsi que ses propres prises de position en matière de droit constitutionnel avant et après 1933 ne peuvent être comprises que dans la continuité d'une évolution dont il révéla l'axiomatique dans son analyse structurelle de l'Allemagne impériale.

Carl Schmitt a le premier montré de manière probante que « le Reich, en tant que construction étatique, n'était provisoirement qu'un régime, mais pas encore une institution et que le complexe de l'État ne comprenait pas en soi-même d'ordre solide étalonné à une constitution [1] ». Le Reich n'était pas un « État », ne serait ce que pour la raison qu'il n'était pas un État unitaire, mais une confédération. Mythe impérial, le fédéralisme avait toujours réussi à bloquer la grande question de l'unification nationale de l'Allemagne [2]. Fédération d'États, le Reich n'était pas encore devenu lui-même un État. « Pris un à un, les États n'étaient plus des États, le Reich n'en était pas encore un [3]. » Ce qui se reflétait dans la double opposition du Reichstag et du Bundesrat, et de la Prusse, puissance hégémonique (que ses intérêts poussaient au centralisme) et des Länder (centrifuges pour la même raison). Le titre de Kaiser était du bluff sur la marchandise. Il n'y avait que le roi de Prusse pour présider à titre héréditaire une confédération de principautés. « Non seulement le Reich de la constitution bismarckienne n'avait à sa tête aucun chef d'État "responsable", mais il n'avait pas non plus de Kaiser qui eût réellement gouverné [4]. » Le chancelier du Reich – l'unique « fonction impériale » (abstraction faite du connétable de la terre d'Empire qu'était l'Alsace-Lorraine) – n'était responsable que devant le roi de Prusse. La vie politique dans le Reich se déroulait donc sur le mode diplomatique. La constitution n'accordait pas de responsabilités au Reichstag, pas même celle d'un « conseiller responsable ». Le Reich, selon la jolie formule de Carl Schmitt, n'avait « pas de gouvernement à proprement parler, mais [...] seulement des gouvernements parallèles [5] ». Du temps où il était prince héritier, l'empereur Frédéric parlait d'un « chaos organisé ». En d'autres termes, ce qui faisait défaut, c'était une tête à ce pouvoir, une tête souveraine et à même de prendre des décisions.

---

1. SZ, p. 26.
2. PB, p. 196
3. *Ibid.*, p. 233.
4. *Ibid.*, p. 276.
5. SZ, p. 26.

À la racine de la « situation désespérée, disons même de l'impasse où se trouvait cet organisme politique[1] », Carl Schmitt a repéré un « défaut de construction catastrophique[2] » : la contradiction entre des éléments *monarchiques militaires* (c'est-à-dire étatiques au sens propre du terme) et *bourgeois constitutionnels* (sapant l'État). L'antagonisme remontait à la désastreuse révolution de 1848 (en fin de compte, à la « grande » Révolution de 1789) et s'était fiché dans l'édifice impérial par le truchement de la constitution prussienne. « Le dualisme et la dissension[3] » entre la monarchie militaire et le constitutionnalisme (bourgeois) paralysait les fonctions de prise de décision et a mené (et ne pouvait que mener), à suivre Schmitt, à l'effondrement du Reich en 1918.

L'erreur fatale avait consisté, dans le conflit surgi en 1862 autour de la constitution prussienne, à éluder la décision, alors qu'il eût fallu trancher entre monarchie et parlementarisme. Le droit reconnu au Parlement de faire entendre sa voix introduisait une défaillance dans le mécanisme de décision. En s'abstenant de prendre clairement parti pour la souveraineté du monarque, on avait provoqué un défaut d'organisation au sein de l'instance de décision suprême. Le *locus decisionis*, loin d'être le lieu de l'exercice du pouvoir absolu, était devenu le point le plus faible du système.

Derrière la façade d'un pseudo-constitutionnalisme, ce défaut fut compensé par la dictature de Bismarck, c'est-à-dire par la domination d'un « homme fort ». Il occupait le *locus decisionis* en usurpant au profit de sa charge les souveraines prérogatives du roi. C'était là un pur expédient, mais non une solution à long terme. Au fond, le Reich était « ingouvernable », ce dont étaient conscients tous les gens en charge d'un poste de responsabilité (mais pas la théorie politique dominante, qui était positiviste). Bismarck lui-même ne voyait finalement pas d'autre issue pour échapper à ce dilemme que de mettre en liquidation l'Empire qu'il avait créé (Carl Schmitt lui témoignant ici son entière compréhension)[4].

Guillaume II, qui avait congédié Bismarck parce qu'il ne pouvait accepter ses plans de coup d'État et leurs brutaux scénarios de guerre civile (« Je ne peux inaugurer mon règne par un bain de sang »), n'était pas en mesure d'imposer une meilleure solution. Certes, il tenta de renforcer la position du Kaiser

1. *Ibid.*
2. PB, p. 194.
3. *Ibid.*, p. 284.
4. VRA, p. 29 s., SZ, p. 26.

sur la base de l'autorité illimitée du roi de Prusse sur l'armée, dans le sens de pouvoirs concentrés dans la personne du souverain. Mais cela ne pouvait réussir. Car d'une part, faute d'une claire décision sur le fond, les préalables d'un fonctionnement de l'État sur le modèle de l'État-soldat n'étaient plus structurellement donnés. Et, d'autre part, Guillaume II n'était pas l'homme du « coup d'épée décisionniste » qui, tel un dictateur, aurait été disposé à gouverner à la manière de Bismarck. Ses efforts visaient à renforcer les pouvoirs de décision du souverain en tirant tout le parti possible de ses attributions quant au choix du personnel politique dont il s'entourait, ce qui lui aliéna [1] tant le parti militaire que les partisans du constitutionnalisme. Il prit aussi peu en considération que les membres de son personnel d'encadrement politique la possibilité d'une évolution vers un constitutionnalisme parlementaire, dont, tout comme pour Carl Schmitt, il n'était évidemment pas question.

Critique de la théorie libérale de l'État.

« Plus un État est constitué de façon illogique, plus obscures, artificielles et incompréhensibles sont les définitions que l'on donne de sa raison d'être. Que pouvait par exemple dire autrefois un professeur d'université impériale et royale sur la signification et les buts de l'État, dans un pays dont la constitution politique était le monstre le plus informe du xxᵉ siècle ? Lourde tâche si l'on considère que, de nos jours, un professeur de droit public est moins tenu de dire la vérité qu'obligé de servir un but précis. Ce but, c'est de défendre à tout prix l'existence du monstrueux mécanisme humain dont il est question et qu'on nomme actuellement un État », écrit Adolf Hitler en 1924 [2]. Ce qui correspondait exactement à la conception de Carl Schmitt, qui blâmait la théorie politique officielle de l'Allemagne wilhelminienne de n'avoir pas médité le dilemme politique essentiel de l'édifice du Reich et de légitimer le *statu quo* de manière « purement juridique » et positiviste. « La dernière époque qu'a connue la science du droit public en Allemagne se caractérise par le fait qu'elle a laissé sans réponse, du point de vue du droit public, un cas décisif, à savoir le conflit avec

---

1. « Malgré ses fonctions de commandant en chef [...] le Kaiser, sous le IIᵉ Reich, n'a pas gouverné » (PB, p. 280). « En essayant d'[...] être un monarque conforme à la théorie allemande officielle, gouvernant lui-même réellement, Guillaume II a échoué de manière assez lamentable et assez piteuse pour révéler de manière tout bonnement saisissante la réalité du dispositif constitutionnel » (PB, p. 287 s.).
2. Hitler, *Mon Combat*, p. 384.

Bismarck sur la constitution de la Prusse, et par suite également la réponse à tous les autres cas décisifs [1]. »

C'étaient au premier chef les juristes libéraux et juifs qu'il s'agissait d'incriminer, Jellinek ou Laband*, dont la « méthode » dite « purement juridique » servait à contourner les principes politiques, ce qui « correspondait on ne peut mieux à la structure politique intérieure du Reich bismarckien et de sa constitution (c'est-à-dire à son absence de constitution), qu'on peut concevoir comme un système de décisions esquivées [2] ». On se trouvait là de plain-pied avec Julius Friedrich Stahl, qui, moyennant des nuances de droit constitutionnel tirées par les cheveux, avait réussi à loger le « constitutionnalisme » dans l'État-soldat prussien, introduisant ainsi et légitimant une version affadie des pouvoirs du monarque absolu (un point sur lequel nous nous étendrons ailleurs).

La critique faite par Carl Schmitt de la théorie politique libérale ramène à un dénominateur commun bien des choses qui, au premier abord, ne forment pas nécessairement un ensemble homogène. Ce qui les relie est l'impossibilité de discerner et de reconnaître en son principe germinal l'essence politique de l'État, à savoir : la compétence absolue du souverain en matière de décision. Telle est la cécité du « bourgeois » envers l'État « soldat ». Son pendant est l'incapacité de ces bourgeois à penser dans des catégories « étatiques » et par là « politiques ». Tous ceux qui sont atteints d'une telle cécité sont des « ennemis » de l'État. Recherchant le contrôle de l'exécutif et la participation active du *citoyen membre de l'État*, la communication et le consensus, leurs idées « constitutionnelles » visaient à détruire l'État, à « paralyser » le pouvoir de décision du souverain, et si possible à l'éliminer – en d'autres termes : à tuer le « roi ».

Il n'est pas possible d'« aboutir à une théorie politique en restant dans la pure logique du libéralisme bourgeois [3] », parce qu'il ne peut reconnaître ou parce qu'il nie la substance de l'État.

---

1. *Théologie politique*, p. 13 (« Remarque préalable à la 2ᵉ édition de 1933 »).

* Paul Laband (1838-1938) était considéré comme le porte-parole du positivisme en matière de droit public. Son ouvrage le plus important, *Das Staatsrecht des deutschen Reichs*, fut publié entre 1876 et 1882. Georg Jellinek (1851-1911), fils de rabbin, professeur de droit public à Vienne, Bâle et Heidelberg, a formulé la théorie des « trois éléments » de l'État (peuple, territoire et puissance publique). Principaux ouvrages : *System der subjektiven offentlichen Rechte* (1892), *Allgemeine Staatslehre* (1900). [N. d. T.]

2. Hugo PREUSS, « Deutsche Staatslehre », 6/7.

3. *La Notion du politique*, p. 206.

Une théorie exacte du politique présuppose le concept d'État [1]. Dans les torves compromis d'un formalisme d'universitaire, la théorie wilhelminienne officielle de l'État dissimulait l'incompatibilité d'une conception étatiste décisionniste et d'une conception libérale de l'État (nous reproduisons ici le propos de Carl Schmitt).

Il saute aux yeux de tout lecteur attentif que cette argumentation (et elle sera répétée dans quantité de variantes en tout genre) n'est pas exposée avec la sérénité de mise dans un débat scientifique, mais sur un ton passionné qui passe les bornes de la pugnacité éristique. Le tranchant des formules, le choix des termes, le procès fait aux adversaires trahissent une charge d'émotion et un état de trouble intellectuel et d'excitation psychique très vifs. On devine l'animosité portée par une irritation viscérale. Ce qui pousse l'auteur à ce comble de l'intransigeance est le même *affect antilibéral* dont il avait trouvé le parangon chez Donoso Cortés. Et si Carl Schmitt veut montrer à ses adversaires qu'avec leurs théories de la constitution et du droit constitutionnel, ils forment un dessein tout autre que celui qu'ils affichent, il nous incombe à nous de montrer que, dans son cas aussi, lui qui les combat si passionnément, les motifs qui l'animent sont tout autres que ceux qui viennent occuper le devant de la scène de ses arguments.

Son intention explicite était de dégager, à partir de la trouble réalité constitutionnelle du IIe Reich, les éléments idéaux d'une « pure substance étatique » tels que la monarchie militaire prussienne les avait traduits dans la réalité, et de les purger des excroissances d'habitudes mentales « allogènes à l'État », bourgeoises libérales et occidentales, qui, fatal coup du sort, en avaient entravé l'épanouissement. En d'autres termes, il fallait « libérer le peuple allemand déboussolé par un siècle de constitutionnalisme bourgeois [2] ». À cet effet, il lui fallait percer jusqu'au noyau de la problématique de l'État, cette « poutre maîtresse de la structure et l'organisation de l'État [3] ». Car c'était à partir d'elle seulement qu'il serait possible de mettre sur pied la théorie de l'État parfait, c'est-à-dire la parfaite théorie de l'État. C'était sur ce socle que l'on pouvait « oser fonder l'État ».

1. *La Notion du politique*, p. 59
2. SZ, p. 49.
3. *Ibid.*, p. 13.

Étiologie de l'idée d'État.

Jeune, Carl Schmitt vénérait déjà l'État. Dès son premier livre, peu avant la Première Guerre mondiale, il annonce les couleurs : « L'admiration suscitée par l'État se fonde sur la prescience de ce qu'il s'y exhibe une grande idée [1]. »

Cette « grande idée » connut son heure de gloire. L'État est un « concept concret, lié à une époque historique [2] ». « Pour quelques siècles, on ne pourra résister à la contrainte qui pousse au règne de l'État [3]. » Schmitt ne se lasse pas de souligner que l'« État » est un phénomène purement européen. Il est la réponse à la situation créée par les guerres civiles interconfessionnelles et à « la fracture qui a déterminé le destin de l'Europe [4] ». Par définition, l'État est celui qui met fin à la guerre civile, « la guerre civile empêchée en permanence dans un grand déploiement de puissance [5] ». Pour le dire autrement : « Ce qui ne vient pas à bout de la guerre civile n'est pas un État [6]. » L'« État » réduit la menaçante « fracture ».

Carl Schmitt ne remonte pas jusqu'à la théorie politique d'Aristote. À cette époque, selon ses vues, il n'y avait pas encore d'État. Les références de Schmitt sont les deux grands théoriciens de l'État du XVIIe siècle, période de constitution de la monarchie absolue. Les deux théoriciens les plus proches de ses conceptions de l'État ne sont pas des « théoriciens du contrat », mais les pères de la théorie de la souveraineté, c'est-à-dire des « décisionnistes », à savoir le Français Jean Bodin et l'Anglais Thomas Hobbes. Nous avons déjà constaté qu'il réquisitionne également au profit de sa cause les théologiens de l'État de la période de la Restauration succédant à la Révolution française, car ce sont en effet des « décisionnistes ».

La réalisation de l'idée d'État, Carl Schmitt ne l'a toutefois pas trouvée dans l'histoire des États d'Europe de l'Ouest, mais en Allemagne, le pays où l'admiration suscitée par l'État a pris jusqu'à la dimension d'un « mythe de l'État » qui « fait battre » les « cœurs allemands [7] ». Son engouement pour l'État va à celui qui en a le plus purement incarné l'idéal : la Prusse de Frédéric II, le « type de l'État accompli [8] ».

---

1. WS, p. 97.
2. VRA, p. 375.
3. *Ibid.*, p. 379.
4. *Hamlet ou Hécube*, p. 86.
5. L, p. 34.
6. *Ibid.*, p. 72.
7. PB, p. 195.
8. *Ibid.*

Hegel n'est pas loin, lui qui reconnut dans l'État « l'idée morale éminente [1] ». La philosophie allemande a donné, en effet, une dignité métaphysique à l'idée d'État. Pourtant, « les constructions prétendument si métaphysiques de Hegel [ont] un sens historique on ne peut plus pratique-politique [...]. Elles [...] donnent leur expression à une réalité historique vieille de deux cents ans [2]. » C'est en Hegel que la conscience politique des « grands hommes de l'Allemagne, Bismarck, Moltke et Roon », trouve son fondement. Qu'était la philosophie politique de Hegel sinon l'acte de fondation théorique de la soumission volontaire du sujet aux autorités, où la perte de ses droits d'individu majeur par le citoyen est transfigurée en une apologie de l'obéissance ? Car c'est seulement dans l'État auquel l'individu est incorporé comme une chose accidentelle que l'esprit objectif accède à soi. En dehors de lui, tout est détail, hasard, nécessité et extériorité, c'est-à-dire relevant de la sphère de la nature. La « guerre civile » se généralise bien en « système de la société civile », mais c'est de son « dépassement » dans l'État qu'il s'agit en fait.

« L'État s'empare de l'individu et l'inclut à son rythme [3] », ainsi que l'écrit dans une exaltation tout hégélienne le jeune Carl Schmitt dans son livre publié en 1914, *Der Wert des Staates und die Bedeutung des Einzelnen* (La valeur de l'État et l'importance de l'individu). Même s'il proclame en 1934 la mort de Hegel, il est toujours resté hégélien. Il fut un hégélien de droite, pour qui l'« État » pèse plus que l'individu, ce dernier n'ayant droit qu'à son mépris. « L'individu concret, charnel, si l'on ne s'élève pas à des considérations situées au-delà de la matérialité du corps, est une unité tout aléatoire, un tas d'atomes que les vents ont assemblés et dont la forme, l'individualité et le caractère unique ne sont en rien différents de ceux de la poussière qu'un tourbillon ajoute à une tornade [4]. »

Derrière les réminiscences historiques, il y a le diagnostic sociologique et anthropologique, que l'on peut ramener à deux vérités fondamentales :

1. « L'État est [...] la guerre civile empêchée en permanence dans un grand déploiement de puissance [5]. » « Là où il n'y a pas d'État, c'est la guerre civile », l'état de nature, l'anarchie, le « chaos ».

---

1. WS, p. 109.
2. N, p. 121.
3. WS, p. 94
4. *Ibid.*, p. 107.
5. L, p. 34.

2. « Par nature l'homme est mauvais [1] », son corps charnel et son indignité métaphysique en étant la cause (« L'homme est nul », disait de Maistre). Le « chaos » est en lui.

Nous n'innovons pas en observant qu'à l'interférence de ces deux axiomes se trouve la « poutre maîtresse de la structure et de l'organisation de l'État [2] » qui va devenir pour Carl Schmitt le levier de sa construction politique, laquelle se ramène à la formule suivante : « Contre le mal radical (*i. e.* la "peccabilité absolue et la dépravation de la nature humaine") il n'y a que la dictature [3]. »

« Au départ de l'édifice de l'État [...] il y a la peur [4]. » La peur de quoi ? De l'« irrépressible chaos » qui rôde en l'homme « parce que celui-ci ne renonce pas à sa sexualité et maintient ainsi tout son individualisme rebelle [5] ». L'épicentre du système politique est le « noyau » de la sexualité chaotique logé dans les individus, en d'autres termes la nature sexuelle de l'humain qu'il s'agit de réprimer, coûte que coûte.

« L'État est celui qui met fin à la guerre civile. » Ou bien : « l'État est celui qui réprime le chaos. » Ou bien encore : « l'État est celui qui réprime la sexualité. » Qu'importe la formule, il s'agit là d'énoncés superposables, interchangeables et tautologiques. Ce qui se cache là-derrière, nous l'apprenons quand, à la fin de sa vie, Carl Schmitt nous fait la confidence suivante : « L'État réduit une dangereuse fracture. » Fracture ? Ce qui se fait passer pour une métaphore du « dénouement de la guerre civile » est une définition codée de la grande figure. « Fracture » *(Spaltung)* renvoie à « refend », le symbole originaire de la sexualité féminine, la « cise * » *(Scheide)*, le symbole de la vie et de la mort, le vagin, l'abîme terrifiant qui attire les hommes et menace de les engloutir. C'est de lui que l'État doit protéger les mâles. Le « point de départ » de la structure et de l'organisation étatiques serait alors la nécessité de « réduire le refend », en d'autres termes, la capacité de tenir en échec les pulsions et la sexualité de telle sorte qu'elles ne prennent pas le dessus, ou bien d'ostraciser la peur qu'ils inspirent.

Tout indique que c'est ainsi que Carl Schmitt a compris l'essence de l'État. C'est ainsi, en tout cas, qu'il en a construit

---

1. OP, p. 59
2. SZ, p. 13.
3. *Théologie politique*, p. 73.
4. L, p. 47.
5. *Ibid.*, p. 58.
* De manière à préserver les glissements sémantiques de l'allemand, nous créons le mot « cise », pour *Scheide* (le vagin), à proximité de *Entscheidung*, la décision. [N. d. T.]

le modèle. L'État est une coercition instituée aux fins de la répression des pulsions. Carl Schmitt parle de l'« œuvre de coercition et d'éducation de l'État [1] » tenant dans sa poigne le « noyau irrépressible » de l'individu rebelle et obstiné, c'est-à-dire le « chaos » qui est en lui. On ne saurait le dire plus clairement.

La *coercition et l'obsession (Zwang)* sont l'aspect négatif de la *pulsion (Trieb)* *. Elles sont la peur et l'angoisse devant la pulsion. Elle ressemble tant à la pulsion que, entre *Zwang* et *Angst* (peur, angoisse), la langue pourrait se tromper. Elles sont finalement la pulsion tournée en sens inverse. L'*obsession* retourne la *pulsion*, elle en est l'expression ignoble. Chaque obsession dissimule une pulsion et en est le masque de fer [2].

Le Wahrig, un bon dictionnaire allemand, définit *Zwang* comme une exigence pressante, un désir impérieux, un commandement, une pression, l'usage de la violence physique ou psychologique, une inhibition. On fait « par la force des choses » ce qu'on ne ferait pas librement. « Coercition » directe égale usage de la violence physique par les autorités, y compris le recours aux armes. Dans le dictionnaire Brockhaus, on trouve pour *Zwang* : « nécessité inéluctable, incontournable ».

Cette « nécessité » est la raison suffisante pour la mise en place d'une violence absolue, dictatoriale et appelée à trancher. Les opérations de répression de la violence décisionnelle sont un acte coercitif qui prend sa source dans un état d'urgence. Le maître de coercition, l'État, protège de la « cise » par la « décision ».

---

1. L, p. 56.

* Même rapprochement chez un autre auteur : « *Zwang* contient déjà l'idée de répétition ; *Wiederholungszwang* est presque un pléonasme. On en reconnaît le caractère inéluctable à l'élément répétitif. D'autre part, *Zwang* ressemble à une force aveugle, à une contrainte à laquelle on est soumis sans pouvoir la reconnaître. C'est le *Trieb* dont on ne serait pas soi-même le moteur. Le *Zwang* est, en somme, un *Trieb* décentré. Le *Zwang* est le négatif du *Trieb* : il est la peur du *Trieb*. *Zwang* ressemble trop à *Angst*, encore une fois, pour que la langue s'y trompe [...] Le *Zwang* est très exactement ce qui, à la fois, emporte celui qui en est l'objet dans une direction donnée, en même temps qu'il s'en ressent coupable. C'est le *Trieb* à l'envers : *der Zwang* retourne le *Trieb*, il en est en somme la face honteuse. Tout *Zwang* masque un *Trieb*, et en est la manifestation concentrée, resserrée, si l'on peut dire. *Trieb* et *Zwang* s'équilibrent et s'épaulent en quelque sorte », commente G.-A. Goldschmidt (*Quand Freud voit la mer*, Paris, Buchet-Chastel, 1988, p. 132-133). [N. d. T.]

2. Georges-Arthur GOLDSCHMIDT, *Quand Freud voit la mer*, Paris, 1988, p. 132 s.

« Una teoria pura e fredda della politica. »

Voilà comment Carl Schmitt mit au point son modèle de l'État. Nonobstant toutes les références faites à l'histoire et celles à l'époque contemporaine, c'est un modèle d'une atemporalité abstraite. « Théorie pure », parce que jamais elle n'aurait pu être élaborée à partir des positions de la « pensée constitutionnelle bourgeoise », pour ne rien dire du romantisme politique. « *Una teoria pura e fredda della politica* », ainsi que le constatent aujourd'hui avec ravissement des Italiens redécouvrant Carl Schmitt !

Comment se modèle se présente-t-il ? Il est d'une stupéfiante simplicité. Il se réduit à trois concepts clairement circonscrits, lesquels sont à leur tour ramenés par une réduction au carré à *un* concept clef. Ainsi, il y a la « souveraineté », l'« État » et la « politique », dont l'essence et le commun dénominateur sont la « décision ».

« Le concept d'État présuppose la notion du politique [1]. » C'est la phrase la plus célèbre du célèbre livre de Schmitt, *La Notion du politique*. Mais l'essence de l'État est la « souveraineté », et l'essence de la politique de l'État est la capacité de décision souveraine. Pour l'État, la souveraineté et la politique, la capacité de décision est le critère constitutif. « Le concept de décision vient occuper le centre de leur pensée [2]. » Mais oui !

Le raffinement propre à la théorie politique de Carl Schmitt est la « réduction de l'État au moment de la décision [3] ». *Décision !* Voilà la formule magique avec laquelle Carl Schmitt a envoûté les hommes d'Allemagne. Dans la simple existence de l'« empire exercé par les autorités [se trouve] une décision » – et la « décision [...] *en tant que telle* [est] précieuse [4] ». Tout le reste ira de soi et n'est que garniture de théorie constitutionnelle et de droit constitutionnel.

De fait, la théorie politique de Schmitt – mais rien ne nous interdirait de parler aussi bien de philosophie politique, de métaphysique politique ou de mythologie politique – n'est pas plus complexe que cela. L'État est une machine à décisions, qui doit faire ses preuves dans la « situation exceptionnelle ». Ce n'est que dans l'état d'exception que l'État est tout entier État. L'exception et la décision s'intensifient réciproquement. Parce que « l'exception [...] pense le général avec l'énergie de la

---

1. *La Notion du politique*, p. 59.
2. *Théologie politique*, p. 62.
3. DC, p. 39.
4. *Ibid.*, p. 25 [souligné par N. Sombart].

passion », « la décision de l'exception est décision en un sens éminent ». Dans l'état d'exception, la « décision » devient « absolue au sens propre ». Elle « se libère de toute obligation normative [1] » et devient « compétence par principe illimitée ».

La souveraineté se définit dans la situation exceptionnelle. La « souveraineté » est le « monopole de la décision [2] ». Ce qui signifie : « Est souverain celui qui décide lors de la situation exceptionnelle * » – autre thèse célèbre. « La souveraineté est la puissance suprême, juridiquement indépendante, déduite de rien [3]. » « La puissance absolue », dit Bodin. Nous verrons où cela nous mène.

Pourquoi doit-on se décider ? Parce que le péril menace. L'« état d'exception » est la situation dans laquelle il faut contrer le péril. Comme il est permanent, l'« état d'exception » le devient aussi, ce qui est paradoxal. Et comme on ne peut camper en permanence dans l'état d'exception, il faut sans cesse le renouveler et le revaloriser existentiellement, par l'« acte de la décision ».

Cela se produit par le biais de la discrimination faite entre « ami » et « ennemi ». Cette discrimination est l'essence de la « décision ». Elle est l'essence de la « politique », et constitue l'« État » et la « souveraineté ». Sans la distinction entre ami et ennemi, il n'y a pas de « décision », pas de souveraineté et pas d'État.

Le sens de la discrimination politique est la définition de l'ennemi, l'objectif étant son annihilation (l'élimination du danger). La discrimination de la décision ** implique toujours la possibilité de la suppression physique, la capacité de verser le sang et l'ordre donné de tuer. C'est là sa gravité.

Qui ne comprend pas la nécessité d'un crescendo dramatique

---

1. *Théologie politique*, p. 26 et 22.

2. *Ibid.*, p. 23.

* Il s'agit ici de traduire : « *Souverän ist, wer über den Ausnahmezustand entscheidet.* » Double difficulté : *Ausnahmezustand* peut aussi être rendu par « état d'exception », et nous nous sommes servi indistinctement des deux acceptions possibles, « situation exceptionnelle » et « état d'exception » ; d'autre part : « Ce qui pose problème, c'est la traduction de la préposition *über*, car elle peut signifier celui qui décide *de* la situation exceptionnelle ou bien celui qui décide *dans, en cas de* situation exceptionnelle. La traduction de *über* par "lors" me semble relativement la moins mauvaise, parce qu'elle englobe les deux significations, sans trancher en faveur de l'une ou de l'autre » (Julien FREUND, « Les lignes de force de la pensée politique de Carl Schmitt », *Nouvelle École*, n° 44, printemps 1987). [N. d. T.]

3. *Ibid.*, p. 28.

** Ces développements reposent sur le jeu de *Unterscheidung* (distinction, discrimination) et de *Entscheidung* (décision). [N. d. T.]

dans l'état d'urgence ne comprend pas ce que signifient « État », « souveraineté » et « politique » pour Carl Schmitt.

Karl Löwith a posé en son temps une question malicieuse : contre quoi doit-on à proprement parler de se décider [1] ? Cela ne ressortait pas clairement, pensait-il, de la « théorie du politique » de Carl Schmitt. En effet, à l'opposé des autres grandes alternatives, le bien et le mal dans la morale, le beau et le laid dans l'esthétique, le rentable et le non-rentable dans l'économie, la distinction opérée par Carl Schmitt entre ami et ennemi aurait l'apparence d'une distinction purement formelle, matérielle et sans la moindre détermination. La décision ne pourrait donc jamais être de principe, elle serait toujours liée à une situation, et l'occasion en déciderait. Pour cette raison, Löwith définit la théorie de la politique de Carl Schmitt comme un « occasionnalisme décisionniste ». Ce qui est méchant, car, dans son *Romantisme politique*, Carl Schmitt avait mis en relief l'occasionnalisme comme un attribut caractéristique de la mentalité diamétralement opposée au décisionnisme, attitude d'une espèce d'hommes douteuse, rechignant à la décision et incapables d'en prendre, et qui pour cette raison justement ne sont pas des hommes, des vrais (et ils sont donc inaptes « à la politique »).

Mais Löwith se trompe, même si, évidemment, pour ce qui est de Carl Schmitt sur le plan psychologique, il fait mouche et démasque le « romantique » derrière le « décisionniste ». Mais, quant à la définition de l'ennemi par Carl Schmitt et quant à son vecteur et à la direction que prend la décision, c'est là un point sur lequel le doute n'est pas permis.

Les publications de Carl Schmitt entre les deux guerres mondiales n'avaient pas d'autre objectif que de faire clairement entendre ce pour quoi et ce contre quoi l'on doit se décider quand on est un Allemand, c'est-à-dire un homme allemand. Son argumentation est agressive, polémique et sans ambages. Même si elle se déroule à plusieurs niveaux, son cap est toujours le même. On doit se décider *contre* le « bourgeois » *(Bürger)* (et contre la « *guerre civile* », comme on l'appelle *[Bürgerkrieg]*), contre le romantisme, contre le libéralisme, contre le parlementarisme et les démocraties occidentales, contre le système de Versailles et la révolution, et contre l'anarchie et le « chaos » – parce que l'on doit se décider *pour* l'État, pour l'ordre et pour le « soldat ». Bref, on doit se décider pour le

---

1. Sous le pseudonyme « Hugo Fiala », « Politischer Dezisionismus », (« Décisionnisme politique »), *Internationale Zeitschrift für Theorie des Rechtes*, Brünn, 1935 (9ᵉ année, cahier 2), p. 101-123. Trad. fse Mira Köller et Dominique Ségard, « Le décisionnisme (occasionnel) de Carl Schmitt », *Les Temps modernes*, n° 544, novembre 1991.

patriarcat et contre le « féminin » sous toutes ses manifestations. Le foyer de tous les périls et de toutes les menaces, le grand ennemi derrière tous ces masques, c'est le « matriarcat ».

La discrimination faite entre ami et ennemi est tout sauf « étrangère à un conflit de valeurs », tout sauf formelle, universelle et applicable à l'envi. Elle est manichéenne, eschatologique et inconditionnelle. « Décider », c'est à chaque fois prendre parti dans la « grande bataille décisive ». Or celle-ci se déroule dans le for intérieur de ces messieurs.

« Il n'y a pour vous qu'un seul ennemi, et celui-là est mon Ennemi. »

Mais ce qui pour le coup est vraiment surprenant, c'est que Carl Schmitt, avec une théorie politique si violente où l'on peut reconnaître sans peine le modèle princeps des *Exercices spirituels* d'Ignace de Loyola, voulait s'attaquer après 1918 à « une œuvre révolutionnaire, à savoir un ordre politique pour l'Allemagne [1] ». « Révolutionnaire », cette œuvre ne l'est assurément pas. Elle est purement et simplement « contre-révolutionnaire ». Elle fut néanmoins accueillie comme une révélation. La raison en est aisée à percer. Sans le dire, Carl Schmitt a fourni en sa quintessence sa forme conceptuelle à la représentation que l'on se faisait de l'État et de la politique dans l'Allemagne wilhelminienne. Sa formule de discrimination entre l'ami et l'ennemi dut provoquer une certaine surprise. Ainsi donc, ce que jadis les personnages en poste de responsabilité avaient déclaré n'étaient pas rodomontades, mais, justement, ni plus ni moins que de la « politique ». Carl Schmitt est ainsi le maître de langue qui donne au bourgeois gentilhomme déconcerté l'impression que, quand il parle, il fait de la « prose ».

C'est que, pour l'essentiel, de 1862, date du conflit sur la constitution, jusqu'à 1918, le mode d'argumentation politique des couches dirigeantes prussiennes allemandes n'avait pas varié. Elles étaient toujours sur le qui-vive : « État-soldat monarchique » d'un côté, « constitutionnalisme bourgeois » de l'autre. Carl Schmitt n'a pas inventé cette opposition. Telle était la réalité politique du IIe Reich. Schmitt en a élucidé la problématique. Il a emprunté à la classe politique du wilhelminisme son vocabulaire, en lui conférant le rang de terminologie de science politique. « Quand il y va des principes, ce n'est pas dans le débat parlementaire, ni par des majorités de onze voix qu'une

---

1. SZ, p. 49.

décision pourra s'imposer ; à plus ou moins long terme, c'est le dieu qui préside aux batailles qui doit jeter les dés d'airain de la décision à prendre [1]. » Ainsi parlait Bismarck à l'époque où il devait représenter à son roi qu'il n'y allait pas d'un peu plus ou d'un peu moins de constitutionnalisme, mais de l'*alternative* entre monarchie et parlementarisme, et que, pour assurer la défense de celle-là, on n'avait pas le droit, en cas d'urgence, de reculer devant la nécessité d'une dictature. C'était du reste dans cet esprit que le Reich avait été fondé, comme Guillaume II n'allait cesser de le confirmer dans ses déclarations officielles : « Ce sont le soldat et l'armée qui ont forgé le Reich allemand, non pas des majorités ou des résolutions parlementaires [2]. »

L'idée du « rempart permanent contre la guerre civile » traduisait littéralement et soulignait la représentation si singulière que l'on se faisait de l'État en Allemagne, et cela de manière plus brutale que dans n'importe quel autre pays européen. Elle ressortait à la tradition de la lutte contre les « ambitions » de la bourgeoisie libérale depuis 1848, et contre celles, par la suite, des organisations ouvrières. Jusqu'à la fin, Bismarck considéra la politique intérieure comme une guerre civile en puissance. Sous cet angle, la seule pensée d'un débat pacifique sur la constitution politique à donner à l'ordre social au sein d'une rivalité institutionnalisée entre partis prenait déjà une allure subversive. Jusqu'en 1918, la pensée politique de la classe dominante fut marquée au coin des catégories de la guerre civile. Cette attitude de pensée explique pour une bonne part son incapacité à s'acquitter des tâches de politique intérieure de son époque – qui étaient rendues inévitables par l'industrialisation et l'adaptation des institutions politiques à des rapports sociaux modifiés – autrement qu'en décrétant l'état d'exception, qu'en donnant l'ordre d'ouvrir le feu sur la foule et qu'en rêvant de bains de sang. Il n'y avait dès lors que peu de place pour le face à face public entre conceptions concurrentes, pour les négociations et les compromis, pour les réformes et les ajustements. N'avait alors plus cours qu'un rigide « Qui n'est pas avec moi est contre moi ». Ou bien : ce qui n'est pas « ordre étatique » est « chamboulement ».

« Pour moi, il n'y a que deux partis : celui qui conserve l'État et celui qui le contre », disait Guillaume II [3]. Ce n'était pas seulement une transparente distinction entre ami et ennemi selon

---

1. BISMARCK, *Aus seinen Schriften, Briefen, Reden und Gesprächen.*
2. Allocution à l'occasion d'une cérémonie de « clouage » du drapeau (18 avril 1891), dans *Reden Kaiser Wilhelm II.*, colligé par Axel Matthes.
3. Déjeuner parlementaire chez Caprivi, 3 février 1891.

les termes de la recette de Carl Schmitt, c'était *la* définition de l'ennemi à l'état pur. Cette manière de voir, selon laquelle le Kaiser représentait ostensiblement la conviction cardinale de la classe politique du IIe Reich, trouve plus clairement encore son expression dans la célèbre harangue de triste mémoire prononcée pour la prestation de serment des recrues du régiment de la Garde de Potsdam, le 23 novembre 1891 : « Il n'y a pour vous qu'un seul ennemi, et celui-là est mon Ennemi. Étant donné les actuelles menées socialistes, il peut arriver que je vous ordonne de tirer sur vos propres familles, vos frères voire vos parents – Dieu nous en préserve –, mais dans ce cas vous devez obéir à mes ordres sans rechigner [1]. »

C'est le « souverain » qui parle là, celui qui décide lors de l'« état d'exception ». Il exige que l'on soit prêt à tuer. Autrement dit, il donne à des hommes le pouvoir « de répandre le sang et de tuer d'autres hommes [2] ». Que veut-on de plus ? Au Kaiser on objecta qu'il n'irait tout de même pas donner l'ordre de tirer si la situation devenait critique...

« Les dés d'airain de la décision », et non les débats parlementaires. Le « coup d'épée du décisionnisme et de la dictature », et non la « discussion et la conversation ». Non pas la constitution, mais le « commandement suprême ». « Le droit personnel et exclusif d'ordonner », non pas la valeur objective reconnue à des normes abstraites. L'*auctoritas*, non la « quête de la vérité ». Ce terrible *ou bien, ou bien* est la substance de l'idée que se faisaient les hommes d'Allemagne de la politique, telle que Carl Schmitt l'avait hissée à la hauteur du « concept ». On pourrait le formuler ainsi : dans l'atmosphère de la République de Weimar, Carl Schmitt a fourni après coup la théorie du commandement suprême du roi prussien ou du Kaiser.

Ce n'étaient pas les idéaux constitutionnels du libéralisme bourgeois et de la bourgeoisie libérale – ainsi que l'affirmait par sarcasme Carl Schmitt – qui avaient trouvé dans la République de Weimar leur « réalisation posthume », mais bien plutôt, la théorie qu'il proposait. Sa « notion du politique » constitue une exhibition « posthume » et, pourrait-on dire, macabre des habitudes de pensée de la classe politique wilhelminienne. Le succès qu'elle lui assura en attestait la permanence. On ne modifie pas des habitudes de pensée « en trois coups de cuiller à pot », disait Rathenau.

Que, dans ses mémoires publiés en 1936, le député conservateur Oldenburg-Januschau – celui qui, en 1910, avait en ce

---

1. *Reden des Kaisers. Ansprachen...*, p. 56.
2. *La Notion du politique*, p. 75.

mot célèbre du lieutenant et des dix hommes qui, sur ordre du Kaiser, pourraient cadenasser le Reichstag – utilise presque mot pour mot la terminologie de Schmitt pour dépeindre les dispositifs constitutionnels du IIe Reich, cela ne tient certainement pas du hasard. « Il y avait ainsi une certaine opposition, au sein de la charpente du Reich, dans le jeu du pouvoir militaire et du pouvoir civil, du pouvoir autocratique et du pouvoir démocratique. [...] Si Bismarck avait négligé de prendre aucune disposition législative sur ce point, c'était pour la seule raison que le conflit constitutionnel qu'il avait soutenu lui avait enseigné que, dans la vie intérieure des peuples aussi, surviennent des périodes où l'ordre politique doit être restauré dans le sang et l'acier [...]. Quand [...] viennent de tels moments, il faut que l'un des pouvoirs maintienne l'ordre politique sans que rien ne l'arrête [1]. »

Le vieil Oldenburg-Januschau – un modèle accompli de Simplicissimus, l'expression la plus pure du junker de l'est de l'Elbe qui ait joué un rôle sur la scène politique allemande – a-t-il contracté une dette auprès de « Charlie le Précoce », conseiller d'État prussien ? Ou bien est-ce l'argumentation de Carl Schmitt expert en droit constitutionnel qui suit unilatéralement le rail de la routine mentale du conservatisme prussien ? Théorise-t-il simplement la manière d'entendre la politique de la couche dirigeante wilhelminienne ? Est-ce la même structure mentale que l'on trouve derrière le système conceptuel de l'un et le bilan que fait l'autre de son expérience ? Si c'est bien Fabian von Schlabrendorff qui a servi de nègre à Oldenburg-Januschau pour écrire ses mémoires, il se trouve que celui-là avait lu Schmitt en profondeur.

Lorsque Januschau déclare devant le Reichstag – Blüher le cite de manière très approbative – qu'il n'y aurait qu'*une* seule manière de parler avec les ennemis de la monarchie, « concise et blessante », ceci complète bien cela. Le *modus operandi* du pouvoir de décision souverain est l'injonction des militaires qui est exécutée docilement, c'est-à-dire sans réplique. Un ordre doit être bref et sobre, au mieux, il ne se communique même que par signes. Par opposition au romantique (et libéral) volubile, le « grand taciturne » (Moltke, Guillaume Ier) est le type idéal de l'homme qui aime à prendre des décisions.

Si, en substance, la théorie politique de Carl Schmitt n'apporte absolument rien de « neuf », elle n'en a pas moins une vertu à son avantage : la perfection. Elle communique la

---

1. Elard VON OLDENBURG-JANUSCHAU (1855-1936), *Erinnerungen*, Leipzig, 1936, p. 108.

satisfaction esthétique que procure un objet d'art, sentiment qui, dans les sciences politiques, est marqué au coin de la rareté. Mais, de la part de l'admirateur de l'art moderne qu'était Carl Schmitt, cela ne nous surprendra pas. On pourrait peut-être évaluer cette théorie comme étant l'expression d'une créativité artistique, si les traits obsessionnels n'en sautaient aux yeux. Mais la théorie de Carl Schmitt ne se fixe pas seulement pour but de sanctionner un certain « prototype d'ennemi », elle se voue sciemment à l'annihilation de l'« ennemi ».

Nous atteignons là un point où, pour notre part, nous n'avons rien à ajouter. Des considérations de théorie politique et de droit constitutionnel ne sauraient guère nous mener plus avant, et des références à la vie politique en Allemagne non plus.

La machine célibataire.

Réduire l'État au concept de la décision, c'est exécuter un putsch. Dépouillé de toutes ses connotations historiques et sociologiques – *teoria pura e fredda* –, le « décisionnisme », si on en fait le socle où se justifie une théorie de l'État, est une chimère. On ne peut évidemment pas organiser un État et une collectivité selon ce modèle. Ce qui en ressortirait serait épouvantable, à savoir : une machine de dictature et un appareil de la terreur permanente. Considérée de plus près, une telle construction est complètement irréaliste, et même surréaliste. C'est un échantillon cauchemardesque sorti du musée des obsessions.

On connaît maintenant cet organisme, Carl Schmitt ne l'a pas inventé. Il nous est possible de reconnaître dans sa « théorie du politique » cet « être fantastique de l'imagination » que le Français Michel Carrouges a le premier décrit et analysé, et dont ensuite Harald Szeemann, dans une exposition inoubliable, a fait voir le déploiement dans l'histoire des idées et de l'art du XIXe siècle et du XXe siècle, à savoir la « machine célibataire [1] ».

Le prototype de la « machine célibataire » est la machine des exécutions capitales dans *La Colonie pénitentiaire* de Kafka, et l'on en trouve, de Lautréamont et Edgar Allan Poe en passant par Jarry, Duchamp et Roussel jusqu'à l'époque contemporaine, une foule de versions toujours renouvelées. Un genre qui ressort

---

1. Michel CARROUGES, *Les Machines célibataires*, Paris, Éd. du Chêne, nouvelle éd. entièrement revue et augmentée, 1976. Nous citons ici M. CARROUGES, « Mode d'emploi », dans : Jean CLAIR et Harald SZEEMANN (dir.), *Junggesellenmaschinen. Les Machines célibataires*, catalogue d'exposition, Venise, 1975.

au domaine de la pataphysique, cette « science des solutions imaginaires » qu'un groupe d'intellectuels et d'artistes français pré-dadaïstes découvrait à peu près à l'époque où Carl Schmitt rédigeait son essai pataphysique sur les *Buribunken* (1917-1918). On a pisté le phénomène dans la littérature et dans l'art, sans s'aviser que la chose sévit aussi dans les sciences les plus sérieuses, jusques et y compris dans les sciences politiques. Qu'est donc, marchant à plein régime, la machine décisionnelle de Carl Schmitt sinon, actionné par un bourreau, un dispositif destiné à supplicier et à anéantir des anarchistes ? Cette machine fonctionnait dans les crânes des hommes d'Allemagne, et pas seulement dans le sien.

Un exemple seulement. En 1894, Axel, baron von Varnbühler (le frère de la baronne Spitzenberg) écrivait à son ami Philipp Eulenburg (l'un et l'autre faisaient partie du cénacle de Lieben-berg), au moment où les anarchistes faisaient, comme on disait, l'ordre du jour au Reichstag : « Par l'effroi on peut agir à merveille sur le bourgeois – jusqu'où déjà va l'effroi, j'en veux pour preuve mon gai luron le président Steglitz qui propose avec le plus grand sérieux une peine de mort *renforcée* –, on écorcherait lentement le sicaire avec une *râpe métallique*, de *bas en haut* : "Il faut que les drôles crèvent en souffrant tous les martyres" [1]. »

« Une machine célibataire – telle est la conclusion à laquelle aboutit Carrouges – est une image qui transforme l'amour en mécanique de mort. » Il considère comme la fonction spécifique de la « machine célibataire » d'amener avec elle « solitude et mort ».

Une machine célibataire présente une structure à deux étages, et tout se déroule sur deux niveaux. Le niveau inférieur est occupé par un homme allongé. Il est en proie à des tourments divers qui lui sont infligés à partir de l'étage supérieur. Il est en général de sexe masculin, porte l'uniforme d'une adminis-tration et est intégré à une hiérarchie dont il n'a pas respecté le règlement. Il n'est souvent qu'un simple porteur de phallus (phallophore primitif) qu'on ne pourra ranger dans aucune struc-ture sociale rigide. Les règles de fonctionnement de la hiérarchie ou de la structure sociale sont exposées sous forme d'inscrip-tions dans la partie supérieure de l'appareil. Sur l'homme qui leur est assujetti, elles exercent des effets divers : réprimer,

---

1. *Philipp Eulenburgs politische Korrespondenz*, vol. II, « Im Brennpunkt der Regierungskrise 1892-1895 », éd. John C. G. Röhl, Boppard-sur-le-Rhin, 1979, p. 1329.

châtier ou niveler. Et le cycle se déroule tantôt aux dépens de l'homme, tantôt aux dépens de la machine.

Les nombreux motifs secondaires dénombrés ou détaillés par Carrouges peuvent être mis en correspondance plus ou moins directe avec la structure fondamentale présentée ci-dessus. Il s'agit notamment des insectes, ces dignes représentants d'une société cybernétique, de l'homosexualité du militaire ou du militant, de la castration, de l'absence de la femme, de la dénégation de la sexualité, de la sublimation, de Dieu [1]...

Toutes choses que nous avons déjà rencontrées chez Carl Schmitt.

Il y a toujours un vigile surveillant la machine, quelqu'un pour la maintenir en marche. Carrouges écrit : « Chaque machine célibataire est un *système d'images* composé de *deux ensembles* égaux et équivalents. L'un de ces ensembles est l'*ensemble sexuel*. Il comprend par définition *deux éléments* : *masculin* et *féminin*. Ces deux éléments sont à prendre comme catégories nettement définies et discernables. [...] L'autre ensemble est l'*ensemble mécanique*, composé lui aussi de *deux éléments mécaniques* qui correspondent respectivement aux deux éléments masculin et féminin de l'ensemble sexuel [...] l'ensemble sexuel constitue la structure originelle et déterminante pour l'identification des machines célibataires. C'est le dualisme des sexes qui est à l'origine de toutes les figures et significations [2]. » Car il se révèle que, dans les machines célibataires, « le refus de la femme et, plus encore, celui de la procréation est apparu comme la condition majeure de la rupture avec la loi cosmique [...] et plus encore comme la condition de l'illumination, de la liberté et de l'immortalité magique [3] ».

Avec *sa* machine à décisions, son exaltation de la « souveraineté » et de l'« état d'exception », avec ses distinctions entre ami et ennemi, sa nécessité de tuer, ses visions sanguinaires, etc., Carl Schmitt n'est pas tant un expert en sciences politiques que ce que Bazon Brock a appelé un « créateur de machine célibataire [4] ». Pour sa machine également, prévaut l'étrange imbrication du technique et du sexuel, du mécanique et de la pathologie sexuelle. Elle se communique rien que par le langage de Schmitt, qui oscille entre une stricte composition conceptuelle et l'évocation mythique. Les connotations érotiques de ses formulations et de ses concepts de prédilection sautent aux

---

1. Résumé par N. Sombart de l'essai de M. Carrouges.
2. *Ibid.*, p. 21 s.
3. *Ibid.*, p. 7-8.
4. *Ibid.*, p. 82.

yeux. Tenons-nous-en au seul terme « décision » (*Dezision* et *Entscheidung*), qui est si chargé de connotations sexuelles.

L'*Entscheidung* (la décision) est le concept clef de la grande bataille défensive où l'on doit faire échouer l'« encerclement » vers lequel tend le « chaos » ou l'« anarchie ». Il s'agit en quelque sorte d'un « Renforcez-moi mon aile droite » (plan Schlieffen) pour les mâles d'Allemagne talonnés par Gaïa, la grande mère originaire. Nonobstant son contenu manifeste, le terme « décision » *(Entscheidung)* n'était jamais assez tranchant. Il fallait l'aiguiser, l'affûter, en affiner le tranchant et le tremper, de façon à faire voir dès l'énoncé sa fonction d'arme. Il fallait en venir à *Dezision*, c'est-à-dire à « concis et blessant ».

Psychopathologie de la « dé-cision ».

Il nous faut nous tourner maintenant vers la dimension « sexuelle » de la « machine célibataire » – et à cet effet, nous devons faire exactement ce dont Carl Schmitt s'est bien gardé toute sa vie, à savoir brancher la tête chercheuse de la psychologie des profondeurs. Sous une forme très ramassée, je tenterai d'accomplir cette recherche dans la langue de la psychanalyse freudienne.

La décision est une prestation exigée du moi (de sexe masculin) par le surmoi qui le somme de professer l'idéal du père et de se dresser contre les exigences pulsionnelles affluant du ça. La « pression pulsionnelle » tend à réaliser le désir refoulé d'union (sexuelle) avec la mère. Sur ce désir incestueux pèse l'interdit paternel. Il a été rendu tabou par l'interdit de l'inceste. D'une manière générale, le « féminin » et le « sexuel » sont ainsi rendus tabou par l'interdit de l'inceste.

Lorsque le « moi » se « décide », il le fait pour le « surmoi » contre le ça. Dans l'espace culturel qu'est l'Europe centrale, le « surmoi » est de sexe masculin, c'est une instance paternelle, un roi, un empereur, un dieu. Dans le ça, en revanche, c'est l'« anarchie des pulsions » qui règne, c'est-à-dire la mère soustraite au désir incestueux, et tout ce qui est féminin. La décision au profit du surmoi est donc toujours une décision *pour* le père, *contre* la mère, pour le principe masculin, contre le principe féminin.

Le refoulement du féminin exige des mécanismes de défense au sein de l'appareil psychique : d'une part, la répression des « pulsions », d'autre part l'instauration d'une autorité, d'un puissant censeur au sein du surmoi (qui effectue la scotomisation du plaisir de l'« investissement libidinal » de l'instance d'interdiction). « La non-liberté devient un élément nodal de l'appareil psychique » (Herbert Marcuse). L'idéal de virilité ainsi fabriqué est nécessairement couplé à un modèle d'ordre social dans lequel l'autorité suprême, qui est l'instance d'interdiction, reçoit la forme institutionnelle du père, du roi et du dieu.

L'« État-soldat », monarchique, autoritaire et hiérarchique est le modèle d'ordre qui correspond de manière idéale à cette organisation de la structure pulsionnelle. Le « soldat » est l'homme intégral entièrement « déféminisé » et enchaîné à l'autorité.

Le vrai mâle, le soldat citoyen de l'État est désexualisé, sauf la portion de libido mise à contribution pour le fonctionnement du mécanisme de répression. De manière paradoxale, il éprouve de la volupté à sa propre subordination à l'autorité et à la répression sexuelle. « Je suis soldat, et c'est bien volontiers *. »

Le « féminin » refoulé est pourtant toujours de la partie. Il est une permanente menace potentielle, un reste dans le jeu, à moins qu'il ne fasse irruption, sous la forme du « retour du refoulé ». Du tréfonds des états par lesquels passe l'homme qui doit payer tout son dû à la répression pulsionnelle, s'élève le sentiment d'angoisse qu'il pourrait échouer (c'est-à-dire qu'il ne mène pas à bien la répression) et être sanctionné à cause de cet échec.

Sur le plan intrapsychique, deux sortes d'angoisses confluent l'une vers l'autre, se renforçant mutuellement : l'angoisse provoquée par la menace insistante qui afflue de l'inconscient, et celle qui émane de la tension régnant entre le moi et le surmoi, c'est-à-dire l'angoisse devant le châtiment qui s'abat sur le moi s'il ne tient pas compte de l'interdit qui pèse sur le désir incestueux, c'est-à-dire s'il échoue à maintenir le barrage de la censure (angoisse qui, au bout du compte, est toujours « angoisse de castration »). Cette double angoisse n'est pas une réaction devant des dangers « réels » que le moi percevait dans le monde extérieur, mais elle est ravivée par de tels dangers. Cela survient quand un élément perçu déterminé est investi par des affects surgissant du « ça », ces « surgeons pulsionnels » auxquels l'accès direct à la conscience est barré par le travail du refoulement, mais qui, par le biais des représentations et la liaison

---

* « *Ich bin Soldat und bin es gerne* » : formule sarcastique et antienne des recrues au service militaire, répétant pour la parodier une des phrases que le règlement des heures d'instruction leur faisait mécaniquement répéter en chœur dans la cour de la caserne (par brimade aussi à l'occasion d'une sanction). Appartient peut-être aussi au répertoire des chansons de soldat. [N. d. T.]

associative avec l'objet perçu, peuvent se frayer une voie dans la conscience. La perception de la réalité par le « moi » est sensiblement perturbée, c'est-à-dire faussée par les émissaires à forte charge affective envoyés par le « ça ». L'« extérieur » ne va pas être évalué en fonction des critères rationnels du principe de réalité, mais il va être déterminé par l'angoisse intrinsèque et ses avortons. Ce qui est vécu comme une vive menace « extérieure » est en quelque sorte un effet de miroir de l'incessante menace « intérieure », car l'« angoisse » à l'égard de l'une est une « rationalisation » névrotique de l'« angoisse » à l'égard de l'autre. Ce qui est reconnu comme un « ennemi extérieur » n'est qu'une image projetée de l'« ennemi de l'intérieur ».

La répression de l'énergie pulsionnelle n'est pas possible sans *violence*. Le mécanisme de défense est nécessairement un appareil qui recourt à la violence. Plus le potentiel pulsionnel est puissant, plus s'accroît la violence dont il faut faire usage pour réprimer ce potentiel. L'obsession de la décision (« Être homme est une obligation » [Däubler] ; « l'obligation qui lie à l'État » [C. Schmitt]) est proportionnelle non à un danger effectif (extérieur), mais à la pression exercée par les désirs qui surgissent du « ça ».

Le mécanisme de la décision est ainsi un mécanisme de défense *masculin*, par lequel doit être repoussée l'angoisse – à savoir la double angoisse ressentie envers le haut et le bas – du châtiment et de l'échec, de l'entaille faite dans les normes, et envers les exigences pulsionnelles. Comme idiosyncrasie continuelle, ce mécanisme engendre un certain type de structure de la personnalité. Élevée au rang de fonction majeure du moi, la « décision » est une manœuvre de défense dont l'impératif se renouvelle sans cesse et dans laquelle un conflit intrapsychique s'actualise. Le « pathos de la décision » (« il faut décider ») trouve là sa justification. Chaque décision est une triomphale victoire sur l'angoisse.

Une « décision » est toujours unilatérale – *one way* –, elle épouse une direction. *Elle est toujours une mâle résolution à l'encontre de la sexualité*. La structure décisionnelle vise à réassurer continuellement une identité, quelque faiblesse du moi rendant nécessaire ce mécanisme. L'identité ainsi conquise n'est pas l'expression naturelle d'un moi fort, d'une autonomie assurée du moi, mais doit être produite par l'intermédiaire d'une identification avec le surmoi, et produite sans cesse à nouveau. Dans la décision, le surmoi triomphe du ça aux dépens du moi, et le ça s'exécute et trouve ainsi protection, c'est-à-dire « protection et obéissance ». L'autonomie du moi cède à la sujétion du moi au surmoi. Et l'on a alors le citoyen bien conforme, le « sujet ». C'est la structure monarchiste de l'appareil psychique que désigne l'expression « monarchiste jusqu'à la moelle ».

« Est souverain qui décide », ainsi que cela est énoncé. Mais, de manière paradoxale, le mécanisme de décision n'est justement pas souverain, il est bien plutôt l'exercice imposé et l'acte de soumission au souverain. Il procure en prime la petite satisfaction que rapporte l'identification avec l'instance souveraine (imaginaire). L'avantage est modeste, car le moi a agi correctement, normalement et en conformité avec les normes, et il s'est appliqué à faire jouer les mécanismes de défense. Mais une décision *contre* le souverain n'est pas une décision, elle est une subversion, car elle est déjà un pacte passé avec l'« ennemi ».

Le mécanisme de décision fonctionne donc comme une répétition (une compulsion de répétition) de la solution donnée au conflit œdipien dans l'identification avec le père et dans le refoulement du désir incestueux éprouvé pour la mère, une solution phylogénétiquement et ontogénétiquement rodée dans le procès de socialisation de la société patriarcale. On peut dire également qu'il s'agit d'une solution unilatérale et promasculine de la question de la bisexualité, d'une défense opposée à l'invasion de l'identité par l'élément bisexuel, au profit du pôle masculin, et d'une impeccable séparation du masculin et du féminin. *L'élément décisif de la décision* (Entscheidung) *serait alors l'évacuation* (Aus-Scheidung) *du féminin*.

Une découverte spectaculaire.

Si l'on pose maintenant que l'aspiration nostalgique au féminin est à mettre à égalité avec le désir de s'unir avec la mère et avec la régression en son sein, si l'on sait que, dans le conflit œdipien, l'expérience primordiale qui inaugure la perception de la différence des sexes est la découverte (par le petit garçon) de l'absence du pénis, c'est-à-dire la découverte des organes génitaux féminins éprouvée simultanément comme carence et blessure, blessure de la castration qui suggère celle que l'on subirait soi-même pour le cas où l'on céderait à son désir d'y pénétrer et où l'on transgresserait le tabou, si donc l'on pose que, dans cette fantasmatique angoisse de castration, c'est en fin de compte l'autorité paternelle qui a son ancrage, que le surmoi se constitue par la fusion avec et par le rejet de la particularité de la femme, particularité lourde de présages, aussi attirante que répugnante et provoquant convoitise et nausée, alors le vagin (la *cise*) est justement le symbole par excellence du « féminin », désiré, gros de menaces, de dangers et de risques. Il est l'objet que le père n'a pas et qu'il balise d'un interdit, à savoir l'*absence* du phallus.

Dès lors, la décision est justement le parti pris, aussi résolu que désespéré, pour le signifiant (de la société mâle) dont l'empire s'étend partout, pour le phallus, et pour le « nom du père ». Bref, l'*Ent-scheidung*, littéralement la dé-cision, est prise pour se défendre ou se détourner de la « cise » *(Scheide)*, c'est-à-dire de la vulve. La décision est l'attachement au phallus, par où l'on échappe à l'effroyable péril d'être englouti dans l'ouverture béante, la *béance** et l'abîme à l'intérieur duquel on ne serait que trop aise de s'enfoncer.

Le caractère oraculaire de la langue allemande, si souvent invoqué par Carl Schmitt, nous est maintenant confirmé par des psychanalystes français lecteurs de Sigmund Freud dans le texte original.

Dans une lecture post-lacanienne de l'œuvre de Freud (et de sa biographie), Wladimir Granoff met le concept de la *décision* au centre d'une analyse des démêlés de Freud avec le problème de la bisexualité [1]. De ce problème, Freud ne donna jamais une conclusion satisfaisante, si ce ne sont celles-ci : la délimitation d'un discours masculin contre le caractère menaçant du féminin, ses esquives pour ne pas le reconnaître, et la genèse d'une théorie de la culture dans laquelle, sur la défensive, la culture et l'esprit mènent un combat désespéré contre la « nature », en l'homme et au-dehors de lui, ce qui en fait revient au même. Il se « décide » : dans son analyse, Granoff décline les valences sémantiques de ce mot clef, « *Entscheidung*, ce mot allemand, à lui seul, oh secret de la langue allemande, réalise la même opération [2] ».

Il y va de la « cise » *(Scheide)*, c'est-à-dire de la fente. « Le fendu est le défendu », lisons-nous à l'endroit du tabou et de sa définition. « La décision ne protège pas la fente, mais se protège d'elle ». Elle est « la décision qui *dé-fend*, qui libère aussi (de la fente) [3] ». Ici, le français permet une nuance de plus encore que l'allemand : « défendre », c'est aussi « interdire ». « Il y a donc le fendu, et le défendu qui est le décidé [4] ! »

Une fois de plus, il se découvre que le lexique de l'inconscient est polyglotte. Et de fait, pour nous permettre de nous représenter

---

1. Wladimir GRANOFF, *Filiations. L'avenir du complexe d'Œdipe*, Paris, Éd. de Minuit, 1975 ; *La Pensée et le Féminin*, Paris, Éd. de Minuit, 1976.
2. Wladimir GRANOFF, *La Pensée et le Féminin*, p. 458.
3. *Ibid.*
4. *Ibid.* (« *Scheide, Scheidung*, à la fois fourreau et séparation. Il y a donc le fendu et le défendu, qui est le décidé »).

tout ce que charrie le terme « décision », le français n'offre pas moins de ressources que l'allemand.

Comme les langues romanes dans leur ensemble, le français s'attaque avec agressivité au problème. Dans le mot *Dezision*, qui est emprunté à une langue étrangère et qui a tant les faveurs de Carl Schmitt qu'il l'a même le premier élevé à la dignité d'un concept de la théorie politique, une oreille allemande pourra, elle aussi, entendre l'autre registre. Pour mener à bien l'opération de refoulement, une coupure forte est nécessaire. Au moment de prendre une décision, la situation est tendue, c'est un instant d'une « extrême intensité ». Sur le plan purement phonétique, le mot « décision » communique cette intensité. Il est dur, pointu et tranchant (« blessant »). Tranchant comme une lame que l'on met au fourreau *(Scheide)* et que l'on en dégaine. Il ne suffit pas de se mettre en garde et de bouter dehors. Il faut se livrer à une coupure radicale, le sang doit couler. La décision est sur le fil *(Schneide)* de la lame *.

Parmi les associations qui escortent le double concept de la décision (*Dezision* et *Entscheidung*), on compte le bruissement subtil du couteau que l'on effile, celui de la castration et de la circoncision, qui est du registre du poignard. Le cliquetis du sabre, le froissement des lames vient, lui, à l'« heure où dans l'État, l'épée décisionniste va trancher ». Dès que, chez Carl Schmitt, il est question de décision, la chose est patente, le ton monte, les formules se font plus acérées. Le « coup d'épée décisionniste et dictatorial » marque aussi la langue du « penseur décisionniste », il se fait agressif sans réserve, viril et martial. Il triomphe de la terreur de la castration. Le délire-Râ s'empare de lui.

Notre lecture de l'œuvre de Carl Schmitt met au jour la même structure mentale et psychique fondamentale que celle décelée par Granoff dans l'œuvre de Freud. Sa subtile analyse remonte aux racines psychosexuelles du « décisionnisme ».

L'un et l'autre, Freud et Schmitt, relèvent de la même tradition, celle d'une société et d'une anthropologie imprégnées par le patriarcat et dans lesquelles la tentative de produire l'« homme rien que mâle » et de bannir (de refouler aussi) le « féminin » fut promue au rang de performance culturelle principielle. « L'exploit est de s'arracher à la position féminine. »

---

* Rappelons ici, à la fois très près et très loin de cette interprétation, celle de R. Girard : « toute *décision* véritable dans la culture a un caractère sacrificiel (*decidere*, je le redis, c'est couper la gorge de la victime) et par conséquent remonte à un effet de bouc émissaire non dévoilé, à une représentation persécutrice de type sacré » (R. GIRARD, *Le Bouc émissaire*, Grasset, 1982, p. 165). [N. d. T.]

Cette performance est un acte douloureux et héroïque. « C'est que l'acte héroïque consiste à surmonter un danger, à le vaincre[1]. »

Si l'on suit l'analyse par Granoff de Freud, Schmitt, qui se comprenait lui-même pour l'essentiel comme un « penseur décisionniste » (au sens existentiel), est un « obstiné de la décision[2] » typique. Au tableau de ce « type décisionniste[3] », on a l'obstination, la raideur, l'entêtement et le poids de la coercition obsessionnelle. Il est marqué par le fait qu'il n'est pas libre de modifier son comportement. « L'on ne décide que ce que l'on n'est pas libre de ne pas décider[4]. »

Una teoria pura e fredda della politica ? Que non. Une théorie bien chaude, chargée d'émotions et d'affects. Un échantillon de rationalisation obsessionnelle à la manière de Schreber.

Ce n'est pas du tout de l'« État » qu'il s'agit, mais du « statut » de l'homme. Poussant à l'extrême, on pourrait dire que, chez Schmitt, la construction théorique n'a que fort peu de rapports avec la « politique ». Elle est le symptôme de cette épidémie de l'époque, et que Freud, qui n'en souffrait pas moins, a diagnostiquée comme la conséquence des relations (masculines) perturbées à la sexualité (féminine). À ce titre, elle relève du domaine de recherche de la pathologie sexuelle.

Voilà qui sent son « réductionnisme », mais n'en est pas si l'on part de ce fait que le monde (dans l'horizon de la culture occidentale tout au moins) est malade de sa sexualité (refoulée).

La politique et la sexualité ne sont peut-être pas aussi éloignées l'une de l'autre que l'école voudrait nous le faire croire aujourd'hui encore.

Et peut-être la pathologie sexuelle enseignée par la psychologie des profondeurs est-elle une meilleure voie d'accès que la *political science* et la théorie de l'État à une compréhension de la politique à la mesure de son objet. Peut-être est-ce là absolument la seule chose que puisse nous apprendre Carl Schmitt, la seule qui vaille que l'on s'en occupe, à savoir : discerner, enfin, les connexions de la sexualité et de la politique.

Tout indique que sa théorie politique, avec ses formules célèbres et de sulfureuse réputation – « discrimination entre l'ami et l'ennemi », « état d'exception » et « décision », « chaos » et « anarchie » –, a donné son moule conceptuel à la

---

1. W. GRANOFF, *La Pensée et le Féminin*, p. 109.
2. *Ibid.*, p. 85 (dans *L'Avenir d'une illusion*).
3. *Ibid.*
4. *Théologie politique*, p. 43.

névrose caractéristique de la société des mâles de l'époque wilhelminienne.

Quand il affirmait en 1922 : « Tous les concepts politiques sont des concepts théologiques », c'était là de sa part une provocation contre-révolutionnaire. Ce qu'avec l'élan de l'*Aufklärer* Kelsen avait voulu dire par souci de démystification, Schmitt le retourne en son contraire, suivant une intention diamétralement opposée. La critique républicaine est transformée en une apologie de la restauration. Intéressant cas d'interversion. À considérer les choses de près, c'est, dirait-on, comme si tous les concepts politiques qu'il met en jeu étaient d'une manière ou d'une autre concernés par la sexualité, par la vie sexuelle de l'humain et par les rapports entre les sexes (au sens de Bachofen), et cela non pas de manière accidentelle, mais essentiellement et conformément à la « nature de la chose ».

Au lieu de continuer à nous laisser mystifier par la prétendue « théologie politique » du « chevalier de l'apocalypse de la contre-révolution » (Taubes), il devrait se révéler plus fécond sur le plan scientifique de lire et de décoder les textes de Schmitt à la lumière de la théorie freudienne de la névrose.

Il n'est nul besoin, à cet effet, d'une heuristique de sophiste ni d'une herméneutique emberlificotée. Il suffit de tendre l'oreille au langage qui porte les concepts de Carl Schmitt et leur donne son empreinte. Et si l'on a pu dire que la psychanalyse n'a rien découvert qui ne soit déjà dans la langue[1], de même nous n'aurons pas besoin d'inventer quoi que ce soit si nous soumettons le tour donné par Carl Schmitt aux mots à un examen plus approfondi, trouvant seulement ce que, dans sa « sagesse inégalée » (Freud), la langue a à nous dire. L'« arcane » de Carl Schmitt est révélé par le « caractère oraculaire de la langue allemande ». Prendre Schmitt au mot, ce n'est pas lui faire tort, mais s'en tenir à ses intentions les plus profondes.

L'indéniable mérite de Carl Schmitt tient à sa découverte de la « cise » comme topos des sciences politiques. Le fait que cette découverte sensationnelle ait échappé à ses lecteurs ne peut lui être imputé. Sur le plan de l'inconscient, toutefois, elle a sans aucun doute contribué de façon majeure à la fascination qu'il exerce.

---

1. Georges-Arthur Goldschmidt.

Miss Schreber.

Par-delà le jugement que l'on porte du point de vue de la psychiatrie sur le cas Schreber, et sans se préoccuper en quoi que ce soit de l'importance qu'il a pour la recherche psychanalytique, ainsi que Freud s'en était tout de suite rendu compte et ainsi qu'en témoigne depuis une littérature abondante, les *Mémoires d'un névropathe* [1] du président Daniel-Paul Schreber sont un document d'époque tout à fait exceptionnel, dont l'interprétation du point de vue des sciences politiques, de l'histoire intellectuelle et de celle des idées est d'un aussi bon rapport que celle de toute autre autobiographie, de tout autre journal ou de toute autre correspondance d'un contemporain de Schreber passant pour « normal ». Il en va de même si l'on compare l'ouvrage à des œuvres scientifiques ou littéraires de l'époque, qu'elles relèvent de la littérature triviale ou de la littérature dite grande. Schreber était juriste et magistrat. Il était donc un représentant de la tranche supérieure des fonctionnaires formée à l'école du droit. Il faisait partie de cette catégorie d'hommes d'Allemagne qui ont été les supports du Reich sans appartenir à proprement parler à la couche des nobles et des officiers. C'était un bourgeois. Son père, un socio-pédagogue de renom qui avait parcouru de manière exemplaire toutes les étapes de sa socialisation – qui, telle une entreprise de dressage physique et psychique, faisait d'un individu un loyal citoyen allemand –, mérite de passer, dans l'histoire des mentalités, pour un des « pères » spirituels de l'« idéologie allemande ». C'était un adepte de l'idéal de dureté contre soi-même et de l'intériorisation de la violence, où le soldat place la virilité.

À fort bon droit, le président Schreber voyait dans son opus même une œuvre scientifique et une contribution à la recherche et aux constructions théoriques de la science. Mais, il faut bien le dire, tous les savants ne révèlent pas avec la même intransigeante franchise le fonds pulsionnel de leur labeur scientifique.

Dans le tableau qu'il peint de la philosophie de la religion et de l'histoire, le livre de Schreber n'est pas plus bizarre que celui d'autres étranges personnages. Que l'on songe seulement aux travaux de Schuler, ou aussi bien à ceux de Rudolf Steiner. En deçà de leurs problèmes théoriques, il y a sans aucun doute des expériences sur lesquelles il serait possible d'enquêter du point de vue de la psychologie des profondeurs, de manière à mettre à nu les liens qui existent entre une construction théorique et

---

1. Daniel-Paul SCHREBER, *Mémoires d'un névropathe*. – Toutes les citations des pages suivantes sont extraites de cet ouvrage. [N. d. E.]

des idées délirantes. Chez Schreber, les contenus inconscients affleurent sans déguisement dans la langue. Sa « théorie » n'est pas une tentative de donner une forme conceptuelle à quelque chose dont il ne saurait parler directement. D'une certaine manière, il écrit noir sur blanc.

Il peut en effet se passer du codage de ses expériences dans la langue des concepts de la science, car il peut faire usage de la liberté que lui confère son statut de « névropathe ». D'une certaine manière, il est sous la protection que lui offre la forme littéraire du tableau clinique, lequel, en cette qualité, peut revendiquer sa « scientificité ». En exposant son « système » comme un « système délirant », il peut l'articuler dans la langue non chiffrée de l'expérience immédiate, c'est-à-dire dans le langage quotidien et commun d'un homme de son rang social. Grâce à lui, nous avons la chance d'être en possession d'un rapport de première main sur des expériences élémentaires de la sexualité.

Il n'est pas nécessaire que nous nous donnions d'abord la peine de mettre laborieusement à jour, moyennant un procédé compliqué de réduction herméneutique, les problèmes sexuels situés derrière la théorie scientifique fort ambitieuse de notre auteur.

Il va de soi que les « théories » théologiques, cosmologiques et historico-philosophiques de Schreber ne sont jamais que des hypothèses (ou des prothèses) interprétatives destinées à élucider des expériences subjectives et qui excèdent la manière « ordinaire » dont un individu se comprend. Elles proviennent du fonds culturel des hauts fonctionnaires de l'époque passés par l'université, et reflètent le niveau intellectuel de l'auteur. Pseudo-scientifiques, elles nous montrent néanmoins que, pour formuler ses problèmes sexuels, même à l'intérieur d'un tableau clinique, un universitaire cultivé ne pouvait passer que par la forme des savoirs théoriques. Et, en effet, les schémas de comportement et de pensée de l'ordre social dominant ont pour fonction essentielle de maintenir lesdits problèmes sexuels dans le refoulement.

Une autre voie possible aurait été le recours à la langue métaphorique de la poésie. Bien que, pour un individu qui cherche une issue à sa misère sexuelle, ce soit une voie « normale » – à laquelle, autrement dit, la société donne son aval –, notre président n'a pas voulu ou pas pu l'emprunter. Tout le monde n'a pas la vocation de poète. Les possibilités de passer outre aux interdits prescrits par la censure intérieure et extérieure ne sont pas les mêmes pour le premier magistrat d'un sénat que pour un homme de lettres ou pour la bohème de Schwabing éprise de philosophie. Le seul moyen qui lui restait, c'était de trouver refuge dans une maladie mentale dûment reconnue.

À lire Schreber sous ces prémisses, on se rend très vite compte que l'on n'est en rien confronté aux scories des extravagances, des aberrations et des dérives d'un « cas » psychiatrique, mais que, derrière le « système délirant » de Schreber, se dessinent les contours d'un genre de souffrance dont on peut dire que, pour la majorité de ses contemporains de sexe masculin, normalement constitués et faisant partie de la même couche sociale, elle était caractéristique.

Chez Schreber devient manifeste ce qui, chez d'autres, devait demeurer latent, cette latence de rigueur étant du reste la condition de la « normalité ».

Et de fait, avec les *Mémoires d'un névropathe*, nous avons affaire à un document dans lequel le problème central de cette période, le problème propre de la culture de cette époque, la bisexualité indomptée de l'humain, trouve à se formuler avec une absence de réticences unique en son genre. Ce que le président Schreber a enduré et articulé, il est hautement vraisemblable que tous les hommes de sa génération l'ont enduré avec une non moindre intensité, sans avoir le droit de l'articuler, à savoir l'assaut du « féminin » repoussé dans l'inconscient.

Dans le cas de Schreber, les défenses chevillées dans la structure de la personnalité et de la société propres à l'époque (le « sens viril de l'honneur », la moralité, les conventions sociales, les normes définies par les lois) craquent, et le refoulé vient au grand jour, empruntant la forme de l'« idée délirante ». Il s'agit de besoins qui, au fond, sont on ne peut plus normaux et humains, à savoir une exigence de sensibilité et de sensualité et un désir de volupté. Mais ce sont là des « émotions féminines » (p. 222). L'infortuné mâle lutte pour son identité « dans le camp des hommes ». En vain, « l'idée que, tout de même, cela doit être une chose singulièrement belle que d'être une femme en train de subir l'accouplement » (p. 46) menace d'avoir le dessus ! Bien que la chose soit « absolument étrangère à toute [sa] nature » (« [l'idée, si elle m'était venue] en pleine conscience, je l'aurais rejetée avec indignation, je peux le dire »), il devra finalement accepter d'*être métamorphosé en une femme* et ne trouve pas d'autre manière de se tirer d'affaire que d'interpréter sa métamorphose comme un moment d'un « mouvement immanent à l'ordre de l'univers, qui comprend la nécessaire *éviration* » (p. 57), et de la situer dans le vaste contexte de la philosophie de l'histoire. Ce qui ne va pas, comme on peut aisément le croire, sans que se forment de graves symptômes.

Schreber lui-même a longtemps « ressenti le risque d'éviration comme celui d'une ignominie menaçante, aussi longtemps qu'il a pu être question notamment d'un abus sexuel de [son] corps qui serait le fait d'autres hommes », (p. 114-115), et il entend « faisant allusion à [son] éviration prétendument imminente des voix railleuses » le « railler d'un Miss Schreber » [p. 114] (c'est-à-dire « livrer mon corps à l'encan comme celui d'une putain féminine » [p. 63]).

Au fond, il ne s'agit aucunement d'être un « homme » métamorphosé en « femme », mais de *pouvoir être simultanément homme et femme*, c'est-à-dire de vivre totalement la bisexualité. « Qu'il n'y ait pas de malentendu ; lorsque je dis [que cultiver la volupté est devenu pour ainsi dire mon devoir] *il ne s'ensuit nullement que je doive me mettre à poursuivre de ma concupiscence sexuelle d'autres personnes (des femmes),* ni que je sois tenu d'entretenir un commerce sexuel quelconque ; ce qui est exigé, c'est que je me regarde moi-même comme homme et femme en une seule personne, consommant le coït avec moi-même, et que je recherche sur moi les pratiques qui ont pour but l'échauffement sexuel, etc., dussent ces pratiques être par ailleurs considérées comme obscènes. » Et il ajoute : « Bien évidemment elles n'ont rien ici à voir avec les représentations habituelles de l'onanisme ou autres choses semblables » (p. 229-230).

Pour faire bonne mesure, Schreber a « vécu dans l'attente du jour où l'on procéderait réellement sur moi, finalement, à l'éviration (transformation en femme) » (p. 234), ce qui veut dire qu'il lui serait possible « d'assumer *sans cesse* le rôle de la femme aux prises avec [lui]-même dans l'étreinte sexuelle » (p. 231-232). Nous discernons donc distinctement, d'une part, les mécanismes de défense liés à l'« impératif de virilité », les poses viriles prévues par le rôle imparti aux hommes par la société : les preuves à donner de leurs qualités de courage, l'observance de certains points d'honneur dûment stipulés, et le ferme attachement à certains principes de moralité, toutes choses dont relève aussi la condamnation portée sur la « sensualité pure », l'aversion éprouvée pour toute homosexualité et le rejet de l'onanisme. D'autre part, nous discernons tout le registre des représentations qui tournent autour du « féminin » : l'aptitude plus prononcée à la volupté et à la sensualité, l'« anxiété féminine » mais, immédiatement (à cause de l'idée obsessionnelle qu'il faudra engendrer *même* le rédempteur du monde), la révérence tirée à la supériorité des femmes qui peuvent avoir un enfant, reconnaissance qui culmine pour finir dans l'idée que la « Femme » pourrait sauver le monde de la déchéance. Comme nous le savons, ce sont là des idées d'hommes, avec lesquelles nous sommes amplement familiarisés. Il s'agit de l'« éternel féminin » qui nous attire à lui, de Goethe jusqu'à Saint-Simon. Ce motif sera repris par Aragon dans sa formule « La femme est l'avenir de l'homme ». Mais il est vrai que l'on ne pouvait énoncer de telles idées sans atterrir dans un asile de fous, à moins d'être un poète.

Au tableau clinique de « Miss Schreber » figurent les démêlés avec l'arbitraire de la polarité des sexes et le mouvement qui pousse impérieusement à s'en libérer, et cela non seulement dans le domaine psychique, mais aussi dans le domaine somatique, c'est-à-dire dans le vécu de la corporéité féminine et dans la capacité pour un corps d'homme d'avoir les sensations d'« une femme plongée dans le ravissement de la volupté » (p. 229). Ce qui va naturellement de pair avec une transgression des normes vestimentaires qui avalisent cette polarité. « Retirer les bottes » signifiera donc à peu près une « éviration » (p. 143), et bien entendu la moustache aussi doit disparaître. Donner « à mon corps un aspect plus ou moins féminin, [et en particulier ma peau a pris la douceur caractéristique du sexe féminin] » (p. 136), tel est le vœu le plus ardent du président Schreber.

À côté de ces dramatiques annales d'une bisexualité qui cherche à percer violemment (et dont Freud, à peu près à la même époque, a appris et proscrit la possibilité et le danger, ce qui autorise à comprendre la psychanalyse comme le produit scientifique de cette tactique de retranchement, dont elle est la « construction théorique » élaborée pour maîtriser le danger), on glanera dans les notes de Schreber bien des choses qui peuvent passer pour typiques des idées que se fait de l'histoire, de la politique et de la société le milieu dont il est un échantillon, mais qui, maintenant, explicitement liées à la problématique sexuelle, apparaissent sous un jour entièrement nouveau. Et, de fait, nous obtiendrons des éclaircissements fort prometteurs quant à la valeur propre qu'il convient d'affecter à une série de *topoi* qui avaient cours à l'époque et dont il serait sinon, malaisé de trouver les indices.

Théologie allemande.

Le président Schreber rationalise son destin personnel de mutant en en faisant un épisode de l'histoire universelle et de l'histoire sacrée, si l'on peut dire. Il est l'élu d'un Dieu qui a établi avec lui des relations d'un genre très particulier. « Dieu est désormais, de par la puissance invincible de mes nerfs, indissolublement lié, et depuis des années, à ma personne » (p. 230).

Dieu exige « un *état constant de jouissance*, comme étant en harmonie avec les conditions d'existence imposées aux âmes par l'ordre de l'univers ; c'est alors mon devoir de lui offrir cette jouissance, pour autant qu'elle puisse être du domaine du possible dans les conditions actuelles, attentatoires à l'ordre de l'univers, et de la lui offrir sous la forme du plus grand développement possible de la volupté d'âme. Et si, ce faisant, un peu de jouissance sensuelle m'échoit en retour, je me sens justifié à l'accepter à titre de léger dédommagement pour l'excès de souffrances et de privations qui ont été mon lot depuis tant d'années » *(ibid.)*. « Dieu le veut » *(ibid.)*.

Or cette mission personnelle dont il est investi par Dieu a une portée historique universelle dans la mesure où l'éviration de Schreber, sa mutation en une femme, doit sauver l'humanité promise à la déchéance. Il s'imagine, en gros, que c'est *un* être humain, le dernier de son espèce, *un* élu, « celui peut-être qui eût été de mœurs plus méritantes relativement » (p. 58), et métamorphosé en femme, qui pourrait engendrer le « nouvel homme ».

Or il est capital que Schreber soit allemand, car les Allemands sont *« le peuple élu de Dieu »* (vraisemblablement depuis la Réformation, mais peut-être aussi depuis les grandes invasions déjà). Le peuple élu, « de la langue duquel Dieu usait de préférence ». Dieu *parle allemand*, il use de la « langue allemande dans la forme de la "langue de fond" » (p. 28).

S'il est assez sûr « que le rude hiver de 1870-1871 fut décidé par Dieu afin que, à la faveur de certaines circonstances, le hasard de la guerre tournât en faveur des Allemands » (p. 25), bien des choses indiquent maintenant que « l'hégémonie qui appartient de droit au peuple élu de Dieu ne pourrait être laissée au peuple allemand » (p. 81). On retrouve ici les traces du *Kulturkampf* de Bismarck.

Les Juifs.

La menace se manifeste sous la forme d'une « montée du catholicisme, du judaïsme et du panslavisme » (p. 81). À y regarder de plus près, c'est le judaïsme qui apparaît comme le contre-pouvoir proprement dit. Le *« Juif éternel »* (p. 58) semble être désigné pour la tâche salvatrice qui consiste à être métamorphosé en femme pour mettre au monde le nouvel homme une fois que le reste de l'humanité aura été anéanti (et préserver ainsi l'espèce). Mais cela seulement, bien entendu, si Schreber ne s'acquitte pas comme Allemand du mandat que lui a réservé Dieu, à savoir le « miracle de l'éviration » (p. 59). Donc, les

« Juifs » sont particulièrement prédisposés à se transformer en femmes. Cette mission historique universelle les met en concurrence avec les « Allemands », ou encore avec Schreber, l'Allemand élu et pas comme les autres, et sur les épaules duquel repose tout le fardeau de l'histoire de l'humanité.

« L'expression "aryen" était très fréquemment utilisée à ce moment-là. Il y avait aussi une béatitude "aryenne", etc. En général, l'expression servait à désigner une tendance *nationale allemande* présente chez beaucoup d'âmes, tendance qui voulait conserver au peuple allemand la place du peuple élu de Dieu, à l'opposé des aspirations catholicisantes et panslavistes qui emplissaient les âmes d'une autre faction » (p. 89).

L'Allemagne perdait son rôle de « peuple élu de Dieu » « si en son sein ne se [manifestait] pas un champion pour démontrer la permanence de sa dignité. Ce champion à venir, c'était tantôt moi, tantôt une personnalité désignée par moi [...] ; enfin, la prédiction qui me faisait "prince mongol" me parut indiquer que les peuples aryens dans leur ensemble avaient failli à soutenir les royaumes divins, et qu'un dernier recours serait tenté auprès de peuples non aryens » (p. 81-82). Quant au péril juif, Schreber parle aussi de la « lèpre hébraïque » (p. 87). Le « péril jaune » fait également son apparition, « raz-de-marée jaune » contre lequel il faut que Schreber érige une muraille. Il commente alors, comme allant de soi : « Je mis ceci en rapport avec un danger d'infection syphilitique » (p. 74).

Prince de l'enfer.

Durant une phase déterminée de sa maladie, Schreber s'entendait désigner sous le nom de « prince de l'enfer » : « Mille et mille fois revenait : La toute-puissance divine a décidé que le prince de l'enfer serait brûlé vif » (p. 140).

Mais pourquoi cela ? « Ceux qui, par le passé, ont eu l'occasion de me connaître et de constater mon caractère froid et pondéré, m'accorderont volontiers que jamais je n'en serais venu seul à me prévaloir d'un titre aussi fantastique que celui de "prince de l'enfer", d'autant qu'il contrastait singulièrement avec la médiocrité de mon existence et avec l'internement dont je faisais l'objet » (p. 140). Visiblement, il s'agit d'une « abstraction » ou d'une « personnification ». « Vraisemblablement [...] passait pour "prince de l'enfer" la puissance inquiétante qui, à la suite d'une corruption morale de l'humanité [...] ou d'un excessif degré de culture pouvait se développer en ennemie de Dieu. Or, tout à coup, ce "prince de l'enfer" prenait, avec ma personne, toutes les apparences de la réalité incarnée, car la vertu d'attraction de mes nerfs ne cessait de s'affirmer chaque jour plus irrésistiblement. On voyait donc en moi l'ennemi à abattre, par tous les moyens au pouvoir de Dieu. Que tout au contraire je fusse le *meilleur ami* [...], cela on ne voulait pas en connaître [1]. » Schreber en vient à conclure : « Là où l'ordre de l'univers est rompu, la puissance reste seule maîtresse du terrain, et c'est la raison du plus fort qui décide » (p. 64).

Fait également partie du système de Schreber, cela va de soi, la « représentation d'une fin du monde », qui consiste en partie en des visions d'une « indescriptible grandeur » (p. 74). Il les explique comme étant une « conséquence de la relation désormais indissoluble entre Dieu et moi » (p. 70).

A-t-on besoin d'autres indices encore pour conforter la thèse que, dans le « système délirant » du président Schreber, les désirs, les peurs, les fantasmes et les idées obsessionnelles latentes des couches supérieures de l'Allemagne wilhelminienne deviennent visibles ? Dans le *retour du refoulé**, qui, dans le cas de Schreber, s'est exprimé sous la forme d'une schizophré-nie, s'exhibe tout ce qui « normalement » est retenu en détention dans l'inconscient. Les défenses s'organisent contre le « risque d'éviration » et le devenir-femme. Ainsi, dans la peur paranoïde que déclenche cette menace se manifestent en creux les efforts colossaux dépensés pour faire suite à une exigence de la société intériorisée par le surmoi (pour lui donner corps) et pour s'en acquitter impeccablement en homme, rien qu'en homme, comme homme de pied en cap, et dans la version spécifique du soldat viril (cumulant le masculin et le martial).

Ce qui voudrait dire que, en puissance, sur tous les mâles appartenant à la couche dirigeante et cultivée de l'Allemagne wilhelminienne (Holstein, Herbert von Bismarck, Tirpitz, Beth-mann Hollweg, Max Weber, etc.) une investigation devrait être menée sous le rapport de la maladie schrébérienne, et que l'on devrait examiner dans quelle mesure les expressions de l'image qu'ils se font du monde et d'eux-mêmes sont, dans leur struc-ture, analogues à celle du système de Schreber. Ce qui vaudrait aussi pour les documents les plus importants de la littérature de cette époque, par exemple pour les nouvelles de Thomas Mann. *La Mort à Venise* fut publiée la même année que les *Mémoires d'un névropathe*. La méthode consisterait à retourner le procédé et à ne plus questionner, par rapport au discours de la normalité, la maladie du président Schreber en référence à ses composantes manifestes et aux idées qu'elle engendre, ainsi

---

1. D.-P. SCHREBER, *Mémoires d'un névropathe*, p. 141 [trad. légèrement modifiée].

que nous venons de le faire par certaines allusions, mais consisterait, à partir du modèle de Schreber, à tester le discours de la normalité dans son caractère psychopathologique.

CHAPITRE VIII

L'ANTICHAMBRE DU POUVOIR

« Sous sa plume, telles tournures étaient une manière
de situer un lieu psychique. » (BERNOULLI, sur Bachofen.)

« Une sorte de mot pivot autour duquel le reste se met
en place. » (Vladimir GRANOFF, à propos du mot allemand
« Scheide ».)

« L'abus presque fantastique du terme décision *[Ents-
cheidung]* ne peut empêcher de laisser à ce terme le
contenu grâce auquel il reste en rapport avec la séparation
[Scheidung] la plus intime et la plus extrême discrimination *[Unterscheidung]*. » (Martin HEIDEGGER.)

Un lieu est défini.

Un « lieu » est défini : le lieu de la fracture, de la discrimination *(Unterscheidung)* et des décisions *(Entscheidungen)*. Il
s'agit du lieu des « fières affirmations et des négations radi-
cales ».

La « cise » est le symbole de la différence des sexes, de leur
séparation, et finalement de toutes les séparations. Le long
d'elle, à travers elle, court la fente frontalière entre l'homme et
la femme, entre le masculin et le féminin. En elle se rencontre
ce qui est séparé. Mais si elle est le symbole de la fracture, elle
est aussi l'emblème de l'union qui promet la réunification.

Sous le signe de la « cise », les deux moitiés de l'homme tout
entier – et de son monde – se rejoignent et se complètent. La
cise est au centre du grand champ magnétique où s'enchâsse
l'existence cosmique, biologique, sociale et culturelle de l'être
humain. *Yin* et *yang*. Les mythologies et les religions de toutes
les cultures connues sur l'étendue de la terre en témoignent dans
un parfait unisson. Seule la métaphysique occidentale, jusqu'à
aujourd'hui, n'en veut rien savoir.

Il n'y a pas de région de l'expérience et de la connaissance
humaines, dans l'univers immédiatement accessible, qui soit
plus subtile et plus grosse de tensions, pas de site où la sensibilité physique, psychique et cognitive de l'être humain atteigne

un plus haut « degré d'intensité ». Les perceptions sensorielles et les émotions ne peuvent être mesurées dans leur intensité qu'en rapport à cet étalon absolu. Les expériences métaphysiques et le vécu religieux, eux aussi, ne peuvent jamais être enregistrés et portés au langage qu'en référence consciente ou inconsciente à elle, ou en analogie avec elle.

Anatomiquement et psychologiquement parlant, il s'agit de l'endroit où l'excitation fait chercher au membre viril l'accès au vagin, point hypersensible où se touchent le gland tumescent *(glandula penis)* et les délicates lèvres *(labia interna)*. C'est le point de contact de Lingam et Yoni *.

Le sec et l'humide, le dur et le tendre, l'injonction et l'offrande se rencontrent dans l'élan réciproque de l'union, dans le dépassement de la séparation et dans la fusion. Alors, physiquement et physiologiquement, un corps devra (ré)advenir de deux corps. *Due in carne unum.*

Autour de ce « lieu » s'organisent les rapports sexuels et les rapports entre les sexes, sur lesquels se fonde le système de l'ordre social dans toutes ses ramifications, y compris l'ordre des dieux. C'est là que s'organise l'économie individuelle et collective des pulsions, la structure de la personnalité et les rôles joués par les deux sexes, c'est-à-dire en fin de compte la mentalité. C'est là que naissent les institutions sociales et politiques, la maison des hommes et la polyandrie, le patriarcat ou le régime matriarcal. Veut-on savoir ce qu'il en est de la culture politique d'une collectivité, qu'il faut alors se demander comment les rapports entre les sexes sont réglés *en leur fondement*.

Pour notre aire culturelle, ce lieu chargé de sens est le « point de départ de tous les corps de l'État ».

La langue, lorsque nous lui prêtons une oreille attentive, nous enseigne à quel point toutes choses font corps. Elle est le champ sémantique polyvalent des désignations et des signes dans lequel les images, les symboles, les représentants psychiques, les fantasmes et les obsessions sont disposés dans une belle densité autour de l'épicentre du grand signifiant « énigmatique », c'est-à-dire autour du signifiant sexuel concret. Pour ce qui nous occupe, nous pouvons distinguer trois registres de l'articulation verbale, trois niveaux de sens et de signification subordonnés chacun à d'autres couches de l'être de l'homme : premièrement un niveau politico-sociologique, deuxièmement un niveau physiologique et mental, « existentiel » pourrait-on dire, et troisièmement le niveau physiologique, somatique et anatomique en relation directe avec le corps, c'est-à-dire avec la nature phy-

---

* Dans la langue du tantrisme : le pénis et le vagin. [N.d.T.]

sique de l'être humain. Selon différents niveaux d'abstraction, selon différents degrés de déformation et de dissimulation, de déplacement, de déni et d'interversion, ces niveaux ont le même point médian, qui constitue leur « pivot ». Le concret de la sexualité s'expose sans vergogne en plein jour dans l'« obscène langue originaire » du peuple, du *Witz* et de la démence (ce dont les notes prises par Schreber fournissent l'exemple classique).

Avec aise, notre langue charrie tous ces éléments hétéroclites. Ils ne forment du reste nullement un magma menacé d'entropie, mais s'organisent, se structurent et se rapportent les uns aux autres selon une cohérence stupéfiante. Avec son étymologie et ses nuances sémantiques, chaque vocable est finalement couplé en retour à l'épicentre, c'est-à-dire à la sphère intime du génital.

Comme être bisexué et social, l'homme ne peut s'exprimer, dirait-on, ni se faire comprendre, ne peut penser ni agir sans ce retour à sa constitution sexuelle fondamentale. « Car la langue est une création de l'élan amoureux androgyne. » Tout n'est que métaphore (ou déni) du *basic fact*.

Or la merveille est que la structure morphologique des organes génitaux est elle-même « métaphorique ». Nous retrouvons reproduit dans cette minuscule configuration anatomique le modèle fondamental de la grande métaphore du monde.

Les figures de pensée de Carl Schmitt sont inscrites, elles aussi, dans le champ magnétique bipolaire et polyvalent organisé autour du « lieu central ». La teneur latente de ses textes s'illumine dès que, en tel passage éloquent, la trame de la « langue fondamentale » fait paraître ses feux à travers la surface sous laquelle elle est celée.

La topique du topos.

D'après les constats de l'anatomie, le lieu central de la « plus haute intensité » où se rencontrent Yoni et Lingam, le lieu où l'on cherche accès, dont l'entrée est autorisée ou refusée, celui où s'embrasent le plaisir et son contraire, et où se mélangent espoir et angoisse, s'appelle *vestibular region*. Il est ainsi dénommé par Marie Bonaparte, disciple de Freud et son sauveur, qui s'est penchée sur les détails de l'anatomie du sexe féminin, de ses fonctions physiques et psychiques, en sa qualité de femme et du point de vue de la femme. Elle a mis, de cette façon, au jour la signification du domaine de l'« antichambre » vaginale [1].

---

1. Voir Marie BONAPARTE, *De la sexualité de la femme*, Paris, PUF, 1951.

Dans le registre psychologique, mental et « existentiel », le lieu central a – selon une perspective typiquement masculine – un autre nom. Il est celui où l'on fait ses preuves et où l'on se réalise en « situation limite », c'est-à-dire « sur place ». Il est le « lieu de la décision » *(Entscheidung)*, avec ou sans trait d'union *.

Au niveau d'abstraction plus élevé de la réflexion politique et sociologique prévaut une autre désignation : l'« *antichambre du pouvoir* ».

Vestibular region, locus decisionis et « antichambre du pouvoir ** » sont isomorphes. Le topos a sa topique, qui prévaut à tous les niveaux. Cas par cas, on peut se référer à partir de chaque point à tous les autres, car il s'agit d'une topique autoréférentielle.

Le schéma de base est très simple. Il s'agit d'un « accès » allant *de* l'antichambre *vers* le pouvoir. La « cise » est le « *conduit reliant* la matrice et les parties externes de l'organe sexuel » (dictionnaire Wahrig). Il s'agit de distinguer entre un extérieur, un devant (ce qui, dehors, est devant), le « couloir qui relie », le « corridor », le « portail », ou l'« oreille [1] » ou encore la « bouche », et ce qui se trouve derrière l'orifice, mystérieux, imposant, attrayant, prometteur et recherché, le « sanctuaire » – l'utérus, la mère, le pouvoir, une grandeur énigmatique à l'irrésistible pouvoir de séduction. C'est dans la « cise » que le contact doit s'établir, l'étincelle jaillir, le circuit électrique se refermer, et un transfert d'énergie s'amorcer. C'est le moment de l'« extase » durant lequel quelque chose de « grandiose » a lieu.

La totalité est en jeu. Il y va d'une réunification et de la « symbiose », recherchées, éprouvées et imaginées des deux côtés, par les deux pôles, les deux partenaires, le masculin et le féminin, chacun selon sa manière et selon que le détermine sa

---

* *Entscheidung* pour « décision », *Ent-scheidung* pour l'homme qui, dans l'acte sexuel, se retire de la « cise », du « refend ». [N.d.T.]

** Pour tout ce chapitre, nous avons dû conserver la traduction, adoptée pour l'ensemble du livre, de *Vorhof der Macht* par « antichambre du pouvoir » – qui est en principe son approximatif équivalent français. Pourtant, *Vorhof* a son équivalent français exact, attesté par Littré : « avant-cour », beaucoup plus parlant dans les développements de l'auteur sur les connotations sexuelles du *Vorhof der Macht* (Littré : « Cour qui précède la cour principale. "Dans les avant-cours [des Invalides], tout retrace l'idée des combats", Chateaubriand, *Génie du christianisme*, III, 1, 6 »). [N.d.T.]

1. « Mentionnons enfin un fait connu du psychanalyste : l'oreille externe conçue comme symbole génital » (Karl ABRAHAM, « Le pavillon auriculaire et le conduit auditif, zone érogène », *Œuvres complètes*, I, trad. fse Ilse Barande [avec E. Grin], Paris, Payot, 1965, p. 123).

constitution biologique. Tel est le pli donné à la dynamique pulsionnelle de l'homme, le pli pris par l'« existence ». Toutes les imaginations masculines de réalisation de soi (ou au moins celles-là) sont des produits du désir de trouver dans l'antichambre un accès au portail (« les portes de la vie ») et de s'introduire dans le « sanctuaire » pour y reconstituer la symbolique unité originaire qui a été perdue. Voilà ce qui, physiologiquement, rend l'érection possible. La virilité est dressée à désirer ainsi la pénétration, et c'est là que va le désir de l'homme.

Comblé, le désir obtient sa récompense dans la prime de plaisir physique et psychique la plus haute qui puisse être, qui provient de la douce expérience de la « pure identité avec soi-même dans le sentiment de félicité d'un métabolisme heureusement accéléré » (C. Schmitt). Quelle allure la chose prend-elle du côté des femmes, c'est là une question sur laquelle nous ne nous arrêterons pas encore.

Il s'agit donc du lieu où l'homme doit « tenir la garde haute », ce qui ne marche pas si « elle » lui fait défaut. C'est là qu'il s'agit d'être « dur », résolu et obstiné (Heidegger parle de « résolution avant-coureur »), c'est-à-dire décidé. Car il y va de la « reconnaissance de la supériorité majestueuse de sa propre nature virile et phallique * ».

À y bien regarder, il s'agit là d'une splendeur qui ne va pas très loin. L'« image idéale » que l'homme se fait de lui-même (et qu'il a culturellement imposée) est une fiction « sans vérité intérieure [1] ». La vérité n'est pas le phallus grandiose, mais la pitoyable chétivité constitutive du « petit Toto » qui lui gigote entre les jambes.

À l'opposé de ses idées de grandeur narcissiques, l'homme est un minable nabot, et non le « héros » pour lequel il se fait passer et qu'il croit devoir être. « Si l'on prend l'homme pour ce qu'il est, dit Groddeck, c'est un être qui, en soi, a besoin de se prouver sa valeur, qui est non libre, enchaîné par mille liens au quotidien, et à qui insurrection et érection ne sont possibles qu'épisodiquement et pour un bref moment seulement [...]. Héros, l'homme ne l'est que dans les brefs instants de l'excitation, dans les moments d'érection de sa physis et de sa psyché, c'est-à-dire en *état d'exception* [2]. » La tumescence occasionnelle du pénis dans l'érection – en « état d'exception » – est sans doute la racine de ses fantasmes sexuels et de ses imaginations

---

* BACHOFEN, Préface au *Droit de la mère dans l'Antiquité*, p. 111 [trad. modifiée].

1. Georg GRODDECK, *Das Zwiegeschlecht des Menschen, Psychoanalytische Bewegung* (1931).

2. *Ibid.*

de puissance, mais ne suffit pas à instaurer la domination et le pouvoir viril en un état permanent auquel on conférerait la dignité de norme.

L'ivresse phallique de virilité est un plaisir de courte durée. Même s'il est à la hauteur, l'homme retombe inévitablement dans cet état de faiblesse caractéristique que l'on appelle la « petite mort ». Il est lessivé, dépouillé en quelque sorte de son fier attribut (symboliquement englouti, arraché avec les dents !), et se retrouve au point zéro. Et chaque fois il faut tout recommencer...

Le corrélat de sa « puissance » est l'« impuissance ». La « puissance » *(Potenz)* du potentat rime avec l'« impuissance » *(Impotenz)*. « Souveraineté est puissance suprême », dit Bodin. D'accord, mais pour combien de temps ?

Le culte de l'état d'exception se fonde sur le trop-plein d'estime phallocratique que l'on se porte à soi-même. « Est souverain celui qui décide lors de la situation exceptionnelle », tel est le noyau du discours de la décision. Une telle phrase est, de par le tour donné à la langue, une métaphore de l'érection. C'est un éclat de fanfare, un cocorico.

Le lieu qui devrait être l'arène de la virilité triomphante devient celui de défaites amères. Les imaginations de puissance font vite long feu et le cèdent à des épreuves d'impuissance.

L'accès au saint des saints est intensément dominé par le plaisir. Assurément, mais de l'« antichambre » au « sanctuaire » le seuil est avant tout celui de l'angoisse. Nous nous en sommes plus longuement expliqué ailleurs, et il nous faudra y revenir.

Bien des angoisses partielles se rassemblent en ce point, tels le traumatisme de la naissance, l'angoisse éprouvée par le nourrisson d'être rejeté par la « mauvaise mère » et l'angoisse œdipienne de castration du petit garçon qui doit se soumettre au tabou paternel de l'inceste. Ces angoisses se condensent en celle de l'impuissance connue par l'homme arrivé à maturité, et concrétisée dans l'expérience des défaillances de son appareil génital.

L'« antichambre » est le lieu de l'angoisse primordiale suscitée par le vagin. Au lieu de la cise, l'homme éprouve de la crainte pour ses *parties vitales**. *Le coït est dangereux**. La maîtresse de la vie apporte la mort. Car si elle n'apporte pas la petite mort, elle apporte maladie et pestilence (« gangrène et pourriture »), la syphilis. Alors commencent les peurs de la contamination ! « La femme comme danger, porteuse et vecteur de maladie » (Granoff).

Ce qui lui promet que ses désirs seront exaucés devient pour l'homme la quintessence de la menace. La « cise » devient la surface de projection de toutes les angoisses de l'homme que sa virilité préoccupe. Les « portes » et l'accès à la vie sont le siège de visions d'horreur. Mythologie, ethnologie et psychanalyse s'accordent pleinement là-dessus [1], et les preuves qu'elles fournissent emportent définitivement la conviction.

Les quelques escarmouches qui se jouent dans l'intimité de l'antichambre entre le gland et les lèvres prennent donc des dimensions d'apocalypse.

Rien ne sert d'affirmer que l'« antichambre » est le lieu de l'union. Elle est le lieu de la fracture, d'un combat où l'on s'affirme envers et contre tout, d'une « lutte de pouvoir particulièrement âpre », et de l'affrontement entre l'impuissance masculine et la surpuissance féminine.

Dans l'« antichambre » s'accomplit la « dialectique interne de la puissance et de l'impuissance humaines », dit Carl Schmitt. Mais il faut entendre « masculines »... Il est clair qu'il faut se prémunir contre la menace multiple, et l'antichambre devient ainsi le lieu de la décision.

Décision signifie violence, c'est-à-dire séparation violente des sexes et violente (et douloureuse) révocation du sexe et de tout ce qui touche au sexe.

> Niez le sexe, la clive du corps et de l'âme,
> Et l'existence ne vous réservera plus aucun danger.
> [Th. Däubler.]

Pour l'âge patriarcal, tout au moins dans l'aire culturelle occidentale, c'est en ce lieu que l'« invention de soi-même du mâle » trouve son origine. Il s'agit en fait d'une insurrection des mâles contre le pouvoir écrasant des femmes qui ont le monopole de la reproduction de la vie et de la production du plaisir. C'est un putsch aux conséquences incalculables dont relève l'hypostase d'une « puissance de procréation masculine »

---

1. Sur ce thème, la psychanalyste Karen Horney écrit : « Or cette phobie du vagin elle-même apparaît sans équivoque non seulement chez les homosexuels et les pervers, mais aussi dans les rêves d'hommes en cours d'analyse. » Karen Horney est d'avis que la crainte éprouvée à l'égard des organes génitaux féminins déborde presque toujours en angoisse par rapport aux femmes en général. « L'homme se dit : "Ce n'est pas que je la craigne, c'est qu'elle est elle-même méchante, capable de tous les crimes, une bête de proie, un vampire, une sorcière, insatiable dans ses désirs. Elle est la personnification même de ce qui est menaçant." » (K. HORNEY, « La phobie de la femme », La Psychologie de la femme, trad. fse Georgette Rinzler, Paris, Payot, 1969, p. 139 et p. 137). Voir aussi : Georges DEVEREUX, Baubo. La Vulve mythique, Paris, Jean-Cyrille Godefroy, 1983 et Marie-Louise JANSEN-JURREIT, Sexismus – Über die Abtreibung der Frauenfrage, Munich, 2e éd., 1977, chap. « Die vaginale Todesdrohung ».

sans fondement biologique et issue de l'« esprit ». *Ex nihilo* !
C'est dans cet esprit justement que « la décision [...] est née
d'un néant [1] ».

Or, l'arcane du discours décisionniste, que met en lumière
une analyse de la problématique de l'antichambre, est qu'*il n'y
a pas de puissance masculine*. Il n'existe que la violence masculine. La véritable puissance, la seule effective, durable, est du
côté de la femme. Pour cette raison, l'« accès au détenteur du
pouvoir » se réduit toujours au problème de l'accès à la « grande
mère », la seule à pouvoir satisfaire l'imaginaire mégalomane
d'omnipotence du petit garçon. Elle garantit et délègue la puissance, mais elle peut aussi la refuser et repousser le petit garçon
dans le « néant ».

On ne peut forcer l'accès à la puissance, au mieux peut-on
édifier un système coercitif pour neutraliser la femme. On peut
la refouler, mais elle fera retour sous cent formes, aspirations,
utopies et fantasmes. Quant à l'anéantir, cela ne se peut jamais,
à moins de s'anéantir soi-même.

Le combat pour l'accès au détenteur du pouvoir.

> « Aux membres d'une assemblée constituante je ferais
> valoir le problème de l'accès au sommet, de façon qu'ils ne
> croient pas qu'ils puissent mettre en œuvre le gouvernement
> de leur pays selon un schéma quelconque, comme pour un
> job que l'on connaît depuis longtemps. » (Carl SCHMITT,
> 1954.)

Pour le Carl Schmitt de la dernière phase, le topos de l'« antichambre du pouvoir » passe au centre de ses spéculations sur
la substance du politique et devient le point nodal d'une sociologie du pouvoir dont, dans la période où il se concentrait sur
l'État, il avait pris bien soin de faire l'économie. C'est dans ce
concept que sa construction théorique trouve son soubassement
concret.

Il était patent que Carl Schmitt, au cours de la présentation
de sa « théorie pure et froide », ne nous a nulle part dit *qui* est
concrètement le détenteur du pouvoir de décision suprême ni
où sont prises les décisions. La seule affaire que le constructeur
de la machine décisionnelle parût avoir à cœur était que la
« souveraineté » trouvât son accomplissement par un coup de
force effectué *ex nihilo*.

D'un côté, Carl Schmitt souligne la « [liaison du] décision-

---

1. *Théologie politique*, p. 42.

nisme [et du] personnalisme [1] ». « Dans la signification autonome de la décision, le sujet de la décision a une signification
autonome [à côté de son contenu] », et de manière plus pressante
encore : « Pour la réalité [de la vie juridique], il importe de
savoir [...] *qui* décide [2]. » Manifestement, la décision souveraine
n'est possible que dans une structure monarchique. C'est le
monarque absolu – le « détenteur du pouvoir » –, s'identifiant
à l'État, qui décide. Dans le contexte d'institutions démocratiques, il ne peut donc y avoir de « décision ». La véhémente
critique du parlementarisme par Schmitt vise à en établir les
inconvénients pour la décision souveraine. La « conversation
parlementaire » est tout le contraire de la décision et paralyse
la capacité de décision du souverain. Carl Schmitt reproche à
Kelsen – son antipode, le critique républicain de la notion
monarchiste de souveraineté – que, dans son système d'une pure
doctrine du droit, « la compétence suprême » ne soit pas impar-
tie à une *personne* [3].

Mais, d'un autre côté, Schmitt laisse lui-même cette question
de la personne dans l'obscurité. Il la dépersonnalise même, en
ce qu'il parle d'un « complexe de puissance à la fois sociologique et psychologique [4] ».

Expression qui indique qu'il doit s'agir, à la pointe extrême
du pouvoir, de plus que d'une personne. Le « lieu de la décision » est structuré de manière différenciée. Il se révèle que le
souverain est une fiction de droit constitutionnel conçue à des
fins de simplification, et qu'elle ne résiste pas à une analyse
historique et sociologique. Et même quand le pouvoir de décision se concentre apparemment dans le domaine de compétence
dévolu à quelque altesse, il appert que, *in concreto*, d'autres
personnes encore ont une influence essentielle sur le procès de
décision. Le lieu de la décision suprême est un « champ de
référence et de tension [5] », un cénacle composé de plusieurs
personnes. Le *locus decisionis* ne doit pas être recherché à la
place centrale occupée par la personne souveraine et détentrice
du pouvoir, mais dans sa mouvance, c'est-à-dire dans l'« antichambre » du pouvoir.

Formellement, certes, le détenteur du pouvoir (celui qui en
occupe le sommet) est celui qui prend l'ultime décision, mais il
n'a pas forcément la puissance effective. Mais il est bien plutôt
celui (ou celle) qui, partant de l'« antichambre du pouvoir »,

---

1. *Ibid.*, p. 43.
2. *Ibid.*, p. 45.
3. *Ibid.*, p. 30.
4. *Ibid.*
5. *Théologie politique II*, p. 96.

LES MÂLES VERTUS DES ALLEMANDS

s'est assuré de l'accès au détenteur du pouvoir, et du conseil et des suggestions, des informations et des insinuations duquel le dominateur dépend pour l'exercice du pouvoir.

« Devant chaque espace de pouvoir direct se forme un anté-espace », à partir duquel un « accès mène à l'oreille, un corridor mène à l'âme du détenteur du pouvoir », lit-on chez Carl Schmitt. « Il n'y a pas de pouvoir humain sans un tel proto-espace et sans un tel corridor. » C'est là qu'éclate « une lutte pour le pouvoir particulièrement intensive », « la lutte pour l'accès au sommet du pouvoir [1] ». « Circonstance, dit Schmitt, que nous devons considérer sans effet rhétorique ni sentimen-talité, mais aussi sans cynisme ni nihilisme [2]. » Le « complexe de pouvoir sociologique et politique » se concrétise ainsi. Le *locus decisionis* se personnalise. Du haut niveau d'abstraction de la théorie politique de *La Notion du politique*, nous arrivons maintenant sur le terrain de la sociologie politique.

Dans l'« antichambre du pouvoir », au fil de l'histoire, une « société bigarrée et composite » a fini par se retrouver, aides de camp, valets de pied, confesseurs, chauffeurs, secrétaires et maîtresses. Il s'agit d'une « brumeuse périphérie d'influences indirectes », sans transparence, d'un espace de simulations et de dissimulations, de cabales et d'intrigues, de suggestions et d'insinuations. Il n'y a pas de « règles conformes à la constitu-tion » qui vaillent là et qui pourraient subir un contrôle quel-conque – ce qui ne veut pas dire qu'une telle situation ne laisse pas de prise à une « théorie politique ». Au contraire, la manière dont on s'affronte ici pour le pouvoir, dont on le pratique, dont on fait de la « politique », dont on la transforme en « évé-nement », est le thème central de la théorie classique du poli-tique à l'âge baroque – que l'on pense aux *Considérations poli-tiques* de Gabriel Naudé (1657). Nous lui devons des vues d'une perspicacité encore inégalée en matière de psychologie des puis-sants et de techniques de la domination. Carl Schmitt, bien entendu, les connaissait sur le bout des doigts – sans jamais, il est vrai, s'y référer directement. À analyser la « problématique de l'antichambre » il se révèle que, dans la *vestibular region*, au seuil du « sanctuaire » du pouvoir, deux acteurs se rencon-trent nécessairement, tenant, indépendamment de leur personne et de leur sexe, deux rôles en quelque sorte fixés d'avance, dans un scénario dont le déroulement et le dénouement sont prévi-sibles. Il s'agit du couple du « prince » et du « conseiller », du « détenteur du pouvoir » et de son « égérie ». Les deux person-

---

1. VRA, p. 438.
2. *Ibid.*

nages s'acquittent de fonctions complémentaires. Ensemble, dans le « champ de relations et de tensions » du « complexe de pouvoir sociologique et politique », ils constituent le centre des « événements politiques ». Le couple qu'ils forment donne naissance à la politique, c'est-à-dire à une trame interactive et multipersonnelle. Ils s'emploient à l'« événement politique » et au « *coup d'État* [1] ». *Ensemble*, ils sont le "souverain". Pour l'exercice du pouvoir, il faut toujours être deux. Le "souverain" est le « sujet fracturé », qui se tient à la fracture et surmonte le fractionnement. L'*intercourse* * est l'élément constitutif et l'accomplissement de la « liaison symbiotique ». Le « roi » qui a le pouvoir est impuissant sans l'autre, celui qui est sans pouvoir, mais est un catalyseur qui rend possible l'exercice du pouvoir. Telle est la dialectique du pouvoir et du non-pouvoir dans l'« antichambre du pouvoir », tel est le secret de la *vestibular region*.

Pour le mode de fonctionnement du mécanisme de décision (et par là pour l'organisation des sommets du pouvoir), il est donc de la plus grande conséquence de déterminer *qui* tient les rênes dans l'« antichambre » afin de prendre la position du « conseiller ». Le monopole de l'« accès au détenteur du pouvoir » se révèle plus important que le monopole de la « décision ».

Au fil des années, pour Carl Schmitt, la question de savoir qui est le « conseiller » du « détenteur du pouvoir » prend de plus en plus d'importance, contrairement à celle portant sur l'identité de l'« ennemi ». Ce qui, parallèlement, déplace son système d'axiomes.

Après avoir une fois encore affirmé que la « politique est un combat pour le pouvoir », Carl Schmitt dit maintenant : « Par-delà la discrimination de l'ennemi et de l'ami prend forme, comme *élément proprement politique*, le combat pour l'accès au détenteur du pouvoir. » Ce qui veut dire que la « notion du politique » n'est plus située dans la discrimination de l'ami et de l'ennemi, mais dans le choix du conseiller (vers lequel tend le combat pour l'« accès au détenteur du pouvoir »). La « notion du politique » n'est plus définie par *la détermination de l'ennemi* sur le plan de l'État, en termes de souveraineté territoriale ou de politique étrangère, où il s'agit d'affronter l'*hostis*,

---

1. [En français dans le texte cité – N.d.T.] « Coup d'État », non pas au sens contemporain (« *Staatsstreich* »), mais le « fait du Prince », l'« acte politique » spécifique. En français, « tirer un coup », en allemand, *eine Nummer schieben*. « Plaisir du Prince. »

* *Intercourse* : en anglais, « trafic » – et, avec connotation : commerce sexuel. [N.d.T.]

et où il y va de la guerre et de la paix, mais jamais, comme c'est expressément souligné, d'un ennemi personnel, l'*inimicus* [1]. Mais elle se définit par la lutte de pouvoir dans la sphère intime du mécanisme de domination (du « complexe de pouvoir sociologique et politique »), c'est-à-dire là où se trouve l'*amicus*, selon la logique du « binôme ami-ennemi ».

D'une manière générale, passe pour « ami » celui qui, par opposition à l'*hostis*, se trouve *en deçà* du seuil de séparation qui, par différenciation, permet la décision, et qui appartient ainsi au groupe ou à la communauté homogène, nationale, *völkisch* *, ou à toute autre définition par la « nature propre », c'est-à-dire au groupe se constituant par la décision prise contre l'« ennemi » et trouvant là son identité. Du côté de l'« ami », l'impulsion politique se communique moyennant la décision, et cette décision est déléguée au sommet (le « Führer » ou « souverain »). Entre « amis », on se tient comme un seul homme contre l'« ennemi », derrière son « Führer ».

Il en va autrement si l'« accès au détenteur du pouvoir » est l'élément proprement politique. Entre les « amis » qui veulent avoir leur part de pouvoir, la rivalité va se déchaîner. Qui se hissera jusqu'à la position de « conseiller intime » ? qui donc sera promu l'« ami » du « Prince » ? Voilà la question qui se pose maintenant. Dans la perspective du « détenteur du pouvoir », la question de l'« ennemi de l'extérieur » perd aussi de son importance et de son urgence. Plus urgente pour lui est la question : Qui est mon « ami » ? Le choix de l'« ami » prend plus d'importance que la décision contre l'« ennemi ». Ce n'est plus le binôme « ami-ennemi » qui occupe le centre des réflexions du Carl Schmitt de la maturité, mais le couple « détenteur du pouvoir-conseiller ». Le problème est désormais non l'« ennemi », mais l'« ami ». Il est ainsi de bonne logique que l'*inimicus* s'introduise dans la sphère du politique, et que le pur concept d'ennemi que désigne *hostis* soit suspendu ou miné.

L'« élément proprement politique » – et par là le « niveau d'intensité extrême » qui pour Carl Schmitt rentre dans la définition du politique – doit désormais être recherché au lieu où le « détenteur du pouvoir » et le « conseiller » se rejoignent. Le théorème de l'« antichambre du pouvoir » et de la lutte pour l'« accès au sommet du pouvoir » met en évidence la portée du concept d'« ami » comme catégorie politique.

---

1. *La Notion du politique*, p. 69.
* Voir ici, Introduction, note p. 14.

L'« ami » comme catégorie politique.

Comme c'est étrange ! S'agissant de l'« ennemi », il n'y a personne qui n'ait son mot à dire. Nul, en revanche, ne s'intéresse à l'« ami ». Il y a de bonnes raisons à cela. Pour une grande part, on peut lire l'œuvre de Carl Schmitt comme une phénoménologie de l'« ennemi ». Mais pour ce que recouvre la notion d'« ami », Schmitt reste bouche cousue. Nous n'avons d'informations que sur ses amis personnels, ceux auxquels, par exemple, il dédie ses livres, et sur l'importance qu'a eue l'amitié dans sa vie. Mais il s'agit pour nous de l'« ami » comme catégorie politique et de la constitution théorétique et systématique d'un concept clef.

Dans le second corollaire de la nouvelle édition de 1938 de *La Notion du politique*, nous trouvons, sous le titre « Du rapport entre les concepts de guerre et d'ennemi », une brève digression sur le thème de l'« ami », la seule dans l'œuvre de Schmitt. « Primitivement, l'ami n'est donc que l'ami du même sang [1] ». « On peut admettre que c'est seulement sous l'effet du piétisme et de certains mouvements analogues en quête de l'ami divin *(Gottesfreund)*, que s'opéra la transposition du concept d'ami dans la sphère psychologique et privée, phénomène caractéristique du XIXe siècle, mais encore fort répandu de nos jours. L'amitié fut dès lors affaire de sentiments de sympathie d'ordre privé, allant jusqu'à prendre une nuance érotique dans une atmosphère à la Maupassant [2] ». Voilà qui est d'un maigre rendement si l'on veut donner son fondement politique au concept, mais, comme toujours, il nous faut suivre la piste indiquée là avec discrétion.

Replacé dans la perspective de l'histoire intellectuelle du XIXe siècle allemand, le concept d'ami a tout de même une tradition imposante et d'autres connotations que celles de sa « privatisation » et de sa « psychologisation ». De la métaphysique de l'amitié des romantiques au culte clanique de l'ami dans le cercle de Stefan George et du *Wandervogel* de Blüher, en passant par les grands poèmes à l'amitié de Schiller et Goethe et le lyrisme de l'amitié chez Richard Wagner (Tristan), la notion d'ami et l'idéal de l'amitié qui lui est rattaché, celui d'une confiance sans bornes, d'un entier abandon où chacun appartient à l'autre, d'une solidarité et d'une relation de fidélité où l'on sacrifierait sa vie, cette notion et cet idéal comptent au nombre des valeurs les plus précieuses de la vie de l'esprit et

1. *Ibid.*, p. 167.
2. *Ibid.*, p. 167-168.

de l'âme en Allemagne, et l'on ne saurait en faire abstraction pour ce qui est de la vie politique allemande. On peut dire que la notion d'ami est constitutive de l'histoire et de la civilisation allemandes, et cela dans la mesure où, comme nulle part ailleurs, un type déterminé de groupements et de schémas de comportement propres aux sociétés mâles – à savoir le « ban des mâles » *(Männerbund* [1]*)* – a joué un rôle social déterminant.

« Ici, il faut dire un mot de l'amitié, dont le prince Eulenburg, devant trois tribunaux, a fait l'éloge comme du bien sublime du monde des Germains [2]. »

Pourquoi Carl Schmitt parle-t-il d'une « atmosphère à la Maupassant » ? Ne devrait-il pas évoquer plutôt une « atmosphère à la Proust » (dont il était un admirateur), ou dire tout simplement et sans fard « dans l'atmosphère du scandale Eulenburg » ?

On se souvient de quoi il retournait dans les procès Eulenburg. Il s'agissait des amis, ou plutôt de l'Ami du Kaiser ! Il n'y avait pas là « privatisation » et « psychologisation » de la notion d'ami, mais, au contraire, elle se modernisait au sein de l'espace public (journaux, justice et politique). Il s'agissait de l'« amitié » comme affaire d'État [3].

Le problème de droit public était la question des conseillers « en poste de responsabilité » et de ceux « sans poste de responsabilité ». En réalité, il s'agissait de savoir qui avait « accès au détenteur du pouvoir ». *Ôte-toi de là que je m'y mette !** « Ces messieurs voudront bien se retirer ! » L'âpreté du combat fit reconnaître qu'il s'agissait de la question centrale de l'organisation du sommet de la décision et des attributs du « souverain ». Ce problème, comme le montre Carl Schmitt en une analyse pénétrante, n'avait pas été résolu dans l'Allemagne wilhelminienne. Et il observe que, dans un tel organisme politique, le « droit essentiel » est « l'accès au souverain [4] ».

Parce qu'Eulenburg le savait, Schmitt le définit comme un « véritable initié » aux « arcanes » du Reich [5]. « Arcane » – un des termes de prédilection de Carl Schmitt – se réfère ici au « lieu central », et spécialement au mystère de l'« amitié » comme élément de la politique.

---

1. Voir N. SOMBART, « Männerbund und politische Kultur in Deutschland », *Typisch deutsch. Die Jugendbewegung*, éd. Joachim H. Knoll, Julius H. Schoeps, Opladen, 1988, p. 155 s.

2. M. HARDEN, *Köpfe*, vol. III, p. 192.

3. Voir ici, chap. II, « Romantisme politique », p. 40-48.

4. VRA, p. 438.

5. PB, p. 281 s.

Une fois encore, nous pouvons observer que, *post festum*, Carl Schmitt a fait d'un des problèmes non résolus du Reich wilhelminien un thème de sa pensée.

Deux modèles.

Dans la réalité constitutionnelle du Reich, nous avons eu affaire à deux tentatives contradictoires de résolution de la problématique de l'« antichambre du pouvoir ». Il nous faut maintenant revenir sur elles.

Le dictateur du Reich et l'« héroïque Kaiser endormi ».

Le premier cas concerne le couple du dictateur du Reich et de l'« héroïque Kaiser endormi [1] ». Le détenteur du pouvoir proprement dit « absolu » n'était pas le Roi, mais son « premier » conseiller, dont le pouvoir, néanmoins, se fondait sur une délégation (pour autant qu'il ne s'agît pas d'une usurpation). Carl Schmitt établit que Bismarck ne put tenir son rôle de détenteur effectif du pouvoir que parce qu'il disposait du potentiel de pouvoir de son souverain. Et cela semblait fonctionner. Bismarck occupait le lieu central, le seuil conduisant de l'« antichambre du pouvoir » à son sanctuaire. Il monopolisait l'accès au détenteur du pouvoir, et il en était conscient. Reposant exclusivement sur la relation de confiance qui liait deux vieillards, ce sommet du Reich où se concentrait tout le pouvoir était considéré par Bismarck comme une sorte de territoire privé et, avec l'absence de scrupules qui le caractérisait, il s'en faisait un bouclier contre tout envahisseur importun.

L'histoire politique de l'ère bismarckienne est celle de l'anéantissement des rivaux qui voulaient lui disputer ce pouvoir. Dans les longues nuits où la haine le tenaillait – son médecin particulier, Schweninger, a apporté une contribution essentielle à leur analyse –, ce n'était pas seulement le *cauchemar des alliances* * qui l'oppressait, mais, bien plus directement, le soin mis à conserver sa position de pouvoir privilégiée. Il suffisait d'être soupçonné par lui pour une raison quelconque, et l'on connaissait un tracas de tous les instants. C'était là, finalement – ainsi que nous l'a montré Carl Schmitt – la prérogative de celui qui avait accès au détenteur du pouvoir,

---

1. *Ibid.*, p. 283. L'expression est extraite par Schmitt de la correspondance de Philipp von Eulenburg. [N.d.T.]

prérogative qui devait fournir le moyen de sa chute. « Même un Bismarck devait échouer sur le vieux problème sempiternel de l'accès au sommet [1]. »

On peut s'interroger sur la nature des rapports de Bismarck avec son Kaiser. La première fois qu'ils s'entretinrent, Bismarck avait trente-cinq ans et Guillaume Ier cinquante. À la fin, c'étaient de très vieux messieurs qui ne pouvaient rien faire l'un sans l'autre. Le dictateur du Reich avait besoin du roi de Prusse pour légitimer son régime despotique, et le roi de Prusse n'aurait pas su gouverner ce Reich une minute sans l'homme qui en avait fait, comme on disait, sa « création » et le lui avait laissé sur les bras. Serait-ce un de ces cas de figure de l'« amitié » au sens où l'entend Schmitt ? Un cas d'« amitié » comme communauté d'intérêts politiques, et non un cas d'amitié privée et psychologique ? C'était là le duo étrange de deux patriarches de l'androcratie, se distribuant les rôles dans l'exercice de la *patris potestas*.

Ce contexte donne tout son intérêt à une remarque faite sur Goethe par le chancelier du Reich : un homme qui peut dire en poète « *wer einen Freund am Busen hält und mit ihm genießt* * » est un commis voyageur. Entre autres traits caractéristiques, Bismarck était un homme d'État qui n'avait *pas* d'amis et pour qui, en politique, l'amitié ne jouait aucun rôle. Il aurait vraisemblablement jugé fort incongru que, à son époque, l'on fît de la notion d'ami une notion de sciences politiques [2].

---

1. VRA, p. 433. J'aimerais mentionner ici en passant la conjecture suivante : Carl Schmitt a sans doute été stimulé très tôt déjà à son analyse de la problématique de l'« antichambre » par les considérations de Gustav Schmollers, qui, rendant compte des *Pensées et Souvenirs*, avait attiré l'attention sur le fait que « la question centrale – que peut-il et que doit-il en être de la relation du premier des ministres avec le prince ? » est le thème cardinal des mémoires de Bismarck. Schmoller interprète la trajectoire de ce dernier sous l'angle de l'« accès au détenteur du pouvoir » (voir G. SCHMOLLER, *Charakterbilder*, Munich-Leipzig, 1919, p. 86 s.).
* Vers d'un poème de la période weimarienne de Goethe, *À la lune*. Bismarck fait allusion ici aux deux dernières strophes : « Heureux qui, sans nulle haine, / Se dérobe au monde, / Tient un ami dans ses bras, / Et goûte avec lui / Ce qui – les hommes l'ignorent / Ou jamais n'y songent – / Par les dédales du cœur / Erre dans la nuit » *Poésies de Goethe* (trad. Roger Ayrault, Paris, Aubier, t. I, 1979, p. 401-403). [N.d.T.]
2. La déposition de son protégé Harden devant le tribunal de Moabit lui aurait été très désagréable : « La première impression politique de ma vie [...], je la dois à l'amitié [...] peu ordinaire que me témoigna le prince Bismarck. Je peux le dire, car lui-même en parlait aussi dans ces termes » (HARDEN, 4e procès, devant le procureur général Preuss, dans H. FRIEDLÄNDER, p. 351).

Guillaume II et le « cercle de Liebenberg ».

On connaît les tentatives de Guillaume II pour organiser les sommets du pouvoir. Le jeune Kaiser ne voulait pas être un « Kaiser héroïque endormi », mais exercer lui-même le pouvoir. Le droit lui en revenait, dans la conception que l'on se faisait de la monarchie prussienne, et servait d'argument décisif pour prévenir toute foucade constitutionnelle (« le roi de Prusse est son propre ministre président »).

Le Kaiser Guillaume II n'avait pas le moins du monde l'intention d'être son propre chancelier, il ne voulait qu'être véritablement l'empereur. Un office qu'il tenait néanmoins à remplir avec les hommes qui étaient ses amis. Et le chancelier du Reich, lui aussi, devait faire partie de ce cercle amical. On peut bien s'en étonner, mais c'était là son idée favorite, et avec une grande ténacité il œuvra pour la faire passer dans les faits. Lorsque finalement il appela Bülow au poste de chancelier de l'Empire – il le surnommait « mon Bismarck » –, il paraissait avoir atteint cet objectif.

On sait que cette tentative a échoué, et l'on peut aussi observer avec soulagement que l'idée de gouverner avec une poignée d'amis un État industriel moderne se hissant au rang de puissance mondiale était un anachronisme romantique. Il aurait certainement été plus indiqué de s'acheminer vers une réforme progressive des institutions de l'État et vers un système parlementaire sur le modèle occidental. Mais ce n'est pas le problème qui nous retient, nous voulons seulement comprendre les allusions et les références à l'histoire allemande du XIXᵉ siècle chez un professeur de droit public de l'époque de Weimar qui mettait la notion d'ami au centre de sa théorie politique.

Chez Carl Schmitt, l'« ami » est ce qui subsiste de la tentative de Guillaume II pour organiser la plus haute instance de décision du Reich en un « cercle amical ». Si c'est le critère de la souveraineté que de décider qui est l'« ennemi », il faut bien aussi que relève des prérogatives de la décision souveraine le pouvoir de statuer qui est « ami ». L'« antichambre du pouvoir » sous la forme d'un cénacle amical, le témoignage d'amitié donné à celui qu'on élit comme son conseiller en dernière instance, peut-il y avoir une forme plus poussée d'affinité, de solidarité, de cohésion et de loyauté que celle pratiquée entre amis ? Partager l'exercice du pouvoir avec de fidèles amis ? Le pouvoir devient alors une dotation de l'amitié ! Ce n'est pas là un usage « légal » ou « traditionnel », mais une *forme charismatique de la domination*, qui place le roi au milieu de ses amis. L'image mythique de la « table du roi Arthur » transparaît ici.

La « table de Liebenberg » avait été instituée en rapport à cette image. Elle était un « ban des mâles » *(Männerbund)*. Dans son livre, *Erotik in der männlichen Gesellschaft*, et sous le coup de l'émotion provoquée par le scandale Eulenburg, Hans Blüher a brossé le tableau des lois structurelles du *Männerbund*. En son centre se tient le héros viril, beau, jeune et blond, dont le pouvoir se nourrit directement de l'influence personnelle qu'il exerce sur le cercle d'amis qui l'entourent, l'admirent et se font ses champions. L'« antichambre du pouvoir » se fait donc cour des féaux, et le ban des amis combat l'« ennemi » commun.

En mettant au jour cet « idéaltype » sociologique, Blüher a apporté une importante contribution sociologique à l'analyse des rapports de la sexualité et de la politique. Il s'agit là d'une contribution d'une portée plus notable et plus grande que celle de Max Weber dans sa « sociologie de la domination » (qui lui est contemporaine), car elle permet d'expliquer la relation singulière, ou atavico-érotique peut-on dire, des hommes d'Allemagne à l'« État », à la « monarchie » et à la « couronne ». Il y est question de la « maison des hommes » et de la « caste guerrière », des rites d'initiation et de la probation virile, de l'homosexualité et de la misogynie... toutes choses qui, de nos jours, sont familières aux ethnologues.

On ne peut absolument pas comprendre la formule emphatique de l'« État-soldat » chez Carl Schmitt, Ernst Jünger, Alfred Bäumler [1] et consorts si l'on ne prend pas en considération à quel point leur mentalité était imprégnée par la figure sociologique du ban des mâles. Telle que l'introduit Carl Schmitt, la notion d'« ami », si inusitée dans les sciences politiques, est indiscutablement prise dans le champ des valences du ban des mâles.

Le conseiller d'État.

Bien que, avec le *Romantisme politique*, Carl Schmitt se soit résolument rangé du côté de l'*establishment* patriarcal, contre la nostalgie romantique de l'amitié cultivée par le Kaiser, je crois être en droit de présumer que, secrètement, ses sympathies n'allaient pas au tandem du Kaiser et du chancelier en tant qu'instance de décision suprême dans le Reich, mais, venant du ban des mâles, au cénacle amical qui entourait Guillaume II.

Dans sa catégorie de l'« ami », nous trouvons la trace d'un refoulement. Une certaine nostalgie perce à travers elle. Cette nostalgie de l'amitié, ce souvenir de l'amitié est une manière

---

1. Voir Alfred BÄUMLER, *Männerbund und Wissenschaft*, Berlin, 1934.

de sentir que peut-être, dans l'antichambre du pouvoir, ne doivent pas seulement régner la peur et la contrainte, le commandement et le cliquetis des armes, mais aussi un climat de suave humanité, de sympathie, d'entente et de compréhension, tel celui d'une horde fraternelle, une sorte de petit bout de « paradis ». Parvenu au grand âge, Schmitt exprime ce sentiment dans un douloureux élan : « Si nous nous en tenons à l'amitié à cent pour cent, non raisonnée, nous aurions aussi bien pu rester au paradis, ou dans le matriarcat des origines [1]. »

La « fraternité de tous les hommes » et l'amitié en sont un des chapitres, et l'amitié, dont les disciplines de la paternité font décliner la conscience et la valeur qu'on lui reconnaît, a son origine « dans la maternité des parturientes ». Voilà du Bachofen pur, le mythe du matriarcat qui « au sein d'un monde gros de violence recèle un germe divin et unique d'amour, d'union et de paix [2] ».

Dans le monde des hommes « gorgé de violence », l'aspiration de toujours à la symbiose et à la suppression des relations d'hostilité fait briller ses feux sur un mode perverti dans le culte de l'amitié du ban des mâles. Nous disons « perverti », car tout s'y déroulera sans les femmes et contre les femmes, mais comme dans un monde de femmes. C'est le rêve de fraternité des hommes, un fantasme d'hommes servant à la fois d'exemple et d'épouvantail, tout comme le mythe du matriarcat. Il sert à désigner le royaume de la reine. Ban des mâles et mythe du matriarcat sont bel et bien les deux faces de la même médaille.

Carl Schmitt, le théoricien des relations d'hostilité, eut toute sa vie le génie de l'amitié. Avoir des amis lui tenait plus à cœur que de lutter contre ses ennemis. Dans la dernière phase de sa vie, il intériorise la relation à l'ennemi, la transformant en une intense « amitié dans l'hostilité ». Son ennemi y est son meilleur ami, et la discrimination de l'ami et de l'ennemi perd ainsi de son importance. Son idée favorite, en la matière, est la symbiose du « conseiller » et du « détenteur du pouvoir », et son secret.

Le topos de l'« antichambre du pouvoir », Carl Schmitt l'a découvert en 1947 dans la prison de Nuremberg, lorsque Robert M. W. Kempner, l'avocat général chargé du grand réquisitoire dans le procès contre les criminels de guerre, lui intima de rédiger un mémoire sur la réalité des rapports de pouvoir dans l'État-Führer national-socialiste. On notera à ce propos que la fonction de Führer *(Führeramt)*, créée comme

---

1. Entretien sur le partisan avec Joachim Schickel, dans *Guerilleros, Partisanen*, Munich, 1970, p. 23.
2. Johann Jakob BACHOFEN, p. 64 [trad. modifiée].

on sait à l'occasion d'un « coup d'État » et non au terme d'une procédure conforme à la constitution, peut être considérée comme une tentative de surmonter le vieux dualisme du Kaiser et du chancelier, dualisme dont avait aussi hérité la constitution de Weimar. Autrement dit, c'était une tentative de condenser en une seule personne le sommet du pouvoir. Ainsi que l'écrivait Adolf Hitler dans *Mein Kampf*, « chaque homme peut bien avoir à son côté des conseillers, mais la décision est le fait d'un seul ». Nous avons appris entre-temps à quel point la pratique gouvernementale était chaotique dans le IIIᵉ Reich. La brillante analyse de Carl Schmitt a notablement contribué à faire la lumière sur cet état de choses, montrant que le problème politique central dans cet État n'était pas le « monopole de la décision », mais la question de l'« accès au détenteur du pouvoir ».

Ses réflexions sur l'« antichambre du pouvoir » se nourrissent de l'expérience de sa propre impuissance. Leur pathos est celui de la « sagesse du captif en son cachot », et leur quintessence est la découverte de l'impouvoir des puissants. Ainsi, il remit en 1954 à l'auteur de ces lignes son « Entretien sur le pouvoir et l'accès au détenteur du pouvoir » *(Gespräch über die Macht und den Zugang zum Machthaber *)*, « présumant qu'il réussirait à le faire participer à ces propos d'un homme silencieux et à toucher l'arcane sans y attenter ».

Carl Schmitt n'a jamais eu de pouvoir. Mais le « pouvoir » a occupé son imaginaire. « Je fais partie des gens sans pouvoir », disait-il de lui-même. Ce n'était pas là une coquetterie. Ce qu'il pouvait savoir du pouvoir, il le savait dans la perspective de la « lutte pour l'accès au détenteur du pouvoir ». Lui-même a joué des coudes dans l'« antichambre », mais il n'est jamais vraiment arrivé à investir la position privilégiée du « conseiller ». Nous pouvons dire sans nous tromper qu'occuper cette place a été son rêve de « participation au pouvoir ». Il s'en est fort approché le jour où il fut nommé « conseiller d'État » en Prusse *(Staatsrat)*, titulaire d'une fonction créée par ses propres soins. La trouvaille politique qui porte le plus sa griffe est donc finalement une fiction. « Monsieur le conseiller d'État », voilà qui était taillé à sa mesure, à la mesure de ce que son imagination lui faisait désirer. Et de tous ses titres, il fut celui dont il resta le plus fier jusqu'à sa mort.

Il fut donc le « conseiller d'État en Prusse », et cela de par le bon plaisir de Göring. Doit-on y voir une institutionnalisation posthume du cercle amical dans l'« antichambre du pouvoir » ?

---

* Traduction partielle de F. Manent, « Entretien sur le pouvoir », *Commentaire*, nº 32, hiver 1985-1986. [N.d.T.]

Avec Wilhelm Furtwängler et Gustav Gründgens, Carl Schmitt
se retrouvait là en excellente compagnie. La loi sur les
conseillers d'État fut en fin de compte sa seule contribution
concrète à l'entreprise révolutionnaire qui consistait à fonder
un nouvel État allemand.

La misogynie politique, une spécialité allemande.

La notion d'« ami » est donc chargée, dans le « champ de
référence et de tension » du politique, de valences prises au ban
des mâles – conclusion qui n'est pas pour nous surprendre. Nous
savons depuis longtemps que l'autre pôle, celui où la notion
d'ennemi trouve ses attaches, est lié à des représentations négatives du « féminin », où transparaît l'image de la « grande
mère », cette quintessence de tout pouvoir.

Requise avec beaucoup de véhémence, la discrimination entre
l'« ami » et l'« ennemi » (Carl Schmitt la nomme une « discrimination morale très ambitieuse [1] ») amène dans ce système à
opter pour l'ami, contre l'« ennemie ». L'« ennemi », en effet,
nous le savons depuis longtemps, est toujours *l'ennemie*.

Ce dispositif est intégré à la topique de l'« antichambre ».
L'accent spécifique et le tranchant d'antithèse donnée à cette
polarité dans le discours décisionniste sont une spécialité allemande. L'idée que se font les hommes d'Allemagne de la politique (et de l'État) est misogyne.

Toute recherche sur la misogynie politique des couches dirigeantes allemandes doit s'enraciner dans la problématique de
l'« antichambre » et des formes qu'elle a prises dans le Reich.
L'enjeu dépasse les phobies personnelles de quelques individus
ou les phénomènes de psychologie individuelle.

C'est à l'attribut bien saillant d'un caractère social que nous
sommes confrontés, c'est-à-dire à l'expression d'une tendance
socioculturelle spécifique sur le plan de l'organisation de l'économie pulsionnelle collective, de l'inconscient collectif, des
formes structurelles de la violence collective, et des schémas de
pensée et de comportement collectifs.

Prenons une fois encore l'exemple de Bismarck et de sa lutte
pour l'« accès au détenteur du pouvoir », où il n'avait que
rarement affaire à des « ennemis » qui auraient pu lui disputer
sa position privilégiée. Les menaces venaient de la zone brumeuse des « influences indirectes », ou du « brouillard [2] »,

---

1. DC, p. 39.
2. C. SCHMITT, *Gespräch über die Macht...*, p. 16/1.

comme le dit une fois Carl Schmitt. Bismarck nous en a lui-même peint un tableau très évocateur. Ce qui le menaçait, c'« étaient des influences féminines, incontrôlables de par leur nature même ». À commencer par celle exercée par la Kaiserin, Augusta. Dès le début de sa carrière d'homme d'État en Prusse, Bismarck avait reconnu dans cette princesse de Weimar son « ennemi le plus dangereux ». Ensuite, il y avait la femme du prince héritier, Friedrich, la fille de la reine Victoria, et nous montrerons ailleurs le rôle que jouait la menace venue du côté des « femmes anglaises » dans la physionomie de son ennemi robot. En présence de Maximilian Harden, il parlera, enfin, de l'« éternel » féminin comme du suprême péril pour le Kaiser et le Reich (pour la « monarchie », disait-il).

Que dans sa conversation avec Harden il ne s'agît pas du tout de femmes, mais des « gitons », ne change rien à la chose et renvoie plutôt à l'essentiel. Déterminer l'ennemi, c'est circonscrire l'autre pôle, le principe féminin. Ce que Bismarck abhorrait et ce qu'il s'agissait de désarmer, c'était le pouvoir du « féminin ». Les hommes efféminés qui faisaient cercle autour de Guillaume II (« la camarilla des gitons ») frayaient la voie, aux yeux de Bismarck, à une sorte de « domination des femmes ». Ces « hommes de l'ombre » allaient faire le lit de l'« éternel féminin » dans l'« antichambre du pouvoir », dissolvant aux risques et périls de l'État la capacité de décision des sommets du pouvoir, et paralysant ainsi les « parties vitales de l'État ». L'État est affaire d'« hommes » qui sont complètement hommes.

Il s'agit en fait de la même suspicion que celle qui concerne les « politiciens en tenue de prêtre ». « J'ai toujours eu de la méfiance à l'égard des politiciens à robe longue, femmes ou ecclésiastiques[1]. » « Autant d'éléments dont il ne faut user qu'avec précaution pour une action politique dans l'État ; je désirerais que l'opinion du peuple sur son [...] souverain ne dépendît en aucune manière de la correction de leur attitude ni de leur *tact*[2]. »

C'est exactement selon ce schéma que, à des fins d'autodéfense politique, s'organise le front des « hommes d'Allemagne » contre le libéralisme, le parlementarisme, la social-démocratie et l'anarchisme – autant de termes tous fort chargés de connotations, d'associations et d'affects misogynes.

La même position frontale détermine bien sûr aussi la scène

---

1. BISMARCK, *Pensées et souvenirs*, II, p. 185.
2. *Ibid.*, trad. fse J. Ris, Paris et Strasbourg, Imprimerie strasbourgeoise, III, 1922, p. 25.

de la politique étrangère, où l'on range dans le registre féminin la République française et la Commune de Paris, d'une part, le gouvernement parlementaire anglais et la reine Victoria, d'autre part.

De ce point de vue, ce n'étaient pas des ennemis que combattait Bismarck, mais toujours et rien que l'« ennemie ».

L'ennemie a ainsi constitué l'« espace politique » du Reich en domaine réservé aux « hommes véritables », ou selon les termes de Carl Schmitt au « soldat », moyennant l'élimination du « féminin ». Cette élimination eut lieu dans l'« esprit » de la caste guerrière à laquelle Bismarck appartenait et dont il servait les intérêts. On pourrait paraphraser Nietzsche et parler d'une fondation du Reich par extirpation du féminin. Le monde « civilisé », lui, évoluait dans la direction contraire. Pendant un siècle, l'Allemagne demeura, en Europe, l'État sans femmes.

Pour l'historien allemand, ce sera toujours une question stimulante que de se demander pourquoi le destin de la Prusse et de l'Allemagne a reçu l'empreinte du type humain que représentait Bismarck et non l'autre, celui qui faisait la substance du junker de l'est de l'Elbe et auquel se rattachaient non seulement la majorité des romantiques allemands, mais aussi un grand homme d'État, diplomate et réformateur, érudit et adepte de l'érotisme, Wilhelm von Humboldt.

En France, le champ politique était traversé de plein fouet et soumis au poids d'influences féminines, et l'on pouvait faire suivre le nom de chaque politicien de celui d'une femme qui était son « égérie » ou sa « muse ». En Angleterre également, la grande et la petite politique – formation du gouvernement, nominations à des postes d'importance, mariages, bref, les carrières des hommes de la couche dirigeante – étaient faites par les grandes dames de la société et les duchesses. Mais, pour l'Allemagne impériale, on ne peut citer une seule femme qui ait joui d'une quelconque influence sur la vie politique ou même aurait simplement percé jusque dans les sphères du personnel politique, pas même l'illustre baronne Spitzenberg. Celle-ci comptait bien plutôt au nombre de ces femmes allemandes qui avaient fait leur le principe mâle jusqu'à se renier elles-mêmes, tant et si bien qu'elles étaient plus masculines que les hommes, que « leurs » hommes, frères, maris et fils qu'elles poussaient inlassablement « en tête du peloton ». Elles étaient les tantes épousées et le surmoi personnifié de ces clans patriarcaux. Telle est la raison de l'inoubliable « domina » dans le *Stechlin* de Theodor Fontane.

Chacune dans leur famille, ces dames bien masculines font pendant aux hommes homosexuels. On ne s'avancera pas trop en posant que leurs hommes sont aussi pédérastes que ces dames sont viriles. Il faut, en effet, savoir que la baronne Spitzenberg était la sœur d'Axel von Varnbühler, un des membres éminents du cercle de Liebenberg. À les comparer, on n'a guère à se demander qui des deux portait la culotte. Bismarck était l'idole de ces femmes. Puisqu'il est passé dans les mœurs d'exciper des journaux de cette dame comme d'un des témoignages principaux sur l'ère wilhelminienne, nous citerons la notice du 1ᵉʳ avril 1910 (jour anniversaire de la naissance de Bismarck) : « Beaucoup de couronnes aujourd'hui au pied du monument de Bismarck. Dans cinq ans, au même jour, nous pourrons fêter son centième anniversaire. J'aimerais savoir si nous autres Allemands nous implorerons alors, pleins d'un désir ardent, la venue d'un tel héros, ou bien si nous serons devenus si socialistes, "modernes" et efféminés qu'on verra dans le fondateur du Reich un junker brutal, un chien féroce, un âpre réactionnaire et qu'on ne le célébrera pas [1]. » Elle aurait pu aussi bien écrire : « nous autres hommes d'Allemagne ». *Socialistes, modernes et efféminés*, c'est l'éventail complet des attributs de l'ennemi. Ne manque qu'« enjuivé ». Mais c'est là un autre chapitre de l'« idéologie allemande ».

L'attelage formé par Bismarck et Guillaume Iᵉʳ et l'« alliance d'amitié » passée avec Guillaume II sont des configurations où seuls les hommes jouent un rôle. Dans les deux cas, le féminin est mis radicalement hors circuit. Dans les deux cas, nous avons affaire à des concrétions typiquement allemandes et au mode extatique et déficitaire d'une certaine virilité allemande, c'est-à-dire à des produits de l'État-soldat prussien, acquis l'un et l'autre à un prix politique élevé et qui, à la longue, se sont révélés inefficaces. Programmés en fonction de décisions à prendre, ces hommes étaient finalement, dans leur masculine unilatéralité, inaptes à la décision.

Mais, dans les entrepôts de l'histoire européenne, nous avons de tout autres modèles de la symbiose du conseiller et du détenteur du pouvoir, et en particulier celui qui va bientôt nous retenir – et pas seulement pour la raison qu'il a fasciné Carl Schmitt toute sa vie. Il s'agit de l'antipode du modèle allemand qui, par-dessus le marché, fut une extraordinaire réussite. Il représente la combinaison de tout ce que les hommes d'Allemagne détestent : la rencontre, dans la zone fragile de la décision, d'un Juif et d'une femme, rencontre d'une reine authentique et

---

1. *Das Tagebuch der Baronin Spitzemberg geb. Freiin von Varnbühler. Aufzeichnungen aus der Hofgesellschaft des Hohenzollernreiches*, extraits présentés par Rudolf Vierhaus, 4ᵉ éd., 1976, p. 520.

vivante, et de son conseiller légitime et constitutionnel. Nous évoquons là le couple formé par Benjamin Disraeli et la reine Victoria.

« Vestibulum canusium ».

Dans les recherches approfondies où William G. Niederland traque la « vérité historique » que recouvrent les idées délirantes du président Schreber [1], se trouve mentionnée une scène historique qui, même si elle ne joue qu'un rôle accessoire dans le système de Schreber, faisait sûrement partie du capital des références historiques de l'élite culturelle wilhelminienne. Elle constituait un de ces *topoi* de la conscience nationale tels que les répandaient les lycées (et même, le cas échéant, les écoles élémentaires). Coordonnés à une date et un lieu, ces tableaux devenaient des symboles et se gravaient de manière indélébile dans la mémoire collective. Il s'agit du « voyage à Canossa ».

Cet épisode de l'histoire médiévale de l'Empire retrouva une certaine actualité en 1872 par le truchement de Bismarck, et par les débuts du *Kulturkampf*, qui serait sa première grande défaite. La nouvelle couronne impériale, prussienne et protestante, s'était heurtée à son adversaire de politique intérieure le plus puissant, le catholicisme transnational. « Nous n'irons pas à Canossa ! », ainsi la guerre avait-elle été déclarée à l'ennemi public numéro un dans le Reich (car, contre la social-démocratie, le combat ne s'engagerait que plus tard). Mais dans cette proclamation, il n'en perçait pas moins la peur d'essuyer une terrible défaite, et plus qu'une défaite, une humiliation. Par Canossa exorcisé, un conflit de politique intérieure réel prenait une touche émotionnelle que l'on ne saurait expliquer à partir des démêlés tournant autour de questions diplomatiques et de droit public, mais uniquement par les affects accolés à des représentations déterminées, qui furent mis en jeu à cette occasion.

Dans l'histoire si riche en rebondissements du conflit des Investitures, et singulièrement dans celle de l'âpre conflit que se livrèrent Henri IV et Grégoire VII, une histoire fourmillant de contre-Kaiser et d'antipapes, de destitutions et de restaurations, de conspirations et de trahisons, une époque où, continuellement, souvent d'un jour sur l'autre, amis et ennemis forment de nouvelles constellations, le « voyage à Canossa » n'est au fond qu'un épisode parmi tant d'autres. Mais il n'y en

---

1. William G. NIEDERLAND, *Der Fall Schreber. Das psychoanalytische Profil einer paranoiden Persönlichkeit*, Francfort-sur-le-Main, 1978.

a pas d'autre dont les programmes d'enseignement en Allemagne fassent si grand cas, y découpant par effets de style une des très grandes heures de l'histoire du Moyen Âge. Je pus en faire moi-même l'expérience dans les années 1930, car nous lisions le *Henri IV* de Kolbenheyer !

De fait, le conflit entre le Kaiser et le pape, entre l'Empire et Rome, entre le *sacerdotium* et le *regnum*, entre l'Église et l'État, entre les pouvoirs spirituel et temporel connut là un apogée que manifestement les contemporains aussi ressentirent déjà comme tel. Nul doute, c'était, sur un plan formel, le plus grand triomphe qu'un pape ait jamais remporté sur un empereur. Du point de vue allemand, national et protestant, c'était une méchante déconfiture.

C'était une raison suffisante, pourrait-on penser, pour tourner l'événement en bagatelle et le confier aux soins de l'oubli comme tant d'autres épisodes historiques gênants. Eh bien ! non, il se sera maintenu dans la mémoire contre vents et marées, pour devenir cet épisode historique dont tout Allemand, même s'il ne sait plus rien d'autre de l'histoire du Moyen Âge, se souviendra, on peut en mettre la main au feu, comme du paradigme d'une blessante humiliation pour la nation. « Pour nous Allemands, Canossa est un de ces mots qui font mal [...], un mot qui renferme un monde de honte et de colère », écrit la *Gartenlaube* en 1877, l'année où l'on commémora la vilenie accomplie huit cents ans plus tôt.

Lorsque Bismarck forgea sa martiale devise, Canossa était, depuis une centaine d'années au moins, un thème on ne peut plus populaire et incessamment repris par les écrivains et les peintres [1].

Que s'était-il donc passé que l'on ne voulait revivre à aucun prix ? L'empereur allemand Henri IV voulait contraindre son adversaire, le pape Grégoire VII, à lever le ban que celui-ci avait prononcé sur lui. Le pape s'y refusait obstinément. L'empereur résolut alors de lui arracher cette annulation par une manœuvre qui priva le pape de sa liberté de mouvement. Le prêtre ne pouvait pas couper court au cérémonial de repentance et de pénitence chrétiennes. C'était une soumission toute théâtrale – jadis, rien d'insolite – où les rôles étaient clairement distribués, tout à fait dans le répertoire des formes conventionnelles du commerce social dans l'*orbis christianus*. Mais ce fut surtout un trait plein d'habileté du Guelfe qui s'y connaissait en ruses

---

1. Harald ZIMMERMANN, *Der Canossagang 1077. Wirkungen und Wirklichkeit*, Mayence, Wiesbaden, 1975.

et qui, avec les propres armes du pape, lui fit mordre la poussière. Ce fut une lutte de pouvoir sans recours à la violence, un duel sans armes, la « stratégie de la non-violence » utilisée avec succès. En termes politiques, donc, et dans les faits, c'était une victoire. Mais alors pourquoi a-t-elle laissé des traces si douloureuses ?

La tournure prise par les événements ? Nul doute, la scène se joua dans des conditions dramatiques : en plein hiver, dans la glace et la neige ! Qu'elle est pathétique cette image du prince allemand qui, pieds nus, le chef découvert, vêtu de la haire du pénitent, dut attendre trois jours durant le placet de grâce du prêtre têtu ! « Descends de ton trône, moine Hildebrand ! », ainsi l'avait interpellé l'empereur. C'est lui maintenant qui était descendu de son trône et qui gisait – à la lettre – aux pieds de son ennemi de toujours.

Mais où cette terrible scène d'humiliation et de servilisme se déroulait-elle ? Quel était son théâtre, son « lieu » ? C'était dans l'avant-cour et l'« antichambre » du château de la margrave Mathilde de Toscane, châtelaine de Canossa (« jadis la femme la plus puissante d'Europe », « modèle de femme et de princesse » à en croire Annegarn dont Carl Schmitt, garçonnet, avait dévoré l'*Histoire universelle*[1]). J. A. Symonds, l'historien anglais, nous apprend dans son essai sur Canossa que la margrave était « tenue par la population pour une sorcière alliée du diable[2] ». Tel était donc l'endroit : « Devant les portes intérieures de la forteresse, dans la première petite cour pavée de pierres, le *vestibulum canusium*, comme l'appelle Bonizio[3]. » *Quel tableau !**

> Dans la cour du château de Canossa
> L'empereur allemand Heinrich se tient
> Pieds nus et en chemise de pénitent
> Et il pleut dans la nuit froide.
>
> Là-haut à la fenêtre, épiant,
> Deux figures, et la lune
> Fait luire le crâne chauve de Grégoire
> Et les seins de la Mathilde[4].

---

1. Joseph Annegarn, *Allgemeine Weltgeschichte für die katholische Jugend*, 7 vol., Munich, 1860, vol. IV, p. 215.

2. J. A. Symonds (1840-1893), *Sketches and Studies*, Londres, 1879.

3. Bonizio, *Liber ad amicum. Beste Ausgabe in den Monumenta Germaniae historica. Libelli de lite imperatorum et pontificorum* (vol. I, 1891), dédié à la marquise ! (cité d'après Harald Zimmermann, p. 111).

4. Henri Heine, « Heinrich », *Zeitgedichte, IX*, dans : *Sämtliche Schriften*, IV, Munich, 2ᵉ éd. 1978.

Les « seins de la Mathilde » furent le scandale qui, tout au long des siècles, mit les esprits en émoi. Et en effet, c'est la liaison du pape avec cette sacrée bonne femme qui entraîna la défaite du jeune empereur de vingt-sept ans, dans l'« avant-cour » ! Devrons-nous dire que l'on faisait grief au pape de relations intimes avec Mathilde ? Vrai ou faux... ? Le simple soupçon montre qu'aussi bien les contemporains de l'événement que l'écriture de l'histoire ont capté le sens de la situation.

Quel tour prend l'affaire de Canossa dans cette perspective ? Un empereur allemand subit une humiliation, non de la part d'un pape, mais de la part d'une femme. Il subit une humiliation de la part d'un « couple sinistre », un prêtre fanatique et une femme démoniaque, un couple dont l'alliance politique et le succès sont le fruit d'une connivence sexuelle. Le dispositif est limpide. D'un côté, l'empereur humilié, pieds nus, nu tête, dans sa haire, de l'autre, le *couple infernal**. Le lieu de l'humiliation est la cour précédant le portail derrière lequel se trouve le pouvoir, la cour précédant les fortifications de l'antre et du ventre de la femme. Pouvait-on imaginer une mise en scène dont la symbolique illustrerait plus clairement l'imaginaire de castration des hommes ? Peut-on se représenter une image plus crue de l'impuissance que celle du corps de l'empereur gisant à terre dans le froid glacé ? Et le tout sous le regard du père qui sévit et de la « mauvaise » mère. L'imagination de Heine touche juste. Le « crâne tondu », chauve, est un symbole phallique – et entre les seins, le refend. Nul doute, le « drame d'antichambre » de l'« accès au détenteur du pouvoir » (à l'« *or*-eille » située derrière les p-*or*-tes), le syndrome d'angoisse de la « région vestibulaire », voilà ce qui a fait de « Canossa » un thème si « excitant » et lui a donné son impact émotionnel [1]. Avec tous les atours d'une anecdote historique, c'était par excellence la métaphore de l'impotence et de l'humiliation infligée aux hommes, et elle devait faire enrager tout homme et lui faire monter le sang aux tempes (« douleur », « honte » et « colère »).

---

1. L'iconographie a repéré deux douzaines de documents consacrés à Canossa. Plus de la moitié ont vu le jour à l'époque où Bismarck lançait son mot. Sur toutes les images, Mathilde apparaît aux côtés du pape. « Il n'est certainement pas fortuit que, chez les artistes allemands justement, ce soit la cour devant le portail de la forteresse qui fasse office de scène pour l'épisode historique » (H. ZIMMERMANN, p. 53). L'« antichambre » a exercé sur eux un attrait magique.

> Ô ne prononcez pas le nom de Canossa, ne le prononcez pas
> Là où battent des cœurs allemands, où force
> Et courage virils sont encore intacts – ne le prononcez pas !
> Ce nom, il fait bouillir le sang [1].

Que nous chaut l'empereur du Moyen Âge ? Dans sa déchéance, il relance nos angoisses, faisant figure alors de victime des périls qui me menacent et contre lesquels je dois me défendre avec une mâle énergie si je veux tenir bon. Le mécanisme psychologique inconscient communique son énergie à la conscience nationale.

Henri Heine a donné à la dernière version du poème qu'il a écrit sur Canossa un tour résolument patriotique en faisant dire à Henri IV dans sa songerie :

> Toi ma chère et fidèle Allemagne,
> Tu enfanteras aussi l'homme
> Dont la hache de guerre
> Terrassera le serpent de mes tourments [2].

Le vœu fut exaucé. L'homme à la francisque fit son entrée ! En 1872, les jeux étaient faits depuis longtemps, on savait comment il convenait de comprendre la formule de Bismarck. En 1966, H. Gollwitzer relate que la fondation de l'Empire en 1871 (la scène se passa sans doute en Bohême) fut « célébrée comme une vengeance des Allemands pour Canossa [3] ». Avec le talent démagogique qui lui était propre, Bismarck s'est servi de l'irritante devise pour réveiller l'humeur belliqueuse des hommes d'Allemagne. L'ironie du destin voulut qu'elle lui fût soufflée par une femme [4].

Faisant suite à l'épisode de Canossa, deux événements dramatiques figurent encore, du reste, sur la trame que l'histoire en a conservée. Le fils aîné de l'empereur, Conrad, se rebella contre son père, lui fit la guerre et se couronna lui-même roi. Quelques années après la mort de Conrad, le second fils de l'empereur, Henri, se soulevait contre son père, le traînait en captivité et le contraignait à abdiquer. La rébellion des deux fils reçut le soutien actif de la margrave Mathilde de Toscane ! Mais, pour illustrer

---

1. J. B. Schweizer (1833-1875), dont la pièce dramatique consacrée à Canossa fut représentée plusieurs fois en 1870 à Berlin. Schweizer fut en 1871 candidat malheureux des sociaux-démocrates au Reichstag.

2. Heine, p. 419. Nous reconnaissons la tête aux serpents de la Méduse et le « coup d'épée décisionniste ».

3. H. Zimmermann, p. 202.

4. La baronne Spitzemberg notait le 12 mars 1866 qu'elle aurait inspiré la formule à Bismarck (p. 222).

le rôle désastreux que les femmes jouent dans la politique, il ne faut pas s'en tenir là. Derrière Mathilde se profile la silhouette d'une autre femme. Proxedis (une Russe), la seconde épouse de l'empereur, qu'il soupçonnait d'une galanterie illicite avec l'un de ses fils, était aussi impliquée dans la rébellion des fils contre l'empereur. L'impératrice reconnut publiquement avoir commis l'adultère, mais sur l'injonction de son impérial époux. Si les historiens ne se sont pas accordés sur la part de vérité de cette accusation, qui jadis fut proférée en public et fit plusieurs fois l'objet d'un débat au Reichstag, il n'en est pas moins indiscutable que toutes ces intrigues et « affaires » jouèrent d'un poids considérable dans la chute de l'empereur.

On peut présumer que ces détails de l'histoire des empereurs allemands, pris dans le champ que recouvrent le nom de « Canossa » et sa riche symbolique, ont contribué à renforcer en sous-main la misogynie politique des hommes d'Allemagne dans la seconde moitié du XIXᵉ siècle, imprégnant à leur manière leur idée de la politique et donnant leur charge d'affect à l'image qu'ils se faisaient de leurs ennemis. On peut penser à la haine de Bismarck, par exemple, à l'égard de l'impératrice Augusta et de la princesse héritière Friedrich. « Nous n'irons pas à Canossa », cela signifiait tout de même, noir sur blanc : Un homme allemand ne se met pas à genoux devant des « politiciens en jupe », seraient-ils en tenue de prêtre.

Ou bien la misogynie constitutive des hommes d'Allemagne – relevant d'une organisation de l'économie pulsionnelle et d'une structure de la personnalité au marquage historique spécifique – n'a-t-elle trouvé dans l'épisode de Canossa qu'une formulation cryptique où l'on pouvait faire passer l'indicible dans le langage sans attenter au tabou ? Chacun comprenait le « mot qui fouaille » et connaissait ses connotations. À chacun s'appliquait ce que Niederland dit de Schreber : « On peut en tout cas être sûr que Schreber en savait au moins autant sur Canossa que le lycéen moyen de son temps, avec tout ce que cela impliquait : les événements les plus décisifs, leurs protagonistes, les faits et les véhéments affects qui leur étaient liés [1]. »

Bref, « pour l'observateur qui analyse », constate Niederland, « la charge émotionnelle de l'épisode de Canossa est compréhensible. Ses implications et ses effets laissent voir les aspects dynamiques d'une constellation œdipienne à très haut niveau de complexité [2]. » Mais, pour nous, ce sont les deux *topoi* psychopolitiques transparaissant dans cette constellation qui nous

---

1. W. G. NIEDERLAND, p. 123 s.
2. *Ibid.*, p. 124.

intéressent. Premièrement : l'« antichambre du pouvoir », lieu de l'angoisse, celui où la pire des humiliations peut être infligée au mâle, à savoir la castration symbolique. Et deuxièmement : la configuration représentée par le « couple démoniaque », le détenteur souverain et manipulateur du pouvoir, le duo de la sorcière et du grand maître [1].

Le théoricien de la politique à qui il importe en priorité de faire la lumière sur le secret du pouvoir soupçonnera sans peine que, quelque part, le pouvoir se fonde dans l'alliance malsaine d'un homme rusé et d'une femme lubrique, et qu'un homme de ce genre peut empocher le pouvoir, car il est au fond délégué par la femme. Le pouvoir a donc son siège dans l'antre et le ventre de la femme. C'est la possibilité d'une hégémonie gynécocratique qui se fait jour ici, amenant à soupçonner qu'il y a supériorité constitutive des femmes et que tout pouvoir y a son origine. Dans cette mesure, la domination des hommes n'est jamais que violence et usurpation.

S'il est vrai que seule une femme (Mathilde) peut conférer le pouvoir véritable à un homme (Grégoire), il est tout aussi clair qu'elle est à même de le lui confisquer. Une femme (Proxedis) peut précipiter un dominateur dans le malheur, et singulièrement, on s'en doute, lorsqu'elle passe alliance avec ses fils. Ce sont des sorcières pour lesquelles il n'y a pas de pères, pour qui tous les hommes ne sont que fils incestueux, et qui ne reculent devant rien. Débauche, copulations infâmes, infection, telles sont leurs armes. Ce sont toujours leur sexualité et leurs activités sexuelles qui sont déterminantes. La « politique de femmes », au sens mal- « sain » et impur, est donc non virile. Du point de vue de la domination des hommes, elle n'a rien à voir avec la « politique ».

Pourtant, l'aspect le plus saillant de la formule magique de Carl Schmitt, la « discrimination faite entre l'ami et l'ennemi », est peut-être qu'elle escamote les protagonistes féminins, ceux dont l'épisode de Canossa nous enseigne à quel point leur intervention dans le jeu politique peut être décisive.

Dans la grande œuvre dramatique consacrée à l'empereur Henri par Friedrich Rückert *, on trouve le passage suivant :

> Qu'il vienne et rende grâce à sa belle ennemie
> Qui pour lui a trahi son ami.

---

1. En 1904, Pietro Fedele soutint que le pape Grégoire VII était d'origine juive, thèse qui fut réfutée en 1905 par Michael Tayl.

* Né en 1788, mort en 1866. Poète et orientaliste à l'œuvre particulièrement abondante. C'est sur l'un de ses textes que Mahler composa le *Chant des enfants morts*. [N.d.T.]

Où passe la ligne de front, ici ? Le moins que l'on puisse dire, c'est que le traitement abstrait du problème par Carl Schmitt visait à faire de la « politique » une pure affaire d'hommes, définitivement et par principe.

CHAPITRE IX

LA SITUATION TRAUMATIQUE

Angoisse.

Récapitulons. Avec ses mécanismes de censure, de refoulement, de fixation sur une idée et de protection, l'organisation de l'économie pulsionnelle qui caractérise la structure de la personnalité de la couche dirigeante allemande engendre un potentiel d'angoisse endogène, une angoisse latente incessante, intérieure et fondée sur le fait que le « moi », faible, doit redouter de succomber à la pression des pulsions réprimées et refoulées. Deux éléments constituent cette « angoisse » : d'une part, venant de l'intérieur, le danger que constituent les pulsions auxquelles on n'est pas en mesure de s'opposer, et, d'autre part, la crainte suscitée par la sanction du surmoi en cas d'échec (complexe de castration). Cette double angoisse ne parvient pas à la conscience. Dans des conditions normales, l'appareil psychique en assure la maîtrise. Elle ne connaît de regain que dans des situations d'exception. Il s'agit de situations où le sujet est exposé à un péril venu de l'extérieur (un danger réel), telle ou telle de ces difficultés que la vie réserve, et où le moi (en tant qu'instance de maîtrise de la réalité) perçoit et doit soumettre cette situation à une élaboration. Ou bien il s'agit d'une situation politique où le moi, comme élément d'un groupe et d'une communauté d'expérience ou d'action, subit un violent stress.

Tout danger réel venu de l'extérieur réveille en quelque sorte cette angoisse intrapsychique. Ce qui la suscite n'est plus ce qui provient du monde extérieur, mais, au fond de soi, le potentiel pulsionnel refoulé, la rupture des digues et le « chaos des pulsions ».

La perception de la réalité subit l'effet d'écran, les brouillages et les dénaturations du jeu de masques des représentations et des séries de « représentations » de « représentants psychiques » à fort investissement libidinal, qui, montant de l'inconscient, deviennent autant de contenus de la conscience et, sous les déguisements les plus étranges, donnent figure au refoulé. Ce ne sont, au fond, rien qu'illusions et fantasmes. Mais ce sont également des réalités psychiques massives que la langue char-rie sans peine, quand elle n'est pas purement et simplement à leur service. La pression pulsionnelle qui les engendre leur confère une intensité particulière. Ce sont elles, et non le danger réel, qui motivent le comportement du sujet et déterminent sa perception de la réalité. Ce qui est une menace venant de l'inté-rieur sera perçu et combattu comme s'il s'agissait d'un ennemi extérieur.

Ce type de comportement est familier à la recherche psycha-nalytique. Nous savons de quels ratés il est la cause dans la conduite d'innombrables individus, qui se font traiter par des médecins spécialistes. Mais qu'en est-il lorsque c'est là la conduite standard d'une couche dirigeante dont il détermine le comportement politique ? Nous n'avons alors plus affaire à la symptomatologie d'un dispositif psychopathologique chez des individus, les conséquences en étant du ressort plus ou moins privé, mais au phénomène historique d'une névrose collective dont les séquelles marquent la culture politique de tout un peuple, et déclenchent une contre-révolution qui affecte la nation entière, pour conduire finalement à la catastrophe que l'on s'était apparemment proposé de prévenir.

Tout prototype d'ennemi est un produit de ce potentiel d'angoisse intrapsychique dû à la répression des pulsions et au refoulement de la sexualité. Les définitions « politiques » de l'ami et de l'ennemi sont ainsi des dérivés d'un dilemme intrapsychique. L'État qui doit être défendu n'est en fait, tout bien considéré, que l'« appareil protecteur » nécessaire au maintien des prestations du refoulement. Ce qui doit être combattu est ce qui, à l'intérieur, menace avec hargne. La pression de l'intérieur est vécue comme une menace qui pro-viendrait de l'extérieur, laquelle paraît d'autant plus vive que cette pression se fait plus insupportable. La fixation sur l'ennemi devient de plus en plus abstraite et de plus en plus radicale. L'ennemi absolu – dont nous savons bien qu'il est l'« ennemie » – provoque un combat sans merci. Chaque réac-tion à une situation politique concrète devient par figure de style un combat apocalyptique de la dernière chance, c'est-à-dire la grande et ultime « bataille décisive » où il s'agit prétendument, contre un océan de menaces, contre l'irruption du raz-de-marée, contre le « chaos démocratique », de défendre le cercle des hommes qui ne plieront pas, avec leur ordre, leur État et leur rempart. C'est là le « pathos héroïque » de l'État-soldat, qui trouva en la personne de Carl Schmitt son champion tardif et son épigone. Un système délirant de type paranoïaque, serait-on tenté de dire, s'il n'avait été durant tout un siècle la source ordinaire où puisait la conscience des hommes d'Allemagne et le soubassement d'un consensus national.

Le « traumatisme de Versailles ».

Pour mettre à nu le noyau psychopathologique de la discrimination entre l'ami et l'ennemi pratiquée par la couche dirigeante allemande, il est instructif de se donner comme exemple une de ces situations exigeant une « décision », où ce groupe, dans un péril réel, réagissait toutefois moins par une évaluation objective des facteurs réels que par des « groupes de représentations » qui venaient s'empiler sur une certaine interprétation de la situation.

La situation que nous allons examiner est un des épisodes qui ont préludé à la fondation du IIe Reich. Il s'agit d'une décision dont dépendait le succès de l'ensemble de la campagne de France, et, en un sens plus large, celui de la politique d'hégémonie prussienne et de la politique d'unification bismarckienne. C'était un moment où devait se décider si le coup de théâtre de la fondation du Reich allait ou non réussir.

Nous avons la chance de disposer d'un texte qui jette un rai de lumière sur l'humeur qui régnait au « grand quartier général ». Il s'agit du passage des *Pensées et souvenirs* où Bismarck décrit un des moments où la guerre atteint des sommets d'intensité dramatique, passage qui rend bien compte des conditions dans lesquelles on s'achemine vers une « décision politique de portée universelle ». Nous sommes ainsi aux premières loges pour mesurer la pression psychologique subie par celui qui veut forcer une décision. C'est un « combat d'antichambre » pour l'accès au détenteur du pouvoir qui y est décrit, car Bismarck n'est pas le décideur le plus haut placé. Il n'est que le conseiller du roi, exposé à la concurrence de rivaux qui jouent aussi de leur influence. Dans ce combat, il aura le dessous. Vingt ans après, quand il relate l'affaire à la postérité, la rancune profonde que lui a inspirée sa défaite ne s'est pas encore dissipée. Il est permis de dire, aujourd'hui, que cette affaire aura été le prototype de sa lutte pour le « Reich » et qu'il l'a ressentie comme une situation traumatique. Les rationalisations de la *Realpolitik* grâce auxquelles il pourra la maîtriser *post festum*, et qui sont un curieux amalgame de froide perception de la réalité et de projections grevées d'affects, nous montrent dans quelle perspective l'homme d'Allemagne (le « soldat ») confectionne les images de ses ennemis.

Les femmes anglaises.

La question se pose de savoir si Paris doit être ou non bombardé. Sans déguiser sa rancune, Bismarck décrit comment on tente de faire échouer les tirs que, pour des raisons politiques aussi bien que stratégiques, il exige séance tenante [1]. La résistance ne venait pas seulement d'autres conseillers, militaires par exemple, mais aussi de femmes – des Anglaises. La femme du prince héritier en personne n'avait pas répugné à convaincre sa mère, la toute-puissante reine d'Angleterre, d'exercer une pression diplomatique sur les chefs de l'armée allemande et de leur faire connaître ses réserves sur ce qui lui apparaissait comme un outrage à la civilisation et comme un acte d'inhumanité.

Elle n'était pas la seule Anglaise, parmi les représentants les plus éminents de la couche dirigeante allemande, à se rallier à cette revendication, jugée irresponsable par Bismarck. Il dépeint très exactement la constellation (dans l'« antichambre du pouvoir »). « L'initiative d'une modification quelconque dans les opérations militaires ne partait pas d'ordinaire du roi, mais du grand état-major de l'armée ou du commandant d'armée présent à Versailles, c'est-à-dire du prince royal. Que ces milieux fussent accessibles aux idées anglaises [...] cela était humain et naturel, la princesse royale, la femme défunte de Moltke, la femme du chef d'état-major, plus tard feld-maréchal et comte Blumenthal, et la femme de l'officier d'état-major général von Gottberg, la seconde autorité après Blumenthal, étaient toutes des Anglaises [2]. »

Ainsi, grâce à l'influence exercée par des Anglaises (« conseillers irresponsables »), les tirs sur Paris furent empêchés. « Paris, quoiqu'il fût fortifié et constituât le plus fort boulevard de l'adversaire, ne devait pas être attaqué comme toute autre forteresse. Cette idée, venue d'Angleterre, avait fait le détour de Berlin et était arrivée dans notre camp. On appelait Paris "La Mecque de la civilisation" et l'on pouvait entendre d'autres phrases courantes et d'un effet certain, dont se sert le *cant* anglais, qui revêt ces sentiments humanitaires [3] [...]. »

« On ne me reprochera donc pas, dans ces circonstances, un excès d'appréhension si, dans des nuits sans sommeil, j'étais tourmenté par la crainte que nos intérêts politiques ne fussent, après de si grands succès, gravement compromis par notre lenteur et nos hésitations dans notre attaque contre Paris. À la lutte

---

1. Voir Moritz BUSCH, *Mit Bismarck vor Paris*, éd. Helmut Sündermann, Munich, 1940.
2. BISMARCK, *Pensées et souvenirs*, II, p. 136.
3. *Ibid.*, p. 135.

séculaire que se livraient les deux peuples voisins, il fallait absolument un dénouement *[Entscheidung]* capital pour l'histoire du monde. Nous nous exposions à avoir ce dénouement faussé par des influences personnelles et surtout féminines, sans autorité historique, par des influences qui tiraient leur force non de considérations politiques mais de l'impression sentimentale qu'ont toujours exercée sur les âmes allemandes les grands mots d'humanité et de civilisation importés chez nous d'Angleterre [1]. »

Visiblement, pour Bismarck, ni la référence à des intérêts politiques ni l'évocation d'impératifs stratégiques ne représentent l'essentiel. C'est bien plutôt le très vif agacement que suscitent en lui les « formules telles qu'"humanité" et "civilisation" qui est typique – des formules fourrées par des Anglaises dans la politique des hommes. L'agacement de Bismarck provenait de l'« auréole qui pour les âmes allemandes, et surtout pour les âmes féminines des grandes cours, entourait les mots d'"humanité" et de "civilisation", que faisaient sonner si haut l'Angleterre, ou si l'on aime mieux les puissances occidentales [2] ». Ainsi se forma, chargé d'affect, le complexe où l'« humanité » (et la « civilisation »), l'Angleterre et les femmes figurèrent désormais au répertoire de base de la politique et de l'idée que l'on se fera de l'histoire en Allemagne.

La Commune.

Mais ce n'est pas tout ! Les effets pernicieux de l'influence anglaise, humanitaire et féminine ne deviennent visibles dans toutes leurs dimensions que lorsque l'on connaît leur contexte, à savoir celui de la Commune parisienne. « À Londres on pensait que la capitulation de Paris devait être amenée non par le feu des canons, mais par la famine [3]. » Bismarck était persuadé qu'il fallait considérer le blocus rendu nécessaire faute de bombardement comme la cause de l'explosion de la Commune. Lorsque, en des termes pathétiques, il fit devant le Reichstag le tableau des atrocités auxquelles aurait donné lieu l'émeute populaire, il rattacha directement ces événements à l'intervention anglaise. Partant de l'alternative entre « bombardement » et « blocus et famine », il pose la question : « Ce dernier moyen est-il le plus humain, on peut en discuter, comme aussi sur la question de savoir si les horreurs de la Commune se seraient

---

1. *Ibid.*, p. 130-131.
2. *Ibid.*, p. 121-122.
3. *Ibid.*, p. 135.

produites si la période de famine n'avait pas préparé le déchaînement des passions sauvages de l'anarchie [1]. »

Le pire dans l'intervention humanitaire des femmes anglaises
était sa conséquence, c'est-à-dire le « libre cours donné à la
sauvagerie anarchiste » (à Paris).

On ne saurait exagérer l'impression laissée par l'expérience
de la Commune de Paris. N'avait-elle pas en effet eu lieu sous
les yeux mêmes des « hommes d'Allemagne » ? Dans la correspondance, dans les mémoires et dans les discours des
hommes politiques qui tiennent les rênes sous le Reich, elle
réapparaît sans cesse comme le terrible et définitif exemple de
l'insurrection révolutionnaire et du règne de l'« anarchie » par
excellence. Le souvenir de 1848 et le topos de la « terreur » y
trouvèrent un regain d'actualité, moyennant tout l'arsenal que
l'on devine des images d'épouvante et d'horreur, de désordre
et de chaos. Les fantasmes les plus échevelés faisaient bien
sûr partie de ce ballet terrifiant où apparaissaient des femmes
aux instincts débridés, la communauté des femmes et leur
domination.

Quand il était question de subversion de la société, d'anarchie
et de guerre civile, tout un chacun avait en tête cette expérience
décisive. Il fallait empêcher pour toujours que se répétassent les
événements de Paris. La phrase « L'État est le verrou contre la
guerre civile » signifie : « L'État allemand (le Reich) empêchera
la Commune. » Cette insurrection révolutionnaire et sa répression brutale ont renforcé de manière décisive l'idée de la nécessité d'un ordre sévèrement garanti par un État-soldat. Dans le
contexte qui est le nôtre, il est indifférent de savoir si l'histoire
peut confirmer le nœud de causalités auquel prétendait Bismarck. Pour nous, le fait déterminant, est que le complexe
« Angleterre-humanité-civilisation » s'enchaîne sur le plan des
représentations avec le complexe « subversion sociale-
anarchie ». Ces deux complexes ont en commun les connotations misogynes qui font partie du bloc de leurs associations.
Sans autre forme de procès, on avait mis dans le même sac les
pétroleuses des faubourgs insurgés et les dames anglaises.

Les parlementaires juifs.

Entre autres préliminaires à la fondation du Reich à Versailles, il faut compter encore un troisième motif de nervosité
ou de blessure traumatique. La cause en est les vaillants civils
qui, en sujets très humbles et très dévoués, s'étaient risqués

---

1. BISMARCK, *Pensées et souvenirs*, II, p. 135.

jusqu'au grand état-major pour proposer la couronne impériale allemande au roi de Prusse.

Les livres d'histoire allemande se sont entre-temps fait l'écho de la manière ignominieuse avec laquelle les maîtres sanglés dans leur tenue militaire traitèrent la délégation parlementaire du Reichstag de l'Allemagne du Nord. Après l'expérience de 1848, ces messieurs ressentaient encore, jusque dans leur moelle, la peur de rentrer en contact et d'être contaminés par tout ce qui dégageait un parfum de révolution. Déjà Frédéric-Guillaume IV avait déclaré que ce n'était pas le « caniveau » qui le ferait empereur. La formule de Donoso Cortés qu'avec complaisance Carl Schmitt répétait à tous vents avait fait forte impression sur lui. Après l'avoir portée aux nues comme une déesse, les Allemands avaient laissé crever l'Assemblée de la Paulskirche * – cet « avorton du principe révolutionnaire » – comme une catin dans un caboulot (como una prostituta en una taberna [1]).

Ayant finalement fait savoir qu'il consentirait à laisser les « fils de putes » faire lecture de leur requête – une crainte respectueuse en suintait à toutes les lignes – au cours d'une cérémonie arrêtée au dernier moment et réduite à la portion congrue (elle aurait lieu dans les locaux de la préfecture, et non au château royal), Guillaume Ier lança à son ordonnance, le comte Lehndorff (celui-là même qui ne portait pas de bottes vernies car il prétendait que, bien cirées, des bottes ordinaires ne devaient pas moins briller pour peu qu'on sût dresser son boy) : « Eh bien ! nous devons vraiment un grand merci à ce M. Lasker. » C'était là à peu près le comble du sarcasme dont était capable le vieil homme qui n'avait plus que la peau sur les os. Petite phrase qui contient en germe tout l'ostracisme et toute la haine qui finalement mèneraient à Auschwitz.

Eduard Lasker (1829-1884) était l'auteur de la requête en question. Les règles de la préséance avaient fait de lui le deuxième personnage de la délégation dont le noble Eduard Simson avait pris la tête, après s'être déjà une fois rendu à Berlin pour proposer à Guillaume IV la « répugnante » couronne. Sur l'ironie de cette répétition, l'humour de Bismarck n'avait pas été en reste. Simson et Lasker, n'avait-on pas là deux Juifs ! Il faut se bien représenter que la couronne du Reich avait par deux fois été proposée à un roi de Prusse par un Juif !

Grâce au schéma d'interprétation par Carl Schmitt de

---

* Église de Francfort-sur-le-Main où siégeait le Parlement de 1848. [N.d.T.]

1. DC, p. 55.

l'histoire du IIe Reich, la remarque acerbe de Guillaume Ier est replacée dans son véritable contexte. Il n'avait pas oublié que le Juif Simson, au Landtag de Prusse, le 10 février 1866, quand le conflit autour de la constitution battait son plein, avait interpellé le ministre président prussien Bismarck « sous les applaudissements prolongés "de l'assemblée" » : « Vous êtes en guerre avec les forces spirituelles et morales du temps présent ; tôt ou tard, vous devrez leur céder, elles dont vous sous-estimez le poids et l'importance [1] ! »

Dans cette irruption d'indignation bourgeoise envers celui qui foulait aux pieds la constitution, Carl Schmitt entend les Juifs lui déclarer la guerre, tout comme il interprète l'opposition parlementaire d'un Eduard Lasker comme un cas typique de subversion juive [2]. En faisant mention du nom de ce dernier, il évoque ce « type d'homme d'une espèce étrangère » qui a le toupet d'imposer au Reich et aux « grands hommes d'Allemagne » une évolution constitutionnelle qui ne pouvait être que « foncièrement étrangère » aux Allemands [3]. Le fait qu'une « constitution » ait été mise sur pied en Prusse, grâce aux entreprises pernicieuses du Juif C. G. Stahl (Jolson !), et qu'à partir de 1890 le positivisme du juriste juif Laband en matière de droit constitutionnel ait « obscurci » la conscience politique des Allemands, relève pour Carl Schmitt du même plan : paralyser systématiquement les forces de résistance de l'« homme et du soldat d'Allemagne », jusqu'à mener en fin de compte et pour finir à l'effondrement de 1918 ! Fantastique projection dont il ne nous intéresse même pas de savoir ce qu'il en fut réellement. Seul importe en revanche le fait que Carl Schmitt pouvait imaginer que telle était la réalité, et bien d'autres avec lui. Il donna sa formulation conceptuelle à ce qui, chez les nationaux allemands, avait constitué la conviction plus ou moins clairement articulée de trois générations en matière de politique, à savoir que les Allemands devaient la décadence de leur État aux Juifs qui avaient introduit par la bande un « patrimoine d'idées occidentales » (républicanisme français et parlementarisme anglais).

Au premier abord, l'affect antijuif semble sans rapport avec les anarchistes et les femmes anglaises. À y regarder de plus

---

1. PB, p. 294.
2. « Lasker, Friedberg ou Johann Jacoby » seront également évoqués dans le discours incendiaire de 1936 (« Die deutsche Rechtswissenschaft im Kampf gegen den jüdischen Geist. Schlußwort auf der Tagung der Reichsgruppe Hochschullehrer des NSRB » des 3 et 4 octobre 1936, allocution de clôture de C. Schmitt, dans : *Deutsche Juristen-Zeitung*, 41e année, cahier 20, Berlin, 15.10.1936, p. 1196).
3. SZ, p. 18.

près toutefois, il apparaît que les charges dont on les accable ressortissent au même registre d'influences subversives que l'on prête aux troubles puissances paralysant la capacité de décision des hommes. Elles ont une affinité avec l'élément « féminin » – qu'il s'agisse de la *prostituta en una taberna* ou de la reine. (Lorsque le bombardement de Paris était au programme, le Juif Disraeli était le Premier ministre de la reine d'Angleterre.)

On pourrait parler d'un « traumatisme de Versailles », mais ce n'est qu'un élément parmi d'autres dans l'histoire de la naissance et des avanies du IIe Reich. Sa fondation avait été une naissance difficile dont les douleurs avaient laissé des traces indélébiles dans l'inconscient de la génération qui en avait fait l'expérience personnelle dans sa chair et dans son âme. Plus tard, dans un calembour lourd de sens, Maximilian Harden parlera d'une « césarienne ».

La maîtrise d'un traumatisme – le psychanalyste le sait bien – est une de ces tâches sans fin de l'existence humaine. La tentative d'empêcher la répétition du traumatisme ne peut elle non plus aboutir. Consécutivement à l'événement traumatique, les individus engendrent des situations où leur vie est en jeu et qui, d'une certaine manière, répètent la situation initiale. Se peut-il qu'il en aille de même pour des peuples entiers ou, du moins, pour les couches dirigeantes de ces peuples ?

Pour comprendre le IIe Reich, il faut mettre à son soubassement la situation traumatique liée à sa fondation. Il se peut que des explications économiques, sociologiques, géopolitiques ou de topographie culturelle en éclairent les particularités. Cependant, le syndrome du péril des origines à l'heure de la naissance fut déterminant dans la constitution mentale (la « mentalité ») de ses dirigeants, dans l'image que ces « hommes de Prusse » se firent d'eux-mêmes, et dans la définition de leur ennemi prototype.

Le syndrome Lassalle-Lasker.

« Eh bien ! nous devons vraiment un grand merci à ce M. Lasker. » Cette remarque conduit tout droit à Auschwitz, disions-nous. Nous avions en tête la voie tracée par le destin aux relations entre Juifs et Allemands, à leur symbiose et à leur destruction. Ces « rapports », si tant est que le terme convienne à cette rencontre entre deux peuples qui est sans équivalent dans l'histoire universelle, ont été, dans l'ordre de la culture, à l'origine d'exploits que, par leurs moyens propres et respectifs, ni les Juifs ni les Allemands n'auraient pu réaliser. Elle s'amorça comme un « entretien » à Berlin et fut liquidée dans l'orgie de l'extermination que fut la « solution finale ».

Pourquoi les hommes d'Allemagne et les hommes juifs n'ont-ils pu se comprendre quand ils avaient tant de choses en commun ? Le lien entretenu par des politiciens juifs avec le constitutionnalisme libéral est un argument paravent qui dissimule le véritable contexte, surtout pour celui qui recourt à cet argument. Il me semble autrement plus prometteur d'enquêter sur les connexions reliant entre eux – une fois installée cette « situation traumatique » qu'avait été la fondation du Reich –, les « Juifs », les « femmes anglaises » et la « Commune ».

Tout de même, bien des grands Juifs allemands du XIXᵉ siècle parcoururent le chemin qui menait à l'assimilation complète à l'État-soldat monarchique ! Simson était le président de la plus haute instance judiciaire allemande, et il fut anobli. Pensons aussi à Maximilian Harden, plus bismarckien que le Kaiser Guillaume, ou bien à Walther Rathenau et à son idéal, « venir au pouvoir sous le règne du vieil empereur [1] » – même après 1918, Rathenau, qui fut ministre des Affaires étrangères de la République de Weimar, resta un monarchiste résolu. La défaite de 1918 ne consterna aucun général, aucun homme politique allemand au point de lui faire mettre fin à ses jours, mais elle conduisit au suicide par fidélité au Kaiser un Juif allemand, Albert Ballin.

Eduard Lasker, il est vrai, resta dans l'opposition. « Un Eduard Lasker occupait donc une position dirigeante dans le champ de l'esprit, du droit et de la culture [Bildung] [2] », commente Carl Schmitt hors de lui. Il mourut le 5 janvier 1884 au cours d'un voyage aux États-Unis, et la Chambre des représentants fit proclamer un dithyrambe à l'adresse du grand libéral et combattant de la liberté. Bismarck se refusa à le transmettre au Reichstag, « ne pouvant tenir Eduard Lasker, après trente ans d'expérience, pour un grand homme ni pour un bienfaiteur du peuple allemand [3] ». Pourquoi donc ?

Eduard Lasker mourut d'une sale maladie, d'une « maladie contagieuse », celle que vous passe la femme dépravée, la « prostituée de caboulot » – la syphilis. Syphilis égale paraly-

---

1. Harry comte KESSLER, *Tagebücher 1918-1937*, Francfort-sur-le-Main, 1961, p. 553, trad. fse Boris Simon, *Les Cahiers du comte Harry Kessler*, Paris, Grasset, 1972, p. 223.

2. SZ, p. 18.

3. Relaté par la baronne Spitzemberg, à la date du 15 février 1884 (*Das Tagebuch der Baronin Spitzemberg*, p. 204). Voir aussi la journée du 15 mars 1884, où elle écrit que le Reichstag serait désormais appelé « Auberge du Juif mort » ! (*Ibid.*, p. 205.)

sie ! « La décision morale et politique est paralysée [1] », tel est l'objectif secret du constitutionnalisme introduit en contrebande par des Juifs. « La gangreneuse pourriture [...] des parties vitales de l'État » ! Il s'agissait d'une peur phobique des « hommes véritables » à l'idée du danger de contagion, car il y allait de leur « État ». « Eh bien ! nous devons un grand merci à ce M. Lasker ! » – en d'autres termes : c'est *justement* pour cela que nous le remercions.

Pour comprendre comment les groupes de représentations passent par un tel nom, il faut consulter, au chapitre VI de *L'interprétation des rêves*, l'interprétation par Freud du rêve « Autodidasker », où les noms de Lasker et de Lassalle ont une fonction clef. Nous trouvons là, noir sur blanc, le détail des relations en cause : Juifs, femmes, sexualité, danger de contamination et syphilis. Le « souci d'aller à l'abîme à cause des femmes [2] », le « trouble organique ou fonctionnel à cause de la femme, plus exactement à cause de la vie sexuelle » renvoie au tabès, à la vérole, à la syphilis et à la paralysie ! La contamination menace les hommes qui succombent à la séduction des femmes : « Trouble [...] fonctionnel à cause de la femme : paralysie générale ou névrose ; à cette dernière peut se rattacher plus ou moins vaguement la mort de Lassalle [3]. »

Dans le rêve freudien, le nom de Lasker est masqué par un autre dont l'importance dans l'histoire allemande était autrement plus forte, celui de Ferdinand Lassalle, l'héritier spirituel de Henri Heine, le chef du mouvement ouvrier allemand, le Siegfried de *L'Anneau* wagnérien, le Disraeli allemand dont les rêves diurnes d'un Reich allemand s'emballèrent jusqu'à cette fantastique image : lui, passant aux côtés d'une *beauté** rousse – son épouse – sous le Brandenburger Tor, en premier Président d'une République allemande.

Eh bien ! ce Juif-là, justement, comment est-il mort ? Ce politicien de génie, ce socialiste et ce républicain mourut dans un duel, à cause d'une histoire de femme. Et cela après s'être attiré la mortelle inimitié de la couche dirigeante allemande pour la simple raison qu'il avait aidé une femme de l'élite, la comtesse Hatzfeld, à faire valoir ses droits et sa liberté contre un mari tyrannique. Ses « histoires de femmes » ne cessèrent jamais de faire tache sur le nom de Lassalle – Marx et Engels participèrent eux aussi à cette mauvaise réputation. Pour

---

1. *Théologie politique*, p. 73.
2. FREUD, *L'Interprétation des rêves*, trad. fse I. Meyerson, Paris, PUF, 1963, p. 165 [trad. modifiée].
3. *Ibid.*, p. 166.

l'histoire du mouvement ouvrier allemand, pour la social-démocratie et à plus forte raison pour l'image donnée de Lassalle par
l'écriture officielle de l'histoire, le fait que l'on ait pu ainsi
associer ce nom et ces « histoires » a joué jusqu'à aujourd'hui
un rôle déterminant (« Toujours les femmes avec ces sacrés
Juifs ! »).

À l'occasion des funérailles de Walther Rathenau, le comte
Harry Kessler écrivit dans son journal[1] qu'avec les derniers
honneurs que lui rendait le premier Parlement démocratique
d'Allemagne, Rathenau avait touché au but dont en son temps
Lassalle avait rêvé. Là-dessus on peut avoir un autre regard, car
le meurtre débile des hommes d'Allemagne vengeait le rêve
inouï, inconvenant et impudent d'un Juif qui avait osé s'imaginer qu'il succéderait aux rois de Prusse.

Ainsi donc, sous leur masque de pionniers du parlementarisme, les Juifs ne sont pas seulement figures de proue des idées
politiques les plus dangereuses, mais avant tout ils sont aussi
des *hommes à femmes**, s'adonnant sans la moindre inhibition
à leurs penchants sexuels. Mais n'est-ce pas là, fondamentalement, une seule et même chose ? Le libéralisme politique et
le libertinage sexuel ne sont-ils pas étroitement intriqués ? Et si
les Juifs prennent parti pour le premier, n'est-ce pas qu'ils ont
l'*autre* chevillé au corps ?

Dans les fantasmes des hommes d'Allemagne, l'émancipation
politique et sexuelle et l'émancipation des Juifs ne font qu'un.
Ainsi, terme à terme, les séries d'idées se disposent selon un
enchaînement qui se referme sur lui-même. Il est aisé d'en
référer chacun des éléments au signifiant qui les détermine tous
également, et qui est le foyer des périls et le pôle de la menace
absolue pesant sur tout « ordre », à savoir le « chaos » – et cela
qu'il s'agisse de l'État, du trône, de l'autel ou de la « famille
reposant sur la puissance paternelle et la monogamie », selon
les termes de Carl Schmitt. De tels fruits de la peur du « chaos »
proviennent avant tout, comme nous le savons, de la peur d'être
submergé par les pulsions, c'est-à-dire par ses propres pulsions.

Les Juifs s'y entendent avec les femmes ! Avec le sexe
donc. Donc avec l'anarchie. Les Juifs sont les fourriers du
« chaos[2] ». C'est ainsi que l'on pourrait résumer le syndrome
de Lassalle-Lasker.

---

1. Harry comte KESSLER, p. 327.
2. HITLER, *Mein Kampf*, éd. 1938, p. 69.

CHAPITRE X

DU COMMERCE QUE L'ON ENTRETIENT AVEC LE LÉVIATHAN

« Disputatio. »

À la même époque à peu près où Karl Marx et Bruno Bauer disputaient de la « question juive », le superbe poème de Heine qui clôt le *Romancero*, « Disputatio », voyait le jour. Devant la reine Blanche de Castille, « Doña Bianca » (un détail de la *mise en scène** qui a pour moi de l'importance), des capucins et des rabbins doivent démontrer, dans une controverse théologique, laquelle des deux religions, la juive ou la chrétienne, est la « vraie ». Celui des deux partis qui succombera dans le « tournoi d'idées » – c'était à Doña Bianca d'arbitrer – épousera la religion de son adversaire. On s'en donne à cœur joie. Jamais théologie chrétienne ni juive ne furent exposées avec plus de *Witz* et plus de sous-entendus ironiques [1].

Heine pouvait se le permettre, il connaissait le Talmud aussi bien que Luther et Hegel. L'atout majeur de « Juda rabbin de Navarre », c'est la certitude qu'ont les Juifs qu'à la fin des temps ils dégusteront le Léviathan. À son adversaire il dépeint le banquet sous les couleurs gastronomiques les plus pimpantes, et conclut enfin :

> Moinillon, crois-moi, tu seras content
> pour un morceau de ta peau
> d'avoir du Léviathan [2].

Or le père José ne veut rien en savoir. Pourquoi cela ? C'est que « Jésus-Christ » est « en lui », et il s'est « délecté de son corps » :

---

1. Henri HEINE, *Écrits juifs*, XXXIII, trad. fse Louis Laloy, Paris, F. Rieder & Cie Éd., 1926.
2. *Ibid.*, p. 172.

> Le Christ est le mets que j'aime
> mieux que le Léviathan
> et les sauces préparées
> aux cuisines de Satan [1].

Mais c'est là idéologie pure. Ce qui sépare le chrétien du Juif, l'en « sépare », ce ne sont pas des préférences gastronomiques ni des idiosyncrasies, mais des différences anatomiques. Le chrétien ne veut pas se défaire de son prépuce !

Le différend ne tourne pas autour du monothéisme opposé au dogme de la Trinité. Car il s'agit du Léviathan, ou plus exactement des meilleures relations que l'on peut entretenir avec lui. Que Henri Heine ait non pas mis en scène ici simplement un théâtre de marionnettes littéraire, mais ait voulu à sa manière s'ingérer dans le débat profane qui concerne les destinées de l'homme, cela paraît évident. Il n'a pas conjuré par désinvolture le Léviathan, ce symbole mythique gros de sous-entendus. Mais que la réforme proposée soit impossible, c'est ce dont Carl Schmitt ne cesse de nous assurer. Derrière les capucins de Heine, nous reconnaissons une philosophie politique catholique d'un cru égal à celui de Joseph de Maistre et de Donoso Cortés (la « postérité du Grand Inquisiteur »), et, derrière les rabbins, nous reconnaissons l'orthodoxie juive indignée de ce que l'on exige le baptême pour ses fils comme « billet d'entrée » dans la modernité. Il y va donc du problème central du pouvoir, c'est-à-dire de la question du commerce avec le pouvoir et de l'« accès au détenteur du pouvoir ».

> Le poisson Léviathan
> habite au fond de la mer,
> notre Dieu pendant une heure
> joue avec lui chaque jour [2].

Depuis Hobbes, le Léviathan est le symbole de l'État moderne, cette institution de coercition à laquelle l'individu, dans sa faiblesse et sa peur, se soumet au nom de sa sécurité. Carl Schmitt a écrit à ce sujet en 1938 un livre fécond et profond. « Au départ de la construction de l'État, y lit-on, il y a la peur [3]. » Il y décrit également comment la grande idée a échoué, et pourquoi.

Le symbole du Léviathan provient de la tradition juive de la kabbale. Les Juifs ont nourri une relation particulière avec ce monstre mythique et ce qu'il représente. « Leur Dieu joue avec

---

1. H. HEINE, *Écrits juifs*, p. 176.
2. *Ibid.*, p. 170.
3. L, p. 47.

lui [1]. » Et ils en font autant. Et, selon la kabbale, à la fin des temps, ainsi que Carl Schmitt le raconte un peu plus tard à sa fille Anima, ils consommeront la chair du Léviathan et célébreront « solennellement le Banquet millénaire [2] ». Alors commencera l'éon de paix de la « société sans État », le grand but qui donne sa perspective à la vie du peuple juif. Voilà qui est vraiment inouï, mais il faut bien que l'enfant le conçoive.

Pour assurer leur sécurité, les Juifs ne se servent pas de puissantes machines de guerre ni de fétiches. Pour eux, le Léviathan n'est pas un dieu-animal-machine-mythe. Non, ils le débitent plutôt en petites tranches et le dégustent accompagné de sauces succulentes. La chose a commencé avec leur entrée dans la modernité. Dans son livre sur Hobbes, mélancolique et empreint de résignation, Carl Schmitt fait voir comment la belle œuvre d'art de son maître fut démantelée par les Juifs, qui avaient percé le mythe à jour et ainsi détruit l'idée d'État.

Pour différencier et disséquer (l'art de manier des couteaux !), là, les Juifs s'y entendent. Ils savent couper les cheveux en quatre. Et ce talent pour couper et entailler en contient visiblement un autre, celui de fendre et de tailler, qui est cette capacité de déceler et de débusquer partout l'accroc dissimulé, le point faible, la faille, de déchiqueter ce qui semble proprement assemblé et se donne comme intact et entier, et ainsi de faire effraction, de se répandre par l'ouverture aménagée et de disloquer l'édifice. Voilà leur technique et leur tactique.

« Quelques années seulement après la parution du *Léviathan*, le regard du premier Juif libéral fondait sur le délicat passage à peine visible [du livre]. Il y reconnaissait aussitôt la grande faille par où le libéralisme moderne allait faire effraction [3]. » C'est de Spinoza qu'il est question. « Un déplacement d'accent, un petit mouvement de pensée venu de l'existence juive, et, avec une conséquence d'une simplicité élémentaire, le tournant décisif dans le destin du Léviathan s'accomplit en un laps de quelques années » (p. 88 s). Moyennant le « sens tactique de la distinction propre aux Juifs » (p. 93), le Léviathan est « dépouillé de son âme et de son intérieur » (p. 87). Il est « étripé » (p. 124).

« Au XIXᵉ siècle aussi, ce fut l'œil d'un philosophe juif [...] qui reconnut aussitôt la faille et en tira parti » (p. 106). Il s'agit de Friedrich Julius Stahl, un « Juif qui s'était échappé du ghetto d'Allemagne du Sud », et qui eut l'impudence de se faire le

---

1. *Ibid.*, p. 18.
2. *Terre et mer*, p. 24.
3. L, p. 86 ; les citations suivantes sont extraites du même ouvrage.

conseiller de la couche dirigeante prussienne et même du roi. « Il la guide [...] sur le terrain de l'ennemi politique de l'intérieur, du "constitutionnalisme" où l'État-soldat prussien devait s'effondrer en octobre 1918 sous le fardeau qui était son épreuve de vérité » (p. 109). « Prolongeant avec conséquence la grande lignée historique qui, de Spinoza en passant par Moses Mendelssohn, mène au siècle du "constitutionnalisme", il s'est acquitté [...] de sa tâche, en penseur juif, et, pour rester dans l'image, a contribué à son échelle à dépecer un Léviathan qui était dans la plénitude de ses forces » (p. 110).

« L'interprétation juive traditionnelle repoussa le Léviathan de Hobbes » – il faut lire l'idée d'État – ; « ils le terrassèrent et l'éventrèrent. Telle qu'elle nous est connue, l'histoire de l'image mythique créée par Hobbes trouve ainsi son terme » (p. 124). Une triste histoire, qui est celle d'un fiasco et d'un triomphe. Elle est un élément de l'histoire du dialogue judéo-allemand, lequel connut son apogée magnifique dans le poème de Heine, et son déchirant épilogue dans le livre de Carl Schmitt sur Hobbes, moins d'un siècle plus tard. Il faut bien voir que Carl Schmitt, avec son analyse du « sens et du fiasco d'un symbole politique » prend lui-même congé de l'« État ». La période de son engouement maniaque pour l'État est révolue et un tournant s'amorce.

Au flot de paroles indignées que s'attirent les Juifs pour avoir découpé le Léviathan en petits morceaux se mêle, forçant l'attention, de l'admiration pour leur supériorité intellectuelle et tactique. Dans l'opuscule publié à peu près à la même époque, *Terre et mer*, Schmitt dit explicitement où, à son avis, il s'agit aujourd'hui de mettre l'accent s'agissant du jugement à porter sur le conflit séculaire qui tourne autour de la juste relation avec le pouvoir. « Interprétée en long et en large depuis des siècles par les rabbins et les kabbalistes, l'image du Léviathan conforta le Juif dans son sentiment de supériorité envers les peuples païens et les bestiales idoles de leur volonté de puissance [1]. »

Mais les Juifs n'avaient-ils pas fastueusement proposé aux Allemands de réduire le Léviathan à leur merci commune ? L'idée émise par Heine de l'« empire du monde » visait une domination par l'esprit et non par la violence. Une telle alliance, il est vrai, était liée à une condition qui ne fut jamais stipulée parce qu'elle était absolument impossible à formuler : les Allemands auraient dû devenir des Juifs.

Du point de vue philosophique et pour le droit constitutionnel, il n'y avait pas là l'ombre d'une difficulté, car Juifs et Alle-

---

1. L, p. 96.

mands étaient des *citoyens** – qui devenaient des « hommes »
en s'émancipant. Pour Karl Marx, c'était une chose entendue
que les chrétiens, en tant que « bourgeois », étaient depuis longtemps devenus des Juifs. Les objections faites par Bruno Bauer
du point de vue de la théologie et de la philosophie de l'histoire
étaient dépassées. Sitôt que les Juifs pourraient devenir des
Allemands, les Allemands pourraient aussi devenir des Juifs. Il
se révéla cependant que c'était là un calcul qui ne pouvait
aboutir. Faisait entrave à l'assimilation des Juifs et des Allemands un reste de coutumes ethnico-religieuses, une vétille à
laquelle vraiment personne ne pouvait penser. Seul Henri Heine,
sorti des rêves qui le visitaient dans l'antre où il avait son
matelas, s'en est avisé et l'a expressément désignée, et ce fut
son ultime message, une mise en garde en quelque sorte :

> Mais les moines tiennent ferme
> à leur foi héréditaire
> ainsi qu'à garder leur peau
> telle qu'elle est, tout entière [1].

Ils n'entendaient pas la voix des sirènes, des rabbins, ni le
« Régale-toi du Léviathan ». Ils entendaient autre chose :

> On aiguise en l'autre camp
> les couteaux à circoncire [2].

Bruit qui déclencha la panique. Le bruit du « couteau de la
circoncision que l'on affûte » toucha les hommes d'Allemagne
chrétiens à l'endroit le plus sensible. Les voilà menacés de
perdre leur morceau le plus précieux, car c'est aux « parties
vitales » que l'on s'en prend. Main basse sur le génital et sur
le pénis qui, symboliquement, représente le « moi ». « Le bout
de narcissisme dont la nature a équipé cet organe s'insurge
là-contre [3]. » Le couteau qui se met de la partie ravive
l'« angoisse de castration » (comme ceux qui déchiquettent le
Léviathan !). Par le jeu des associations, ces couteaux évoquent
les « poignards » dont l'anarchie menace les représentants de
l'ordre, les « défenseurs du trône et de l'autel », dit Freud.

Pour les Juifs, il en va autrement. Ils sont circoncis. Freud
voit là le signe distinctif fondamental entre Juifs et non-Juifs,
et cela pour la raison qu'il se rattache au complexe de castration.

---

1. H. HEINE, p. 173.
2. *Ibid.*, p. 158.
3. S. FREUD, « Analyse d'une phobie chez un petit garçon de cinq ans (le
petit Hans) », *Cinq psychanalyses*, trad. fse Marie Bonaparte et Rudolf M.
Lœwenstein, Paris, PUF, 5ᵉ éd. 1971 (1ʳᵉ éd. 1954), p. 116, n. 1.

Quand il observe que « le complexe de castration est la plus profonde racine inconsciente de l'antisémitisme », il touche au point décisif. Et pourtant, quand il avance l'idée que la circoncision des Juifs donne aux non-Juifs « le droit de mépriser le Juif » (« car, dans la nursery déjà, le petit garçon entend dire que l'on coupe au Juif quelque chose au pénis – il pense : un morceau du pénis [1] »), son interprétation, on nous permettra la remarque, prend la mauvaise direction. Le « bout en moins » serait donc ainsi un motif de « mépris » de la part de ceux qui disposeraient d'un « bout en plus ». C'est précisément le contraire qui est vrai. La comparaison n'engendre pas de « mépris », mais plutôt quelque chose comme de l'admiration et du respect, et surtout de l'envie. Car la « mutilation » est bien moins perçue comme la cause d'un affaiblissement que comme une opération roborative. L'« antisémitisme » ne se fonde pas sur un sentiment de supériorité de l'incirconcis, mais sur un sentiment d'infériorité. L'incirconcis est exposé sans défense à l'épouvante de la castration, le circoncis, en revanche, est une fois pour toutes immunisé.

Pour mieux comprendre ces subtiles connexions, il nous faut prendre conseil chez un « expert incirconcis », Georg Groddeck. Pour juger de l'importance de la circoncision, ce dernier part de sa théorie de la bisexualité, selon laquelle le prépuce est la trace somatique de l'autre sexe dans le corps de l'homme – de manière analogue au clitoris. Il écrit : « Quand [les Juifs] coupent le prépuce [...], ils éliminent ainsi la bisexualité du mâle, retranchant par là le féminin du masculin [...] *la circoncision fait du Juif un homme rien qu'homme.* Qu'on considère la singularité de l'être juif : il n'y a pas sur terre de peuple qui soit aussi marqué que le peuple juif au sceau de la *virilité* [2]. »

Par la circoncision, les Juifs sont immunisés contre le danger qui émane de la femme, et l'angoisse de castration en fait évidemment partie. Le rituel de la mini-castration fait des Juifs des hommes tout entiers, c'est-à-dire de « meilleur aloi ». Ils n'ont rien à redouter des femmes. Ils n'ont pas besoin d'afficher une idéologie « viriliste » exaltée ni de jouer aux matamores pour faire la preuve de leur virilité, ils n'ont pas besoin de « fétiches ». Il ne leur est pas nécessaire de compenser, ils peuvent entretenir des relations sans peur avec les femmes et avec le pouvoir.

« Les Juifs ont prêté une signification particulière à la cir-

---

1. *Ibid.*
2. G. Groddeck, *Das Zwiegeschlecht des Menschen*, p. 168 [souligné par N. Sombart].

concision, de telle sorte qu'elle distingue le Juif de tous les autres hommes et qu'elle lui a donné la conviction qu'il [...] peut se sentir supérieur à tout non-Juif [1]. » « Que toute culture européenne, de la doctrine morale courante des obédiences chrétiennes jusqu'aux pensées, aux actes et aux transformations de tous les jours, soit enracinée dans l'objectif juif de refoulement de l'homosexualité de l'homme, voilà qui tombe sous le sens [2] », dit Groddeck. Il se réfère ensuite au problème cardinal de l'ordre social patriarcal, à savoir l'« autoproduction historique de l'homme ». Avec leur rituel de la circoncision, les Juifs étaient plus conséquents que les chrétiens avec le baptême. Avoir conservé son prépuce n'est de loin pas un avantage, mais un handicap qu'il faut laborieusement compenser et dont on ne peut se défaire sans difficulté.

L'inégalité, cette petite différence – l'appendicule de féminité incorporé en soi – rend impossible toute véritable coopération d'égal à égal, et des frères elle fait des ennemis. Les hommes d'Allemagne ne pouvaient pactiser avec les Juifs, leur prépuce leur barrait le chemin. Nous touchons là au secret de l'échec des relations judéo-allemandes, qui étaient aussi, bien entendu, une lutte que se livraient des hommes dans l'« antichambre du pouvoir ». C'était un problème d'« antichambre » dans la zone cardinale, physiologique et somatique, de la « région vestibulaire ».

Le « prépuce » *(Vorhaut)* appartient au champ sémantique de l'« antichambre » *(Vorhof)*. L'élément de part en part insupportable de la concurrence juive ne tenait pas à ce que les Juifs étaient de meilleurs commerçants et banquiers, des philosophes plus astucieux, des théoriciens de l'État et des libéraux constitutionnalistes, mais à ce qu'ils étaient de *meilleurs mâles* (au sens défini par Groddeck).

Voilà que les « incirconcis » sentent plus qu'ils ne le « savent ». Ils pressentent aussi (ou associent, ou, surtout, s'imaginent) qu'au « chevalier sans prépuce » la petite différence fait exercer sur les femmes non juives une fascination avec laquelle le non-Juif ne peut rivaliser. La petite différence donne au Juif, aux yeux de ceux qui le jalousent, son pouvoir de persuasion proche de la sorcellerie, quasi démoniaque, c'est-à-dire son talent pour le « dialogue », la « conversation » et le jeu, talent dont son art supérieur de commercer avec le Léviathan n'est dès lors qu'un exemple.

---

1. *Ibid.*, p. 167.
2. *Ibid.*, p. 169.

Mieux que la dé-cision, la circon-cision.

Au sein de sa *Psychanalyse des origines de la vie sexuelle*, publiée en 1924 sous le titre *Thalassa* (la *Théologie politique* de Schmitt a été publiée en 1922), Sándor Ferenczi – nous reviendrons plus amplement sur l'essai de cet auteur (1873-1933) – élabore, sur le « drame de l'antichambre », une hypothèse intéressante, de grande portée pour l'objet qui est au centre de nos préoccupations, à savoir les angoisses masculines et le pouvoir des femmes. Ferenczi est un des disciples préférés de Freud, peut-être le plus important ; sa contribution a été essentielle pour prolonger la psychanalyse en une science de la culture, et c'est un Juif. La sexualité des humains n'est pour lui pas tant la clef de leur destin individuel que celle de leur destin collectif. Si l'anatomie et la physiologie lui fournissent son point de départ, elles ne sont que les fondements positifs et biologiques des sciences de la nature pour une anthropologie historique et une théorie de l'évolution, qui s'occupe de la destinée de l'espèce au plan de l'histoire universelle. Partant d'un pôle diamétralement opposé à la théologie et à la métaphysique, il cherche à donner des réponses aux mêmes questions que celles qui sont abordées par Carl Schmitt et, à sa manière, il participe au discours de la philosophie de l'histoire de son temps, sans pour autant se laisser arrêter par ses « tabous ». Car ce n'est pas un obscurantiste, mais un *Aufklärer*.

Ce qui l'occupe, ce sont les prémisses des déficiences physiologiques et psychiques de ses patients, déficiences qu'il a diagnostiquées comme autant de formes d'angoisse. À cet effet, il mène des recherches sur l'appareil génital masculin et sur le comportement sexuel qu'il détermine. L'anatomie et les modèles de comportement se conditionnent réciproquement. Ferenczi découvre ainsi la « dimension symbolique de l'anatomie ». Nous avons vu, avec Granoff, comment dans ce domaine la psychanalyse excelle, au point que c'est là peut-être celle de ses performances qui fera date dans l'histoire des idées.

Ainsi, pour Ferenczi, la muqueuse en forme de pli, l'invagination où le gland est logé n'est rien d'autre qu'une réplique à petite échelle de la vie dans le sein maternel. Ferenczi part aussi du fait que le pénis – et, dans ce cas précis, tout particulièrement sa partie la plus sensible – représente symboliquement le moi tout entier. Quant à voir dans le prépuce un reliquat du corps spécifique de la femme, une trace somatique de la bisexualité fondamentale, c'est là la conception de Groddeck pour qui la circoncision est l'élimination symbolique des derniers vestiges du féminin – la culture se donnant ainsi pour objectif de produire le « rien qu'un mâle ». Ferenczi se réfère en effet expressément à Groddeck.

L'excitation sexuelle accompagnant l'érection est liée à des sentiments de déplaisir. Or, pendant que la tension sexuelle s'amplifie en s'accumulant dans la zone génitale et que l'érection – un peu comme dans une naissance – expulse de son paisible abri la partie la plus sensible du pénis, la sensation de déplaisir se multiplie soudain significativement, ce qui ajoute une note négative à un moment de toute façon déjà ambivalent.

Pour ceux qui l'ont gardé (au lieu d'être circoncis), le prépuce, qui d'ordinaire fixe en un point du corps masculin important l'illusion de l'intimité du corps maternel, donne alors à l'érection la valeur d'un événement dramatique. Dans cet *état d'exception*, où il s'agit que s'accomplisse la pénétration dans le vagin, le traumatisme de la naissance est en quelque sorte reproduit *en miniature**. Ainsi, au moment le moins importun, se présente la situation traumatique par excellence, et, à sa suite, l'angoisse originaire. Dans l'« antichambre » de la copulation se manifestent ainsi des sentiments spécifiques de déplaisir que ravivent, selon la nature même des choses, l'angoisse de castration et de perte du pénis et l'angoisse d'impuissance. Ainsi, *dans l'intervalle* du gain de plaisir recherché et promis dans le coït, d'une part, et, d'autre part, du palier d'où l'homme commence son ascension vers ce plaisir, un seuil de déplaisir s'intercale, qui rend toute l'entreprise non seulement plus dramatique, mais aussi plus problématique et plus périlleuse.

Alors, ce qui pouvait à l'état de repos être un moment de supériorité masculine, une garantie d'intégrité narcissique et un bien qui renforce l'autonomie du moi masculin – dans la mesure où l'homme a en propre ce que d'autre part il doit commencer par reconquérir – se révèle être une déficience dans l'état d'exception. Ce seuil d'inhibition se situe sur le parcours descendant de la décharge pulsionnelle – quand se satisfait l'élan qui pousse à retrouver l'unité dans l'union physique et quand s'embrase l'angoisse originaire au moment précisément le plus précaire –, au seuil de la cise, au moment de la pénétration dans le vagin, c'est-à-dire dans la « région vestibulaire », dans l'« antichambre » (là où il s'agit de s'emparer du pouvoir). Là justement où il y a enjeu (au « lieu » où les choses sérieuses se passent), l'homme connaît donc un état de défaillance spécifique par rapport à la femme, défaillance où l'infériorité constitutionnelle de l'homme par rapport à la femme s'affiche de manière sinistre. Elle est ainsi remise « en mémoire », alors que tout ordre social de principe patriarcal a essentiellement pour tâche d'annuler cette position d'infériorité. Ce à quoi l'homme réagit en renforçant la composante agressive de la copulation. Il camoufle dans la violence son sentiment d'infériorité.

Les choses ont une tout autre allure pour l'homme circoncis qui n'est plus en possession du précieux prépuce, c'est-à-dire pour le Juif. Ce dernier a dû s'accoutumer à renoncer à ce symbole d'intimité. À l'état ordinaire, son pénis (et, *a fortiori*, son moi) est plus exposé, plus en danger, mais se trouve aussi plus proche de la réalité, toujours disponible quand il s'agit de s'introduire dans l'organe sexuel féminin, sans le drame de l'érection et sans les perturbantes poussées de déplaisir. Les femmes ne sauraient lui inspirer de peur. Il peut les approcher en bonne quiétude, sans avoir d'abord à surmonter de répulsion qui ferait brèche en lui. Tout au plaisir, il peut se laisser porter par les vagues du désir que font déferler ses pulsions.

Une telle différence ne peut rester sans conséquences quant aux dispositions de la femme à l'égard de l'homme. Psychiquement et physiquement, ses attentes ne la mettent pas dans la même position. Elle aussi pourra vivre la pénétration dans la pleine jouissance. Ce qui en l'occurrence est décisif n'est pas tant le fait bel et bien incontestable qu'un pénis sans prépuce ménage une prime de plaisir parce que sa sensibilité est moindre, que l'érection dure plus longtemps et que le plus souvent elle est plus forte ; il semble bien plutôt que la petite mutilation donne un tour positif au fond du tonus psychique et que la femme qui s'en aperçoit y réagisse avec exaltation. (Tout se joue – une fois de plus – dans la tête.) Dans son étude sur les *Manifestations du complexe de castration chez la femme*, de 1921, Karl Abraham nous fait part des remarques suivantes, pertinentes dans le contexte qui est le nôtre : « Il est clair que certaines femmes éprouvent une affinité pour [l'homme mutilé], qu'elles voient en lui un compagnon d'infortune et n'ont pas besoin de le rejeter haineusement comme l'homme sain. L'intérêt que certaines femmes portent aux hommes juifs s'explique de même ; elles considèrent la circoncision comme une castration au moins partielle, qui leur permet le transfert de leur libido sur l'homme. Je connais des cas où un mariage mixte de ce type fut contracté pour cette raison, bien entendu inconsciente à la patiente [1]. »

La fascination qui pour les femmes émane des hommes « cir-

---

1. Karl ABRAHAM, « Manifestations du complexe de castration chez la femme », *Œuvres complètes* II, trad. fse Ilse Barande (avec E. Grin), Paris, Payot, 1966, p. 116 [trad. modifiée].

concis » serait donc surdéterminée. Ils font figure de meilleurs partenaires à cause du marquage renforcé de la différence physiologique des sexes, mais aussi grâce à une disposition psychique qui rend possible l'annulation de cette différence sexuelle. Ils sont plus hommes et simultanément plus semblables à la femme, plus proches d'elle. Des liaisons avec eux sont plus gratifiantes parce qu'elles permettent aux femmes de vivre pleinement leur sexualité. Ce qui signifie que l'homme circoncis, pour ce qui est de son comportement sexuel, n'a pas à compenser de « seconde d'effroi » par un supplément d'agressivité et qu'ainsi, dans toute sa manière de faire la cour et dans tout son habitus sexuel, il fait montre de plus de souplesse, d'empathie et de prévenance. Par là, il donne à la femme la possibilité de faire jouer sa composante « agressive » dans l'imaginaire de la « prise de possession » et de la « confiscation », et cela d'autant plus vivement qu'elle se sent moins attaquée. Sans en passer par les avanies du drame de l'érection et par les violences de la décision, elle peut, toute au plaisir, se rendre maîtresse du phallus, et il est désormais à sa discrétion. La figure d'une pénétration violente s'inverse ni plus ni moins, l'« intussuception » elle-même (« ce qu'on engloutit avidement en soi ») se transforme en acte phallique, et la femme fait sien le pénis introduit en elle.

Autrement dit, les valences masculines de sa sexualité peuvent se donner libre cours, tandis que l'homme, dans l'extase et dans la dissolution du « sentiment océanique » d'une bienheureuse perte de conscience (« un bouillonnant sentiment de bonheur physique », dit Schmitt), peut aussi faire l'expérience de sa féminité, c'est-à-dire de la « femme qui est en lui ». Le « rapport sexuel » trouve sa fin positive et son accomplissement non pas dans l'orgasme physiologico-fonctionnel, mais dans cette pénétration psychique du masculin et du féminin, dans le chiasme de la bisexualité réciproque et dans la « liaison symbiotique ». La variante sadomasochiste de l'acte sexuel comme violence structurelle, qui fut analysée par Otto Gross, est aux antipodes de ce modèle.

Ainsi, en tout état de cause, il semblerait qu'auprès d'hommes circoncis, il soit plus simple pour des femmes de trouver ce que, de manière assez crue, l'on désigne par le terme de satisfaction sexuelle. On ne pourrait alors vraiment s'expliquer la « femme insatisfaite » que comme une déformation de culture et une conséquence des défaillances spécifiques des hommes non circoncis au moment de l'érection et de la copulation. C'est un fait que l'exigence d'assouvissement féminin est ressentie par ces derniers comme une prétention qui leur inspire l'horreur.

« Ils apaisent à coup d'étrivières * » les angoisses qu'ils éprouvent envers la « sauvagerie des pulsions déchaînées ». Leur idéal est la frigidité des vierges, le culte qui lui correspond et l'immaculée conception. Il y a des chercheuses assez pugnaces pour voir dans la non-circoncision caractéristique de l'Occident chrétien une mesure de répression de la sexualité féminine et du droit naturel de la femme au contentement de son plaisir. Elles font en effet remarquer que, dans la tradition juive, l'assouvissement physique de la femme rentre dans le rite du sabbat, qu'il est ainsi consacré et peut même faire l'objet d'une réclamation.

L'hypothèse de Ferenczi devrait nous aider à comprendre pourquoi la controverse entre juifs et chrétiens, ainsi que le poème de Heine le fait clairement voir, prend tout son tranchant quant à la question du prépuce, celui qu'on a ou qu'on a perdu. Elle devrait également nous aider à comprendre pourquoi l'incirconcis réagit de manière si sensible au bruit du couteau à circoncire (au point qu'il abomine couteaux et poignards de toute sorte), et pourquoi il semble convaincu d'une mystérieuse supériorité des circoncis dans leurs relations avec les femmes, supériorité qu'il doit, par association, mettre en rapport avec la « petite différence ».

Toute une série de conclusions se présentent dès le premier abord. Groddeck a manifestement raison quand il dit que ce n'est que sans son prépuce qu'un homme devient « rien qu'un homme ». Dans la logique du système patriarcal, la circoncision est une clarification recherchée et nécessaire des rôles. Il est licite de rappeler ici la double – l'ambivalente – signification des rites de circoncision, telle que nous l'enseigne l'ethnologie [1]. Ce qui est en cause est toujours la maîtrise *via* les rites des problèmes (des angoisses) des hommes et de leurs rapports avec l'autre sexe. Fondamentalement, il s'agit de conjurer l'angoisse des hommes envers la femme et d'éliminer un sentiment de déficience de l'homme par rapport à la femme, c'est-à-dire la jalousie des hommes devant la grande supériorité de la femme.

Manifestement, le renoncement à la circoncision ne ménage pas de tels points d'appui. D'autres rituels d'initiation ou de virilité, tel le duel dans les corporations étudiantes où c'est bel et bien du sang qui doit couler, et même trois fois pour que le rite soit validé, n'annulent pas complètement le désavantage des

---

* Allusion à la formule de Nietzsche : « Tu vas chez des femmes ? N'oublie les étrivières » (*Ainsi parlait Zarathoustra*, trad. M. de Gandillac, Paris, Gallimard, coll. « Idées », 1976, Première partie, p. 89). [N. d. T.]

1. B. BETTELHEIM, *Les Blessures symboliques. Essai d'interprétation des rites d'initiation*, trad. de l'anglais Claude Monod, Paris, Gallimard, 1971.

hommes, mais renforcent plutôt et confortent la propension des hommes à la violence.

Des constructions théoriques de type « décisionniste » font partie, à mon sens, de la catégorie des rituels que l'on doit considérer comme un genre de « circoncision » exécutée idéellement. Ils doivent donc être répertoriés à la rubrique « autoproduction » du mâle. Comme dans le duel estudiantin, l'homme d'honneur, celui qui « peut offrir réparation », est le produit d'une procédure rituelle : on parle du porteur de *sabre* capable de se battre en duel [1]. L'intervention a lieu, hélas, trop tard, c'est-à-dire au cours du second procès de socialisation et non du premier. De tels mâles ne seront jamais quittes de leur angoisse à l'égard du féminin.

Mais si le « féminin » est vraiment proscrit *via* la circoncision, le mâle ainsi assuré dans sa virilité reçoit la liberté de faire jouer les registres féminins de sa bisexualité (l'homosexualité primaire) non seulement dans les gestes de l'homme qui courtise une femme, mais aussi, pour tous les cas de figure, dans son rapport à la réalité. D'une certaine façon, son « problème d'identité » est résolu une fois pour toutes, et, de cette façon, est réglé. Il ne lui faut pas, à chaque fois, pour la circonstance, construire sa virilité et en faire la preuve dans l'acte sexuel, moyennant érection. Le sujet n'est donc plus sous le joug d'une permanente « obsession de la décision » (figée en un comportement obsessionnel).

Mais poussons encore d'un cran ces réflexions, que le lecteur pourrait bien juger insolites. Chez l'homme occupé à faire la cour à une femme, Ferenczi distingue deux possibilités fondamentalement différentes, à rapporter terme à terme et par analogie aux deux types fondamentaux d'hypnose.

Ces possibilités ont leur fondement dans la polarisation des sexes. Ferenczi distingue le comportement où l'homme cherche à paralyser l'objet de ses assiduités en s'appuyant sur l'intimidation, de celui où, la fin étant la même, il monte tout un théâtre pour le circonvenir. Menace de recours à la violence dans un cas, circonlocutions dans l'autre. Viol dans un cas, séduction dans l'autre.

Toutes ces remarques auront maintenant assez éclairé notre lanterne : la circoncision facilitera le choix des moyens non

---

1. Chez C. Schmitt, l'« homme admis à offrir réparation » apparaît dans deux passages caractéristiques où il est mis en rapport et comparé à l'« État ». Seuls de « véritables États » sont capables de duel (capables de faire la guerre) [PB, 307 – éd., 1939 et L 74]. Voir aussi Norbert ELIAS, *Betrachtungen über die Deutschen*, Francfort-sur-le-Main, 1989.

violents quand elle ne les rend pas évidents, tandis que l'homme incirconcis a nécessairement tendance à compenser sa défaillante virilité en usant de menaces et de violence – il est donc décisionniste. Partant du « petit drame de l'antichambre », la constitution de deux comportements masculins différents pourrait ainsi trouver une explication plausible ; il s'agirait alors de la constitution de deux attitudes différentes qui déterminent la relation du « moi » à la réalité et aux objets (c'est-à-dire, dans l'acception analytique, aux sujets désirés), et la relation du moi au « surmoi » et au « ça ».

Ces deux types de comportement sont donc, d'un côté, l'art de persuader sans emphase dramatique, l'art des « phrases chuchotées » et des « suggestions » de la séduction, un genre d'homme qui est par disponibilité propre foncièrement prêt à s'ouvrir à l'autre et à l'autre objet, à se « mettre dans sa peau », et qui est également prêt à des compromis et des « entretiens », et, de l'autre côté, l'homme de la décision dramatique et héroïque, cherchant refuge dans la violence si tant est qu'il ne voie pas en elle l'unique et légitime moyen de donner forme à ses relations au monde. L'un « frappe », l'autre « caresse ». L'un « ordonne », l'autre « suggère ».

Lorsque Groddeck parle des « aspects agréables et désagréables typiques de la façon juive [1] », enracinée dans la virilité des Juifs telle que la consolide la circoncision qui la fonde, il pense ainsi dans la perspective de l'homme non juif et, par là, en « antisémite » qui s'ignore. Il ressent comme désagréables les qualités qui, justement, pour les femmes non juives, rendent ces hommes fascinants – à savoir la souplesse, la faculté d'adaptation et la prédisposition au compromis. (Quant aux autres qualités de même origine – une vie mentale, une spiritualité plus intense, une rigueur plus grande, une relation d'immédiateté au verbe et à la Loi –, nous n'avons pas à nous y arrêter ici.)

Groddeck nous rend attentifs au jugement porté sur une « technique supérieure de subjugation » et de « soumission » *(sorcery !)*, technique qui mène à dénigrer et à discréditer des capacités et des talents dont tous ne disposent pas. Cette dichotomie sera finalement enjolivée chez Carl Schmitt par un effet de style, et deviendra la « différence fondamentale entre divers types humains ». Ce qui doit vouloir dire, bien entendu : *divers types de mâles*, dont l'un est bon pour la « politique », c'est-à-dire pour l'« État », et l'autre pas. C'est en définitive cette différence que l'on trouve derrière l'antinomie du « soldat » et

---

1. G. GRODDECK, *Das Zwiegeschlecht des Menschen*, p. 168.

du « bourgeois ». Elle détermine aussi les rapports perturbés des « Allemands » aux « Juifs ».

C'est là que l'antisémitisme viscéral des « hommes d'Allemagne » trouve ses racines. Parler de « jalousie sexuelle » serait trop réducteur. La jalousie est l'épiphénomène d'une autre façon d'être, profondément ressentie comme une déficience, laquelle engendrera immanquablement des complexes affectifs. Ces affects occupent un large champ de représentations – de l'angoisse de l'impuissance aux fantasmes de puissance –, représentations qui viennent à chaque fois faire écran à la situation réelle. Ils s'attachent à des mots où l'on n'irait tout d'abord pas présumer une association de ce genre. Par exemple, dans l'opposition introduite dans une intention polémique entre « décision » et « compromis », « injonction » et « conversation », pouvoir direct et indirect (cette « influence indirecte de pouvoirs occultes » qui minent ou « paralysent » subversivement les structures du pouvoir direct, gangrènent les « parties vitales de l'État », les immobilisent et les rendent « inaptes à la décision »). De telles polarisations n'ont pas d'autre raison d'être que de camoufler le sentiment de déficience des incirconcis moyennant ces mines de matamore auxquelles la violence et le recours à la violence doivent donner un label d'authenticité. Mais, souterrainement, le sentiment persiste que l'autre voie est meilleure et plus efficace. *Mieux que la décision, la circoncision !*

La sorcière et le grand maître.

Une diffamation.

Nous avons vu ailleurs qu'entre autres techniques utilisées par Bismarck en politique, il y avait la diffamation de l'adversaire calomnié par rapport à sa vie sexuelle. Au nombre de ses insinuations les plus infâmes se compte à coup sûr celle qu'il avait fait courir aux dépens de la femme du prince héritier, la fille de la reine d'Angleterre, Friedrich, dont il combattait les idées libérales. Dans une lettre de novembre 1887, Eulenburg informe Herbert Bismarck qu'« à Munich le bruit court que le prince héritier ne souffre pas d'un cancer, mais d'un chancre vénérien que lui aurait repassé la princesse héritière [1] ». Imputer une telle maladie infectieuse à la princesse anglaise, voilà qui convient à merveille au « standard paranoïde de l'ennemi

---

1. *Ph. Eulenburgs politische Korrespondenz*, vol. I, p. 248 (note).

prototype » et rentre dans le syndrome d'angoisse des hommes d'Allemagne. La syphilis qui fait ici l'objet du soupçon était l'expression symbolique et symptomatique du soupçon, et mieux encore du fait lourd de menaces que l'héritier du trône en Allemagne était atteint et « paralysé » par des idées féminines et anglaises, autrement dit par des idées humanitaires, libérales et constitutionnelles. Or c'était la même maladie que celle à laquelle les Juifs montraient une réceptivité particulière. Dans le « soupçon de syphilis » ainsi jeté, les chaînes associatives de deux séries de périls entraient subrepticement en court-circuit. L'idée – ou quelque chose de cet ordre – d'une affinité constitutive et quintessentielle entre les femmes anglaises et les Juifs s'imposait de force. Un simple coup d'œil en direction de Londres suffisait à se convaincre que cette affinité était une réalité de l'histoire universelle.

L'« impératrice d'Hindoustan ».

En 1876, cinq ans après la fondation du Reich, la reine d'Angleterre prit le titre fantastique d'« impératrice des Indes ». Cette promotion était « une invention de Benjamin Disraeli [1] » – un Juif ! Réalistes comme le sont les Anglais, ce coup de théâtre ne leur dit tout d'abord rien qui vaille. Mais leur reine se sentait comblée. Il ne s'agissait pas seulement de la consécration de l'impérialisme anglais, mais de la fondation de l'Empire proprement dite, qui inaugurait ainsi une époque. C'était le *british Empire*, l'Empire des mers, et non le Reich allemand qui dictait à l'histoire universelle ses dimensions. « Impératrice des Indes », par ce simple titre on respire les arômes de vastes mondes lointains. Et c'était autre chose que le titre d'« Empereur des Allemands » ou de *deutscher Kaiser* (Kaiser allemand) ou tout autre titre, qui serait la même casquette pour vingt-cinq petits États d'Europe centrale.

Pour comprendre le choc déclenché par cet événement dans les esprits allemands, il faut considérer deux tableaux l'un à côté de l'autre. Le Juif Simson tend au roi de Prusse la couronne impériale, que ce dernier refuse d'accepter de sa main. La reine d'Angleterre reçoit triomphalement la couronne de l'Empire britannique sur le monde des mains du Juif Disraeli ! « Vous l'avez, Madame ! » Qu'importait qu'à Berlin on crût pouvoir se gausser un peu des odeurs de curry de Buckingham Palace ? Devant ses amis, le prince Guillaume, le futur empereur Guillaume II, alla jusqu'à nommer dédaigneusement l'« impératrice

---

1. PB, p. 305.

d'Hindoustan » sa grand-mère, qu'il n'en chérissait pas moins par-dessus tout. N'empêche que le doute n'était pas permis une seconde, la vraie puissance, celle qui avait le dessus, se trouvait là-bas [1].

Nous avons beau, nous Allemands, nous être habitués à tenir la fondation du IIe Reich pour l'événement central de l'histoire moderne, dans le champ plus large de l'histoire européenne et de l'histoire mondiale, il ne s'agit que d'un événement local, que d'une étape dans la consolidation du foyer de troubles qu'était l'Europe centrale. L'événement clef du XIXe siècle fut le déploiement irrésistible de l'hégémonie anglaise sur le monde. Même la Révolution française, même l'orageuse année 1848 n'eurent, du point de vue de la suprématie anglaise, qu'une importance secondaire, et ne servirent, en fin de compte, qu'à la conquête par la Grande-Bretagne de l'empire sur le monde. Carl Schmitt n'hésite pas à parler d'« épiphénomènes idéologiques », au regard de la conversion anglaise au statut de puissance maritime [2]. L'Angleterre avait, en effet, réalisé précocement sa révolution et, malgré Hobbes, avait manœuvré de manière à devenir non un État au sens de la théorie politique continentale, mais un navire qui met les voiles sur les mers de liberté !

Et voici que cette faramineuse ascension avait atteint un nouveau pic avec le couronnement de la reine Victoria en impératrice des Indes, apogée dont la signification symbolique dépassait de loin celle politique. C'est justement la signification symbolique de cette promotion qui doit nous retenir, dans ce contexte où les groupes de représentations l'emportent sur les faits. *La figure du siècle qui domine toutes les autres était une femme, une Anglaise et une reine.* Mais elle le devait à l'habileté de son conseiller privilégié, un Juif. Du jeu conjugué de ces deux personnages émana un pouvoir d'une intensité que l'on n'avait encore jamais connue.

« The potent wizard ».

On peut écrire la biographie intellectuelle de Carl Schmitt à la manière d'une histoire des grandes figures qu'il a l'une après l'autre mises en scène sur la scène de son théâtre de l'histoire intellectuelle. Héros ou méchants, les masques ne sont pas historicisés, mais, comme c'est la coutume de nos jours, sont intentionnellement transférés dans un présent qui

---

1. Ph. von Eulenburg, p. 221 (lettre n° 111 du 10 avril 1887).
2. GK, p. 158.

crée le dépaysement. Hobbes et Bakounine, de Maistre et Donoso Cortés, Adam Müller et Bodin, l'auteur s'exprime toujours par eux, même quand il discourt par citations interposées. Sans quitter leur rôle, ils servent à confirmer par l'exemple ou à légitimer chacune de ses théories à lui. L'acteur principal de son ultime et grandiose mise en scène devant les façades de l'histoire universelle est Benjamin Disraeli. On ne saura jamais s'il est le super-héros ou l'archi-méchant, ou le *deus ex machina* qui mettra fin au spectacle. Il s'agit d'un des sommets de l'art de la mise en scène de Schmitt, à un moment de l'histoire où, en Allemagne, les théâtres étaient fermés parce que commençait la « guerre totale ». « Une effroyable réalité historique se fait jour à travers les masques et costumes du jeu théâtral [1]. »

Le simple alliage constitué par la personne de Benjamin Disraeli (1804-1881), homme de lettres à l'imagination prolixe et politicien comblé par le succès, avait de quoi susciter l'admiration d'un professeur allemand empêché de se faire homme de lettres et politicien. Qu'on pût être en même temps un romancier reconnu et un homme d'État aux postes de commande, sans devoir se « décider » pour l'un *ou* pour l'autre rôle, c'était une chose qui n'existait pas dans une société dans laquelle la politique était l'affaire d'hommes de guerre et la littérature celle de « littérateurs au service de la civilisation » (Th. Mann). D'autant plus surprenante était la réussite politique d'un homme rassemblant en lui toutes les qualités qui, aux yeux de ceux qui comprennent la politique de façon étatiste, rendent un homme impropre à la politique.

Pour Disraeli, la « littérature » était un chemin vers le pouvoir. Avec ses romans, il a voulu faire de la politique, et tel fut bien le cas. *Sybil* (ou *The two nations*), qu'il dédia, comme on offre un trousseau, à la jeune Victoria tout juste montée sur le trône, est, pour qui sait le lire, un manifeste social et politique. L'idée maîtresse de ce livre admirable – où, avant Engels, la question sociale dans la société industrielle qui monte à l'horizon est présentée comme la tâche politique de la couche aristocratique dirigeante – est le rôle d'arbitre des conflits sociaux pour la femme de haute extraction. Sybil, jeune fille du peuple, en réalité une princesse, est transfigurée en figure paradigmatique de l'institution de la paix sociale. Nul doute que la jeune reine comprit le message, rédigé tout exprès pour elle.

Sans l'*imago* de la reine, force de cohésion et de consensus, l'exploit de Disraeli consistant à harmoniser les revendications sociales du prolétariat, une fois admis leur bien-fondé, avec les

---

1. *Hamlet ou Hécube*, p. 30.

intérêts de la classe dominante, eut été impossible. Ainsi, la question sociale fut résolue à l'anglaise grâce à une politique de l'accommodement. « Au sein d'une existence grosse de violence », elle représentait le principe gynécocratique de l'« amour, de l'union, et de la paix [1] ».

Rien de tel en Allemagne. « En substance, la social-démocratie consiste à nier l'ordre de l'État. D'où, de son côté, pour l'État, le droit et l'obligation, de combattre la social-démocratie non seulement dans les effets de son activité, mais aussi dans ce qui justifie son existence dans l'État. Avec lui, elle est en guerre, et l'État est habilité et, envers ceux de ses membres qui ont besoin de sa protection contre la social-démocratie, tenu de la traiter conformément au droit de la guerre. De même que l'ennemi qui a fait intrusion dans un pays n'a aucun droit à la protection du droit local, de même on ne saurait exiger de l'État qu'il prête l'égide de ses lois à la social-démocratie qui s'efforce de le renverser [2]. » Les hommes d'Allemagne ne pensaient pas « en romantiques », mais dans les catégories de la guerre et de la guerre civile, de l'ami et de l'ennemi.

La comparaison entre Bismarck et Disraeli nous conduit à la question qui a fortement arrêté Carl Schmitt : des deux hommes, lequel a été le meilleur « politicien » ? C'est que deux types différents se faisaient face. D'un côté, l'homme allemand authentique, Bismarck, le généralissime et dragon de la garde qui – l'uniforme est si confortable – ne faisait jamais son apparition au Reichstag autrement qu'en tenue militaire, était le fidèle « serviteur » du roi de Prusse, son « maître », qui quant à lui voulait *avant tout** être le premier officier de l'armée la plus puissante et la mieux armée. De l'autre côté, le romancier juif affectionnant les vestes en tweed et les robes de chambre en soie, assurant sa carrière en épousant une riche veuve qui aurait pu être sa mère et qui, manifestement, s'y entendait à exercer sur son souverain, une dame, un charme irrésistible.

On avait beau vénérer Bismarck et son style, la question restait incontournable de savoir pourquoi la *Realpolitik* au service de l'État avait de toute évidence tellement moins de succès que les foucades d'un romantique de la politique. On ne trouverait la réponse que dans les structures respectives de la problématique de l'« antichambre », des relations du

1. Johann Jakob BACHOFEN, *Le Matriarcat. Essai sur la gynécocratie dans l'Antiquité suivant sa nature religieuse et civile*, Paris, 1903, p. 64. Consacrée au matriarcat, l'œuvre de Bachofen qui allait faire époque ne fut publiée qu'une bonne dizaine d'années après les romans de Disraeli.

2. BISMARCK, discours du 13 février 1889, GW (Œuvres complètes) VIc, p. 409.

conseiller et du détenteur du pouvoir, et de l'accès au pouvoir. Contribuait à la réussite de Disraeli le fait qu'il avait la chance d'avoir affaire à une véritable reine. L'Allemagne n'avait pas de reine à proposer. (Un *cas d'exception* intéressant, sur lequel on ne peut s'étendre ici, est assurément la reine Louise, la contemporaine du romantisme allemand et de la politique des réformes en Prusse, qui sans elle, l'un et l'autre, auraient pris un tout autre visage.) L'*éviction de la reine* était un élément de la politique des mâles dans l'État-soldat de facture frédéricienne. La lutte implacable de Bismarck, d'abord contre la reine Augusta, ensuite contre la princesse royale Victoria, était un moment constitutif de sa stratégie politique consistant à désarmer tous les éléments hostiles à l'État, derrière lesquels il ne flairait jamais qu'un seul et même péril : « l'éternel féminin ».

Mais, à la tête de l'Angleterre, il y avait une femme – et ce n'était pas la première de son espèce –, activement associée à la montée en puissance de l'île britannique à l'échelle mondiale. Elle « se faisait volontiers appeler une autre Élisabeth, quoique la Guelfe n'eût à vrai dire de commun avec la fille de la branche Tudor, moins vertueuse mais grande, que le quant-à-soi féminin », commente aigrement Treitschke. « Il se fit qu'une femme judicieusement conseillée peut jouer presque mieux encore qu'un homme le rôle d'un roi potiche parlementaire [1]. »

Telle était la misogynie non dissimulée avec laquelle un historien allemand évaluait la situation qui fut déterminante pour le succès de Disraeli. Le jugement, il faut le dire, est pertinent si l'on en modifie les termes préliminaires. Peut-être les « recettes délicates de la politique de dames [2] » étaient-elles des prémisses de meilleur aloi pour faire de la bonne politique. La remarque de Treitschke sur la « femme judicieusement conseillée » et sur la « galanterie des hommes » renvoie à la relation des détenteurs du pouvoir et de leur conseiller. Le conseiller sagace et galant était naturellement le « Juif » Disraeli. On avait là tout autre chose que la constellation Bismarck-Guillaume Iᵉʳ. C'était un autre « style ». Comment pouvait fonctionner en tout état de cause cette *mésalliance**, ce « couple pervers » ? Cela ne pouvait rien donner de bon. Il n'y avait qu'une explication : il y avait de la sorcellerie dans cette histoire !

En 1867, un homme de lettres anglais, Sir John Skleton, avait appelé Disraeli « *the potent wizard* », le puissant magicien. Mais ne faut-il pas traduire simplement cette expression par « le mâle

---

1. Heinrich VON TREITSCHKE, *Deutsche Geschichte...*, 5ᵉ partie, p. 128 s.
2. *Ibid.*, p. 130.

puissant » ? « Le vieux Juif, c'est lui l'homme », avait dit Bismarck, au congrès de Berlin (1876), à propos de Lord Beaconsfield, le seul homme d'État en Europe qu'il prît au sérieux. On ne pouvait être plus élogieux. Il faut prendre ce mot *à la lettre*. La vénération de Carl Schmitt pour Disraeli est tout à fait dans la lignée de celle de Bismarck pour son « fantastique ami [1] ». Même son roi, Bismarck ne l'avait pas appelé son « ami ». Autant que nous le sachions, il n'a jamais fait savoir ce qu'il pensait de ce que la réussite de son « ami » tenait à ce que son souverain fût une femme. Carl Schmitt, lui, a donné une forme réflexive à ce que Bismarck refoulait.

« Social sorcery ».

Avec le plus grand sérieux, Carl Schmitt évoque la « sorcellerie » de Disraeli. Dans une de ces notes de bas de page dont on décèle la portée véritable et secrète, il pose, sans s'y arrêter et comme en passant, une « question de traduction » : on devrait essayer une fois de traduire en allemand la formule disraelienne, « *social sorcery* [2] ». Même si l'on pressent qu'il n'y en aura pas, de traduction allemande, il vaut la peine de noter le petit signe que nous adresse le maître et de suivre cette trace.

Dans le *Great Oxford Dictionary*, *sorcery* est défini comme « *the use of magic enchantment, the practise of magic arts* ». Un maître des sorcières, un « *sorcerer* » est un « *user of magic arts, wizard, enchanter* ». Mage, enchanteur *(Zauberer)*, charmeur *(Be-zauberer)* – de qui ? « Je suis enchanté ! » « Comme c'est enchanteur ! » « Un vrai charmeur ! », charmeur de serpents *(Schlangenbeschwörer)*, mage indien. Voilà qui est malaisé à traduire en allemand, et il n'y va pas que d'un problème de langue. Les Allemands ne se sentent guère attirés par ce genre de techniques *(magic arts)*. Et *wizard* ? L'homme « sage », les « sages de Sion » peut-être ? Voilà qui sonne plus politique peut-être. Vizir : « Titre du dignitaire le plus élevé en grade dans l'Empire ottoman », lequel, jusqu'en plein XVe siècle, s'étendait jusqu'en Espagne où les Juifs jouèrent un rôle de poids, les Juifs de distinction, les Séfarades.

« Disraeli était un Abravanel du XIXe siècle [...], un initié, un sage de Sion [3] », associe Carl Schmitt sans l'ombre d'une

---

1. E. Marcks et coll., *Erinnerungen an Bismarck*, Stuttgart, 1915.
2. VRA, p. 497.
3. *Terre et mer*, p. 81 [Nous avons modifié le texte de la citation, car l'auteur de la traduction française s'appuie sur l'édition de 1954 et non sur celle de 1942 utilisée par N. Sombart – N. d. T.].

hésitation [1]. Isaac Abravanel était grand vizir, « tout d'abord grand trésorier du roi de Portugal, puis du roi de Castille ». Il « mourut en 1508 entouré d'honneurs, à Venise [2] ». Il est le kabbaliste le plus reconnu pour ce qui est de la doctrine du banquet du Léviathan, celle qui joue un tel rôle dans la « Disputatio » de Henri Heine. Les Disraeli sont des Séfarades. Le grand-père de Benjamin était même né à Venise, ville qui revient toujours dans les romans de Lord Beaconsfield où, comme jamais jusqu'alors, s'exprime la conscience qu'ont les Juifs de la supériorité de leur race sur le plan de l'histoire universelle et où figure la phrase : « Le christianisme, c'est le judaïsme à l'usage du peuple [3] », phrase absolument inouïe pour des oreilles chrétiennes.

« C'est de lui que provenaient, décochées avec un grand art, bien des suggestions et des formules dont s'abreuvèrent avidement des non-Juifs [4] », déclare Carl Schmitt en 1942 [5]. Ce n'est pas là jactance antisémite, mais la description d'un style de domination spécifique, d'une technique d'exercice du pouvoir dans l'« antichambre du pouvoir », et d'une certaine manière d'entretenir des relations avec le Léviathan.

Dans le *Great Oxford Dictionary*, parmi les citations destinées à illustrer les usages du mot *sorcery*, figure une phrase de Thomas Carlyle (que Carl Schmitt cite, avec sa définition « État égale police et anarchie ») : « *The greatness of this man [...] might, with most legitime sorcery, fascinate the volatile Queen.* » (« La grandeur de cet homme [...] pourrait fasciner la Reine volatile, avec les plus légitimes sorcelleries. ») C'est de Mirabeau qu'il est question, l'*homme à femmes** dissolu et dépravé (Mirabeau qui avait écrit un livre si mordant et si méchant sur la Prusse *, où il dit que la Prusse n'est pas un État

---

1. Leo Strauss, « On Abravanel's Philosophical Tendency and Political Teaching », dans *Aput I., A., Six Lectures*, Cambridge, 1937, p. 93-129. Le dialogue Leo Strauss-Carl Schmitt est un élément de la symbiose culturelle entre Juifs et Allemands. [N. d. T. : le commentaire de Leo Strauss sur *La Notion du politique* a été publié en français dans la traduction de F. Manent, dans H. MEIER, *Carl Schmitt, Leo Strauss et la « Notion de politique » : un dialogue entre absents*, Paris, Julliard, 1990.]

2. *Terre et mer*, p. 24.

3. B. DISRAELI, *Tancrède*, 1847.

4. *Terre et mer*, p. 81.

5. On lit dans l'édition de 1954 (« nouvelle édition, revue et corrigée ») : « Disraeli était un Abravanel... du XIXe siècle. De tout ce qu'il a dit sur la race comme clef de l'histoire universelle et sur le judaïsme et le christianisme, bien des choses ont été propagées avec zèle par des non-juifs et des non-chrétiens » (p. 56).

* *La Monarchie prussienne*, publié à la veille de la Révolution française. [N. d. T.]

qui aurait une armée, mais une armée qui a un État). Nous ne nous trouvons du coup pas seulement sur le terrain de l'histoire, mais sur celui de la théorie politique. La *sorcery*, si l'on en suit l'idée, serait une émanation de la « grandeur » et relèverait des attributs du « grand homme » qui fait l'histoire et du héros de la *hero-worship*. (Que l'on mette en vis-à-vis la théorie de Bismarck du « grand homme » : celui qui fait couler le plus de sang !) La *sorcery* pourrait alors être aussi « légitime » et ressortir au type « charismatique » de la domination, mais elle n'est certainement pas légale. Ce qui nous importe ici est que le *sorcerer* soit celui qui envoûte une reine.

Et pourtant il y a encore un autre chemin que la piste lexicale pour débusquer ce que recèle la formule *social sorcery*. Si nous nous fions à ce que laisse entendre Carl Schmitt, nous tombons bientôt sur un contemporain de Disraeli qui n'est ni anglais ni juif, mais qui en savait et en a dit sur la sorcellerie plus que quiconque avant lui. Il s'agit d'un grand penseur et d'un historien visionnaire. Il compte au nombre des références mystérieuses de Carl Schmitt, il apparaît dans les notes de bas de page et permet de reconnaître que, derrière les décors du XIXᵉ siècle – qui sert de fond de scène à sa théorie de l'État et de la décision et rentre dans les accessoires de sa « machine célibataire » –, c'est encore un autre schéma d'interprétation qui est dissimulé. Sous la graphie clignotent les signaux de son message latent. Il ne peut y avoir de doute pour nous que, à ce niveau, Schmitt nous signale quels sont ses vrais maîtres, « ses sources » et ses véritables intentions. Bref, nous parlons de Jules Michelet, dont Roland Barthes dit : « Destiné à approcher la Femme en confident et non en ravisseur, Michelet ne pouvait être qu'à la fois homme et femme. Il n'a pas manqué de donner le sexe double comme le sexe idéal, et l'homme androgyne comme l'homme complet [1]. »

C'est lui précisément que Carl Schmitt cite comme témoin clef, là où il s'agit d'invoquer la dimension mythique de la conquête de la mer par les chasseurs de baleines. L'on ne peut comprendre ce que signifie la mer pour Carl Schmitt si l'on ne connaît pas le livre visionnaire de Michelet sur la mer. Mais Carl Schmitt le cite aussi comme celui qui considère le pouvoir propre d'un peuple de se donner des lois comme la fin de l'ordre patriarcal et le « dépassement de l'âge et du règne des pères » : « Plus de pères [2] ! » À sa manière de mystagogue, il renvoie aux

---

1. R. BARTHES, *Michelet par lui-même*, Paris, Éd. du Seuil, coll. « Écrivains de toujours », 2ᵉ éd. 1969, p. 153 (1ʳᵉ éd. 1954).
2. VRA, p. 449.

livres « panégyriques » de Michelet sur « les femmes »,
« l'amour » et « le peuple » – livres où, à la même époque que
Bachofen, Michelet redécouvre le mythe du matriarcat et en fait
la cheville d'une nouvelle conception de l'histoire. Mais il n'y
a là qu'allusions. Dans la préface de son *Nomos de la terre*, en
revanche, Carl Schmitt nomme le grand historien français en
lui faisant l'honneur de le placer aux côtés de Johann Jakob
Bachofen et le considère comme l'un des deux penseurs auxquels il faudra bien que, si l'Europe désire se comprendre elle-
même, on se réfère, si l'on ne veut pas « rompre définitivement
les liens de la théologie à la technique ». Il s'agit donc d'un
adieu à la machine célibataire, qui ne saurait être décrite plus
exactement ! Michelet est donné ici comme une des sources
mythiques où nous devons nous désaltérer si nous voulons gué-
rir. Nous ne saurions être plus loin des enragés aux grands effets
de sabre et assoiffés de sang – les Donoso Cortés, de Bonald,
de Maistre et Bismarck.

Non, en aucun cas nous n'avons le droit d'« oublier [...] les
idées stimulantes du génial Jules Michelet [1] ». Et nous ne serons
pas déçus car, dans le livre de Michelet, *La Sorcière*, nous
trouvons la réponse à notre question sur la « sorcellerie » de
Disraeli. Que cache cette histoire ?

La Sorcière fut publiée en 1862, l'année où Bismarck, encore
ambassadeur à Paris et tout juste nommé ministre d'État, déclarait
devant la chambre basse du Parlement prussien : « Les grandes
questions de l'époque ne peuvent être tranchées par des discours
et des résolutions de majorités, mais seulement par le fer et le
sang ! » Dès 1869, le livre paraissait dans sa traduction allemande. Il ne s'agit pas pour nous d'étudier les passionnantes
relations de procès de sorcellerie, qui se lisent comme des romans
de Sade, mais de découvrir le noyau provocateur de la théorie de
Michelet sur les sorcières, qui tient en trois notions : la subversion, le savoir des femmes et l'inceste, c'est-à-dire l'atteinte au
« tabou de la mère », la transgression de tous les tabous.

Pour commencer, la grande époque des sorcières en France
est celle de la Jacquerie (XIVe siècle), de la conspiration secrète
et nocturne des « serfs », qui – poussés à l'émeute par leurs
femmes – tentent de saper les structures de domination féodale.
Le sabbat des sorcières est le sanctuaire d'une contre-culture
subversive qui voit le jour. Le savoir des femmes, codifié mais
non par écrit, étend ainsi son influence sur la couche dominante.
Il s'agit d'une science enseignant comment passer de la position
de servante à celle de maîtresse. Il s'agit donc d'une entreprise

---

1. NE, p. 5.

de vengeance et d'autodéfense des « esclaves », d'une sorte de culte du vaudou occidental. N'oublions pas que la condition des couches inférieures de la population, en Europe, jusqu'au XIXᵉ siècle, n'était pas si éloignée de la condition servile, et que si Michelet s'est intéressé aux sorcières, c'est parce qu'il était en quête des racines d'un « peuple » qui venait tout juste de s'émanciper.

De plus, les « sorcières » savent quelque chose que des hommes normalement constitués *ne peuvent pas savoir*. (Les « grands maîtres » sont des hommes qui, grâce à quelque connivence sexuelle, ont part à ce savoir.) C'est un savoir archaïque, tournant autour de la naissance, de la mort et du sang, c'est-à-dire autour des fonctions de la « femme ». C'est un savoir que la femme acquiert par son intimité avec la vie du corps et la sensualité, et par sa proximité avec les secrets du corps, de l'âme et de la vie. Sous le joug du travail, l'homme doit répondre à la violence par la violence. Les femmes ont d'autres moyens. Elles connaissent les cycles des saisons, de la lune, des végétaux et des processus organiques. Comme sages-femmes et faiseuses d'anges, elles connaissent les rites de fécondité et les envoûtements qui garantissent la fécondité, les recettes pour confectionner des onguents et des poisons, des aphrodisiaques et des philtres mortels (la légende de Tristan raconte comment la confusion peut d'aventure se produire). C'est un savoir – périlleux et en péril – sur la nuit et le plaisir conférant à celui qui est en sa possession un pouvoir incontrôlable sur les autres, de caractère magique.

Et pourtant, derrière le scénario de la fascination et de la peur, derrière les orgies du sabbat, de la nuit de Walpurgis et des messes noires (les orgies véritables et celles qui sont hallucinées), derrière la pratique de la subversion, il y a – troisièmement – le sacrilège proprement dit, la transgression. Toute répression engendre en dernière instance une transgression. L'acte de la transgression est l'ordination de ce contre-pouvoir subversif. Il fait culbuter le pouvoir : « Le but principal du sabbat, la leçon, la doctrine expresse de Satan, c'est l'inceste [1]. » Car « l'inceste [...] est la vieille condition satanique pour produire la sorcière [2]. »

L'interdit de l'inceste est l'interdit fondamental de tout ordre et de toute morale patriarcale. La loi et la domination sont fondées sur le « tabou de la mère ». Les historiens, les ethnologues et les psychanalystes en sont absolument convaincus,

---

1. J. MICHELET, *La Sorcière*, Paris, 1862, p. 117.
2. *Ibid.*, p. 173.

l'interdit de l'inceste met fin à l'« état de nature », et avec lui commence l'état de société, la « culture », qui, de son côté, n'est pas séparable de la « société des pères ». Lorsqu'il y a infraction à cet interdit, qui est le commandement du père, le « chaos » fait irruption. La sorcière est le symbole de cette transgression et de tous les dangers et de toutes les peurs qui y sont liés. « L'image de la "sorcière" [...] est le [...] point nodal de l'angoisse [1]. »

Ce n'est pas seulement par son savoir et ses activités, mais aussi par sa substance psychosomatique que la sorcière est un enfant de l'inceste (ou faudrait-il dire un avorton de l'imaginaire de l'inceste ?). « Il n'y aurait bonne sorcière qui ne naquît de l'amour de la mère et du fils », expose Michelet qui voudrait ainsi nous rassurer. Dans l'ancienne Perse déjà, ces règles auraient présidé à la naissance du magicien « qui, disait-on, devait provenir de cet odieux mystère [2] ». L'inceste – « à savoir que la mère conçut par le fils » – est la condition de reproduction des sorcières et de la transmission de leur savoir. « Elle se perpétua par l'inceste dont elle est née. » Elle a le savoir de son sang, et par le « sang » elle sait ce qu'il en est du féminin. Son être de scélératesse est enté sur l'acte scélérat : « Celle qui naît avec le secret dans le sang, cette science instinctive du mal, qui a vu si loin et si bas... ne respectera rien, ni chose, ni personne en ce monde, n'aura guère de religion [3]. »

Arrivé à ce point, le lecteur, d'épouvante, ne peut que se détourner. La pensée du « moment nocturne, impur et troublé » où s'exaucent ses vœux les plus secrets et les plus refoulés souille ce qu'il y a de plus pur et voit le sacré profané. Cette pensée doit horrifier le lecteur au plus profond de lui-même. Anathème ! Ici, toute puissance d'ordre patriarcale doit sévir et frapper. Toute autre réaction que la dénégation totale équivaudrait au renoncement où l'on se perd. Il faut détruire la séduction : « La sorcière doit brûler ! » et avec elle tout ce qui met en question l'ordre des hommes.

La chasse aux sorcières relève de l'histoire de la répression politique et sociale. Sa psychologie (fascination et peur), ses techniques (interrogatoire et torture) sont restées jusqu'à nos jours un modèle pour toute « puissance d'ordre » qui cherche à

---

1. Brigitte WARTMANN (éd.) *Weiblich-Männlich. Kulturgeschichtliche Spuren einer verdrängten Weiblichkeit*, Berlin, 1980, p. 35.

2. J. MICHELET, p. 122.

3. *Ibid.*, p. 129 s. » La même Mère originaire s'accouple avec des hommes toujours nouveaux. » « Ainsi le fils lui-même devient-il époux, fécondateur de la mère, père » (J. J. BACHOFEN, p. 125).

imposer son exigence de domination contre la révolte, le désordre, l'anarchie et le « chaos ».

Rappelons que la vague d'exécution des sorcières sur les bûchers d'Europe (catholique ou protestante) atteignit son point culminant en même temps que naissait l'« État moderne » (celui qui « met fin à la guerre civile »). Le fondateur de la théorie de la « souveraineté », Jean Bodin, qui y introduisit le concept de la « décision », et fut donc, avec Hobbes, le premier penseur décisionniste, était aussi un inconditionnel (et un théoricien) de la chasse aux sorcières [1]. Ainsi que Michelet le relate, Bodin était convaincu qu'il y avait dans l'Europe de son temps un million huit cent mille sorcières et grands maîtres, suffisamment pour mettre sur pied une armée aussi considérable que celle de Xerxès. « Il exprime le vœu que ces deux millions d'hommes soient réunis pour qu'il puisse, lui, Bodin, les juger et les brûler d'un seul coup [2]. »

Ce que nous avons appris sur « la sorcière » auprès de Michelet (si ce n'était pas déjà fait auprès de Theodor Däubler), nous en trouvons la confirmation sur un autre plan chez Freud. Chez lui, la « vieille femme » – une figure à clef renvoyant à la biographie de Freud – est celle qui communique au petit garçon, dans le dos de son père, le savoir sur la sexualité, et donc celle qui le séduit. La sorcière, nous enseigne Michelet, est toujours la « vieille », même quand il s'agit de la plus fraîche des jeunes filles. Nous retrouvons là les mythes matriarcaux, et dans la « phantasmère » apparaissent, soudées en une image, la jeune fille, la mère toute-puissante et la vieille qui en sait long [3].

Le pouvoir des sorcières est la quintessence de celui des femmes, il est l'émanation du matriarcat dormant dans les profondeurs où l'a rejeté le règne des mâles. Car, pour les hommes, le pouvoir des femmes est le pouvoir des sorcières.

Nous voici revenus sur le terrain où il n'y a pas grand-chose à attendre de la théorie de l'État et de la science politique au sens courant du terme, mais où le problème central de toute politique et de tout ordre social – le problème du pouvoir – laisse voir sa véritable nature dans la question de savoir qui donc est en possession du secret qui entoure le féminin.

Voilà exactement le point où la figure du « grand maître des sorcières » fait son apparition. Le grand maître n'est pas quelque

---

1. L'homme dans la « tête duquel surgissent les premiers concepts juridiques limpides du droit politique européen », dit C. Schmitt, « croit aux sorcières et aux démons » (ExC, 65).

2. J. MICHELET, *La Sorcière*, p. 157.

3. « Phantasmère » : le terme a été créé par Gabrielle Rubin. Voir son livre *Les Sources inconscientes de la misogynie* (Paris, Robert Laffont, 1977).

Satan, bien que le manichéisme paranoïde de l'angoisse des mâles puisse le défigurer de la sorte. Il est l'homme qui connaît le secret des relations avec les femmes, l'« homme à femmes » qui ignore l'interdit des pulsions assouvies et aussi bien celui de l'inceste. La femme, il l'approche « en confident et non en ravisseur » (Michelet).

Ce qui le rend aussi irrésistible et aussi insupportable, c'est donc l'aura de l'infraction au tabou et de l'inceste dont on le suspecte, et dans le halo vaporeux duquel scintillent la promesse d'une réforme de l'organisation dominante de l'économie pulsionnelle, la suppression de tous les interdits et la vision d'un « autre royaume » – réforme qui est simultanément ressentie comme une menace extrême.

Si l'« antichambre du pouvoir » devient l'espace clos de la connivence de « Satan » et de la « sorcière », du grand maître et de son acolyte féminine, alors le rigide affrontement des sexes est résolu. Là où le tabou de l'inceste est levé, le père est détrôné, les séparations et les clivages, les discriminations et les différences disparaissent.

Il va de soi que le grand maître des sorcières est « bisexuel » (comme Méphisto), c'est un fils de l'Éros dont le plaisir est le destin, de l'Éros non violent, c'est-à-dire de l'« Éros matriarcal ». Il est le favori, le « protégé », le « conseiller de la reine », celui qui sait que le « pouvoir » n'est pas affaire de force virile crispée, mais qu'il est toujours délégué par des femmes – bref, que tout pouvoir est féminin.

Parce qu'il le sait – et c'est bien ce savoir qui fait sa supériorité –, il a la clef qui ouvre la porte du royaume des mères et a accès au détenteur du pouvoir, – accès qui est toujours accès à la « Reine ». Le héros mythique est le délégué d'une reine, d'une femme et d'une déesse. Il est beau comme Lancelot et rusé comme Méphisto. Mais si elle jette son dévolu sur lui, ce n'est pas parce qu'il est beau, car c'est le fait d'être élu qui fait sa beauté. De même, ce n'est pas parce qu'il est rusé qu'elle en fait son élu, mais il devient rusé grâce à elle ! Elle l'élit parce qu'il s'y entend à jeter dans la balance sa part de féminité. En d'autres termes, il est à même non seulement de vivre hors de toute peur de la féminité de la femme, mais encore de faire place aussi à ses composantes masculines. Est grand maître celui qui maîtrise, impavide, l'accès au « sanctuaire du pouvoir ».

La *sorcery* comme science et pratique de la domination est l'opposé d'un acte rationnel et volontariste, lequel vise toujours à proscrire un danger et à conjurer une angoisse, à savoir l'angoisse primordiale et le danger de tous les dangers, celui qui menace du fond du vortex, de l'abîme et de l'ouverture

sanglante du corps. La *sorcery* est le contraire de la vraie politique, celle qui est propre et « pure ». Elle est la négation subversive de l'« idée politique », c'est-à-dire de la discrimination
entre l'ami et l'ennemi. La *sorcery* est le refus de l'idée de
l'État. La *sorcery* s'enracine dans la science dont font l'objet
les secrets de la cise *(Scheide)*, et elle reste donc inaccessible
à qui respecte le tabou de la mère.

Sorcery et « décision » *(Entscheidung)* renvoient toutes deux
au lieu central que nous avons identifié comme l'« antichambre
du pouvoir ». Mais la *sorcery* est le contraire de la *dé-cision*
(Ent-scheidung).

CHAPITRE XI

LES JUIFS ET LES ALLEMANDS

« En Allemagne, la question juive, c'est presque le destin même. » (HANS BLÜHER, 1931.)

L'offre d'alliance.

Les démêlés de Carl Schmitt avec le judaïsme occupent dans sa pensée la même position centrale que celle revenant à la question juive dans l'histoire allemande des Temps modernes.

Rien ne serait plus faux que de vouloir traiter à la légère l'antisémitisme viscéral de Carl Schmitt et d'en faire quelque chose d'extérieur à sa vie et à son œuvre, dans l'intention, éventuellement, de le dédouaner de ce que l'on pourrait considérer comme une idiosyncrasie quelconque. Cela reviendrait à ne pas le prendre au sérieux et donc à lui faire du tort. On ne peut, en fait, absolument rien dire de Schmitt sans parler de son rapport au judaïsme.

Il faut comprendre la mystérieuse ambivalence de sa position par rapport aux Juifs comme l'expression subjective d'un conflit historique objectif. Son attitude marque l'apogée tragique d'une querelle intellectuelle entre frères, querelle qui s'est conclue par le meurtre perpétré par un frère sur la personne de l'autre. Dans cette querelle, il n'y allait de rien moins que de la prétention des deux peuples à dicter sa voie au monde postchrétien sécularisé. Les Juifs ou les Allemands ?

Quelle idée de l'évolution et de l'histoire de l'humanité, quelle anthropologie, quelle philosophie de l'histoire, quel projet de mise en ordre du monde allait valoir pour le prochain éon ?

Était-ce la « théologie politique » d'obédience chrétienne, était-ce l'« État » qui viendrait se substituer à Dieu, au moyen d'une mise à jour toujours recommencée et emphatique du devenir humain dans l'ici et maintenant, dans l'ordre et la localisation * ? Ou bien était-ce, sur le fond d'une promesse, une lente

_____

* Pour des raisons d'homogénéisation du glossaire schmittien en français, nous adoptons la traduction du terme allemand *Ortung* proposée par Lilyane Deroche dans l'extrait de *Nomos der Erde* publié dans la revue *Droits*, n° 11,

évolution vers un lointain état final où l'humanité trouverait un jour la voie de son accomplissement, mais à partir duquel tout présent doit être relativisé et défini comme un stade de transition ? Fallait-il reconnaître et admettre la peccabilité, la débilité constitutive de l'homme et donc son imperfection, auxquelles ne peut faire contrepoids que le secours d'une violence structurelle ? Ou bien choisirait-on la croyance en la promesse, en la « terre promise », en la perfectibilité de l'homme, et en la possibilité d'un âge où les glaives se transformeraient en socs de charrue et où le lion et l'agneau feraient bon voisinage ? Guerre éternelle ou paix éternelle – *shalom* ? Telle était la question.

La rencontre des Juifs et des Allemands en Europe centrale – courant sur à peine deux siècles – n'est pas un épisode quelconque dans l'histoire de deux peuples quelconques, mais un *événement de l'histoire universelle* qui a sa place dans l'« histoire de l'évolution de l'humanité » et qui n'est intelligible que dans ce contexte. Cette rencontre appartient à l'histoire des peuples européens qui, à partir du petit « cap de l'Asie », ont découvert, reconnu et soumis la planète. Elle relève de l'histoire de la suprématie politique et spirituelle de l'Europe sur le monde – suprématie qui, dans l'histoire de l'humanité, a créé une situation entièrement nouvelle et unique, et a fourni à l'idée que l'homme se fait de lui-même un socle entièrement nouveau.

Le grand procès de transformation qui a eu lieu aux XVIᵉ, XVIIᵉ et XVIIIᵉ siècles, la conquête du monde et par là le triomphe du rationalisme occidental, la dissolution de l'*ordo christianus* médiéval dans les réformes, les schismes, les guerres civiles confessionnelles, la formation des États-nations, les révolutions politiques, sociales et scientifiques, et en fin de compte la « grande Révolution », ce pivot et tournant de l'histoire, tout cela est connu. Pourquoi donc s'étonner que se soient imposées des idées toutes nouvelles sur la destinée de l'homme et l'organisation optimale de sa vie selon cette destinée ? De ces idées nouvelles naît la conception d'un homme tout entier voué à l'en deçà, responsable de ses destinées et de son histoire et donc autonome, mais aussi celle d'un ordre social correspondant à des lois non pas théologiques, mais anthropologiques. Il s'agit de la découverte de l'espèce humaine comme *unité* et comme

---

1990. Rappelons le commentaire de Julien Freund : « *Ortung*, difficilement traduisible en français ; peut-être le terme de localisation est-il le plus approprié, à condition d'insister sur l'idée de lieu comme région déterminée et bornée dans l'espace » (« Les lignes de force de la pensée politique de Carl Schmitt », *Nouvelle École* 44, printemps 1987). [N. d. T.]

communauté de destin planétaire, et finalement du pressentiment d'un *telos* dans son évolution.

Il est possible de désigner ce processus comme celui de l'entrée de l'humanité dans la modernité, si nous nous mettons d'accord sur le fait que sa séquence essentielle n'est pas le triomphe du rationalisme, ni la sécularisation, ni non plus la reconnaissance géographique et cosmologique du globe et de l'univers, ni l'expansion des puissances européennes recouvrant la planète, ni le capitalisme, ni la transition de la société agraire à la société industrielle, mais *l'idée inouïe de l'émancipation*, l'idée renversante que l'homme se libère de ses chaînes religieuses, sociales et politiques, avec la perspective vertigineuse d'une transformation radicale des conditions de vie humaines, transformation qui – intellectuellement et biologiquement – signifierait le passage de l'espèce à un échelon nouveau et supérieur de son existence.

La transformation des rapports sociaux séculiers et l'exploration de nouvelles formes de vie n'étaient, tout comme l'intensification des forces productives, que les manifestations concomitantes (quand elles n'en étaient pas les conséquences) d'un saut qualitatif de l'homme comme être générique – saut qu'il a vécu comme une ascension et comme une trans-morphose. Cette transformation s'accompagnait du sentiment enivrant qu'il s'agissait, après un long cheminement le long des millénaires, de l'accomplissement des plus anciennes promesses, des attentes et des prémonitions confusément ressenties, de l'épanouissement de possibilités depuis toujours déposées en lui, et, par comparaison avec les phases antérieures du développement, d'un « progrès », mais d'un progrès en rapport à un terme désormais identifiable de l'évolution : la *société-monde* qui donnerait à chacun en particulier des possibilités optimales pour se réaliser soi-même sur le plan intellectuel et moral. Car c'était à cette fin – on pouvait désormais s'en persuader – que l'homme était prédestiné, et c'était à cette fin que tendaient ses aspirations les plus nobles et les plus légitimes.

Cette exigence d'une nouvelle éthique pour l'humanité devait trouver son fondement dans une nouvelle définition de l'homme. Une philosophie politique nouvelle avait à formuler les normes intellectuelles et morales de la société-monde en train de prendre corps, et ces normes trouvaient à s'exprimer dans un canon juridique susceptible de prendre la forme politique d'une constitution, – d'une Déclaration des droits de l'homme par exemple. Tous étaient appelés à y prendre part, jusqu'à ce que l'*état final**, l'état idéal, soit atteint. Le dénominateur commun des efforts de chacun avait pour nom l'« émancipation ».

C'est sous son signe que se déroula, en Europe centrale, la rencontre des Juifs et des Allemands, à la fin du XVIIIᵉ siècle. Et c'est sous son signe qu'ils firent de concert un bout de chemin. Nul ne pouvait pressentir que ce chemin serait pour les uns et les autres celui d'un calvaire et que les rets où ils s'étaient pris les précipiteraient dans l'abîme.

Dans le scénario dramatique du soulèvement de l'humanité vers un nouvel horizon, une tâche tout à fait particulière échut aux Juifs et aux Allemands – chacun des deux peuples recevant sa part, et, ce qui est chose surprenante, en même temps. Les uns et les autres appartenaient à la communauté des peuples d'Europe depuis qu'elle avait commencé à jouer un rôle déterminant dans l'histoire universelle. Les uns et les autres avaient un passé riche de sens derrière eux. À l'heure du printemps des peuples, ils ne figuraient pas, il est vrai, parmi les acteurs principaux, du moins pas parmi les bénéficiaires du grand mouvement d'exploration et de renouvellement du monde. Ils ne connaissaient pas son aspect pratique ni les possibilités concrètes qu'il offrait, et surtout ils ne disposaient pas de l'outillage techno-scientifique. Ils n'avaient pas l'expérience de l'outre-mer ni de la révolution. (Négligeons ici le Juif Christophe Colomb et les liaisons outre-mer des Fugger.) Ce que les Français et les Anglais vécurent comme une réponse nécessaire à un défi réel – à savoir modifier les rapports politiques, sociaux et économiques pour s'adapter à une nouvelle situation géopolitique, et investir dans un outillage plus efficient et plus rentable –, les Juifs et les Allemands le vécurent au XVIIIᵉ siècle comme une « exigence de modernisation » qui au fond leur était étrangère et extérieure, et leur apparaissait presque comme une insolente prétention.

Pourtant, chacun à sa manière, les deux peuples disposaient d'une tradition intellectuelle qui les prédestinait tout particulièrement à intercepter la vague de la prise de conscience épochale et à la réélaborer sur le plan intellectuel. Il y a dans l'histoire des deux peuples les linéaments d'une conception œcuménique et planétaire de l'humanité, ceux d'une compréhension de l'histoire à l'échelle du monde entier, et ceux d'une conception philosophique et nationale de l'existence et de soi qui surplombe dans l'universalité le particulier et l'individuel.

Les Juifs n'étaient-ils pas le « peuple-monde » par excellence ? Ils avaient de bonnes raisons, depuis trois millénaires, de concevoir leur histoire comme le pivot secret de l'histoire universelle. Le chemin qui menait de l'Orient ancien au nouvel Occident, ils l'ont suivi avec la conscience d'une continuité métaphysique qui faisait apparaître chacune de ses étapes comme une situation provisoire, et toute actualité comme un passage seulement, une préparation à l'état final qui leur apporterait (à eux, et avec eux à tous les hommes) l'accomplissement et la rédemption, c'est-à-dire la réalisation du royaume de Dieu où les hommes vivraient en paix et dans le bien-être, en *ce* monde (et non dans un au-delà quelconque). Dans la certitude métaphysique qu'il en serait un jour ainsi, ils ont tenu tête à toutes les avanies de leur longue marche au long des siècles, refusant avec obstination de reconnaître toutes les demi-solutions et les compromis avec lesquels, tout autour d'eux, les peuples s'arrangeaient. *Eux* seuls avaient toujours tenu le regard fixé sur l'avenir et sur l'Oméga de l'évolution. Ainsi leur Dieu le leur a-t-il promis. Telle est leur foi inébranlable qui fait la plus haute qualité de leur savoir.

C'est dans cet état d'esprit qui formait le socle de leurs convictions – ou leur héritage phylogénétique –, que les Juifs, à la fin du XVIIIe siècle, ont rejoint la grande aventure humaine. Ils ont vécu, de concert avec eux, le réveil des peuples qui étaient leurs hôtes et leurs voisins, et ils le vécurent en exilés, dans une sorte de captivité babylonienne et avec la fierté de l'« exclu » dont le sentiment de supériorité reste intact, c'est-à-dire en victimes d'un système de domination intramondain qui, quels que fussent ses moyens de légitimation intellectuels, avait donné une forme définitive aux destinées humaines, à l'ordre de la cité, et au *hic et nunc* de la contingence historique. Mais ils le vécurent aussi en otages et en témoins de la mauvaise conscience du dogme des Deux Royaumes qui prétendait fixer l'homme une fois pour toutes à son imperfection, à son incapacité de s'épanouir et à l'indignité qui l'en privait, c'est-à-dire à sa « peccabilité » destinée à lui faire accroire que le salut n'est pas de ce monde. Le salut des chrétiens, l'épiphanie de l'au-delà ne pouvait faire irruption que comme la « fin du monde », la catastrophe ou le déclin du monde que, pris des tremblements d'un effroi eschatologique, l'on voyait venir à sa rencontre, mais non telle une transfiguration du monde en un futur royaume de paix ici-bas, que, comme les Juifs, l'on aurait pu attendre dans la joie de la certitude messianique.

Dans l'instant historique où les peuples chrétiens, au terme d'âpres combats et de débats qui durèrent des siècles, se défirent enfin des liens qui enchaînaient leur pensée à l'au-delà et découvrirent dans l'avenir une dimension de leur épanouissement sur la sphère terrestre et de leur future évolution vers des formes de vie nouvelles et plus nobles (c'est là seulement que l'*Aufklärung* trouve sa signification), ils délivrèrent aussi, par la force des choses, les Juifs de leur ghetto. Ceux-ci devaient s'extraire de leur particularité et participer à part égale à la réalisation d'un projet commun pour l'humanité. « Émancipation » – c'était bien de la progression du particulier vers l'universel qu'il s'agissait. Mais tous n'acceptèrent pas ses avances. C'est qu'il ne suffisait pas de se transformer en *citoyens** modernes, c'est-à-dire en membres à part entière de l'État revendiquant d'être des citoyens du monde. Il fallait rejeter les vieux liens tribaux religieux et leur étayage théocratique. Il fallait cesser d'être « Juif », faire table rase de l'exigence exclusive, jalousement maintenue, selon laquelle la promesse divine de salut serait tenue un jour prochain, et s'extraire de son fier isolement et de sa « quarantaine ». Les Juifs aussi devaient s'émanciper pour se faire « hommes », et s'il y avait là une chance, elle n'allait pas, nul doute là-dessus, sans risques et périls. Mais pour ceux qui s'étaient risqués à passer du ghetto du Moyen Âge à la modernité, parce que le tourbillon du grand réveil les avait eux aussi aspirés, ils pouvaient le faire avec la satisfaction de travailler à une cause qui était la leur propre et non quelque cause étrangère.

Et les Allemands ? Eux aussi firent leur entrée dans la nouvelle époque avec des points d'avance. Il se peut bien que, momentanément, l'histoire universelle parût leur être passée par-dessus la tête, mais, sur le plan intellectuel, ils étaient on ne peut plus à la hauteur de la situation. Comparés avec les nouvelles puissances mondiales dont les ambitions et les intérêts enserraient le globe, et dont les capitales étaient devenues de grands laboratoires de la modernisation et de ses transformations, les Allemands avaient pris quelque retard. L'Europe centrale n'était plus le milieu de l'*orbis terrarum*, et les épicentres se trouvaient maintenant sur les océans. Mais tout ce mouvement n'avait-il pas commencé, absolument parlant, avec la « Réforme » ? La première grande vague de transformation n'était-elle pas la performance des Allemands ? Elle avait été leur contribution antérieure à l'« émancipation », et s'ils n'en avaient tiré aucun profit – bien au contraire –, il leur restait du moins, en matière de profit spirituel, l'héritage du protestantisme, à savoir la « philosophie ».

De plus, la vieille idée allemande du Reich n'avait pas disparu. C'était une idée pré-étatique, supra-étatique et supranationale qui embrassait tous les peuples en une grande communauté, garante de l'unité du monde. Ce n'était pas un projet concret de mise en ordre dont on pût encore faire grand-chose, mais c'était un souvenir actif comme un archétype de pensée, et une nostalgie aux racines profondes. Ce n'était pas un Reich messianique, mais c'était bien un « Reich spirituel ». Vieux peuple impérial, les Allemands aussi pouvaient à bon droit se sentir peuple-monde.

Les Allemands n'avaient pas de marine, pas d'État, pas de « révolution », mais ils possédaient l'idée du Reich et de la Réforme, – c'est-à-dire l'horizon œcuménique et le protestantisme. Ils étaient les seuls à avoir une philosophie du monde et de l'humanité. Auprès d'eux, l'« esprit du monde » avait pris conscience de soi. Les Allemands, n'y aurait-il eu qu'un seul peuple à s'y prêter, étaient des « citoyens du monde », et rien que cela.

Or, le fait surprenant et unique est que ces deux « peuples d'exception » cherchaient simultanément à se rallier au grand mouvement de l'humanité et tentèrent de forger une nouvelle identité à partir d'un nouveau concept d'humanité sécularisé. Simultanément et ensemble ! Une heure de grâce pour l'« humanité ». Les Juifs ne s'associèrent pas, en effet, avec les Français auxquels ils étaient redevables de leur émancipation politique, ni avec les Anglais qui, dans le marathon économique, étaient largement en tête, mais avec les Allemands. Le peuple élu avait élu les Allemands comme compagnons de route et alliés.

Tout comme les Allemands qui se trouvaient dans une situation d'impuissance politique, les Juifs commencèrent, en se mettant à leur école, à penser le destin du monde et de l'humanité comme étant le leur, et cela de manière complètement apolitique et simplement en référence à l'« esprit du monde », mûrissant ainsi leurs idées d'un futur ordre idéal du monde.

Comme les Allemands et *avec* les Allemands, les Juifs accomplirent tout d'abord en esprit leur émancipation sociale et politique. Autrement dit, de leur faiblesse ils firent une force (c'est ce qui fait le sens de toute dialectique). Ainsi, non seulement les pauvres Juifs, qui n'avaient nulle part de patrie, mais aussi les pauvres Allemands, qui n'avaient pas d'État, pouvaient se considérer comme des représentants de l'universalité, de l'humanité, de l'esprit et de la paix, et se sentir ainsi supérieurs à tous les autres.

> Aux Français, aux Russes, la terre ;
> La mer, aux Anglais ; quant à nous,
> Nous régnons, de l'aveu de tous,
> Dans l'air, empire des chimères.

Voilà ce que Juifs et Allemands pouvaient, la tête haute, affirmer d'eux-mêmes. *« Nous ! »* Henri Heine, l'auteur de ces vers, disait une fois : « Oui, le monde entier sera allemand ! J'ai souvent pensé à cette mission, à cette domination universelle de l'Allemagne [1]. » Bien entendu, il voulait aussi dire par là : Le monde entier va devenir juif. C'était là, comme il le reconnaissait, *son* patriotisme. Cela va de soi, il n'était ainsi question que d'une domination purement spirituelle. De fait, dans une situation concrète, une identité de destin pouvait faire apparaître comme évidente une identité d'intérêts. L'achèvement de la révolution politique en Allemagne devint de cette manière une cause particulièrement chère au cœur des Juifs. En tant que mission commune pour l'humanité, elle était la mission historique universelle pour laquelle Henri Heine donna mandat à Lassalle en l'envoyant à Berlin et au nom de laquelle celui-ci, après s'être acquitté d'une visite à Londres, prit la tête du mouvement ouvrier allemand.

Mais ce n'était pas seulement la « révolution » qui était au programme. Les Allemands devaient aussi avoir leur « Reich ». Il fallait qu'il fût grand et magnifique, et il fallait un « Kaiser ». Mais il devait être simultanément le Reich des Juifs. Par deux fois, en très humble quémandeur, un Juif (venu du Königsberg de Kant) a présenté à des rois de Prusse la couronne impériale allemande, au nom d'un Parlement allemand dont, dans les deux cas, il était le président. Ce Reich devait être entièrement « moderne », parlementaire et libéral, c'est-à-dire être un État constitutionnel, haut lieu et garant des idées de liberté, de paix et d'humanité, tel qu'on pouvait se figurer la « nouvelle Jérusalem ». C'est à un député juif du Reichstag, Heinrich Oppenheim *, que l'on doit la surprenante profession : « Avec le Reich allemand, le messie est venu chez les Juifs allemands. »

Ainsi, dans ce champ de tensions entre le « Reich » et la « Révolution », se dessinait le chemin le long duquel le peuple allemand, cette communauté de langue d'Europe centrale aux multiples voix, devait, avec ses Juifs, s'épanouir en peuple civilisateur de l'avenir, en un Eldorado, pluraliste et fédéraliste, de la culture universelle et dont la modernité sans précédent, la performance ès modernisations tiendrait à ce que toutes les transformations de l'ancien monde en un monde nouveau, les procès de transformation sociaux et économiques, les institutions politiques qu'il s'agissait d'inventer contribueraient à réaliser la vraie république universelle, humanitaire et universaliste,

---

1. Henri HEINE, *Un conte d'hiver*, reprint de la trad. de Maurice Pellisson (Paris, Hachette, 1912), Les Pavillons-sous-Bois, Éd. Ressouvenances, 1986, p. 9.

* Juriste de formation, H. Oppenheim (1819-1880) combattit dans l'aile gauche du mouvement révolutionnaire de 1848, puis émigra en Angleterre et en France. De retour en Allemagne, devenu député national-libéral, il apporta son soutien à la politique étrangère de Bismarck. [N. d. T.]

morale et intellectuelle, telle que l'avaient rêvée au début du siècle l'idéalisme allemand et la première génération des Juifs allemands qui se lançaient dans l'ère nouvelle. Les premiers qui en tracèrent le programme étaient Kant et Moses Mendelssohn.

Tout cela n'a, hélas ! mené à rien. Et pourquoi ? La généreuse proposition d'alliance faite par les Juifs aux Allemands, à savoir faire cause commune avec eux sur la base d'une commune compréhension de l'histoire dans une lutte commune pour un avenir meilleur, fut bêtement déclinée par les Allemands, lorsque, après l'échec de 1848, il était concrètement question de savoir selon quel modèle en fin de compte on devait donner forme à l'ordre politique et social en Allemagne.

La belle apparence – une émulation idéale dans l'œuvre commune de réalisation des buts de l'humanité – ne put tenir le choc de la hideuse réalité de conceptions antagonistes s'agissant des objectifs que l'on s'était fixé d'atteindre sur le plan national. L'alternative était celle de l'« État-soldat monarchique » et du « constitutionnalisme bourgeois libéral » – c'est-à-dire celle d'un régime autoritaire opposé à une organisation participative de la vie collective avec un système électoral censitaire, un Parlement et une tendance de fond à la démocratisation. Bref, on opposait le plan d'un ordre « axé sur l'État » aux idées d'une société de citoyens libres, et « anétatique » autant que possible. La balance pencha en faveur de l'idée d'État. Les Allemands cherchèrent la solution de leur problème constitutionnel national en se rabattant sur des notions « historiquement dépassées », en renonçant aux dividendes de l'émancipation qui avait pourtant été l'origine essentielle de leur démarche.

Comment avait-on pu en venir là ? Qu'était-il advenu des « citoyens du monde » allemands qui s'étaient reconnus en Kant, en Schiller et Humboldt, et avaient pensé selon les catégories de l'humanité ? Où étaient passés les Allemands de la Paulskirche, la « jeune Allemagne » qui, en un front fraternel avec les héros de la « jeune Europe », avait suivi un si bon chemin, celui de la *« République universelle démocratique et sociale »** ?

Pour trouver une réponse, il nous faut consentir à avouer que la fondation du Reich par Bismarck fut un malheur pour les Allemands. La voie qui conduisit de l'État de « citoyens du monde » à l'« État-nation » de facture bismarckienne ne permit pas aux Allemands de s'accomplir à un niveau supérieur, elle les fit régresser. De toutes les variantes envisageables – et débattues à l'époque – d'une réalisation politique de l'« idée du Reich », les Allemands avaient choisi la pire possible, la variante d'une petite Allemagne de la *Realpolitik*, c'est-à-dire la variante de la « politique par le sang et l'acier » et de la violence. Il s'agissait de maintenir le Reich dans le long terme par une violence toujours renouvelée aussi bien vers l'intérieur que vers l'extérieur, refusant ainsi au peuple sa majorité et le soumettant à la militarisation et à la gesticulation menaçante de la course aux armements ininterrompue. L'Allemagne ne devint pas du tout un « État national », ainsi que l'entendait le XIXᵉ siècle, c'est-à-dire un État qui, en termes d'émancipation, saurait lier l'idée nationale et l'idée démocratique. Elle devint un État autoritaire s'imposant à des sujets entièrement soumis. La communauté des peuples et la paix entre eux étaient désormais des balivernes. « *Qui dit humanité ment* »*, telles furent les paroles prononcées par Bismarck.

Avec ce dernier, l'Allemagne quitta les rangs du mouvement animé par l'idée d'humanité, alors qu'elle avait compté jadis dans son avant-garde. En échange de leur mission civilisatrice universelle, les Allemands avaient obtenu un État hyperautoritaire *(Machtstaat)*. Le prix qu'ils avaient dû payer à cet effet n'était rien d'autre que la « perte de la dimension humaine » de leur future histoire (Giordano *). Les conséquences en furent désastreuses. En cinquante ans à peine, le monde assista au spectacle d'un complet renversement et à la dépravation d'un peuple pacifique, aux hautes facultés intellectuelles, transformé en un « peuple » qui raisonnait selon les catégories d'une monarchie militaire. Ce qui s'était produit là, Nietzsche l'exprima en une formule concise, à savoir : « L'extirpation de l'esprit allemand par le Reich allemand. »

En donnant une solution « dictatoriale décisionniste » au conflit constitutionnel en Prusse, Bismarck avait imposé la « décision » en faveur de l'« État-soldat monarchique ». (À cette époque, la majorité des libéraux allemands commença à changer de camp.) Pour des raisons évidentes, seuls les Juifs s'en tinrent à leurs conceptions initiales. En fait, ainsi qu'on peut le dire aujourd'hui, c'étaient les Juifs qui étaient les meilleurs « patriotes ». On comprend ainsi que le rôle politique qu'ils avaient alors comme Allemands en Allemagne – à savoir ne pas sacrifier l'idée d'une émancipation civile – était ressenti, par les Allemands qui, eux, y avaient renoncé, comme une cause de gêne et de contrariété. Le fait que l'intérêt des Juifs et celui des libertés civiles fût d'abord un intérêt porté à l'émancipation

---

* Ralph Giordano, journaliste et écrivain allemand contemporain, auteur en particulier de *Die zweite Schuld* (Hambourg, 1987) où est analysée l'histoire de la dénazification en RFA. « Perte de la dimension humaine » correspond ici au titre du chapitre II de ce livre. [N. d. T.]

politique des Juifs amena leurs adversaires à identifier l'émancipation politique et l'émancipation des Juifs.

Le réflexe antisémite plongeait ses racines non pas tant dans un refus de motif raciste ou religieux – autant de pseudo-arguments –, que dans le refus politique de la voie de l'émancipation quant aux formes l'État.

Et, depuis cette époque, le mouvement bourgeois libéral en Allemagne a de fait largement été l'affaire de Juifs allemands intègres, qui s'en tinrent avec obstination à leurs idées (lesquelles étaient tout aussi bien des idées intrinsèquement allemandes). Sans les Juifs, la tradition libérale en Allemagne se serait éteinte au plus tard après la fondation du Reich. Dans cette mesure, la poursuite de la lutte pour l'émancipation est entièrement – comme le dit Scholem – un « don fait par le judaïsme aux Allemands ». Aujourd'hui, nous devons constater à notre grande confusion que Harden n'avait pas tort, lorsque, en 1907, il se faisait l'écho d'une formule courante à l'époque, « La liberté est une notion juive désuète [1]. » Voilà jusqu'où on en était arrivé : la « liberté » était l'ennemie, la « libération » dont on avait peur !

Si l'on veut saisir le fond du secret des relations entre Juifs et Allemands, on doit toujours avoir présente à l'esprit leur singularité, à savoir cette providentielle fraternité de destin entre les deux peuples. Il s'agissait de relations grâce auxquelles il leur aurait été possible de faire cause commune, de prendre ensemble la tête de l'histoire humaine et de s'emparer de l'*hegemon* universel, au sens spirituel et moral. Il faut avoir présent à l'esprit comment cette possibilité fut gâchée – elle était sans doute trop belle pour pouvoir devenir réalité.

L'« idéologie allemande » et l'antisémitisme allemand.

> « Se réclamer de l'antisémitisme devint un signe d'identité culturelle. » (Shulamit VOLKOV.)

Après la fondation du Reich par Bismarck, les Allemands régressèrent, quant à l'image qu'ils se faisaient de leur nation, jusqu'à un fondamentalisme ethnique. Ils prirent congé de la communauté des peuples civilisés, de l'*humanité** et de la *civilisation**, avec la volonté de construire leur État de leurs propres mains, sans l'aide de personne, conformément au « type » allemand, à la « substance » allemande, et pour en faire une puis-

---

1. Maximilian HARDEN, dans *Die Zukunft*, Berlin, 1907, vol. 60, p. 77.

sance mondiale. C'était déclencher un processus qui mènerait à la quarantaine et à l'isolement, et, immanquablement, à une situation où l'on s'affirmerait par le défi. Les composantes paranoïaques d'une telle position étaient évidentes. Ce qui subsistait « en propre », on allait s'en apercevoir en 1914, était en fin de compte le « militarisme » lié à une notion fort diluée de la *Kultur*, comme vision du monde et principe de son organisation, c'est-à-dire la quintessence de la forme d'existence virile et martiale, héroïque et tragique, « adéquate, dévolue au peuple allemand et au fond voulue par lui » (Thomas Mann).

On était là à l'opposé de la conception libérale et humaniste du citoyen du monde, où l'humanité va de l'avant en s'épanouissant, conception tournée vers les idéaux des droits de l'homme, de la liberté et de la paix et qui considérait expressément le dépassement de l'« esprit militaire » – héritage et atavisme anarchique du passé – comme le critère de sa réalisation progressive. Les Allemands avaient trahi cette conception, les Juifs y étaient restés fidèles. Les Allemands se séparèrent de la communauté des peuples qui se sentaient associés au dessein universel, les Juifs la rejoignirent. Hans Blüher a péroré avec sa *secessio judaica*, qui n'était qu'une manière de renverser la réalité historique. Il y aurait lieu plutôt de parler d'une *secessio Germaniae*.

Aux Allemands, leurs Juifs apparaissaient désormais comme les représentants de tout ce qu'ils croyaient devoir combattre pour établir leur identité nationale. Ils étaient ceux qui venaient du dehors, et il était aisé de les identifier à tout ce qui était ressenti comme étranger. L'antisémitisme allemand devint ainsi la dominante d'une idéologie d'auto-affirmation par défi, et le « Juif » devint l'ennemi par excellence, auquel on subsumait tout ce qui faisait figure d'ennemi. Il devint l'ennemi absolu, que l'on reconnaît, comme dit C. Schmitt, à ce qu'il est « dans son existence même et en un sens particulièrement fort, cet être autre, étranger [1] ».

L'historienne juive Shulamit Volkov a analysé de manière convaincante le processus réducteur au cours duquel l'antisémitisme devint le commun dénominateur, la cheville de l'ensemble des antipathies, préjugés, idiosyncrasies et irrationalismes – c'est-à-dire l'emplâtre d'« une vision du monde nationaliste et antimoderne ». Elle écrit : « La culture qui prit forme aux alentours de 1890 en Allemagne trouva son expression dans l'"idéologie allemande" : dans une mentalité radicalement antimoderne, dans un refus du libéralisme, du capitalisme et du

---

1. *La Notion du politique*, p. 67.

socialisme, et dans une passion nostalgique pour un monde passé depuis longtemps à trépas. La résistance à la démocratie et l'appel lancé à la restauration d'une communauté nationale dans la bonne entente et la justice relèvent aussi de cette mentalité. Ces positions politiques se mariaient à un nationalisme exacerbé, à une poussée de colonialisme et d'impérialisme, à un bellicisme enthousiaste et au maintien de normes morales remontant à une époque préindustrielle (non sans que s'y mêlât une bonne portion de mauvaise foi). D'une manière ou d'une autre, ces positions politiques étaient toujours associées avec de l'antisémitisme [1]. »

Tout ce qui n'était pas « allemand » *(deutsch)* était « juif », et ce qui était juif était *undeutsch*. La paternité de cette formule revient à Richard Wagner [2]. Elle devint un dogme pour la

---

1. Shulamit VOLKOV, « Antisemitism as a Cultural Code. Reflections on the History and Historiography of Antisemitism in Imperial Germany », *Year Book XXIII of the Leo Baeck Inst.*, Londres, 1978, p. 31. Peter Gay argumente de manière similaire, *Freud, Jews and Other Germans*, New York, 1978 : « *Anti-Semitism was, in short, an irrational protest against the modern world* » (p. 21). « *Anti-semitism is a cluster of behaviors with a single name* » (p. 13).

2. La genèse, la signification et les effets de cette formule ont été explorés par Hartmut Zelinsky ; voir en particulier *Sieg oder Untergang : Sieg und Untergang. Kaiser Wilhelm II., die Werk-Idee Richard Wagners und der « Weltkampf »*, Munich, 5ᵉ éd., 1990 : « Décisif, de surcroît : le problème des *citations*. Après un tel colloque, il n'est plus du tout possible de citer un auteur juif. Il serait carrément irresponsable d'invoquer un auteur juif comme témoin principal voire comme une sorte d'autorité dans un domaine quelconque. *Pour nous, un auteur juif n'a aucune autorité, et pas non plus d'autorité "purement scientifique".* Cette observation est le point de départ s'agissant de la question des citations. Pour nous, un auteur juif, si tant est qu'on le cite, est un auteur juif. Ajouter le mot et la désignation "juif" n'est pas chose formelle, mais essentielle, parce que nous ne pouvons empêcher, n'est-ce pas, que l'auteur juif se serve de la langue allemande. La purification de notre littérature juridique ne serait sinon pas possible. Qui, aujourd'hui, écrit *"Stahl-Jolson"* a ainsi, et dans la manière limpide de la science authentique, plus d'efficacité que par de grandes tirades contre les Juifs qui procèdent par amples tournures abstraites et dont aucune n'en touchera un seul *in concreto*. Une fois seulement que nous aurons résolu ainsi la question des citations, nous aurons alors pour nos sciences du droit un corps d'écrivains allemands qui ne sera plus infecté de Juifs. Le problème des citations n'est donc pas un problème pratique, mais un problème tout à fait fondamental. *On peut ainsi reconnaître l'écrivain cas par cas, à la manière dont il cite.* Je rappelle seulement avec quel aplomb brutal l'école viennoise du Juif Kelsen ne faisait que se citer elle-même, avec quelle *cruauté* et quelle insolence, inconcevables pour nous Allemands, d'autres opinions furent dédaignées. Le problème de la citation n'est donc pas circonstance accessoire. *Il n'y a aujourd'hui, concernant la question juive, plus du tout de circonstances accessoires. Tout fait corps de la manière la plus étroite et la plus intime dès qu'a commencé un combat véritable entre visions du monde [...].* S'il est nécessaire pour quelque raison objective de citer des auteurs juifs, alors

mentalité *völkisch* *, et la manière même dont elle se définissait. Ce qui était purement et simplement inconcevable a bien eu lieu, à savoir : un peuple de soixante millions d'hommes affirma son identité par l'exclusion d'une minorité d'un demi-million d'hommes et ne crut pouvoir s'assurer finalement de cette identité qu'au prix de l'élimination de cette minorité : « Crève Judas, que vive l'Allemagne ! »

On voit bien ainsi qu'on ne peut avoir prise sur cette « idéologie allemande » en s'en tenant aux méthodes ordinaires de la critique de l'idéologie. Il n'est pas possible de l'expliquer économiquement ou sociologiquement, il faut bien plutôt la comprendre comme un phénomène psychopathologique. Par anamnèse, nous en avons suivi les traces jusqu'à « Versailles », c'est-à-dire jusqu'à la peur dont la situation traumatique et ses mécanismes de rationalisation imposent l'expérience. Et l'on a alors pu observer qu'à cette époque déjà le ressentiment contre les Juifs était une composante décisive du mécanisme de maîtrise de la peur. Après 1875-1876 – l'année de l'« impératrice des Indes », du congrès de Berlin, du congrès de Gotha d'unification du parti ** et de la résiliation de l'alliance avec les libéraux allemands –, le péril juif contre lequel il faut se défendre prit une dimension supranationale, à l'échelle de l'histoire universelle. Derrière les « femmes anglaises », la « Commune » et les parlementaires juifs allemands se profilait déjà la silhouette de Disraeli. Ce fut alors le syndrome de Lassalle et Lasker qui prit, par hypertrophie en quelque sorte, les proportions d'un syndrome de Disraeli. Le mot clef était : « Le vieux Juif, voilà l'homme. »

À la réussite de Disraeli, l'on pouvait mesurer où menait l'émancipation des Juifs. Sous la couverture d'une hypocrite idéologie humanitaire, ils ne poursuivaient pas d'autre but que l'asservissement des peuples chrétiens à la loi du « judaïsme universel ». Le monde entier devait devenir juif. La Révolution française et l'empire britannique n'étaient que des étapes sur le chemin qui conduisait à une domination des Juifs sur le monde. Leur arme était la « désagrégation mentale » de la substance des peuples de la docilité desquels ils voulaient s'assurer – à commencer par leur sentiment de la communauté, leur autoch-

---

seulement avec "juif" en appendice. Rien que *de la simple prononciation du mot "juif" émanera un salubre exorcisme* » (« Die deutsche Rechtswissenschaft im Kampf gegen den jüdischen Geist. Schlußwort... ») [souligné par N. Sombart].

* Voir ici, Introduction, note p. 14. [N. d. T.]

** Congrès d'unification des deux branches de la social-démocratie allemande et fondation de la SPD. [N. d. T.]

tonie, leurs liens étroits avec leur race, leur terre et leur conscience de l'État. On a commencé par priver le « roi » de certains de ses droits, puis on l'a mis à mort. Le libéralisme, le socialisme et le constitutionnalisme n'étaient que les divers instruments de la même stratégie de subversion qui s'était fixé pour objectif la destruction des « parties vitales de l'État ». « Judas-la-belette a rampé jusqu'au cœur de la vie » (Alfred Schuler).

Ce bric-à-brac paranoïde aux prétentions historiques – agglomérat extraordinairement résistant et non dépourvu d'une cohérence bien à soi – devint un élément indispensable de la manière allemande, de l'excentricité allemande et de la mission universelle de l'Allemagne. Sous cet angle, la lutte de la « *Kultur* allemande » contre le « monde civilisé * » prend la figure d'une lutte des Allemands contre le judaïsme mondial. L'Allemagne se percevait comme le dernier bastion où l'on relevait le défi de la revendication juive de domination du monde. Combat à la vie ou à la mort, où l'on vaincrait ou bien périrait. La victoire des Allemands signifierait l'anéantissement des Juifs, ou inversement. C'est ainsi que Hitler comprenait sa mission historique. Et sa guerre, bien sûr, devait être une guerre totale.

Le deuxième « Versailles », celui de 1918, donnait la preuve irréfutable du complot mondial ourdi par les Juifs contre l'Allemagne. Le troisième « Versailles » (1940) fut le grand moment de la riposte où la défaite était rétroactivement annulée. Immédiatement après la victoire sur la France (« enjuivée »), vinrent la déclaration faite ouvertement au judaïsme mondial qu'on le combattrait, et la déclaration stratégiquement absurde de guerre à l'Amérique et à la Russie, toutes deux forteresses du pouvoir juif mondial (« ploutocratie » et « bolchevisme » sont « ouvrage de Juif »). Les préparatifs de l'élimination physique des Juifs d'Europe seraient le prochain pas. Il ne s'agissait pas de mesures improvisées, mais de l'exécution conséquente d'un plan qui avait été clairement élaboré dans *Mein Kampf* et relevait du programme d'action officiel du Parti national-socialiste arrivé

---

* Rappelons la forte opposition de tradition dans la langue allemande entre *Kultur* et *Zivilisation* : « En allemand, il y a une grande distinction entre les mots *Kultur* et *Zivilisation*. Le mot *Kultur* s'applique aux systèmes de valeurs morales, et aux créations intellectuelles et esthétiques – en bref, à ce qu'on peut appeler les humanités. Le mot *Zivilisation* se rapporte à des réalisations matérielles et technologiques » (B. BETTELHEIM, *Freud et l'âme humaine*, trad. de l'américain par R. Henry, Paris, Robert Laffont, coll. « Pluriel », 1984, p. 189). On trouvera une mise au point historique détaillée dans l'essai de J. LE RIDER : « *Kultur* contre civilisation : histoire et actualité d'une opposition franco-allemande », *Paragrana*, n° 3 (1994), Berlin. [N. d. T.]

au pouvoir en 1933 avec le consentement du peuple allemand. Elle était la raison d'être du « IIIe Reich », même si personne ne voulait y croire.

L'histoire de l'antisémitisme allemand est le pivot de l'histoire allemande des cent dernières années. Nous essayons seulement par cette affirmation de comprendre ce qui semble parfaitement incompréhensible. Poser qu'il y a eu toujours et partout de l'antisémitisme est déjà un argument antisémite. Il y va de la question du rapport spécifique et unique des Juifs et des Allemands et de la question de la possibilité même d'un imbroglio aussi fatal et d'un antagonisme poussé à l'extrême, jusqu'au délire de l'extermination, où l'on n'a pas agi, mais vécu un *acting-out*. Presque tous les modèles d'explication envisagés, qu'ils soient théologiques, économiques, sociologiques, ethnologiques, historiques, ou qu'ils relèvent de l'histoire intellectuelle se révèlent décevants quand il s'agit d'indiquer les causes dernières. Il faut en réalité faire fonctionner les sondes de la psychologie des profondeurs. Arnold Zweig a évoqué une névrose collective [1]. C'était diagnostiquer la maladie psychique dont tout un peuple était atteint. On ne saurait en douter : c'est bien de cela qu'il s'agissait, et bien au sens clinique du terme, et non de par une quelconque tournure de langage. Pour en faire la démonstration, il faut, cela dit, pousser l'analyse pathographique jusqu'au point où le « dérangement » trouve son commencement.

Ce commencement est la « *particulière intensité* [2] », l'affect antisémite et la radicalité existentielle de l'« anti ». De même, l'affect antilibéral n'atteint le comble de sa virulence que parce que, souterrainement, il est antisémite. Et que l'on n'aille pas chercher l'inverse, comme si l'antisémitisme pouvait être déduit de la critique faite à l'encontre du libéralisme. On ne saurait non plus poser que l'« idéologie allemande » aurait atteint le même degré d'agressivité sans sa dominante antisémite. Par structure et en tendance, elle est antisémite, même là où, apparemment, elle ne vise pas directement « les Juifs », ainsi que l'attestent, par exemple, les *Considérations d'un apolitique* de Thomas Mann ou *Händler und Helden* de Werner Sombart. L'affect d'hostilité qui vise le « littérateur civilisé » ou le « marchand » – et au-delà d'eux tout l'éventail des formes d'existence occidentales et tout le patrimoine intellectuel « occidental » – prend dans l'antisémitisme ses accents meurtriers, même si ce n'est

---

1. Arnold Zweig, *Bilanz der deutschen Judenheit 1933. Ein Versuch*, Amsterdam, 1934. Peter Gay parle de « *political paranoia* » (p. 17).
2. *La Notion du politique*, p. 67.

d'abord là qu'un exercice verbal, car c'est là qu'il vise *un* ennemi
fantasmatique, le Juif. Le degré d'intensité émotionnelle surpasse
dans ce cas tout ce que l'on pourrait expliquer par l'antipathie
ou l'aversion, par le jeu d'une différence individuelle ou objective, par celui de la concurrence économique et par des oppositions frontales en matière de politique intérieure ou extérieure,
même quand un conflit s'aggrave au point que la guerre menace,
et même quand la guerre civile est imminente. Cette « plus-
value » émotionnelle de l'affect antisémite est très exactement
ce « reste » que les modèles d'explication courants ne peuvent
appréhender. Ces derniers ne dépassent pas le stade de la « rationalisation », laquelle n'atteint pas les couches profondes des
« résidus », et ils sont même constitués de manière à en barrer
l'accès. Le noyau résiduel ne peut en être dégagé qu'avec l'outillage de la psychologie des profondeurs. Il est comme toujours
sexuellement déterminé. Dans le chapitre précédent, nous avons
tenté de percer ce point délicat, et nous pouvons maintenant nous
résumer en faisant quelques observations.

Les Juifs étaient en Allemagne la cible de choix d'une hostilité obsessionnelle parce que l'imaginaire les associait au
complexe de castration, c'est-à-dire au complexe des angoisses
d'impuissance et des désirs de meurtre qui lui sont liés, avec
ses sentiments de plaisir et de déplaisir extrêmes, et son mélange
explosif de sentiments de médiocrité personnelle et de haute
idée de soi à laquelle on prétend. Et ce complexe s'actualisait
par les valences symboliques du rite de la circoncision. Cette
dernière est ressentie (par ceux qui ne passent pas par elle)
comme une menace qui pèse sur leur identité et leur intégrité.
Le bruit sinistre du « couteau de la circoncision qu'on affûte »
fait du Juif l'ennemi absolu du mâle allemand.

Le fait que la cause majeure de la haine contre les Juifs
(malgré la mention qu'en fait Freud) ait été refoulée de la
conscience et n'ait pas été thématisée dans les débats intermi-
nables dont l'antisémitisme a fait l'objet ne peut valoir comme
une objection à la pertinence de cette thèse, car elle est bien
plutôt confirmée par l'ignorance dans laquelle on la tient. Le
psychanalyste connaît les résistances qui s'opposent à l'énon-
ciation, voire au simple fait de « penser » à la cause ultime
d'une perturbation psychique. Nous avons, assurément, un
indice infaillible sous la main, à savoir : la tracasserie que, en
manière de procédure de repérage, les SS faisaient subir à leurs
victimes au cours de leurs razzias, et que nous met sous les
yeux tout film consacré à cette période effroyable. Les SS ne
voulaient pas seulement s'assurer qu'ils avaient bien un Juif
devant eux, mais aussi que leur propre prépuce était intact.

Par ce rituel symbolique rapporté au signifiant, se paroxyse le « plus haut degré d'identité » que Carl Schmitt hypostasie dans la sphère du politique, quand il opère la discrimination existentielle de l'ami et de l'ennemi, qui est l'exclusion de celui qui est « dans son existence même et en un sens particulièrement fort, cet être autre, étranger [1] ».

Les « sciences juridiques allemandes dans leur lutte contre l'esprit juif ».

Carl Schmitt compte au nombre des représentants les plus caractéristiques de la génération des hommes d'Allemagne qui, comme Hitler, étaient nés aux alentours de 1890, avaient reçu leur formation intellectuelle et s'étaient socialisés avant la Première Guerre mondiale, hommes que la débâcle de 1918 avait durement touchés et qui, au fond d'eux-mêmes, refusaient la république. Dans la venue au pouvoir des nazis en 1933, ils célébrèrent le commencement du rétablissement de l'Allemagne et de sa grandeur nationale. Pour ces hommes d'Allemagne, il allait de soi que cette entreprise fût liée, comme par le destin, à la lutte sans merci contre le « judaïsme mondial ».

Même avant que Carl Schmitt ne défende – ce qui sera le cas à partir de 1933 – des thèses explicitement antisémites d'une radicalité qui ne le cède en rien aux déclarations et aux mesures officielles, les textes qu'il publie sont toujours antisémites dans l'élan qui les anime. Le fait qu'avant la Première Guerre mondiale déjà il écrivît dans les *Bayreuther Blätter*, ouvertement antisémites, en fournit un premier indice. Ses *Buribunken* sont dirigés contre la psychanalyse de Sigmund Freud. Cet affect anti-analytique, qui est un élément du syndrome de l'idéologie allemande, l'a accompagné en fait toute sa vie.

Dans la *Théologie politique*, il ouvre les hostilités contre les sciences juridiques juives, par la critique de la « pure doctrine du droit » de Kelsen – cette dernière ne serait pas à la hauteur de la problématique de la décision du souverain qu'en fait elle viserait à évincer – et contre Hugo Preuss, le père de la constitution de Weimar, qui rejette la « notion de souveraineté comme un résidu de l'État autoritaire [2] ». On voit déjà clairement se dessiner son schéma antisémite de la falsification par les Juifs de la conscience allemande de l'État et du droit politique (« confusion et paralysie idéologique »), schéma qu'il resservira

---

1. *La Notion du politique*, p. 67.
2. *Théologie politique*, p. 36.

au fil des années en le radicalisant dans des variantes toujours nouvelles, jetant le discrédit sur Laband et Jellinek, et « démasquant » les méfaits de Friedrich Julius Stahl (Stahl-Jolson, comme il en écrira le nom à partir de 1936, suivant en cela ses propres exigences programmatiques) – « dont la réussite en la matière n'est pas différente et pas moindre que, dans d'autres domaines, celle par exemple de Henri Heine ou de Karl Marx [1] ».

Écrire un pamphlet contre le parlementarisme, comme l'est *Parlementarisme et démocratie*, est – dans un contexte où c'est un topos courant que de tirer un trait d'égalité entre le parlementarisme et tout ce qui est « juif » – un acte que l'on peut aussi juger comme structurellement antisémite sans pour autant porter préjudice à l'auteur. Le « système parlementaire » est l'« idéal des ennemis en matière de constitution [2] », et depuis longtemps il n'y a plus qu'un ennemi.

Dans *La Notion du politique*, il y va d'intérêts *völkisch*. C'est le « peuple ayant une existence politique » (p. 93) qui doit prendre la décision ultime impliquant la possibilité de l'anéantissement physique de vies humaines [3]. Laquelle se justifie s'il y a « la nécessité vitale de maintenir sa propre forme d'existence face à une négation tout aussi vitale de cette forme » (p. 92). L'ennemi est « *dans son existence même et en un sens particulièrement fort, cet être autre, étranger* et tel qu'à la limite des conflits avec lui soient possibles qui ne sauraient être résolus par un ensemble de normes générales établies à l'avance » (p. 67). « L'altérité de l'étranger » doit être contenue et combattue, « [pour] préserver le mode propre, conforme à [l'] être, selon lequel [chacun des deux adversaires] vit » *(ibid.)*. La définition à donner de l'ennemi rend nécessaires, le cas échéant, des « formes intra-étatiques de désignation officielle de l'ennemi public », c'est-à-dire une « proscription » (p. 88).

Dans *La Notion du politique*, c'est le journaliste et politologue anglais Harold Laski – un Juif – qui tient le rôle du souffre-douleur juif occupé par Kelsen dans la *Théologie politique*. Il n'aurait, en effet, pas compris le caractère spécifiquement politique de l'État, et sa théorie du « pluralisme » serait typique de la dislocation libérale de l'État. Son « pluralisme consiste à nier l'unité souveraine de l'État, c'est-à-dire l'unité politique, et à

---

1. PB, p. 274.
2. SZ, p. 40.
3. Le but de l'État est « *de maintenir et de favoriser le développement d'une communauté d'êtres qui, pour le physique et le moral, sont de la même espèce* ». Celle-ci embrasse « *en premier lieu, les caractères essentiels de la race* » (A. HITLER, *Mein Kampf*, p. 391 – italiques dans l'éd. originale).

souligner sans relâche que l'individu vit inséré au plan social dans de nombreuses relations, de nombreux groupements différents » (p. 82). L'intention de ces lignes est révélée dans une note de bas de page (encore une fois, c'est un appel de note qui indique où se trouve l'essentiel), une note consacrée à Franz Oppenheimer, qui, en représentant radical du libéralisme, aurait proclamé l'« extirpation de l'État » (p. 125). Oppenheimer lui aussi était juif.

« Nous ne connaissons que leurs rapports viciés à notre engeance », dira ensuite Carl Schmitt dans le discours de clôture déjà cité qu'il tient en 1936 au colloque du cercle des professeurs d'université du Reich du NS-Rechtswahrerbund [1] (Fédération national-socialiste des gardiens du droit). Schmitt y intervient dans le rôle du porte-parole autoritaire des *deutschen Rechtswahrer* * *und Rechtslehrer* (gardiens du droit et professeurs de droit allemands), et il est celui qui doit protéger le « sens du droit et de la loi de l'homme d'Allemagne » dans une phase nouvelle et décisive de la « lutte pour une vision du monde » contre l'« ennemi mortel ». C'est là sa contribution à la « science [de l'âme] raciale ». « Je ne cesse de répéter instamment ma prière : lire dans *Mein Kampf* d'Adolf Hitler chaque phrase concernant la question juive, tout particulièrement ses développements sur la "dialectique juive". Ce que des experts ont exposé dans notre colloque au cours de nombreux rapports scientifiquement remarquables y est dit simplement, compréhensible par tout *Volksgenosse* ** et de manière absolument exhaustive. Renvoyez toujours nos étudiants en droit à ces phrases du Führer [2]. »

Ce discours de clôture n'est pas le témoignage d'un opportunisme à la petite semaine, ni non plus l'expression d'un aveuglement passager ou d'une confusion mentale, ni une « bévue ». Au sommet de sa carrière de professeur allemand, Schmitt, dans une situation politique qui lui permettait de jeter bas tous les masques, peut enfin s'exprimer *noir sur blanc* et sans truquages. Baissant la garde, il fait connaître sa conviction la plus forte et

---

1. C. SCHMITT, « Die deutsche Rechtswissenschaft... », p. 1197.

* *Rechtswahrer* était un terme du vocabulaire nazi pour désigner les juristes partisans des lois du IIIᵉ Reich ou ceux commis à leur application (Hitler était aussi un *Rechtswahrer*) ; il désignait par antinomie les *Rechtsverdreher*, juristes qui « tordent » le droit, les partisans donc de l'État de droit. [N. d. T.]

** Dans la langue des nazis, ce mot désignait tout Allemand qui, sans être nécessairement affilié au NSDAP, répondait aux critères de pureté « raciale » du régime hitlérien. [N. d. T.]

2. *Ibid.,* p. 1198.

la plus intime. Ce qui était longtemps resté latent devenait enfin manifeste. Lorsque Joseph Goebbels, dans *Michael*, son œuvre de jeunesse publiée en 1929, écrit en se référant aux relations de sa propre communauté au « Juif » : « Ou bien il nous réduit à néant ou bien nous le rendons inoffensif. Il n'y a pas d'autre solution », il ne dit rien d'autre que Carl Schmitt dans son allocution de 1936. Laquelle se termine sur les paroles suivantes : « En me défendant contre le Juif, je combats pour défendre l'œuvre du Seigneur [1]. »

Il n'est plus possible de parler de la *Théologie politique* du « chevalier de l'Apocalypse de la contre-révolution » sans avoir pris cette phrase en compte – même quand on est Juif [2].

« All is race. »

Toutes ces déclarations n'empêchèrent pas les nombreuses amitiés juives de Carl Schmitt. Son œuvre scientifique la plus importante, *Théorie de la constitution*, est dédiée à un ami de jeunesse juif, Fritz Eisler, de Hambourg, tombé sur le champ de bataille le 27 septembre 1914 – cet ami dont il avait partagé l'enthousiasme pour Theodor Däubler et auquel, déjà, *Nordlicht* avait été dédié. Nous sommes là dans le vif du sujet, à savoir : la fascination exercée par le judaïsme est un des éléments essentiels de l'antisémitisme allemand.

Toute l'œuvre de Carl Schmitt est parcourue par ses démêlés toujours recommencés avec des auteurs juifs, à commencer par Rathenau dont, tout jeune homme encore, il réussit à retenir l'attention par un compte rendu de son livre, *Kritik der Zeit*, en passant par Benjamin, Mannheim, Löwith, Raymond Aron, Kojève et Perroux. Plus haut, nous avons déjà évoqué ses polémiques contre des spécialistes du droit public et des juristes. Et il y a Marx, bien entendu. Nous avons sans cesse rappelé ses relations particulières à Freud, dont il a ressenti la psychanalyse comme un défi insolent, qu'il a relevé. Il faut bien dire qu'il a pris on ne peut plus au sérieux ses « recherches sur l'esprit juif dans son influence sur la vie intellectuelle allemande – sur l'"aire où elle recoupe" l'esprit allemand [3] ». Il y allait de la question cardinale des relations particulières des Juifs et des

---

1. La citation complète de *Mein Kampf* est la suivante : « C'est pourquoi je crois agir selon l'esprit du Tout-Puissant, notre Créateur, car : *En...* » (p. 70 de l'éd. allemande).
2. Voir Jacob TAUBES, *Ad Carl Schmitt. Gegenstrebige Fügung*, Berlin, Merve Verlag, 1987.
3. C. SCHMITT, « Die deutsche Rechtswissenschaft... », p. 1196.

Allemands, de la lutte pour la « revendication d'hégémonie intellectuelle sur l'univers », et de la poursuite de la grande dispute portant sur l'interprétation juste de l'histoire universelle et sur ses possibles significations.

Au fond de lui-même, Schmitt était persuadé de la supériorité intellectuelle et tactique des Juifs [1]. En les combattant, il voulait débusquer le secret de cet avantage. En campant Disraeli dans le rôle d'une figure clef, il faisait l'aveu de sa conviction : sur le plan de l'histoire universelle, les Juifs avaient le dessus, et personne ne pourrait leur reprendre l'avantage.

Au fond, il y allait de la question de l'« élection » qui, venue de la théologie, était passée dans la philosophie de l'histoire avant de devenir une question « biologique ».

L'idée du peuple élu est une idée juive constitutive de la judéité comme communauté religieuse et de la communauté de destin historique formée et maintenue par cette tradition ; elle fut une idéologie de survie pour le ghetto des siècles durant. Après la Révolution française, après que les Juifs eurent été admis dans la communauté des peuples chrétiens européens, l'idée juive de l'élection se sécularisa ; il s'agissait désormais du rang occupé par les Juifs dans l'histoire universelle.

Cette question était en même temps, de manière tout à fait analogue, le problème central de la métaphysique hégélienne de l'histoire. Ce n'était plus Dieu qui élisait un peuple, mais l'« esprit du monde », lequel avait distingué les « peuples germaniques » qui seraient le vecteur de son ultime et plus haute réalisation – en particulier le peuple de l'État prussien. Tel était le fondement initial des échanges entre Juifs et Allemands. Aux Juifs allemands désireux d'émancipation, la chose paraissait plausible. Le « peuple-monde » et le « peuple-esprit du monde » prendraient ensemble la tête du progrès de l'humanité... C'était la vision de Heine, vision d'une « domination du monde par les Allemands », en esprit.

Pure de toute philosophie de l'histoire teutonique apparaissait à peu près à la même époque, en Angleterre, une tout autre théorie de l'histoire universelle dans laquelle l'idée d'élection juive se présentait sous les auspices d'une exigence de supériorité intramondaine, dérivée des qualités de la « race juive ». Cette race est en effet la plus noble et la plus pure, c'est une race sainte à laquelle la civilisation européenne est redevable de tout ce qu'elle a d'essentiel. Le christianisme n'est rien qu'un judaïsme vulgarisé et transporté dans la sphère profane. La race juive est la plus ancienne des races porteuses de culture, et les

---

1. « Stahl démontra sa supériorité [...] », *Romantisme politique*, p. 57.

Juifs sont la plus ancienne aristocratie de l'humanité. Par leurs atouts physiques et intellectuels, ils dominent la vie économique et ont aussi, par-dessus le marché, une influence considérable sur la politique des peuples, une influence du reste proportionnelle à leurs mérites, de par les qualités qui sont celles de leur race.

L'inventeur et, de son vivant, le seul à défendre de cette fière manière la conscience que les Juifs avaient d'eux-mêmes, était Benjamin Disraeli. Ces affirmations n'auraient été que spleen d'un homme de lettres, discours de personnages de roman excentriques si Disraeli n'avait été Premier ministre anglais et l'homme d'État de son époque le plus comblé par le succès. Ses succès en politique fournissaient leur caution à ses idées, et leur donnaient crédit. C'est un fait qu'il réussit le mieux du monde à introduire un nouveau mot clef dans le débat sur le sens et la signification de l'évolution politique mondiale, en affirmant, sous des variantes toujours renouvelées, que l'unique clef pour comprendre l'histoire universelle était la race, et, plus décisif que tous les autres liens, « le sang ».

Chez Disraeli, la notion de race – vacillante et de consistance obscure – était de nature romantique et mystique, à savoir : des dispositions données, un élément agissant dans le passé un peu à la manière d'un destin et porteur d'avenir. Insistant sur les dimensions psychiques et intuitives du comportement, son imaginaire de la race était tout sauf une théorie parmi les autres théories des sciences de la nature. Il refusait résolument l'intrusion des sciences de la nature dans la vie sociale – le darwinisme et les idées d'évolution dérivées à partir de lui –, bien que dans son idée que les meilleurs s'imposeraient se nichât une bonne part de darwinisme.

Il n'y avait rien d'agressif ni d'hostile à l'égard des autres races et des autres peuples dans les idées de Disraeli ; tout au plus, à l'occasion, une manière ironique et condescendante de disqualifier les peuples qui avaient le cran de témoigner du mépris à la race juive. Pour une bonne part, c'était chez lui le geste d'autolégitimation de l'arriviste de la politique qui, d'origine juive, avait besoin, pour lui et pour la couche supérieure de l'aristocratie dans laquelle il voulait s'introduire, de la preuve qu'il ne le cédait à aucun lord anglais en matière de rang. Ainsi il n'a pas renié ses origines juives, mais les a bien plutôt hautement affirmées comme un titre de noblesse [1].

---

1. Voir Alex BEIN, *Die Judenfrage. Biographie eines Weltproblems*, 2 vol., Stuttgart, 1980, vol. II, p. 189 s.

Les Juifs de son temps trouvaient l'ostentation de ses prétentions à la distinction par la race plutôt gênante, et Hannah Arendt
lui en fit encore le reproche. C'étaient bien les « non-Juifs » qui
s'« abreuvaient avidement » de ses « allusions et de ses formules ». Ainsi Disraeli devint une autorité incontestée dans les
rangs de l'antisémitisme allemand. Si l'on voulait marcher sur
les traces des Juifs, il fallait s'en tenir à la recette de leur réussite.
Pas d'« État » donc – mais la « race », c'était le truc ! La supériorité des Juifs tenait à ce qu'ils étaient une « race ». Ne le
disaient-ils pas eux-mêmes ? Si l'on voulait se mesurer à eux,
triompher d'eux, il fallait se constituer soi-même en « race ».
Ce n'était que lorsque les Allemands, comme les Juifs, disposeraient d'une conscience de race qu'ils pourraient leur jeter le
gant.

Quelle qu'ait pu être la signification de la théorie raciale de
Disraeli pour l'image que les Juifs se faisaient de leur condition,
elle était une version sécularisée de la croyance juive en l'élection. Il n'y avait et ne pouvait absolument y avoir qu'une seule
« race », et c'était la race juive. C'est ce que Hans Blüher a
parfaitement reconnu : il n'y a que chez les Juifs que la liaison
de l'esprit et de la race est réussie (or c'est l'esprit qui est
l'élément décisif), « tout le reste est imitation [1] ». La tentative
de donner aux Allemands une mission au plan de l'histoire
universelle fondée sur une « science raciale » était une imitation
grotesque. C'était reprendre un modèle juif d'autolégitimation,
en vue de sacraliser sa propre identité nationale.

On ne saurait imaginer paradoxe plus fort que celui d'une
telle appropriation. Pour fonder le caractère autochtone et spécifique de sa « propre engeance », on recourt aux critères de
distinction de celui dont on veut à tout prix se différencier.
C'était certainement là, en matière d'autodétermination, le
moyen le moins approprié et le « plus étranger à sa nature
spécifique », et il conduisit finalement à la désagrégation de
tout ce qui était réellement allemand et à une sorte de déni de
soi où l'on faisait abandon de tout ce qu'on était. Il conduisit
en fin de compte à la destruction physique du peuple allemand,
qui fut condamné à l'abîme par Hitler (« peuple dont l'existence
est sans valeur ») parce qu'il avait échoué dans sa mission historique universelle de race de « seigneurs ».

On aura beau hocher la tête, on n'est pas pour autant autorisé
à passer par-dessus le fait que, à reprendre le modèle juif de la
signification séculière du destin de ce peuple, il n'y allait pas

---

1. Hans BLÜHER, *Die Erhebung Israels gegen die christlichen Güter*, Berlin, 1931, p. 95.

seulement d'une manière de garantir sa propre et hautement problématique identité nationale, mais aussi et surtout de la légitimation de la revendication de supériorité des Allemands par rapport au reste du monde. Avec sa singulière définition d'une primauté juive, Disraeli avait fixé l'étalon par rapport auquel la prétention allemande allait prendre sa mesure. Il ne s'agissait pas de « race », il s'agissait de savoir quel serait le « peuple élu ». Dans son ultime grand discours devant le Reichstag, le 24 avril 1942, Hitler lança : « Une fois, le Juif britannique Lord Disraeli a déclaré que la question raciale est la clef de l'histoire universelle. Nous autres, national-socialistes, nous avons grandi dans ce savoir. En nous consacrant avec la plus grande attention à l'essence de la question raciale, nous avons trouvé l'explication de bien des phénomènes qui, sinon, pris en eux-mêmes, devraient rester inintelligibles [1]. »

Quel aveu fantastique ! Au moment où la lutte de l'Allemagne pour la suprématie mondiale entrait dans sa dernière phase et où le doute n'était plus possible quant au sens de cette lutte – lutter pour anéantir le judaïsme mondial –, Disraeli était invoqué comme le père fondateur de la vision du monde national-socialiste. Ce n'était pas Hegel, ni Bismarck, mais... Disraeli, le grand maître-penseur des Allemands, celui qui leur a donné le « savoir [2] » !

Le nom de Disraeli n'apparaît pas dans *Mein Kampf*, on y trouve seulement de longs passages sur l'influence des Juifs dans la politique anglaise. Mais dans une note des premières années, datant du 27 janvier 1921, « Sur la nécessité de l'édification d'un organe *völkisch* en prise sur de larges masses », il était déjà question de la tâche du « nouveau mouvement » (« qui d'avance récuse tout point de vue de classe, ne veut pas être bourgeois et ne connaît pas de prolétaires, mais uniquement des *Volksgenossen* * – productifs, créateurs de valeurs et travaillant ainsi à la conservation du peuple et de l'État »), à savoir : « veiller à ce que la formule du Juif britannique Disraeli sur l'importance décisive de la question raciale [comme] force motrice de l'histoire universelle soit connue du peuple lui aussi,

---

1. Max DOMARUS, *Hitler. Reden und Proklamationen 1932-1945*, Munich, 1965, vol. II, 1, p. 1866.

2. L'Institut zum Studium der Judenfrage des nazis, à Berlin, fonde son programme de la manière suivante : « Par des travaux de recherche soucieux de sérieux, l'Institut se veut au service de l'idée vivante qu'un Juif, et l'un des plus considérables de tous les temps, a lui-même formulée ainsi : "All is race", "Rasse ist alles" [Tout est race] » (cité d'après A. BEIN, *Die Judenfrage...*, p. 191).

* Voir ici, note **, p. 292.

l'ignorance qu'il en a eue lui ayant fait subir jusqu'à aujourd'hui
les pires souffrances. Mais l'antisémitisme n'échappera au
jugement indigne dont il a été l'objet jusqu'à aujourd'hui qu'à
partir du moment où il ne sera plus seulement un outil dans la
main de quelques politiciens sans scrupules pour rafler un mandat de député, et où on sera vraiment disposé à verser son sang
pour y défendre le préalable à la guérison intérieure de notre
peuple. [1] »

Hitler, le « fils illégitime » de Disraeli ! Aucune des biographies consacrées à Hitler – Gisevius, Bullock, Toland, Fest,
Haffner non plus – ne mentionne, ne serait-ce qu'en passant, la
filiation entre Disraeli et Hitler. Or, s'agissant de la genèse et
de la structure de l'« idéologie allemande » radicalisée en une
« vision du monde nationale-socialiste », c'est là, en matière
d'histoire des idées, le fait le plus significatif. C'est lui qui
permet de déchiffrer ce que l'on pourrait appeler le mécanisme
d'identification dans le rapport entre Juifs et Allemands.

Comment s'expliquer ce curieux comportement mimétique ?
S'agit-il d'une « identification à l'agresseur » ? Lequel, au
demeurant, n'était en rien un agresseur, mais fut bel et bien
ressenti et perçu comme tel. Reconnaître un « savoir plus
éminent », un « pouvoir supérieur » ? Les Allemands
n'avaient-ils effectivement pas d'autre possibilité de se définir
que par référence au judaïsme ? S'exprime-t-il là quelque chose
de l'ordre du désir d'être grand et puissant comme les Juifs ?
Tous les fantasmes allemands de domination du monde par les
Juifs peuvent être lus comme autant de projections d'une aspiration et des idées de grandeur allemandes. Ils surgissent du
mécontentement éprouvé par les Allemands à leur propre
endroit et de l'image idéalisée qu'ils se font des Juifs (même
et surtout quand c'est le contraire qui paraît, dans toute la virulence des traits prêtés à un ennemi prototype). Tout se passe
comme si les Juifs avaient été gravés dans le surmoi allemand,
tel un idéal du moi qui est un concurrent et fonctionne non pas
comme l'*imago* du père, mais comme l'image du frère plus
chanceux que la mère préfère. À faire l'aveu inconditionné,
même nourri par la jalousie, de sa supériorité, de son *know-how*,
de ses talents dans le commerce politique et galant, on engendre
le désir de destruction, et c'est là l'ultime aveu désespéré de ses
propres insuffisances.

---

1. HITLER, *Sämtliche Aufzeichnungen 1905-1914*, éd. Eberhard Jäckel,
Stuttgart, 1980, p. 298 s. De Hitler, on trouve la note suivante, dès la date
du 31 mai 1920 : « Le caractère de l'individu reste toujours égal à lui-même.
Caractère et histoire d'un peuple naissent des genres spécifiques de la race
[Rasseneigenarten] (Disraeli L [ord] Beaconsfield). »

Quoi qu'il en soit, on trouvera dans le rapport de Hitler à Disraeli tous les ingrédients de la relation de « destin » qui rive à leurs chaînes Allemands et Juifs. Ce qui, du côté des Juifs allemands était une « offre d'alliance », un souhait positif de devenir avec les Allemands, dans la tradition de Kant et de Schiller, des « citoyens du monde », était, du côté des Allemands, « antisémitisme ». Et ainsi, *ex negativo*, ils firent des Juifs l'étalon de leur propre identité.

Un « judéophobe qui croyait en Disraeli ».

On peut dire que Adolf Hitler a été un « judéophobe qui croyait en Disraeli ». C'est Carl Schmitt qui a forgé la formule, et elle définit sa propre position. En témoigne la dédicace dont il orne en 1941, pour un cadeau à son interlocuteur Ernst Jünger, les œuvres d'Alfred Schuler éditées par Klages et publiées au cours de l'année – un document du « métaphysique » antisémitisme allemand : « À Ernst Jünger, aux fins d'incorporation dans les magasins des archives de nos entretiens, j'adresse ce livre bouillant d'une triple fièvre, triple contention d'un Allemand plein d'envie, d'un thaumaturge regorgeant de venin et d'un judéophobe qui croyait en Disraeli, 26.12.1941 [1]. » Beau cadeau de Noël et venant bien à son heure !

Telle qu'elle figure là, la formule semble viser Klages (ou Schuler, ou les deux en même temps ?). Schmitt veut donner l'impression qu'il n'a rien à voir avec tout cela. Mais j'en sais plus. J'étais témoin de l'agitation dans laquelle il avait remis à mon père ce même livre, et je me souviens distinctement de la manière dont il parlait jadis de Disraeli et des Juifs [2]. La dédicace à Ernst Jünger ne contredit pas mon impression, elle en est bien plutôt une confirmation inattendue. Selon un renversement bien connu des analystes, l'invective est une manière de se caractériser soi-même. Schuler et Klages ne se sont jamais penchés sur Disraeli, mais bel et bien Carl Schmitt.

Je pense que, sans se mettre à nu lui-même, dans la concision d'un aphorisme, il voulait réserver à son ami la primeur de ses réflexions les plus récentes sur l'issue fatale promise à l'Allemagne – son ami, l'homme qui avait publié en 1930 un essai dont le virulent antisémitisme ne laissait rien à désirer et dans lequel

---

1. Ernst JÜNGER, « Autor und Autorschaft. Nachträge », *Scheidewege*, 17e année, 1987-1988, p. 192.

2. Voir N. SOMBART, *Chroniques d'une jeunesse berlinoise (1933-1943)*, trad. Olivier Mannoni, Paris, Quai Voltaire, 1992.

on pouvait lire : « L'idée et la réalisation de la Figure *[Gestalt]* allemande dans son caractère le plus propre détachent de soi la forme du Juif de manière aussi claire et distincte qu'une eau limpide et paisible faisant apparaître de l'huile comme une couche à part [1]. » Ce n'est pas nous, ce sont « eux » les coupables ! Écrites en français, quelques lignes rajoutées à la dédicace citent Léon Bloy : « J'ai fait mes plus beaux voyages sur des routes mal éclairées. » Le livre de Léon Bloy le plus important pour Carl Schmitt – et Ernst Jünger le savait – a pour titre : *Le Salut par les juifs* [2].

Le 27 août 1943, au café Raphaël, le capitaine Jünger s'entretient longuement avec Weniger « sur cette forme particulière de décadence » qui, au tournant du siècle, a frappé l'Allemand (il dit : le « Germain ») et dont on ne mesure pas si bien l'influence sur le *modern style*. « Presque tout s'y rattache en une décennie déterminée. » Puis vient l'étonnante remarque : « Dans cet état, l'homme germanique a besoin, lui aussi, d'un mentor juif, d'un Marx, d'un Freud ou d'un Bergson, qu'il vénère comme un enfant – quitte à commettre ensuite contre lui le crime d'Œdipe. Il faut le savoir si l'on veut comprendre ce symptôme caractéristique qu'est l'antisémitisme de salon [3]. »

L'année 1942 fut publié *Terre et mer*, le petit livre de Carl Schmitt dans lequel il divulguait son mythe Disraeli à lui. Il faut savoir qu'à cette époque il y avait au-dessus de sa table un portrait de Disraeli, et non pas de Bismarck. Voilà comment se présentait l'antisémitisme « chic » de Carl Schmitt. Pour lui, la question juive, c'était le destin même. Il ne haïssait pas les Juifs. Ses démêlés avec eux furent le problème de sa vie. Ils étaient

---

1. Ernst JÜNGER, « Über Nationalismus und Judenfrage », *Süddeutsche Monatshefte*, septembre 1930, p. 843. Sur ce point, voir une citation de Hitler : « Le Juif réside toujours en nous. Mais il est plus facile de le combattre sous sa forme corporelle que sous la forme d'un démon invisible » (Hermann RAUSCHNING, *Hitler m'a dit*, trad. Albert Lehman, Paris, Éd. Coopération, 1939, p. 265).

2. E. JÜNGER, « Autor und Autorschaft... », p. 192. Le rapport de C. Schmitt à Léon Bloy serait un chapitre à lui tout seul. Bloy est un des objets de culte de l'obscurantisme catholicisant des années 1920. Carl Schmitt l'évoqua en présence de Hugo Ball lorsqu'il rencontra pour la première fois ce dernier à Munich en 1919-1920 (voir Hansjörg VIESEL, *Jawohl, der Schmitt. Zehn Briefe aus Plettenberg*, Berlin, 1988, p. 37). En 1940, « quand la France avait été terrassée par sa défaite », il s'entretient avec son ami, le poète serbe Ivo Andric, dont « leur connaissance commune de Léon Bloy et leur admiration pour lui les avaient fait se rencontrer » (ExC, p. 32). Pour son quatre-vingt-dixième anniversaire, Ernst Jünger lui offre un autographe de L. Bloy.

3. E. JÜNGER, *Second Journal parisien (Journal III)*, trad. de *Strahlungen* par F. de Towarnicki et H. Plard, Paris, Christian Bourgois, 1980, p. 138-139.

son « ennemi ». Me laissera-t-on en risquer l'affirmation ? Il avait été subjugué par eux. Le désir d'être lui-même un Juif dut l'avoir secrètement obsédé – un Juif comme Disraeli, un « initié » dont on boirait avidement les formules et les idées si suggestives, contrôlant en virtuose l'accès au détenteur du pouvoir, « *the potent wizard* », le « grand maître des sorcières ».

Il n'y a pour moi pas le moindre doute que la célèbre maxime « L'ennemi est notre propre question, en tant que Figure » se rapporte aux Juifs – cette maxime que, durant la dernière phase de sa vie, après 1945, il répéta d'innombrables fois dans ses textes, ses entretiens, mais surtout dans des dédicaces, et auquel il donna l'aura d'une ultime vérité, d'une réponse en dernière instance à toutes les questions que l'on pouvait lui adresser, et d'une légitimation de ses contradictions et de son silence, « pierre de touche de la vérité ».

En d'autres termes : *le Juif est ma propre question faite Figure !* « Qui puis-je dans l'absolu reconnaître comme mon ennemi ? De toute évidence, celui seulement qui peut me mettre en question. En le reconnaissant comme mon ennemi, je reconnais qu'il peut me mettre en question. Or qui peut véritablement me mettre en question ? Rien que moi-même. Ou mon frère. Voilà. L'autre est mon frère [...], et mon frère se révèle être mon ennemi. Adam et Ève avaient deux fils, Caïn et Abel. Ainsi commence l'histoire de l'humanité. Voilà à quoi ressemble le père de toutes choses. Tension dialectique qui maintient l'histoire universelle en mouvement, et l'histoire universelle n'a pas encore touché à son terme [1]. » Sagesse de captif aux fers. Elle n'espère pas la réconciliation, mais elle indique la perspicacité de celui qui sait que « tout anéantissement [...] n'[est] qu'anéantissement de soi-même [2] ».

Adolf Hitler avait dit à Rauschning : « Ne vous êtes-vous pas aperçu que le Juif est en toutes choses le contraire de l'Allemand et qu'il lui est cependant apparenté au point qu'on pourrait les prendre pour deux frères [3] ? »

« La grande bataille décisive ».

Dans son livre *Anmerkungen zu Hitler*, Sebastian Haffner part de la thèse selon laquelle Hitler a eu deux objectifs, qu'il a poursuivis avec une extrême conséquence : la domination alle-

---

1. ExC, p. 89 s.
2. *Ibid.*, p. 90.
3. Hermann Rauschning, *Hitler m'a dit*, p. 265.

mande sur le monde et l'anéantissement des Juifs. Mais, dit
Haffner, ces deux objectifs n'étaient « pas compatibles [1] ». Si
pénétrantes et pertinentes que soient dans le détail bien des
analyses, du reste inégalées, de Haffner, sur ce point décisif il
s'égare. Les deux objectifs de Hitler n'étaient pas « incompatibles », mais identiques. Il s'agissait pour lui d'une seule et
même chose, à savoir dominer le monde *comme* les Juifs et *à
la place* des Juifs. La « domination du monde » par les Allemands revenait à l'extermination des Juifs, car il ne saurait y
avoir deux peuples élus.

Lorsque, en 1942-1943, il ne fut plus question de penser à la
domination du monde, il ne restait plus de faisable, dans
l'ensemble du projet, que l'anéantissement des Juifs. Il était une
condition de la « victoire totale ». Et il devint le point nodal et
la consécration de la défaite totale. L'objectif d'anéantissement
des Juifs est alors désormais identique à l'auto-anéantissement
du peuple allemand.

Nul n'a mieux montré que Haffner que, dans sa phase ultime
de guerre « totale », la guerre n'était plus dirigée contre un
ennemi extérieur, mais contre le peuple allemand, et cela non
pas dans un quelconque sens métaphorique, mais comme une
entreprise d'annihilation consciente, voulue, systématiquement
planifiée par Hitler et, pour autant qu'il était en son pouvoir,
cyniquement exécutée. C'est que le peuple allemand n'était pas
à la hauteur des ambitions de Hitler, de sa mission, il avait tout
raté et devait aller à l'abîme. Telle était la raison de l'absurde
sacrifice de l'armée, du lâchage de la population civile, des
vieillards, femmes et enfants livrés aux tapis de bombes des
escadres ennemies, de l'extermination des vestiges des élites
bourgeoises et aristocratiques, et de l'injonction de se donner
la mort faite à tous – ce fut le dernier ordre que donna le
Führer –, pour ne pas parler de celle de détruire toute ressource,
ni des millions et dizaines de millions de victimes en l'espace
de quelques mois, victimes non d'une nécessité mais d'un délire.
Avait-on jamais vu pareille chose ?

Hitler, entend-on dire, n'aurait prolongé la guerre que pour
gagner du temps et liquider les Juifs. Voilà qui est sûrement
juste, mais Hitler a également poursuivi la guerre pour anéantir
les Allemands. Il faut bien voir que la « solution finale » de la
question juive et la « solution finale » de la question allemande
choisie par Hitler vont de pair, de par leur nature et comme par
destin. L'« idéologie allemande » qui a trouvé son point culmi-
nant dans l'« antisémitisme » devait conduire à cet abîme. Cette

---

1. Sebastian HAFFNER, *Anmerkungen zu Hitler*, Munich, 1978, p. 179.

manière teutonne de considérer le monde et d'avoir pour
« ennemi » le monde entier (ou par formule le « judaïsme »
mondial) revenait à planifier sa propre ruine, telle une *self-fulfilling prophecy*. Les prétendues menaces venant de l'extérieur n'étaient jamais que la projection des angoisses et des
désirs de mort propres. L'auto-anéantissement n'est que, poussée à son intensité extrême, une affirmation dans la négation.

Telle est la logique interne d'une pensée prise dans de mor-
telles alternatives – ami et ennemi, victoire ou course à l'abîme,
renouveau ou anéantissement, tout ou rien. Conséquence ultime
de l'inimitié dans sa forme la plus intensive.

Au nom d'une « authenticité » *völkisch*, on avait dénoncé les
idéaux universels du genre humain et de l'humanité et pris ainsi
la voie menant à l'isolement total et à l'anéantissement. Le
« nihilisme » n'est pas, comme on l'affirmait (et comme on ne
cesse de le faire) le produit de la « civilisation », mais celui de
son déni. Sous le chef de l'« héroïsme », il met à son programme
le hara-kiri. Le héros « viril » devient un candidat au suicide
qui a besoin d'une victime pour conférer à sa propre mort la
plus insigne dignité.

S'agissant de Carl Schmitt, on dira donc que l'« héroïque »
combat de la dernière chance mené par les Allemands contre
les Juifs n'était ni une guerre civile ni une guerre de religion
(et pas plus une « guerre raciale », thèse de Gumplowicz). Il
n'était pas non plus une guerre ordinaire où auraient prévalu ou
pu prévaloir les règles du droit des gens en vigueur entre bel-
ligérants (et c'est l'erreur de Nolte que de le croire).

La Seconde Guerre mondiale était de fait une lutte finale de
caractère apocalyptique, sans rapport avec la notion de guerre
du *Jus publicum Europaeum*, et l'on ne peut l'appréhender sous
la catégorie de « guerre civile mondiale », pas même en lui
appliquant les critères de définition de la guerre sainte. Mais on
peut en revanche fort bien la comprendre à partir de la logique
immanente de l'antisémitisme allemand.

Dégradée en la métaphore de l'ultime épreuve de force entre
Juifs et Allemands, elle était le scénario de la grande bataille
décisive, de la *gran contienda*, simulacre apocalyptique et
concevable uniquement dans les catégories d'une gnose paranoïaque de l'histoire. Et, pour la comprendre, la pensée du
« chevalier de l'Apocalypse de la contre-révolution » offre, c'est
un fait, le meilleur abord possible.

Il fallait que la décision tombât de savoir qui, des Juifs ou
des Allemands allait hériter de la domination sur le monde. Du
point de vue allemand, il n'y avait pas place sur la planète pour
les deux peuples, et il n'y avait pas de place pour des

compromis, pour des armistices, ni pour des négociations de paix. Poussée à son paroxysme, la discrimination de l'ami et de l'ennemi avait mené au point où le « politique » se transforme en une mise en scène de la fin du monde.

Carl Schmitt a inlassablement souligné le caractère unique de l'instant historique. En 1950, partant du modèle logique de Collingwood des questions-réponses et de la figure de Toynbee du défi et de la réponse, il ramassé son idée extatique de l'histoire dans une formule aiguë : tout événement historique est la réponse à une question qui se pose une fois et une seule. Au terme de ce chapitre et dans l'esprit de Schmitt, nous devons nous demander : à quelle question l'« holocauste » répond-il ? Lui-même, Schmitt nous doit toujours la réponse. Était-ce la question posée aux Allemands quant à leur « identité » ? Était-ce la question : Quelle est la race la plus puissante ? Ou bien : Quel est le peuple élu ? Ou bien : Qui sont les « meilleurs mâles » ?

Selon le niveau d'argumentation choisi, la question admettra une formulation différente. Mais, par sa structure, cette question est toujours la même. Le mot clef pour le « défi » que les Allemands avaient à se lancer s'énonce sous le terme « émancipation ». Les « hommes d'Allemagne » l'ont refusée.

On ne pourra trouver de tentative d'explication plausible qu'au niveau explicité par Bachofen – il fut le premier –, niveau où l'on questionne « l'influence sur la vie et le destin des peuples des rapports des sexes et de la façon de les concevoir [1] », niveau où prévaut l'axiome selon lequel « l'émancipation du corps et l'émancipation politique » se révèlent « nécessairement des jumeaux toujours alliés [2] ».

Dans une conception conventionnelle et européenne de l'histoire – d'une histoire des idées et de l'esprit –, on pourra peut-être, dans une forme ramassée à l'extrême, observer ceci : l'« holocauste » n'a pas de rapport avec les Juifs « réels ». Il y va d'une affaire éminemment allemande. L'holocauste a été la dernière réponse des Allemands à la Révolution française, une réponse tardive et typique.

Le retournement.

Dans la fascination que Disraeli, le *potent wizard*, le *user of magic arts*, a exercée sur Carl Schmitt, on peut repérer les trois

---

1. Johann Jakob BACHOFEN, *Le Matriarcat. Essai sur la gynécocratie dans l'Antiquité suivant sa nature religieuse et civile*, Paris, 1903, p. 108 [trad. modifiée].
2. *Ibid.*, p. 116 [trad. modifiée].

complexes de questions de l'œuvre de Schmitt, les trois questions qui l'ont accompagné sa vie durant et qui débouchent ensemble pour finir sur la question destinale : Qui est *mon* ennemi ?

Schmitt a donné une forme thématique à deux de ces questions, en en faisant des objets de la construction théorique scientifique. La troisième était le secret autour duquel il rôda toute sa vie sans pouvoir en parler, parce qu'il était sous le contrôle du « tabou de la reine ». Toucher à l'« arcane », voilà ce qui lui fut refusé jusqu'à un âge avancé. Il ne voulait pas y porter atteinte. Il ne fit que le désigner de loin, et toujours avec un geste plein d'emphase.

1. La question de l'« accès au détenteur du pouvoir » et de l'« antichambre du pouvoir », point par rapport auquel s'étaient élaborées ses questions quant à l'essence du politique.

2. La question du rapport des Allemands aux Juifs, « question même du destin allemand », comme l'a dit pertinemment Blüher.

3. La question du « rapport entre les sexes », de l'opposition entre patriarcat et matriarcat, des principes masculin et féminin, où l'on pourrait circonscrire l'ultime et la plus reculée des structures de légitimation d'une lutte d'ampleur universelle (Däubler) et qui, dans la constellation spécifiquement allemande d'une société virile, martiale et dominée par les hommes, avait provoqué le dérèglement névrotique de la relation des hommes au féminin.

Trois foyers de causes pour l'échec allemand dans ce siècle, et, pour Carl Schmitt, trois foyers de causes d'un échec personnel.

Figure symbolique et fantasmatique, projection de l'imaginaire, Disraeli était pour lui comme le paradigme de la réussite. Il constituait le modèle d'un style plus élaboré de relations avec le pouvoir, avec le « féminin » et, par suite, le modèle d'une supériorité des Juifs sur les Allemands sur le plan de l'histoire universelle, ou, pour mieux le dire, d'une supériorité des « mâles juifs » sur les « mâles allemands » dans la lutte pour la domination du monde, c'est-à-dire d'une certaine manière dans l'« antichambre du pouvoir sur le monde ».

Lorsque, en 1942 – année du dernier discours prononcé par Adolf Hitler devant le Reichstag, année au cours de laquelle, à la conférence de Wannsee, en manière de programme « politique », la « solution finale » fut arrêtée –, il publia son petit livre, *Terre et mer*, dans lequel est lancé le mythe de Disraeli, Carl Schmitt était un homme qui avait dépassé la cinquantaine et qui était politiquement hors jeu, bien qu'il fût toujours en possession de ses fonctions et de ses titres. Tout indique qu'il savait – comme Hitler lui-même – que la guerre ne pouvait plus être gagnée.

Ne devait-il pas se dire que tout ce qu'il avait pensé et écrit jusqu'alors sur l'État, la constitution et la politique était faux ? Sa construction théorique, mise au service de la grande cause nationale, créer un État allemand, à quoi avait-elle donc mené ? À la catastrophe qu'elle s'était formellement donné pour tâche d'empêcher. Elle ne résistait pas au verdict du tribunal de l'histoire. Finalement, dans la perspective planétaire de la naissance d'un nouvel ordre mondial, d'un nouveau « nomos de la terre » et d'une prétention à la domination spirituelle de l'univers, elle était parfaitement inutilisable. À ses propres yeux, le maître à penser en politique des « voies singulières * » de l'histoire allemande – dans la logique immanente et la conséquence d'un destin national – ne pouvait que faire figure de pitoyable raté.

« Qu'ai-je fait ? » Oui, qu'avait-il fait ? Il s'était placé dans la tradition de Bismarck, pour devenir le théoricien du « pragma de la violence », c'est-à-dire un apologète, tout compte fait, de l'État de la démonstration de force qui avait été érigé à Versailles dans le sang et l'acier. Le dogme sacro-saint de la conception allemande de la politique, la *Realpolitik*, il l'avait amené à la hauteur d'un concept, et avait prolongé ainsi le culte de la violence sans en tirer la conséquence, à savoir que, depuis Bismarck, la politique allemande s'était de plus en plus fondée sur une méconnaissance de la « réalité » et avait dégénéré en une farouche affirmation de positions dont un esprit plus perspicace ne pouvait pas ne pas voir qu'elles étaient intenables. Dans ses linéaments, sa « théorie du politique » était bancale.

N'avait-il pas pensé à partir de prémisses fausses ? Il s'était voué corps et âme à la « domination des mâles », s'était docilement acquitté de ses « obligations envers l'État » et était resté le « serviteur » du roi de Prusse, même quand il n'y avait plus de roi et que seul un ministre président pouvait encore le faire « conseiller d'État ». L'accès au pouvoir lui était resté fermé. Il n'avait jamais été de mauvaise foi, mais toujours dans une « situation fausse ».

---

* « *Der deutsche Sonderweg* » : depuis le début des années 1960, l'expression désigne chez les historiens allemands (F. Fischer, B. Martin) les particularités de l'histoire allemande comparée à l'évolution des autres « grandes nations » européennes : résistances en tous genres aux options du libéralisme, importance du militarisme, tiraillements entre l'Ouest franco-anglais et l'Est slave, etc. De manière générale, il s'agit là des symptômes de la résistance de la société allemande à son « occidentalisation », ceux manifestes chez le Thomas Mann des *Considérations d'un apolitique*. [N. d. T.]

Mais comment cela avait-il donc été possible, si le meilleur préalable possible d'une pensée de la « politique » était la position de « conseiller de la reine » (ainsi qu'il le note avec nostalgie à propos de son *alter ego*, Donoso Cortés [1]) ? Cette formule doit être entendue non pas au sens d'une relation de service effective, mais au sens du travail de l'entendement qui s'oriente par l'analyse dans la connaissance, la conscience adoptant ainsi un angle de vue déterminé et une conception fondamentale de l'intérêt commandant la connaissance.

La reine, il y a en elle tout de même plus que la personne de la femme monarque, c'est-à-dire une femme ou une dame tenant un rôle sur la scène politique. Elle est l'idée, la métaphore dont les effets poussent fort loin leurs ramifications, l'archétype et la grandeur mythique. Dans l'ordre symbolique, la figure de la reine dénote le pôle contraire au pouvoir dominateur du père. En face de l'autorité masculine, elle représente le pouvoir archaïque de l'élément féminin maternel, c'est-à-dire l'autre registre, enté sur la bisexualité, des possibilités humaines d'agir et d'œuvrer dans le réel.

La misogynie endogène du « ban des mâles » en avait barré l'accès à Carl Schmitt. Son ami Däubler avait bien chanté les charmes du féminin, mais lui-même n'avait rien voulu en savoir ni se laisser entraîner par le « délire-Râ ». Maintenant, l'heure de la désillusion avait sonné.

Libéré du délire-Râ, Carl Schmitt, sur les traces de Disraeli, se tourne vers la « reine ». Ce n'était pas en hissant le roi de Prusse sur le pavois du Kaiser allemand, par le coup de force d'un acte de *Realpolitik*, mais en couronnant la reine d'Angleterre impératrice des Indes (et cela grâce à un Juif), par un acte de galanterie romantique, que l'on avait véritablement fondé l'Empire du XIXᵉ siècle. L'Empire britannique était l'« Empire efficace ».

---

1. DC, p. 19.

CHAPITRE XII

LE RETOURNEMENT VERS LA MER

> « [...] voici l'horizon à nouveau dégagé [...] voici permise à nouveau toute audace de la connaissance, et la mer, notre mer, la voici à nouveau ouverte, peut-être n'y eut-il jamais "mer" semblablement "ouverte". » « Il est encore un autre monde à découvrir – et plus d'un ! Il est temps, philosophes, levons l'ancre ! » (Friedrich NIETZSCHE.)

Anglomanie.

> « L'Angleterre était le pays des anges, et les anges étaient des jeunes filles, des femmes... Comment des anges pouvaient-ils être gentils puisque c'étaient des femmes ? L'expérience la plus amère l'enseigne à chaque enfant sans qu'il en comprenne les raisons, la femme est de mauvaise foi, l'ange aussi par conséquent, et le pays des anges ne peut être autre chose que le pays de la mauvaise foi. Contre une telle idée, ni le culte de Shakespeare ni le souvenir de Winfrid, de saint Boniface et d'Ivanhoë ne faisaient le poids. Il fallait qu'une personnalité puissante pût la repousser, et ce ne pouvait être qu'une femme. Le bonheur voulut que ce fût une Anglaise, dont je fis la connaissance et dont je tombai amoureux... Elle était une reine pour moi, au sens de Keyserling. » (Georg GRODDECK, *Lebenserinnerungen*.)

Dans son livre sur le *Léviathan* (1938), Carl Schmitt nous a fait connaître, de façon cryptique, son sentiment sur les raisons de l'échec des appareils étatiques continentaux. Un peu plus tard, il esquisse dans *Terre et mer* (1942) une image du monde et de l'histoire entièrement nouvelle. Le maître d'œuvre d'un État « allemand » total se lance dans le panégyrique de l'Empire britannique. Carl Schmitt est sans doute le penseur allemand qui a approché au plus près le secret de la domination du monde par l'Angleterre. Ses analyses de la force de l'Empire britannique sont restées inégalées, tout comme celles des faiblesses du Reich bismarckien.

L'île, en se détachant du continent, devient un esquif qui se lance sur l'Océan du monde, qui peut mouiller partout sans se fixer nulle part, et qui conquiert les mers non pas en les soumettant mais en proclamant leur liberté. Telle est la genèse d'une puissance maritime qui se raille de toutes les puissances continentales en les jouant les unes contre les autres et en semant partout la révolution. Elle fonde un « Empire » enserrant le globe, un empire universel de la mer dont l'absence de frontières donne un sens concret à la notion abstraite d'humanité et où l'idée d'une civilisation-monde embrassant toute l'humanité s'épanouit suivant l'idée directrice d'un droit des gens global et universaliste... Personne n'a décrit mieux que Carl Schmitt ce procès prodigieux, en comparaison duquel l'histoire des États européens, avec leur théorie politique, a la fadeur de péripéties locales – et cela malgré tous les exploits des moralistes italiens, des légistes français et des philosophes d'État prussiens.

L'Angleterre a fasciné les « hommes d'Allemagne » de la génération de Bismarck, elle qui n'est jamais devenue un « État » et n'en a pas moins toujours su résoudre avec habileté ses problèmes de politique intérieure, imposant qui plus est sa domination incontestée sur le monde. Elle semble mériter qu'on l'imite autant qu'elle semble mériter qu'on la déteste. Et si la haine de l'Angleterre compte au nombre des manifestations dont s'accompagne la conscience politique du côté conservateur et national-allemand, l'anglomanie, elle, est un trait que l'on trouve régulièrement chez tous les esprits tournés vers des idéaux universels. « Sur le continent, dit Carl Schmitt, le romantisme a toujours éprouvé une forte inclination à l'anglomanie [1]. » Cela est exact, mais cela ne concerne pas seulement les romantiques, mais aussi tous ceux dont nous voyons la silhouette se profiler derrière celle du bourgeois – les libéraux, les socialistes et les anarchistes louchent du côté de l'Angleterre, le grand modèle (quand ils n'y ont pas cherché et trouvé asile). Les Juifs aussi, bien entendu.

Cette ambivalence de la haine de l'Angleterre et de l'admiration qu'elle inspire commande les relations germano-anglaises de la période wilhelminienne, – ambivalence dont la politique navale impériale, dans son irrationalité, est l'indice le plus remarquable. On voulait en même temps imiter l'Angleterre et l'anéantir. « Ami » ou « ennemi » ? On ne pouvait se décider. Aucune analyse historico-politico-économique ne peut rendre compte de cette « aminimitié ». Tous les essais d'explication échoueront quand il s'agira de dire les motifs de l'insolite investissement d'affect que l'on doit bien appeler par son nom, à savoir : une fixation sur l'Angleterre, avec tous les symptômes typiques d'un *double-bind*. « L'Angleterre » – la puissance maritime – est toujours le substitut d'autre chose, enfoui plus pro-

---

1. PR, 28.

fondément et que l'on ne peut appréhender avec les catégories de la *Realpolitik*. « L'Angleterre », on ne l'associe pas seulement à la liberté du commerce, au libéralisme et au parlementarisme. Il y a aussi d'autres connotations, telles l'universalité, la civilisation et l'humanité. Y appartient surtout la mer, la « mer ouverte » et la « mer libre ». On peut donc dire que tous les « hommes d'Allemagne », quand ils ont l'Angleterre en tête, touchent au complexe de représentations qu'est le féminin et qui est lié à tout ce qui leur est interdit – c'est-à-dire l'inaccessible, mais aussi ce à quoi ils aspirent du plus profond de leur désir.

Du point de vue du « ban des mâles » en Europe centrale, l'Angleterre fait figure, de manière assez étonnante, de « *gens* matriarcale ». Dans la perspective de l'État wilhelminien, qui est une institution masculine, l'Angleterre est avant tout l'« Empire », à la tête duquel il y a non pas un « soldat », un homme ou un roi, mais une femme, *the queen*, une « reine ».

On sait quel rôle déterminant a eu pour Guillaume II la figure maternelle dominante de la reine. En effet, même quand il brocardait la « vieille » en la surnommant l'« impératrice d'Hindoustan », il avait le sentiment d'être le petit-fils de cette femme bien plus que le père de ses sujets d'Allemagne, et s'il y avait *une* idée qui le hantait, c'était bien celle de donner aux armées allemandes, destinées à la guerre sur la terre ferme, le panache d'une puissance navale sur le patron anglais. Enfin, c'était une princesse anglaise, la fille de la reine, qui, pour nombre d'Allemands, avait symbolisé la possibilité de délivrer l'État-soldat d'Europe centrale de la terrible hypothèque du militarisme prussien et d'en faire une monarchie constitutionnelle sur le modèle anglais...

Voilà tout ce qui occupait Carl Schmitt quand il songeait à l'Angleterre. Après la défaite de 1918, il avait une fois encore voulu ériger un « État » allemand en rempart contre le « patrimoine d'idées occidentales déferlant en raz-de-marée ». Il fallut une seconde défaite pour lui ouvrir les yeux. Il ne put pas refuser l'idée que la réussite de l'Angleterre sur le plan de l'histoire universelle faisait tourner à l'absurde sa « théorie-théologie politique ». L'Empire britannique était un produit du « romantisme politique », qui, sans la moindre théorie de l'État, sans dogmes ni idéologie, avait jailli tout droit de l'imagination créatrice. Il était le mythe de l'Empire devenu réalité, « en parfaite coïncidence avec une réalité politique » (C. Schmitt).

Quel était le secret de l'Angleterre ? Sans dessein apparent, elle avait réussi ce que l'« idée d'État », en dépit de Hobbes, de Hegel et de toutes les idéologies de l'État prussiennes, n'avait pas pu mener à bien, à savoir : un *commonwealth* sans soldats, un système de gouvernement parlementaire sans constitution, une philosophie libérale de la société sans idéologie de la décision, et une reine. Autant de facteurs qui, à suivre les représentations que Schmitt se faisait de l'« État », auraient dû conduire au « chaos ». Or ils s'étaient révélés les plus efficaces.

« L'île d'Angleterre, observe Schmitt, lancée sur mer à la conquête du monde n'eut besoin ni de la monarchie absolue, ni de forces armées continentales sur pied, ni d'une bureaucratie d'État, ni d'un système de droit garanti par la loi de l'État, ainsi que les États continentaux en conçurent le type. » « La nation anglaise [...] se hissa au rang de puissance mondiale sans les formes et les techniques de l'absolutisme d'État [1]. » « L'instinct politique de la puissance maritime et commerçante d'un empire mondial dominant grâce à la puissance de sa flotte a permis au peuple anglais d'échapper à ce genre d'enkystement étatique, il est resté "ouvert" [2]. » « Le décisionnisme de la pensée absolutiste est étranger à l'esprit anglais et à sa spécificité [3]. » Schmitt observe que, dans ses conséquences sur le plan de l'histoire universelle, « le parti pris par les Anglais pour l'élément de la mer [...] eut plus de poids et de portée que les concepts bien dessinés du décisionnisme des États continentaux [4]. » Le « monde des mers libres, [...] avec son plan de vie non pas étatique mais social », « s'en tire, quand on compare à l'échelle de l'histoire universelle, incomparablement mieux » que le « monde étatique de la terre ferme [5] ». C'est que, pour ce dernier, son histoire l'a conduit dans une « voie étroite [6] », tandis qu'en se vouant à l'« existence maritime », on créait un événement qui allait servir de phare à l'histoire de l'humanité

« État » et « société », « peuple » et « humanité », « localisation concrète » et « universalisme sans lieu », « pensée de l'ordre » et « nihilisme », ces dichotomies apparaissent maintenant sous un jour nouveau. Tout ce que Carl Schmitt, dans les trente années de « combat contre Weimar, Genève et Versailles », avait âprement critiqué – à savoir le « dépassement du concept d'État », avec sa tendance « à faire pivoter le droit des gens dans le pacifisme humanitaire, donc dans un droit mondial universaliste dont l'heure a paru sonner au moment de la défaite

---

1. L, p. 120 s.
2. *Ibid.*, p. 121.
3. *Ibid.*
4. NE, p. 149.
5. GK, p. 160.
6. VRA, p. 379.

de l'Allemagne et de la fondation de la Société des nations [1] » –, tout cela fait maintenant l'objet d'une interprétation *positive*. Le « détrônement pacifiste et universaliste de l'État » – le « détrônement du concept d'État ouvrant la voie à une incursion contre le concept de souveraineté » – était « sans aucun doute à l'ordre du jour », parce que le « concept traditionnel d'État, en tant que concept central du droit des gens, ne correspond plus à la vérité ni à la réalité [2] ».

Le nouvel ordre mondial d'un âge planétaire est la nouvelle *idée-force** qui a surgi de l'opposition élémentaire de la « terre » et de la « mer », la « mer » ayant peu à peu imposé ses valeurs tandis que celles de la « terre » se périmaient. « Une domination mondiale édifiée sur un destin maritime coupé du continent et embrassant tous les océans du globe » est, écrit Schmitt sur un mode tout à fait affirmatif, « la même chose que la civilisation et les vertus d'humanité ; c'est la paix, et le droit des gens lui-même [3] ».

Toute la pensée et tout l'effort de Carl Schmitt se tendent désormais vers ce processus afin de le comprendre. Il se laisse emporter par les « flots » qui ont mené l'Angleterre vers sa grandeur et ont déferlé sur la pauvre Allemagne. En lieu et place d'une théorie de l'État s'annonce le rêve et le mythe de la « mer ».

« Le retour à la mer » *.

Le retournement de Carl Schmitt vers la mer s'effectue dans le même climat politique que celui de Heidegger vers l'« Être » *(Seyn)* et que celui de Jünger vers la « paix ». Il était clair, désormais, que la tentative de Hitler de mener l'Allemagne à la domination du monde allait échouer. Se détourner des prémisses idéologiques d'une revanche sur 1918 revient à s'efforcer de donner de nouvelles dimensions à l'idée que l'on se fait de la nation et de soi-même. Il s'agit bien entendu de relativiser la valeur d'actualité de l'événement en cours et de pénétrer, à partir de la surface des choses, dans des couches plus profondes d'où il sera possible d'appréhender l'insaisissable et de penser l'impensable. On peut voir là l'expression d'un désespoir et d'une résignation bien avancés – exemple classique de la tentative de compenser un échec en fournissant la preuve, à partir

---

1. PB, p. 306.
2. *Ibid.*
3. *Terre et mer*, p. 76 [trad. modifiée].

d'un nouveau plan d'interprétation, que l'on est en possession d'une vérité supérieure. Ce fut aussi un phénomène de l'histoire des idées en Allemagne, où il s'agissait d'autre chose encore, à savoir : on délaisse la voie de la « dureté », on entre en une phase molle.

Le centre de gravité des motifs de recherche et de réflexion de Carl Schmitt se déplace de la « théorie de l'État » vers le droit des gens, le *jus gentium*. Quittant la terre ferme, il se risque sur la mer et sa liberté. La science, ce « facteur masculin », n'est plus au service de mesures défensives, mais au service du principe féminin. Au « coup d'épée dictatorial et décision-niste [1] » est maintenant opposé – comme une méthode de plus haute qualité – « l'art de rendre les rênes avec douceur », éloge inattendu rendu à Freud, « le fondateur de l'école psychanaly-tique [2] ».

Le Carl Schmitt de la troisième période est à la recherche de nouvelles possibilités d'expression. Il ne parle plus le jargon du « médiat » – c'est-à-dire de la « pensée discursive procédant par concepts » –, mais la langue de l'« immédiat » et de la « pensée intuitive ». Nous avons encore en mémoire cette opposition, elle date de son tout premier livre, *Der Wert des Staates und die Bedeutung des Einzelnen* (La valeur de l'État et l'importance de l'individu, 1914). L'« État » était le but de la « médiateté ». « Mais l'homme de l'immédiateté voit seulement que tous les flux – les fleuves imposants aussi bien que les petits ruisseaux [c'est-à-dire les « États » de l'époque de la médiateté] – finissent dans la mer pour trouver la paix qui est la leur dans son infi-nité », lisait-on alors.

Il s'agit tout d'abord d'« opposer au concept jusqu'alors cen-tral du droit des gens, celui d'État, un concept simple, maniable du point de vue du droit des gens [...], dont la proximité à la présente époque ferait la supériorité, un concept de meilleur aloi [3] ». Quel concept donc, quel terme ?

Dezision, mot effilé et tranchant, tel était le concept clef de la grande stratégie défensive. La « formule magique » qui s'introduit maintenant au cœur de la nouvelle pensée est le mot « espace » *(Raum)*, chaud, rond et communiquant à la fois un sentiment d'ouverture et d'intimité. Dans la densité et le poids de sa lettre, il est consciemment démarqué du mot latin *spatium* (espace), où une *s* de séparation fait obstacle. « "Espace", dit Carl Schmitt, est un mot par le biais duquel une langue se révèle

1. GK, p. 136.
2. *Hamlet ou Hécube*, p. 12.
3. PB, p. 305.

langue originaire, c'est un mot originaire de la langue originaire [1]. » Il mise sur la « force numineuse » du mot allemand
« originaire [2] », qu'il piste non pas avec les instruments de la
« pensée conceptuelle-génétique », mais par prospections
sémantiques et par spéculations phonétiques et étymologiques,
pour en aboutir (une fois de plus) à cette conclusion : « Mer-
veilleuses, la force de spatialisation et la force germinale de la
langue allemande [3]. » (Ce qui était bien aussi la découverte du
docteur Freud.)

L'adversaire de toutes les révolutions célèbre maintenant la
« révolution de l'espace », c'est-à-dire la genèse d'un sentiment
de dilatation de l'espace, d'une nouvelle conscience de l'espace
et d'une « image planétaire de l'espace ». Et le terme « espace »
se noue bien évidemment au terme « grand », un mot qui a
toujours eu pour Carl Schmitt une signification magique. Il n'est
pas simple *epitheton ornans* ou *adjectivum quantitativum*, mais
il charge le mot ou le nom auquel on l'accole d'un supplément
d'intensité, et lui donne une plus haute dignité. Le mot nouveau
« grand espace » *(Grossraum)* indique un changement qualitatif
des représentations spatiales, géographiques et politiques de
l'espace jusque-là en vigueur. « À l'échelle politique du monde,
le grand drame de la présente époque abrite dans son noyau
actif une [...] transformation des représentations et des prémisses
de l'espace jusque-là admises. Le terme de "grand espace" doit
nous servir à rendre cette mutation [...] présente à la
conscience [4]. » « Aujourd'hui, nous pensons à l'échelle planétaire et en termes de grands espaces [5]. »

L'ordre clos des « États » du droit des gens, droit interéta-
tique, se dilate et devient le système planétaire des « grands
espaces ». L'ordre des « États » avait la terre pour référence, il
était terrien. Le système des « grands espaces » inclut les mers
du monde.

Les « grands espaces » ne sont pas des organismes figés,
statiques et liés à des territoires. Ce sont des champs de tensions
morphogénétiques, des zones d'influence et des sphères de
domination sans frontières nettes. Un « grand espace » est un
« espace d'exploitation », un champ de forces dynamique...

La seconde formule magique de la nouvelle phase de la pensée

---

1. Carl SCHMITT, « Recht und Raum » (essai publié dans l'ouvrage collectif
Tymbos für Wilhelm Ahlmann), Berlin, 1951, p. 241.
2. *Ibid.*, p. 243.
3. ExC, p. 90.
4. Voir C. SCHMITT, « Der neue Raumbegriff in der Rechtswissenschaft »,
Raumforschung und Raumordnung, 4ᵉ année, 1940.
5. PB, p. 311.

de Carl Schmitt est le mot *nomos*. « Nomos de la terre » *(Nomos der Erde)*, tel est le titre qu'il a donné à son second grand ouvrage, un recueil d'études sur l'histoire du droit des gens et sur l'évolution du *jus publicum europaeum* vers un ordre spatial global pour la terre entière. Ce livre est l'œuvre *princeps* de sa troisième phase, comme la *Théorie de la constitution* – contribution au droit public sous la République de Weimar – avait été l'œuvre majeure de sa deuxième période.

Le terme *nomos*, Schmitt l'explore grâce à de consciencieuses analyses étymologiques et de mythologie de la langue. Schmitt acquiert, entre autres, la conviction que les revers de l'histoire intellectuelle européenne se ramèneraient peut-être à ceci que le beau terme grec *nomos*, avec toute sa polyvalence, a été remplacé par le *lex* latin, coupant et suggérant la séparation. Ne pense-t-il pas là au *logos*, à l'« esprit » aristotélicien au fondement de l'ordre patriarcal, au « nom du père » et à l'« auto-engendrement historique du mâle » à partir du néant ?

À l'ère planétaire des grands espaces, « un nouveau nomos qui inclut [...] les mers du monde prend la place de l'ancien nomos purement terrestre de la terre [1] » qui nous était familier.

Tout proche des termes « espace » *(Raum)* et « nomos » *(Nomos)*, il y a le terme « mer » *(Meer)*. « Mer » est la troisième formule magique de la troisième phase – la « vaste mer », la « mer tout ouverte », la « mer libre ». La « mer libre », la « pleine mer » est la « représentation spatiale déterminante de la politique mondiale [2] ». La « mer » est l'« espace » du nouveau « nomos ».

« La mer [...], l'Océan est un monstre inquiétant, une bête du chaos, un gros serpent, un dragon [3]. » C'est ainsi que le perçoit le « terrien » solidement installé dans ses bases sur la terre ferme, dans ses formes d'existence et ses catégories juridiques ordonnées, et pour ainsi dire amarrées à la terre. Mais la mer est aussi porteuse de bonheur, de richesse et de pouvoir pour qui sait la conquérir, se confie à elle, se détache de la terre ferme et se risque en pleine mer. Bouleversant tout, le grand événement de l'histoire du monde et de l'humanité est le retournement opéré de la « terre » vers la « mer », c'est-à-dire d'une forme d'existence « terrienne » vers une forme d'existence « maritime ». C'est l'exploit, unique en son genre, de l'Angleterre que d'avoir franchi ce pas. « L'Angleterre a accompli le passage de la terre ferme à la mer, passant d'une existence

---

1. GK, p. 160
2. VRA, p. 381.
3. *Entretien radiophonique*, p. 5.

terrienne à une existence maritime [1]. » Elle se coupe de la terre, « lève l'ancre et s'empare du pouvoir dans l'empire du monde et de ses océans [2] ».

Les « grands espaces » ne sont pas constitués sur le modèle de l'« État », mais sur celui des « empires maritimes ». Si ce sont les nouveaux empires, alors ce seront des *Empires* * taillés sur le patron de l'Empire mondial anglais, cette thalassocratie qui n'a ni voulu ni eu besoin d'un État pour asseoir son pouvoir sur le monde.

L'Angleterre avait « compris et relevé le grand défi de l'ouverture des océans du monde [3] ». Elle a ainsi préludé à la « révolution de l'espace » et fondé le nouvel espace de l'« ère planétaire ».

À sa manière, le Carl Schmitt de la fin accomplit le tournant anglais analysé par lui. Il rompt les amarres qui le liaient au « principe de l'État terrien » dont l'« inéluctable dépassement [4] » s'est progressivement imposé à lui comme une certitude, et relève « le grand défi de l'ouverture des océans du monde ».

C'est là aussi un retour aux spéculations philosophiques des années de la vie de bohème et un rappel de l'aspect occulté du *Nordlicht* de Däubler. Avec le retournement vers la mer, il s'ouvre donc au « féminin ».

Si l'on reporte les termes « grand », « espace », « nomos » et « mer » dans le champ sémantique constitué autour du « lieu central », on reconnaît alors distinctement qu'ils sont subordonnés au pôle féminin, situés au-delà de la ligne de séparation de la « dé-cision » *(Ent-Scheidung)*. Ils ne sont pas du côté de l'élément dur, mais du côté de l'élément tendre, non du côté de l'impuissance et de la violence masculines, mais du côté de la « puissance » de l'éternel féminin. L'« État » est essentiellement masculin, l'« espace » et la « mer », avec leurs connotations positives et négatives, ressortissent clairement au registre féminin.

Pour le disciple de Freud qu'était Otto Weininger – on est surpris de voir Carl Schmitt le citer dans son essai *Recht und Raum* –, « l'espace était un paradis [5] ». Pour ce qui est des grands espaces, s'agit-il de lieux où se prodigue l'« au-delà paradisiaque de la vie immédiate et naturelle, et de la plénitude

---

1. GK, p. 22.
2. *Ibid.,*
* En anglais dans le texte. [N.d.T.]
3. *Ibid.*, p. 160.
4. PB, p. 312.
5. C. SCHMITT, « Recht und Raum », p. 244.

sans entrave du corps » » ? Sont-ce les « royaumes de belle efficacité respirant l'enthousiasme » chantés dans *Nordlicht* ?
L'autre royaume auquel aspirait Kleist ? Est-ce surinterpréter
que de dire que le « grand espace » que découvre là Carl Schmitt
est l'« espace d'Otto Gross » ? A-t-il quelque rapport de sens
avec l'avènement du « matriarcat [1] » ?

Sous la plume de Ludwig Klages, dans un essai sur Bachofen
intitulé *Die Magna Mater*, nous lisons : « Régulièrement, nous
trouvons l'espace du côté de la femme, le temps du côté de
l'homme [2] », la « féminité [est] l'âme par excellence de
l'espace [3]. » Et dans *Ex captivitate salus*, publié en 1947, nous
lisons : « Je perds mon temps et gagne mon espace [4]. » Nous
autorisera-t-on à traduire : Je passe du pôle « masculin » au pôle
« féminin » ?

Dans son Introduction au *Nomos de la terre*, Carl Schmitt
nous présente Bachofen, l'auteur du *Matriarcat*, comme le
grand initié. « Nomos » est un terme qui aurait certainement plu
à Bachofen parce qu'il se prête mieux que « lex » ou « logos »,
composantes de l'ordre patriarcal, à l'intelligence de la *gens*
gynécocratique, matriarcale en son essence – *gens* dont l'empire
britannique donne également l'image. Michelet, l'auteur de *La
Mer*, est le second « initié » qui doit mettre le lecteur du *Nomos
de la terre* sur les traces des sources d'un savoir ésotérique.

Carl Schmitt se tourne de la terre vers la « mère », du « masculin » vers le « féminin » qu'il avait refoulé de sa pensée avec
tant de cruauté. Vers le féminin, vers le maternel, vers la mère ?
Vers la mer, image originaire et modèle de toute maternité. « Le
retour à la mer. » Ô vérité oraculaire de la langue ! Qu'enten-
dons-nous quand nous tendons bien l'oreille ? *Le retour de la
mère** (le lexique de l'inconscient est polyglotte).

« L'avenir de l'Allemagne est sur l'eau ».

Initialement, la « théorie du grand espace » devait servir de
simple hypothèse à la pensée politique, elle allait « [rendre pos-
sible] à un nouveau Reich allemand de reconquérir pour l'Allemagne la haute main sur l'Europe [5] ». Le « grand espace » servait

---

1. *Théologie politique*, p. 73.
2. Ludwig KLAGES, « Die Magna Mater. Randbemerkungen zu den Ent-
deckungen Bachofens », dans Hans-Jürgen HEINRICHS (éd.), *Materialien zu
Bachofens « Das Mutterrecht »*, Francfort-sur-le-Main, 1975, p. 125.
3. *Ibid.*, p. 129.
4. ExC, p. 90.
5. VRA, p. 379.

de « concept moderne de l'Empire », adéquat aux nouvelles dimensions du droit des gens. « *Notre* concept de Reich est le nouveau concept d'ordre d'un nouveau droit des gens [1] », lit-on encore dans ce texte. Au début des années trente, Schmitt réprouvait le Reich bismarckien pour n'avoir pas été « État » avec suffisamment de résolution. Le vieux mythe du Reich – et en particulier ses éléments fédéralistes – entravait le déploiement de l'« idée d'État ». Mais maintenant que la guerre a commencé, en 1939, l'Allemagne doit se dégager du « goulot [2] » de l'idée d'État et se faire « Reich » – sur le patron, il est vrai, de l'Empire britannique en tant que « grand espace ».

De même que Schmitt, avec sa « théorie de l'État » de l'époque de Weimar, avait dégagé les carences du IIe Reich en matière de *politique intérieure*, de même, avec sa « théorie du grand espace », il avait dégagé les carences du IIIe Reich en matière de *politique extérieure*. Il propose après coup le seul projet viable de système politique mondial qui éventuellement aurait pu fournir un cadre tout à fait sensé aux visions de l'ère wilhelminienne – époque pendant laquelle aucun homme d'État ni aucun théoricien du droit public n'aurait été à même de le faire (tout au plus quelques géographes et ethnologues avaient-ils développé de telles idées). Seul Guillaume II, fils d'une Anglaise, avait « compris et relevé le défi de l'ouverture des océans [3] ». Son appel, « l'avenir de l'Allemagne est sur l'eau », et sa politique navale traduisaient ses tentatives de forcer l'étroitesse des étendues continentales et terrestres et d'élargir le « Reich » en un grand espace, en l'arrachant au « goulot » des institutions de l'État. Au fond, Carl Schmitt, cet épigone du wilhelminisme, essaie, comme Guillaume II, d'imiter la leçon des Anglais [4].

Pendant un bref moment, on put avoir l'impression que Hitler en avait pris de la graine. Dans un discours du 28 avril 1939 – dont Carl Schmitt fait l'interprétation [5] –, il formule nettement les revendications d'un « Reich grand-allemand », puissance qui serait le facteur d'ordre d'un grand espace européen. Mais, en fin de compte, cet individu chaotique ne put pas plus mettre à profit la « théorie du grand espace » que celle de l'« État total ».

Ainsi le sort de Carl Schmitt ne se sera pas distingué de celui du professeur allemand qui, dénué de tout pouvoir, rêve

---

1. PB, p. 312 [italiques de N. Sombart].
2. VRA, p. 379.
3. GK, p. 160.
4. Le nom de Disraeli apparaît pour la première fois dans le texte « Der Reichsbegriff im Völkerrecht », de 1939 [PB, p. 305].
5. PB, p. 302.

d'approcher celui qui le détient. Il resta ce qu'il avait un jour affirmé de Bruno Bauer : un « hégélien que l'État prussien avait rendu fou » – ou un « partisan solitaire de l'esprit du monde » (sa toute dernière théorie est une théorie du partisan).

« Raconté à ma fille Anima ».

> « Pourquoi Schmitt écrit-il cela pour une fille et non pas pour nous autres hommes ? » (Bruno BREHM [1].)

Si l'on veut comprendre « ce qui se passa » vraiment lorsque ce spécialiste en droit public d'humeur si militante se fit soudain le penseur de la révolution de l'espace et des grands espaces, il n'est besoin que de considérer la dédicace en tête du texte où le programme d'une nouvelle tranche de son existence est annoncé avec la concision d'un faire-part, non pas dans la forme d'un savant traité, mais sur le ton badin du conte. *Terre et mer*, tel est son titre, et c'est le plus beau livre de Carl Schmitt (publié en 1942 en édition populaire chez Reclam). Les livres de la première partie de sa vie étaient dédicacés à des « amis » qui avaient trouvé ce qui lui était, à lui, interdit et qu'autrefois on considérait nécessairement comme la valeur suprême, à savoir une mort héroïque. Cette fois-ci, le livre est dédié à une jeune femme, à une jeune fille : « Raconté à ma fille Anima [2]. » Nul besoin d'être un subtil analyste pour y lire noir sur blanc : raconté à mon âme *(anima)*.

Anima ? Dans la langue de la psychologie des profondeurs de C. G. Jung, *anima* signifie « la fonction féminine dans la psyché masculine ». Avec son concept antipode, *animus*, elle compose le modèle d'une bisexualité psychique. En tant qu'« archétypes », les deux notions forment le soubassement de la totalité psychique, au-delà des frontières de la conscience. Elles ont pour fonction de lui transmettre les contenus de l'inconscient collectif.

Dans ce contexte, il peut être utile de rappeler que la seconde femme de Carl Schmitt s'appelait Duschka – « Petite Âme » –, cette matrone maternante et protectrice, cette Mme Schmitt aux allures paysannes et que, à l'étonnement de ses amis, il vou-

---

1. Dans une lettre à Carl Schmitt du 11 mars 1943 (collection particulière N. Sombart).
2. « Fuir vers Anima, pensais-je malgré moi. Consommés, les motifs d'agressivité polémique de perspectives antérieures, la contemplation, l'epos, le cosmos à la manière de Platon et Hérodote » (Gottfried BENN, *Lettre à C. Schmitt* du 28 mars 1943, Éd. Études germaniques, décembre 1965).

voyait. « Perpetua », la première femme d'Ernst Jünger, a écrit
sur elles des pages inoubliables dans ses mémoires, où, du reste,
Carl Schmitt *n'apparaît pas*. Duschka, la mère d'Anima, le pro-
tégeait et le nourrissait, et derrière elle se profile la propre mère
de Schmitt, une dame sévère et austère, « qui avait, disait-il,
partout imposé sa volonté » et à qui il devait tout – ses études
et sa carrière. Elle mourut en 1942, à un âge avancé. Si, de fait,
tant qu'elle vivait, l'aveugle soumission au tabou ne s'était
jamais desserrée, elle devint alors, transfigurée par la mort,
l'image de l'aïeule sage et savante détenant les clefs de la mort
et de la vie. L'interdit ne pouvait en effet se desserrer avant sa
mort.

Mais il s'agit justement là, dans l'orbite d'une existence et
d'une personne, des trois formes où se manifeste la déesse
archétypique du matriarcat. La déesse lumineuse et d'aérienne
jeunesse est « incarnée par une jeune fille astrale et chasseresse.
Au milieu, se tient, dominant la terre et la mer, la déesse femme
qui, de toute sa force érotique, féconde la terre et les eaux, les
animaux et les hommes, et entretient ainsi la vie. Dans le monde
d'en bas [...], la déesse aïeule, la déesse de la mort en vieille
femme attirant à l'abîme toute vie et, des profondeurs, l'appelant
en même temps à résurrection, la mystérieuse divinité de l'éternelle décadence et de l'éternel retour [...]. Les trois figures ne
forment à elles trois qu'une seule divinité, on ne peut jamais
les [...] séparer les unes des autres. Cette divinité est la grande
déesse matriarcale, la première trinité [1] », l'image primordiale
de la « reine ».

« Le roi sacré, ou héros [...] comme représentant des humains
lui est simplement subordonné » – tous les hommes ne sont
pour elle que des fils, des amants, des délégués ou tout au plus
des conseillers –, « sous la forme de sa prêtresse, la déesse s'unit
à lui, pour offrir une vie nouvelle à son peuple [2] ». En d'autres
termes, elle est le revers de la sorcière et de la « métaphore de
l'angoisse » suscitée par la féminité démoniaque et naturelle.

« Âme » *(Seele)* et « mer » *(See)* ont dans la langue germanique ancienne la même racine étymologique *saiwa*, qui, selon

---

1. Heide GÖTTNER-ABENDROTH, « Matriarchale Mythologie », dans Brigitte WARTMANN (éd.) *Weiblich-Männlich. Kulturgeschichtliche Spuren einer
verdrängten Weiblichkeit*, Berlin, 1980, p. 207. « C'est pourquoi la divinité-
mère se présente tantôt comme γραός tout parcheminé, tantôt sous les attraits
mortels d'une jeunesse en bouton, c'est pourquoi elle est en même temps
mère abondante et vierge, pour se métamorphoser ensuite en amante »
(L. KLAGES, « Die Magna Mater... », p. 119).
2. Heide GÖTTNER-ABENDROTH, p. 297.

Kluge *, n'est pas d'origine indo-germanique mais remonte à une ethnie encore plus ancienne qui a vécu *quelque part* dans le *Nord*, au bord de la mer. « Saiwa » désigne celle qui « vient de la mer et appartient au monde de la mer ». Voilà une exacte description de la fée Morgane. « Aphrodite, par exemple, déesse de féminine beauté, est surgie de l'écume des vagues de la mer [1] », lisons-nous dans *Terre et mer*. Nous lisons aussi : « Dans les réminiscences intimes, souvent inconscientes, des hommes, la mer et l'eau sont la source mystérieuse et primordiale de toute vie [2]. » Et ainsi toutes choses confluent en elle...

Enfouie sous les structures mentales du patriarcat qui la défigurent, la mythologie du matriarcat continue de vivre dans des contes, des légendes et des épopées – et cela jusqu'à l'*epos* de Theodor Däubler, *Nordlicht*. Elle est inscrite dans notre inconscient, phylogénétiquement et ontogénétiquement. Bien que nous subissions le diktat du « nom du père », il semble que nous sachions qu'il n'y a pas de dieu masculin. La Trinité du Père, du Fils et du Saint-Esprit est une composante du syndrome Dieu-État-esprit dans le régime de domination patriarcale – produit artificiel de la grande usurpation et de la violence masculine qui, par le truchement de ses « falsifications historiques », nous a caché jusqu'à aujourd'hui la vraie nature et le destin de l'être humain ainsi que sa bisexualité.

Quand Carl Schmitt dit à son Anima son conte romantique de la terre et de la mer, il fait ainsi savoir qu'il fait retour aux mères. « Je vais vous rejoindre, mères, dans vos profondeurs souterraines » – « le plus beau vers de la langue allemande », comme nous le disait souvent Schmitt. Après la mort de sa mère, il peut se réconcilier avec son anima, sous l'égide de « Duschka ». Dans la même période, analysant le mythe de Hobbes dans son livre sur le Léviathan où il fait référence aux érudits juifs qui savent mieux s'y prendre avec les femmes, il démonte la « machine célibataire » et la « jette au rebut des accessoires hors d'usage [3] ». Pour la seconde fois, l'« impératrice lui apparaît comme en rêve [4] » !

Voilà au moins qui est certain : quand Schmitt se tourne de la terre ferme vers la mer et sa liberté, c'est une transformation qui s'accomplit dans sa pensée, transformation qui est plus qu'un simple changement d'accent ou de cap, et plus qu'une

---

* Auteur d'un dictionnaire étymologique de référence. [N.d.T.]

1. *Terre et mer*, p. 18-19.

2. *Ibid.*, p. 18.

3. Joachim SCHICKEL, *Guerilleros, Partisanen*, Munich, 1970, p. 28.

4. Theodor DÄUBLER, *Das Nordlicht*, éd. dite de Florence, 3 vol., Munich-Leipzig, 1910, 2ᵉ partie, p. 493.

modification de parcours, quoique son positionnement ne soit pas non plus entièrement nouveau. Il s'exprime en ce changement bien plutôt quelque chose qui avait toujours été là et qui passe maintenant d'une existence secrète à la pleine lumière. Il s'agit d'un véritable changement de paradigme.

« A Study of History ».

Le « retournement » de Carl Schmitt se dessina quand la guerre – la guerre chaude – battait son plein. Il s'amorça avec la « théorie du grand espace », puis ce fut *Terre et mer*. Lui fit suite, après la fin de la guerre, en 1950, la publication du *Nomos de la terre*, un recueil d'études sur l'histoire du droit des gens et du passage du *jus publicum europaeum* à l'organisation spatiale globale de la terre. Ce n'était pas un traité didactique comme l'avait été la *Théorie de la constitution*, mais un traité d'histoire du droit et de philosophie de l'histoire de la plus haute volée avec lequel, autant que je sache, au XXe siècle, peu d'ouvrages pourraient concourir. Le seul ouvrage comparable et de portée au demeurant supérieure est le monumental opus de l'Anglais Arnold Toynbee, *A Study of History* *, publié certes dès les années trente, mais dont on ne prit connaissance en Allemagne qu'après la guerre et qui fit aussitôt, et à juste titre, l'objet d'un fiévreux débat – y compris chez ceux qui ne l'avaient pas lu. Toynbee faisait partie de la même génération que Carl Schmitt. Mais ce n'était pas un savant en chambre, ses fonctions de directeur de l'Institute of International Affairs en faisaient un observateur et un expert patenté des événements de la politique mondiale, un politologue, c'est-à-dire le type moderne du « conseiller du détenteur du pouvoir ». Comparer la carrière des deux hommes mènerait à coup sûr à des vues intéressantes sur le rapport de l'intelligence et du pouvoir dans les deux pays. Sous un certain angle, *Nomos der Erde* est la « réplique allemande » au livre *Study of History* de Toynbee.

Carl Schmitt forge la quintessence de sa théorie de l'histoire universelle de la « terre » et de la « mer » en relation directe à Toynbee, en 1955, quand la guerre froide bat son plein. Il a alors soixante-dix-sept ans et vit dans son refuge de Plettenberg, quand il publie ce bref essai de trente pages paru dans le volume

---

* Traduction française de E. Julia publiée en 1951 : *L'Histoire. Un essai d'interprétation*. Raymond Aron a dirigé un ouvrage collectif consacré à cette œuvre : *L'Histoire et ses interprétations. Entretiens autour d'Arnold Toynbee* (Paris-La Haye, 1961). [N.d.T.]

jubilaire des soixante ans de son ami Ernst Jünger. Un document étonnant que cet ouvrage, dont nous devons à Armin Mohler – le secrétaire du « ban des mâles » – qu'il ait pu voir le jour en dépit de circonstances contraires – Armin Mohler * ne s'étant jusqu'à aujourd'hui jamais départi de la tâche qu'il s'était lui-même fixée. C'était un rendez-vous des anciens combattants après la bataille – Jünger, Heidegger, Benn et Carl Schmitt ! On avait toutes les raisons d'être curieux et de se demander ce qu'ils allaient se dire à eux-mêmes et au monde. Or, sur leur passé, sur Hitler, sur Auschwitz, rien, pas même la plus petite phrase, même celle que l'on jette avant de passer de vie à trépas. Cela aurait fait « goujat », comme ces messieurs le déclarèrent ailleurs. Intrépides, ils scrutaient l'avenir et « s'entraînaient à la pensée planétaire [1] ».

La contribution de Carl Schmitt est à coup sûr la plus originale et peut-être la plus marquante. Sous un titre alambiqué, *Die geschichtliche Struktur des heutigen Welt-Gegensatzes von Ost und West* (La structure historique de l'actuel antagonisme mondial de l'Est et de l'Ouest), il présente son texte comme s'il ne s'agissait que d'un commentaire du texte d'Ernst Jünger *Le Nœud gordien*. Un geste de courtoisie ou un sous-entendu ? C'est une mystification typique de Schmitt qui dissimule ainsi ses vues et ses suggestions les plus essentielles. Ce doit être là la raison pour laquelle l'orthodoxie schmittienne d'aujourd'hui ignore pour ainsi dire ces développements du plus haut intérêt – ce qu'on ne saurait que regretter, car ils sont indispensables à qui veut comprendre l'œuvre de Carl Schmitt.

Ce qu'il met en pratique dans ce texte n'est plus une théorie de l'État, une science du droit ni une histoire des idées, et pas non plus une « théologie politique », mais une philosophie spéculative de la culture de grande portée, où géographie, ethnologie, iconographie, histoire et politique se lient en un agglomérat interprétatif embrassant le tout du monde de l'homme, et cela dans l'immanence. Il s'agit d'une pensée de l'« étant comme totalité », non pas au plan abstrait de la philosophie, mais de manière concrète et historique.

Ce qui est resté inchangé est la « curiosité primordiale [2] » et constante de Schmitt pour les motifs d'intérêt qui commandent la réflexion, et la volonté passionnée et le désir de porter à hauteur de concept le caractère unique de la situation concrète,

---

* L'auteur du livre de référence évoqué ici, dans l'Introduction, *Die konservative Revolution in Deutschland* (voir n. 1, p. 14). [N.d.T.]

1. *Freundschaftliche Begegnungen*, volume en hommage à Ernst Jünger pour son soixantième anniversaire, Francfort-sur-le-Main, 1955.

2. ExC, p. 14.

le *hic et nunc*, le « c'est ainsi » du présent, c'est-à-dire l'instant historique en son actualité. « Mon sens historique fait ses preuves surtout en me rappelant le caractère unique et sans répétition possible de tout grand événement historique. Une vérité historique n'est vraie qu'une seule fois [1]. »

D'une manière ou d'une autre, il y va du sens à donner à l'histoire *allemande*, mais sans germanocentrisme désormais, l'histoire allemande étant envisagée maintenant dans le contexte d'une humanité planétaire, de telle sorte que « l'opposition d'un monde continental et d'un monde de la mer est la réalité globale donnée qui doit nous servir de point de départ », pour « nous approprier un tableau d'ensemble éclairant notre époque historique déterminée par la technique moderne [2] ».

Schmitt affirme qu'un tel « tableau d'ensemble » n'a jamais été fourni jusqu'à maintenant, faute de coordonnées et de catégories pertinentes. C'est sa fierté que de les avoir découvertes. Dans le champ de tension de l'« opposition qui gouverne le monde entier », à savoir celle de la « terre et de la mer », il s'agit du passage de l'humanité d'une forme d'existence « terrestre » à une forme d'existence « maritime ». C'est l'apparition d'un nouveau type humain, l'« homme maritime ».

Moyennant une fantastique montée en puissance, l'opposition de la terre et de la mer donne à voir le « noyau de l'histoire moderne de l'Europe [3] ». Même si elle prend l'apparence d'« une tension bipolaire [4] », on n'a pas le droit de généraliser et d'y voir l'expression d'une polarité éternelle, car elle doit être comprise comme une tension dialectique dans un espace-temps historique et concret. « À côté de la polarité », il faut « placer le tableau historique concret [5] ». Ce sont quatre cents ans d'histoire européenne qui sont en question. La question de philosophie de l'histoire – quel est le sens de ce qui est advenu dans ce minuscule espace-temps ? – laisse place à une question plus pointue, ontologique pourrait-on dire, à savoir la question « portant sur le noyau et la structure de cette tension duelle [6] » de la terre et de la mer.

Que s'est-il donc passé ? La « mer » a lancé un appel, et l'Angleterre l'a entendu. Elle s'est dis-sociée du continent, se faisant vaisseau et cinglant vers la mer lointaine. Pour répondre à cet appel, elle a fait s'épanouir la « technique ».

---

1. *Entretien radiophonique*, p. 33.
2. GK, p. 142.
3. *Ibid.*, p. 80.
4. *Ibid.*, p. 137 s.
5. *Ibid.*, p. 147.
6. *Ibid.*, p. 137.

La « technique » est un des éléments de l'armement et de l'équipement avec lesquels on prend la mer. « La révolution industrielle et technique des derniers siècles est la réponse concrète au grand *challenge* de la mer libre [1]. » Avec l'aide de la technique s'est accompli le retournement de la « terre » vers la « mer », « le passage d'une existence terrienne à une existence maritime [2] ».

Le nécessaire changement de conceptions lié à ce tournant a conduit à la formation de nouveaux modes de pensée et d'existence, à un nouveau sentiment et à un nouveau concept de l'espace, c'est-à-dire à l'affirmation de nouvelles valeurs qui, de concert avec la panoplie et les instruments de maîtrise de la vie, ont également modifié la conscience humaine, l'ont hissée d'une certaine manière à un échelon supérieur et ont ainsi frayé le chemin à une nouvelle définition du statut de l'homme dans le monde. Il s'agit là d'un processus phénoménal, unique en son genre et irréversible.

Que la révolution techno-industrielle ait pris son départ en Angleterre, nous l'avons tous appris à l'école, mais qu'elle ait été l'origine, la force motrice et la manifestation concomitante de l'énigmatique mobilisation de l'espèce vers un nouvel horizon et la prémisse du passage spectaculaire de l'humanité d'une existence « terrienne » à une existence « maritime », cela, personne ne nous l'avait encore dit.

Tout bien considéré, il s'agit, dans cette contribution au volume publié en hommage à Jünger, de la tentative de comprendre l'« essence de la technique ». « Technicisation et industrialisation sont aujourd'hui le destin de notre terre [3]. » Tel est le point de départ des spéculations de Carl Schmitt. La question portant sur le sens et l'origine de la technique est la question clef et l'os sur lequel, comme on sait, la philosophie et la *Kulturkritik* allemandes se sont cassé les dents – de Nietzsche à Spengler, Heidegger et Jünger.

Pour évaluer à sa juste mesure l'originalité du schéma d'interprétation proposé par Schmitt en 1955, il faut absolument se remémorer la conférence qu'il avait prononcée en 1929 à Barcelone, à un congrès du Verband für kulturelle Zusammenarbeit (Association pour la coopération culturelle), animé par le prince de Rohan. Elle fut publiée dans l'*Europäische Revue* sous le

---

1. GK, p. 145.
2. RG, p. 24.
3. GK, p. 155.

titre « Die europäische Kultur in Zwischenstadien der Neutralisierung [1] » (La culture européenne dans les phases intermédiaires de la neutralisation) et parut en 1932 en annexe à la nouvelle édition augmentée et commentée de *La Notion du politique*, sous le titre « Das Zeitalter der Neutralisierungen und Entpolitisierungen » (L'âge des neutralisations et des dépolitisations). Il s'agissait dès cette époque, pour Schmitt, d'une tentative d'interprétation des quatre cents ans d'histoire de la modernité européenne. C'était un coup décoché avec témérité, et que dominait tout entier la question du sens et de l'essence de la technique.

Par ses exigences et son niveau intellectuels, ce premier essai d'une interprétation globale de l'époque ne le cède en rien à celui qui fut publié trente ans plus tard dans le volume jubilaire en hommage à Jünger. Ce sont deux sommets de l'œuvre de Schmitt. Et l'on peut mesurer à ce qui les distingue dans leur contenu toute l'évolution décrite par sa pensée en trente ans – c'est-à-dire le long cheminement de la deuxième à la troisième phase, ou le virage négocié de la terre vers la mer.

Dans cet essai, l'histoire moderne (« notre évolution culturelle ») est interprétée comme la succession des quatre formes prises par l'idée que les hommes se font de leur monde et d'eux-mêmes. En quatre étapes se succèdent quatre formes d'institution des valeurs à l'origine du sens, chacune donnant à son tour son empreinte mentale et culturelle à une période. « Il y a quatre grandes étapes simples de la sécularisation. Elles correspondent aux quatre siècles et vont du théologique au métaphysique, de là à la morale humanitaire et enfin à l'économie [2]. » Ce processus trouve son terme dans « notre propre situation actuelle [3] », qui « demeure marquée par ces étapes [4] ». À considérer précisément cette argumentation, il s'agit donc de cinq paliers, et seul le dernier, le stade final, intéresse Schmitt. L'évolution y touche son point le plus bas.

Les étapes de la « neutralisation » politique sont, nous enseigne Schmitt, celles d'une décadence mentale et morale, et d'une apostasie. Elles sont les paliers d'une dévaluation

---

1. C. SCHMITT ; « Die europäische Kultur in Zwischenstadien der Neutralisierung » (La culture européenne dans des phases intermédiaires de la neutralisation), *Europäische Revue* 8, 5ᵉ année, novembre 1929. Texte désormais intégré au volume *La Notion de politique*, trad. fse M.-L. Steinhauser, Paris, Calmann-Lévy, 1972, comme il l'avait été à la réédition de *La Notion de politique (Der Begriff des Politischen)* en 1932.

2. *La Notion du politique*, p. 135.

3. *Ibid.*, p. 134.

4. *Ibid.*, p. 135.

progressive des valeurs spirituelles, d'un déclin des valeurs, et d'une perte de substance, c'est-à-dire les étapes d'une chute, des hauteurs de la spiritualité dans les bas-fonds du matérialisme. Tout d'abord, il y allait de Dieu, et pour finir il n'est plus question que de production et de consommation (d'assouvissement de besoins matériels). L'histoire moderne doit être lue comme l'histoire d'une dévaluation des valeurs.

Le procès de neutralisation est un mouvement éloignant de Dieu comme de la valeur la plus haute – comme du centre de la relation aux valeurs – en direction d'un monde sans Dieu et abandonné de lui ; c'est une voie menant d'un rapport à l'au-delà à une déchéance dans l'en deçà. La « dépolitisation » signifie, dans ce contexte, que la lutte politique dégénère, qu'elle abandonne le conflit autour de l'ordre que doit épouser la société des hommes par rapport à Dieu et selon les voies qui lui agréent, et qu'elle prend la forme d'un débat sur l'organisation de l'assistance sociale et matérielle, dans un monde sans Dieu. La « technique » apparaît comme le mode de maîtrise de l'existence dans un monde sans Dieu, et elle fait ainsi figure d'épiphénomène de la sécularisation. « Avec la technique, la neutralité spirituelle avait rejoint le néant spirituel [1]. »

Le « non-esprit » de la technique a mené à l'« antireligion de la technicité », à l'avènement de la « religion du progrès technique [2] », « à la croyance des masses à un activisme tout terrestre et antireligieux » – « les superstitions caractéristiques de l'époque [3] ». C'est la « croyance en un pouvoir, en une domination illimités de l'homme sur la nature et jusque sur la nature physique de l'homme, en un recul indéfini des frontières que la nature lui impose, croyances à des possibilités illimitées de bonheur et de transformation inhérentes à son existence naturelle et terrestre [4] ». Cette « banale religion des masses [...] espérait que la neutralité de la technique [...] lui apporterait le paradis sur terre [5] ». Elle promet « à une humanité nouvelle de réaliser le paradis d'un pur ici-bas [6] ». « Ce phénomène peut être qualifié de fantastique ou de satanique. » Pour Carl Schmitt, c'est là simplement « quelque chose d'effrayant [7] ». L'homme de la présente époque (1929) se trouve devant une « *tabula rasa* [8] » qui

---

1. *La Notion du politique*, p. 92.
2. *Ibid.*, p. 139.
3. *Ibid.*, p. 137.
4. *Ibid.*, p. 151.
5. *Ibid.*, p. 150.
6. DC, p. 112.
7. *La Notion du politique*, p. 151.
8. *Ibid.*, p. 150.

est le produit d'une technicisation intégrale, c'est-à-dire devant l'« abîme » d'un « néant » social et culturel. Pour Carl Schmitt, la « technique », porteuse d'une espérance de salut qui serait donnée dans l'immanence de l'ici-bas, est l'expression et la manifestation du « nihilisme », et, par là, du « mal » par excellence.

Ce tableau d'horreur eschatologique domine la belle théorie des neutralisations politiques progressives. On pourrait évidemment considérer tout cela bien autrement, à savoir comme un procès de pacification tendancielle, une modification des formes du commerce que les peuples entretiennent entre eux, ou comme la « péréquation » progressive d'oppositions conflictuelles (à la manière de Max Scheler à la même époque [1]). Or ce serait là, justement, le funeste contresens contre lequel se dresse Carl Schmitt (en citant dédaigneusement Max Scheler). Il exprime la façon libérale bourgeoise d'oublier les problèmes, à laquelle Schmitt, dans l'esprit de Donoso Cortés, déclare justement la guerre. C'est à l'auteur de la *Théologie politique* que nous avons affaire ! Le professeur de droit public Carl Schmitt n'avait jamais argumenté de manière aussi ouvertement théologique dans aucune de ses prises de position publiques.

Nous avons déjà repéré depuis longtemps le tracé de la ligne de front dans cette bataille. Il y a, d'un côté, un front « culturel » dont la dépolitisation, la neutralisation, le vide de la décision, le nihilisme et finalement le bolchevisme sont la signification en dernière instance, et derrière lequel « les démocraties occidentales ont placé tous leurs intérêts politiques les plus concrets [2] ». De l'autre, il y a tout ce qui « fait la substance de notre évolution culturelle [3] ». Tel est le scénario complet de l'« apocalypse de la lutte finale entre un athéisme mécréant et les vestiges d'un ordre social chrétien européen [4] ». Rien que nous ne connaissions déjà.

La situation est désespérée, mais rien n'est perdu. Carl Schmitt n'est pas un défaitiste. Il s'en prend vigoureusement à une « génération allemande qui déplore l'âge sans âme de la technique [5] ». Il raille sa « peur panique » – elle n'est, assurément, que trop facile à comprendre –, « pressentiment obscur [...] des conséquences du procès de neutralisation poussé jusqu'à

---

1. Max SCHELER, *Der Mensch im Weltalter des Ausgleichs*, 1927, dans *Späte Schriften*, éd. S. Fring, Berne-Munich, 1976.
2. VRA, p. 272.
3. *La Notion du politique*, p. 135.
4. DC, p. 75.
5. *La Notion du politique*, p. 149 ; les citations suivantes sont extraites du même ouvrage.

son terme », « la peur [du] néant intellectuel », la « mort culture-
relle » (p. 150). Mais, pire encore que la technique, il y a la
peur qu'elle inspire ! « Cette peur amenait en définitive à douter
de son propre pouvoir » *(ibid.)*. Angoisses masculines ? Fantasmes d'impuissance et de castration ? Carl Schmitt réagit avec
les recettes aphrodisiaques bien connues. Dé-neutralisation, re-
politisation, dé-cision ! Allez, la Pologne n'est pas perdue, on
peut toucher le fond et rebondir. Produit du processus de neutralisation, la technique, dans son absence nihiliste de valeurs,
est justement neutre, polymorphe et bonne à tout. Toute « politique forte » va pouvoir l'utiliser. « Ce n'est donc qu'à titre
provisoire que l'on peut considérer que ce siècle-ci est, relativement à son esprit, le siècle technique. Il n'y aura de jugement
définitif que lorsqu'on aura constaté quelle espèce de politique
est assez forte pour s'assujettir la technique moderne » (p. 152).
Ce n'est pas la technique, mais la politique qui est le destin. Il
s'agit de « mettre à son service le magnifique ensemble d'instruments de la technique moderne » (p. 150).

La politique est une lutte de pouvoir pour la domination du
monde, où c'est le plus fort qui l'emporte. La technique y sera
le butin du vainqueur et les prémices de la victoire dans cette
lutte. Pour tenir bon, les Allemands doivent faire preuve de
virilité. Contre l'eudémonisme nihiliste, ils doivent répondre à
l'appel avec un rigorisme héroïque. Ils doivent se rebeller contre
le « confort et les agréments du *statu quo* en vigueur », s'inspirant de l'« esprit de l'ascèse et de la [...] pauvreté d'où toutes
les élites de l'histoire universelle tirent leur force et leur supériorité » (la « pauvreté » équivaut au « renoncement à l'assu-
rance du *statu quo* », p. 151).

C'est une « authentique renaissance » qui est exigée, et avec
elle le « retour au principe simple qui fait notre nature propre
[eigene Art] » *(ibid.)*. On se demandera : qu'est-ce que la
technique a à voir avec la « nature propre » ? Nous nous
trouvons sur le terrain de la discrimination entre l'ami et
l'ennemi, dans l'« antichambre du pouvoir ».

Si l'on fait abstraction du feu de Bengale de la *gran
contienda*, l'on trouve dans cette idée de la technique de Carl
Schmitt une série de particularités et de manies symptomatiques
du caractère spécifiquement allemand de sa position. Voici les
ingrédients du « syndrome ».

1. La technique comme négation et la négation de la technique ne sont que le revers d'une fascination à peine dissimulée.
La technique est certes l'œuvre du diable, mais elle est aussi ce
qui sauve et délivre. En tant que négativité, elle est – bien le
bonjour à Hegel – la condition de possibilité d'une positivité

sur un plan supérieur. Elle est la dialectique du fameux « tout ou rien » de la pensée, conduisant à l'alternative mortelle de la victoire ou du déclin.

L'amalgame de la « technique », du « nihilisme » et de la « métaphysique » – et, chez Carl Schmitt, de la « théologie » (mais toute métaphysique a un noyau théologique, comme nous le savons de la source la plus autorisée [1]) – a égaré jusqu'à nos jours les esprits, leur compliquant la compréhension de chacune de ces instances. Reste la grande perplexité de l'« oubli de l'être ».

C'est là qu'il se révèle que le « nihilisme » ne doit pas du tout être entendu « comme déclin total mais comme la transition à de nouvelles formes d'existence [2] ». Il « n'aboutit nullement au néant » mais « au sauvetage et à la récupération de l'étant dans sa totalité [3] ». Ce qui, bien entendu, est également valable pour la technique. Comprenne qui voudra.

2. Démonisation et fétichisation font la paire. La technique est la « chose » que l'on doit s'approprier pour envoûter les démons. Le « fétiche » initie au pouvoir et protège. Ce qui n'est pas à comprendre comme quelque manière de parler, mais au sens de l'analyse freudienne de la genèse et de la structure psychopathologique du fétichisme. Le « fétiche » est toujours un substitut du phallus, c'est-à-dire le « signe d'un triomphe sur la menace de castration [4] ».

3. Réifiée, la « technique » « n'est jamais qu'un instrument et qu'une arme [5] », le « glaive » que seul le plus fort pourra dégager du chêne. À cette représentation s'ajoute aussi l'idée que le héros, le guerrier, c'est-à-dire le « soldat », est particulièrement apte, qu'il est appelé à se rendre maître de la technique, ce qui revient à dire que, pour peu que les Allemands soient suffisamment héroïques, martiaux, et assez soldats, ils sont particulièrement aptes à se rendre maîtres de la technique, et appelés à le faire. Au sein de ce groupe de représentations se mêlent à cette idée le souvenir d'archaïques mythes germaniques (qu'avaient ressuscités les mythèmes wagnériens) et

1. « L'élément théologique en effervescence dans toute métaphysique » (M. HEIDEGGER, dans *Über die Linie*, vol. collectif en hommage à Ernst Jünger, p. 26) ; ou encore : « Parce que la métaphysique est théologique, même là où elle se détache de la théologie ecclésiale » (M. HEIDEGGER, *Nietzsche*, trad. fse Pierre Klossowski, Paris, Gallimard, 1971).

2. M. HEIDEGGER, *Nietzsche*, vol. II, p. 74.

3. *Ibid.*, p. 52.

4. S. FREUD, « Le fétichisme », *La Vie sexuelle*, trad. fse J. Laplanche et coll., Paris, PUF, 4e éd., 1973 (1re éd., 1969), p. 135.

5. *La Notion du politique*, p. 147.

l'expérience historique de l'accueil fait à la technique par le Reich, ainsi que le rôle joué par les « forges de guerre » Krupp dans le combat pour la suprématie allemande. « Technique » et « militarisme » s'allient alors avec « discipline », « organisation », « armement » et « mobilisation ». La flotte allemande, entreprise technique et militaire de longue haleine, stratégie de mobilisation et d'intégration, était un fétiche et une arme. La course aux armements que le Reich avait imposée au monde était une course à l'hégémonie technique. Elle paraissait en bonne voie, jusqu'à ce que la « guerre mondiale », qui avait été programmée comme une épreuve de force inévitable, démentît cette illusion. Les Allemands succombèrent à une puissance technique supérieure.

4. S'il s'agit de la « technique », il s'agit aussi du pouvoir, de sa conquête et de son intensification ! La fascination exercée par la technique recouvre celle exercée par le pouvoir. Au lendemain de 1918, les « hommes d'Allemagne » considèrent l'une et l'autre avec la même impuissance et le même désir. Comment parvient-on au pouvoir ? Qui veut avoir le pouvoir doit le *vouloir*. N'était-ce pas là le message de Nietzsche ? La « volonté de puissance » précède sa pleine possession, elle est toujours un « vouloir qui se surpasse ». « Chaque puissance ne l'est que pour autant et aussi longtemps qu'elle est surcroît, c'est-à-dire intensification de puissance [1]. » L'appropriation de la technique doit donc être pensée comme l'appropriation d'une plus-value de « surcroît de puissance ».

5. Ce qui est recherché, c'est une appropriation spécifiquement allemande de la technique, correspondant à un « genre » et à une « affirmation de substance » spécifiquement allemands. L'acte de la prise de possession est pensé d'une part selon le modèle politique d'un coup d'État, c'est-à-dire d'un hardi *pronunciamento* où l'on anéantit tous les concurrents (les ennemis). D'autre part, il est pensé comme une sorte d'incorporation et d'appropriation essentielle. Il faut ainsi, en quelque sorte, que la technique soit intériorisée. La technique ne peut être dominée que par celui qui est parfaitement pénétré de son essence. « Il y faut une humanité qui soit foncièrement conforme à l'essence fondamentalement singulière de la technique moderne et à sa vérité métaphysique, c'est-à-dire qui se laisse totalement dominer par l'essence de la technique afin de pouvoir de la sorte précisément diriger et utiliser elle-même les différents processus et possibilités techniques [2]. » Si la technique est

---

1. M. HEIDEGGER, *Nietzche*, p. 35
2. *Ibid.*, p. 134.

« maléfique » et « inhumaine », il faut que l'« humanité » qui veut la faire sienne soit également « maléfique » et « inhumaine ». Ainsi surgit l'idée (allemande) d'une surhumanité guerrière et héroïque qui doit se libérer de toutes les représentations de valeur humanistes traditionnelles, et devenir une surhumanité par-delà le bien et le mal, qui transvalue le « nihilisme » en une philosophie politique amorale et volontariste de la force physique.

6. Le « surhomme » a besoin de la « technique », il en a besoin « pour instaurer sa souveraineté inconditionnelle sur la terre [1] ». Comment la technique n'aurait-elle pas partie liée avec la *domination du monde* ? Qui ne « possède » pas la technique ne domine pas le monde. Dans leur bavardage sur l'« essence de la technique », les « hommes d'Allemagne » donnent forme à leur rêve de domination du monde. Et dans la résolution avec laquelle ils veulent se rendre maîtres de la technique se reflète celle avec laquelle ils prévoient de commander à la terre. Dans cette mesure, toutes les considérations sur l'« essence de la technique » rentrent au nombre des palabres sur l'« antichambre du pouvoir ». Et alors se pose immanquablement la question du rang occupé par la « technique » dans le champ des tensions bipolaires.

7. De manière caractéristique, dans l'aire occupée par les langues germaniques, le mot « technique », quoiqu'il soit de genre féminin, rentre dans un champ sémantique à connotations *masculines*. La technique est d'airain, martiale, militaire et chose de soldat. Elle est affaire d'hommes, comme l'État et la guerre. L'« ère de la technique » est comprise comme le résultat d'un processus de « perte d'âme » et de « désenchantement » du monde, auquel néanmoins la vaillance doit faire souscrire. L'« étui d'acier » est l'armure des héros dans les langes. En gémir, c'est pleurnicher en minable dégonflé.

Que la technique puisse relever du registre féminin, c'est ce dont nul ne s'avise. Ce n'est que dans l'affect contre elle qu'en perce le pressentiment, mais renversé et sous forme négative, lorsqu'on l'associe au « confort », aux idées hédonistes de bonheur et aux « idées occidentales », lorsqu'elle est perçue comme l'élément étranger à la spécificité et à la substance allemandes, c'est-à-dire comme une menace. Le fait qu'elle soit ancrée dans le pôle féminin est indiqué par la peur qui dénature tous les fantasmes de pouvoir. (Il y aurait lieu, ici, de rappeler la sen-

---

1. *Ibid.*, p. 134 [trad. modifiée].

tence de Freud : « Le fétiche est toujours le phallus de la mère [1]. »)

Nous pouvons constater aujourd'hui qu'en faisant de la technique le facteur décisif des « pleins pouvoirs » que se conférait l'Allemagne – ce qui, pour eux, revenait à s'« emparer du pouvoir sur le monde » –, les « hommes d'Allemagne » rataient déjà l'« essence de la technique ». Même s'ils tentaient de penser à l'échelle « planétaire », il leur manquait la perspective de l'humanité universelle. L'« idée de l'humanité » est indissolublement liée à celle de la « technique ». La technique fait un avec l'« humanité » et avec la *civilisation**. L'idée de l'humanité est inscrite dans l'« essence de la technique », et l'idée de la technique est inscrite dans l'« essence de l'humanité ». La conversion de l'« idée » d'humanité en cette « réalité » planétaire qu'est l'humanité fut rendue possible par la technique. Sans technique, il n'y a pas d'humanité. La technique est universelle parce que l'humanité est universelle. La technique, pourrait-on dire, est tout ce qui transforme et a transformé l'homme (les hommes) en « humanité ». La technique n'est pas l'élément qui sépare les hommes, mais au contraire celui qui les relie.

L'histoire de la technique est l'axe du procès de civilisation. Il ne s'agit pas d'un « procès de dégénérescence », mais de déploiement de l'humanité, de transformation et d'expansion entéléchique du genre humain. Qui, pour ses intérêts particuliers, abuse de la technique (ou la répudie) s'exclut de l'évolution. Il régresse au niveau d'un fondamentalisme régional et ethnique.

« Technique allemande », voilà une expression qui est aussi absurde que « physique allemande ». Tant que et dans la mesure où, pour les « hommes d'Allemagne », l'idée d'humanité leur était incommensurable, ils ne pouvaient pas non plus concevoir *(begreifen)* la technique, ni l'« appréhender » *(ergreifen)*. Dans leur conception de la technique, nous pouvons reconnaître à son degré d'acuité extrême l'opposition d'une idée du monde et de soi héroïque, démoniaque et tragique, d'une part, et, d'autre part, d'une idée du monde et de soi universelle et fondée sur le progrès et l'eudémonisme.

Tel était le programme politique, métaphysique et anthropologique qui fut présenté aux bourgeois allemands comme la voie royale pour devenir une puissance (mondiale). C'était là la plateforme intellectuelle de la « prise du pouvoir », et elle a mené très exactement là où elle devait mener.

---

1. FREUD, p. 134 [trad. modifiée].

En 1956, donc, se retrouvent trois des protagonistes intellectuels de cette anomalie de l'histoire nationale. Ils ont, *eux*, survécu à la catastrophe. Et que nous est-il donné d'entendre ? La technique est entièrement coupable. Le délire mégalomaniaque du misanthrope solitaire de Sils-Maria a dégénéré et est devenu l'impuissant balbutiement sur l'être du penseur solitaire de la Forêt-Noire. Le nihilisme héroïque d'Ernst Jünger s'est mué en anarchisme. Et Carl Schmitt ?

Carl Schmitt a découvert que le « surcroît de puissance » *(Mehr-Macht)* est la « puissance de la mer » *(Meer-Macht)*.

La relation bancale des Allemands à la technique a ses racines dans l'axiome suivant : « Ce n'est pas l'*humanité*, mais le *surhomme* qui est le "but"[1]. » L'humanité est universelle et contient les deux sexes. Le « surhomme » est un fantasme du « ban des hommes » allemands, élitaire et misogyne. Nous connaissons ses pseudomorphoses ! La « bête blonde » engendre l'« homme de la race des seigneurs » de Hitler, Himmler et Cie, et dans leurs mains la technique engendre la technique inhumaine de la « solution finale ». Chronologiquement et logiquement, la formule du social-darwinien Oswald Spengler[2] déclarant que l'homme est un « rapace », et la vision du chef de commando Ernst Jünger, pour qui « la technique est la mobilisation du monde par la Figure du Travailleur » (le stade ultime de la « mobilisation totale »), sont à mi-chemin entre ces deux termes. Personne n'a jamais pu douter que ce « travailleur » était un avorton des rêves allemands de domination mondiale et une « créature de l'imagination » des hommes d'Allemagne [*]. Finalement, en dépit de ces gesticulations « impériales », nous sommes au fin fond de la province allemande la plus reculée.

Point n'est besoin, au point où nous en sommes, d'insister plus particulièrement sur le fait suivant : le modèle d'État

---

1. M. Heidegger, *Nietzsche*, vol. II, p. 37 (Nietzsche, *La Volonté de puissance*, n° 1001 et 1002).

2. Oswald Spengler, *L'Homme et la Technique*, trad. Anatole A. Petrowsky, Paris, Gallimard, coll. « Les Essais » : « Les caractéristiques du libre animal de proie se transmettent, en leurs traits dominants, de l'individu au peuple organisé » (p. 109). « Il y a des peuples dont la race vigoureuse a perpétué le caractère d'animal de proie, qui sont férus du combat contre des Hommes, qui envahissent, conquièrent et asservissent d'autres peuples » (*ibid.*).

[*] ... *eine deutsche « Männerphantasie »* : une fois de plus, allusion au titre du livre de Theweleit, *Männerphantasien* (voir ici, Introduction, n. p. 16). [N.d.T.]

nihiliste héroïque de Carl Schmitt devait explicitement servir d'objectif à la vocation des Allemands pour la domination du monde par le truchement de la technique qu'ils s'approprieraient.

Si, pour Carl Schmitt, en 1929, « l'explication historique de ce que l'on a désigné comme l'âge de la technique » se trouvait dans la « tendance générale au neutralisme de l'esprit, caractéristique de l'histoire européenne des siècles derniers [1] », en 1956, il retrouve cette explication dans un tout autre processus, à savoir dans la transition de la « terre » à la « mer ». Au centre de son interprétation, une grandeur a surgi qui lui était parfaitement indifférente trente ans auparavant et qui n'existait ni dans son glossaire ni dans son horizon intellectuel : la « mer ». « Si nous cherchons donc à reconnaître la question historique unique, le grand *challenge* et la réponse concrète d'où est née la révolution techno-industrielle des derniers siècles [2] », Schmitt, qui somme de se poser cette question, donne la réponse suivante : c'est l'« appel » des « océans du monde qui s'entrouvrent [3] », appel que *l'Angleterre* a perçu.

Les reliquats de crypto-théologie sous-cutanée ont disparu sans laisser de traces, les spectres eschatologiques du « procès de neutralisation » se sont dissipés. Le couplage de la technique et du nihilisme, voués à la même démonisation, a fait place à une tout autre conception de l'origine et de l'essence de la technique, une conception pragmatique, empirique, immanente et située dans l'ici-bas. Elle fait maintenant figure d'épiphénomène de la promotion miraculeuse de l'Angleterre en puissance maritime mondiale. « Technicisation et industrialisation », qui « sont aujourd'hui le destin de notre terre [4] », sont désormais envisagées et évaluées de manière tout à fait positive, comme autant d'aspects de la « planétarisation » d'une évolution qui donne sa forme à l'unité du globe et fonde le nouveau « nomos de la terre ».

Nous avons affaire à un modèle d'explication entièrement nouveau de l'histoire moderne et de la « technique ». Il n'est plus ni allemand ni ancré dans l'Europe centrale, il n'est plus défensif, agressif et chargé d'affects, mais ouvert au monde, global et sympathétique. « Humanité », « civilisation » et « démocratie » ne sont plus des mots sales servant à portraiturer un ennemi, ils sont bien plutôt admis comme des catégories historiques de l'évolution. Filer loin de la terre... par-dessus les terres... vers la mer ! Loin de l'élément terrestre régional, vers

---

1. *La Notion du politique*, p. 144.
2. GK, p. 150.
3. *Ibid.*, p. 147.
4. *Ibid.*, p. 155.

celui, universel, des mers ! Voilà ce qui paraît être le vecteur de l'histoire universelle moderne.

Mais le décollage et la montée en puissance de l'Angleterre devenue « empire mondial océanique », la technique et la révolution industrielle – car ces trois termes composent ensemble une trinité et sont les facettes de la même occurrence –, faut-il les interpréter comme la phase d'un drame de l'évolution, comme l'étape d'une accession de l'espèce à des conditions nouvelles et supérieures d'existence, ou comme l'entrée dans un nouvel âge du monde ?

Carl Schmitt ne se risquera pas si loin, n'étant un ami ni des panoptiques de l'évolution et du progrès, ni de la loi des stades. Il est un « dialecticien » et reste jusqu'à la fin un incorrigible hégélien. Il ne veut pas avoir le moindre rapport avec Saint-Simon, Comte et Spencer (qu'il ne se lasse pas moins de citer), ni, à plus forte raison, avec des théories de l'évolution empruntées aux sciences de la nature – théories biologiques, anthropologiques ou cosmologiques –, quoiqu'il voie bien qu'« il y a longtemps que la différence de la nature et de l'histoire est dépassée ». Il discerne seulement que « la situation de l'humanité est totalement modifiée [1] ». « Nous nous trouvons depuis longtemps dans un monde nouveau, dans un au-delà, si vous voulez [2]. » Le connaisseur de Kojève veut-il dire dans la post-histoire ?

Mais Schmitt n'en démord pas. Le décollage et la montée en puissance de l'Angleterre, la technique et la révolution industrielle sont de l'« histoire » en un sens emphatique, c'est-à-dire une action et une décision pour une seule et unique fois, sans répétition possible et sans « loi » à laquelle elles obéiraient. S'il y a une « loi régulatrice », c'est alors celle de Toynbee : le jeu et contre-jeu du *« challenge and response* [3] ». Il s'agit ici d'un défi concret, celui de l'« ouïr » d'une « apostrophe » (« l'appartenance l'un à l'autre d'un appel et d'une écoute », se demande Heidegger en même temps, « voilà ce qui serait "l'être" [4] »).

---

1. *Entretien radiophonique*, p. 17.
2. *Ibid.*
3. « En réalité, je n'ai absolument rien fait que de prendre au mot Toynbee, ou plutôt, je l'ai pris à l'endroit de sa méthode » (*Entretien radiophonique*, p. 29).
4. M. HEIDEGGER, *Über die Linie*, p. 29.

Travail de deuil.

« L'Allemagne n'a pas compris la mer. » (Grand amiral von TIRPITZ, *Mémoires*.)

« Quand les hommes perçoivent la question et l'appel de l'histoire et tentent d'y répondre par leurs faits et gestes, ils se risquent à la grande épreuve de leur aptitude à l'histoire et reçoivent le sceau d'un jugement [1]. » Ce qui vaut aussi tout particulièrement lorsque les hommes *ne* perçoivent *pas* la question et l'appel de l'histoire.

L'Allemagne, pays continental et d'Europe centrale, ne pouvait ni ne voulait entendre l'« apostrophe » de la mer : ce fut son « malheur », sa tragédie. Industrialisation, technique et révolution, telle n'était pas son affaire. L'avenir de l'Allemagne n'était pas sur l'eau (et le fantasque Kaiser des Allemands, de plus en plus anglais, pouvait en rêver tant qu'il voulait).

Lorsque, venant de l'ouest, l'« apostrophe » de plus en plus pressante du *cant* universel d'humanité et de progrès finit par percer jusqu'en Allemagne, elle se décida, après avoir brièvement tergiversé, *contre cette apostrophe*. Elle était sourde à l'appel des sirènes.

L'« authenticité » allemande et l'« essence » allemande étaient étrangères à la « civilisation » et lui étaient hostiles. Il est tout à fait dans la logique de la démonstration de Carl Schmitt qu'il observe que « la culture est assurément définie plutôt par la terre et la civilisation plutôt par la mer [2] ». De telles remarques marginales indique combien, même dans ses hautes sphères, Schmitt « colle » encore de près à l'« idéologie allemande ». Même sa dernière construction de philosophie de l'histoire prolonge les stéréotypes du fondamentalisme ethnique de la *Kulturkritik* allemande, bien que – et ceci est le point essentiel – le terme « civilisation » admette maintenant une connotation positive. Ainsi, tout en étant encore un élément étranger, elle n'est plus le mal par excellence.

L'Allemagne s'est décidée, ou plutôt, elle ne s'est pas décidée. Sa décision erronée exprimait une indécision constitutive. Dès la fin de la guerre, en 1945, Carl Schmitt tentait d'expliquer ce trait fondamental des Allemands à un collègue juif qui vivait désormais en Angleterre, le sociologue Karl Mannheim – au bannissement duquel il n'avait en son temps pas peu contribué.

L'Allemagne, lui écrit-il, « au milieu de l'Europe, un espace relativement modeste, intellectuellement non clos et impossible

1. GK, p. 152.
2. GK, p. 163.

à clore, point d'intersection et pays de passage pour des forces et des idées venant du nord et du sud, de l'ouest et de l'est, ne s'est jamais clairement et unitairement décidée, et ne le pouvait pas non plus, parce qu'elle ne pouvait se soumettre à aucun des questionnements qui s'introduisaient de l'extérieur [1] ». « Restait la vieille tradition éprouvée du retrait dans une intériorité privée », le « caparaçonnement du moi [2] ».

Une indécision constitutive *à la Hamlet* a conduit l'Allemagne à prendre la mauvaise décision. Cela est vrai non seulement de 1933, mais aussi déjà de 1848. « L'Allemagne, c'est Hamlet », déplorait jadis le poète allemand Freiligrath, dont Carl Schmitt rappela le souvenir lorsqu'il fit connaître sa propre interprétation du personnage de Hamlet (sur laquelle nous reviendrons). En 1933, la mauvaise décision allemande avait pour nom Hitler, et en 1848, Bismarck (« c'est Bismarck qui vint au lieu de Siegfried »). Telle est la triste vérité qu'il y a derrière le pathos de la « décision ».

Avec sa théorie de la terre et de la mer, l'ex-décisionniste Carl Schmitt se livre aussi à un travail de deuil pour les malheureux Allemands. Ils n'ont pas réussi la grande épreuve de l'histoire. Ils se sont mis à part de l'« évolution de l'humanité » et, à la courte paille, ont tiré le mauvais lot. Sur le plan de l'histoire de l'espèce et par là sur le plan de l'histoire universelle, le « type humain » qui a réussi le passage de la terre à la mer – cette étonnante performance en matière de métamorphose (ou bien devons-nous parler d'une adaptation ?) – s'est révélé comme le type supérieur, plus fort, plus vital et, au sens de la « volonté de puissance » nietzschéenne, plus puissant – et, dans les deux sens du terme, il faut le reconnaître comme tel ! Il fait « sens » – et cela va aussi dans le sens de l'histoire – que la domination sur la terre lui soit échue.

C'est également la raison pour laquelle – et voici le corrélat inexprimé de toute la construction, et sa botte – la manière entêtée des Allemands de manifester leur refus semble « inepte », et nous pouvons l'appeler avec Thomas Mann « la très ancienne révolte de l'Allemagne contre l'esprit occidental [3] » – attitude dont Carl Schmitt, en 1929 à Barcelone, avait fourni un échantillon plus vrai que nature.

---

1. ExC, p. 17.
2. *Ibid.*, p. 18.
3. Th. MANN, *Considérations d'un apolitique*, trad. fse Louise Servicen et Jeanne Naujac, Paris, Grasset, 1975, p. 63.

L'attraction exercée par la régression thalassale.

> « L'humanité porte en elle une quantité illimitée d'évolutions – plus secrète et plus importante qu'on ne croit. » (Leopold VON RANKE.)

Que faut-il entendre, au juste, par l'« appel des océans du monde » ? Rigoureusement parlant, ce n'est là qu'une métaphore poétique.

En se tournant vers la mer et son « ouverture », l'Angleterre s'est soustraite à la « forme d'organisation fermée de l'État ». Comment doit-on comprendre cela ?

Ce sont tout d'abord les Espagnols et les Portugais qui ont reconnu les océans du monde. L'Angleterre ne s'annonça que relativement tard, seulement après les Hollandais. Peut-être sa position insulaire a-t-elle favorisé ses débuts dans la vaste entreprise de découverte et d'exploitation de la terre. Tel est le diagnostic historique. Mais quant à savoir pourquoi d'un « peuple d'éleveurs de moutons » naquit un peuple d'« enfants de la mer [1] », cela reste un secret. Carl Schmitt non plus ne dispose pas d'une explication claire et nette pour ce passage d'une forme de vie « terrienne » à une forme « maritime ». Aussi lumineuses que soient son exposition et son interprétation de cette occurrence, l'historien les rejettera, car elles n'ont pas de consistance scientifique. Et il faut simplement les admettre comme des « hypothèses de travail » dont le fondement « scientifique » se fait encore attendre.

Nous nous proposons ici de contribuer à cette fondation en rappelant la théorie de l'évolution de Sandor Ferenczi [2] selon laquelle, depuis les temps les plus reculés, l'humanité est habitée par le désir nostalgique de faire retour à la mer d'où toute vie a un jour surgi. Dans un autre contexte, nous avons déjà eu l'occasion d'en prendre connaissance. Ferenczi a élaboré cette théorie dans les années où Carl Schmitt, fasciné et terrifié par les idées d'Otto Gross sur le matriarcat, mettait au point sa grande machine célibataire (1924). Il n'y a pas lieu de présumer que Carl Schmitt en ait eu vent, quoiqu'à proprement parler rien ne lui ait échappé.

Ferenczi commence par se demander d'où vient le désir des hommes – « la monotonie pourrait lasser » avec laquelle on ne

---

1. *Terre et mer*, p. 78.
2. Sándor FERENCZI, *Thalassa. Psychanalyse des origines de la vie sexuelle*, trad. J. Dupont et S. Samana, éd. N. Abraham, Paris, Payot, 1962 (titre original de la traduction française : *Esquisse d'une théorie de la génitalité*).

cesse pas de le relever – d'avoir une relation sexuelle avec leur mère, et il ne peut se contenter simplement de la réponse du « complexe d'Œdipe ». Il se propose de voir là une tendance du « moi » à revenir au sein du corps maternel – l'objectif propre que se fixent les pulsions génitales étant de restaurer la tranquillité connue dans le corps de la mère avant la naissance.

Derrière l'impulsion régressive, déterminée ontogénétiquement, il présume l'existence d'une « attraction exercée par la régression », sur le plan phylogénétique (parler de « pulsion » fausserait, pense-t-il, le tableau), laquelle, dans l'obscure humidité du corps maternel, recherche quelque chose d'encore plus originaire dont le corps de la mère n'est que l'expression symbolique, à savoir l'humidité de la *mer* [1].

Ce qui s'expliquerait de la manière suivante. Dans des temps préhistoriques, une terrible catastrophe tellurique aurait provoqué l'assèchement des océans et contraint tous les êtres vivants qui avaient jusqu'alors vécu exclusivement dans l'eau à gagner la terre et à s'adapter, laborieusement et non sans les pires sacrifices, aux conditions d'existence qu'ils y trouvèrent. Dans le plasma germinal – nous dirions aujourd'hui dans les gènes –, le souvenir de la vie primordiale dans la mer s'est conservé par-delà les millénaires, et, avec lui, le désir nostalgique d'y revenir. Cette force d'attraction déploie ses effets dans la génitalité qui, jusque dans ses cycles physiologiques, est pour l'essentiel constituée de manière à assouvir l'« attraction exercée par la régression thalassale ». Ce n'est donc pas la mère, mais la mer, image primordiale *(Urbild)* et parangon *(Vorbild)* de toute maternité, que recherchent les hommes.

L'impulsion régressive et le désir de faire retour menaçaient la (sur)vie, étaient « autodestructeurs » et durent être endigués, même s'il ne se manifestaient plus désormais que dans la forme symbolique du désir de pénétrer dans le corps de la mère, dans un corps quelconque ou dans une femme quelconque. Le principe de réalité exigeait le renoncement à ce gain de plaisir. Ainsi, le « désir nostalgique de la mer » déclencha l'« interdit de la mère ».

Sur le plan du moi et de la société, la (sur)vie devait être organisée de telle manière que le plaisir atavique de la régression, censé trouver un trompeur assouvissement dans l'union sexuelle avec la femme, fût placé sous contrôle et que le potentiel d'énergie disponible fût canalisé vers la maîtrise d'une tâche

---

1. « Dans les réminiscences intimes, souvent inconscientes, des hommes, la mer et l'eau sont la source mystérieuse et primordiale de toute vie », lisons-nous chez C. Schmitt (*Terre et mer*, p. 18).

difficile, subsister sur la terre ferme (le travail, la domination). Le principe d'organisation de ce mode d'existence en milieu sec – une forme de vie qui n'a d'avenir que si l'on consent à la pénurie, et si l'on renonce à tout ce qui est simplement désirable – est le « nom du père ». C'est ici que règne le principe patriarcal du syndrome Dieu-père-esprit. L'autorité et le droit (*lex, logos*, et non pas *nomos*) : « Le droit est tellurique et se réfère à la terre », dit Carl Schmitt.

Il s'agirait là d'une hypothèse phylogénétique sur la naissance de l'ordre patriarcal. (Structurellement, elle est proche de l'idée développée par Otto Gross selon qui le patriarcat avait été la réponse de l'histoire à une catastrophe naturelle qui avait plongé l'humanité de cette époque dans une détresse exceptionnelle.)

Face à la menace universelle, il fallut décréter une sorte d'« état de siège », une dictature des hommes qui, moyennant des mesures rigoureuses et draconiennes – l'introduction de la violence dans les relations sexuelles et par là dans l'ordre social –, créèrent les conditions organisationnelles de la survie. Seule resta la mémoire du royaume des mères qui, auparavant, avait imposé sa loi sous des conditions de vie plus clémentes. Il resta le désir nostalgique de restaurer le « matriarcat, le prétendu paradisiaque état initial [1] ».

Le souvenir de la grande catastrophe s'est conservé dans tous les mythes existant à la surface de la terre. Il est une des composantes fondamentales des couches phylogénétiques du « ça », c'est-à-dire de l'inconscient collectif. Peut-être faut-il en revenir à lui pour débusquer les racines psychiques de la « peur de la catastrophe ». Toutes les formes de peur ne sont peut-être en fin de compte que des rejetons de *cette* « peur primordiale » qui rôde encore derrière la peur que déclenche le traumatisme de la naissance, derrière la peur du petit enfant d'être abandonné par sa mère et derrière l'angoisse œdipienne de la castration.

Le fait que l'on figure la grande catastrophe universelle comme un flux qui déferle, un déluge – c'est-à-dire comme le contraire, donc, de ce qui s'est passé en réalité –, n'est pour Ferenczi que le cas typique d'un « renversement » : sous la pression du long effort d'adaptation, ce qui manque infiniment, ce à quoi on aspire s'est métamorphosé en objet redouté et périlleux. Ce vers quoi se polarisent les désirs pulsionnels les plus secrets est placé sous le sceau d'un tabou. Et ces désirs deviennent ainsi une menace mortelle. Cela vaut pour la « mère » et la « mer », toutes deux représentant la « nature »

---

1. *Théologie politique*, p. 73.

dans son ambivalence, c'est-à-dire la toute-puissance à laquelle on est livré et qui, même si elle engendre toute vie, peut aussi tout détruire d'un coup.

Il ne rentre pas dans nos intentions de nous mêler de soupeser la crédibilité et la fiabilité scientifique de telles hypothèses. Elles nous paraissent en tout état de cause du plus haut intérêt pour comprendre ce qui hantait véritablement des hommes comme Otto Gross, Ferenczi et Carl Schmitt quand ils parlaient de « mère » et de « mer » – ces hommes qui grandirent et reçurent leur formation dans la tradition patriarcale des sciences du XIXᵉ siècle. Le passage de la société matriarcale à la société patriarcale – l'« époque confuse qui décida du sort de l'humanité » (Otto Gross) – a peut-être été de fait une conséquence de l'assèchement catastrophique des terres. Mais peut-être l'inverse a-t-il eu lieu. La « théorie des catastrophes » serait alors un cas de figure typique de construction théorique masculine, une forme tardive de la justification du patriarcat et une idéologie de la légitimation d'une transformation des structures de domination pour laquelle il n'y aurait absolument pas d'autre explication que le *coup de main** spontané d'une poignée d'hommes qui auraient un beau jour mis un terme à la domination des femmes – mystification du premier acte de violence de l'histoire, lequel constituerait l'« histoire » comme la mystification engendrée par les actes de violence.

Quoi qu'il en soit, ne pourrait-on pas, partant de la position de Gross et Ferenczi, interpréter la conversion de l'Angleterre à une « forme d'existence océanique » comme l'irruption soudaine de la régression thalassale ? À cette époque historique, nous aurions donc alors été les témoins d'un événement de l'histoire de l'espèce de la plus haute importance. Nous aurions pu observer comment, en un point géographiquement favorable, une fraction de l'humanité s'est arrachée au pénible procès d'adaptation à la vie sur terre pour choisir une autre voie. Encouragée et même séduite par les expériences enivrantes du premier siècle de reconnaissance des océans, une partie de l'humanité ne réprimait plus l'élan qui la poussait vers les eaux, mais, dans un acte de transgression collective, s'y abandonnait et se lançait vers l'« ouverture ». Elle ne se contentait donc plus de satisfaire au compte-gouttes son grand désir pulsionnel par la régression génitale *via* l'acte sexuel, mais donnait une forme nouvelle à l'ensemble de l'organisation sociale à partir de cet impératif pulsionnel.

Si nous souscrivons un moment à cette idée, une partie de l'espèce aurait donc fait sécession à un certain moment de l'histoire pour se lancer dans une nouvelle voie. Mais les catégories historiques ne suffisent malheureusement pas pour expliquer ce phénomène. Il nous faut recourir à des catégories biologiques portant sur l'évolution. Et nous aurions affaire alors à l'une des nombreuses bifurcations, comme nous en connaissons à partir des souches généalogiques de l'histoire de la nature ; il s'agirait ainsi d'une nouvelle amorce, où aurait pris forme une nouvelle variété anthropologique. Ce serait un nouvel essai d'adaptation pour l'espèce humaine, au sens darwinien, après qu'il se fut révélé que, dans l'état où elle était, trop d'incompatibilités et de sentiments de déplaisir l'entravaient.

Autoplastique et alloplastique.

On a coutume de distinguer, comme on sait, une forme *autoplastique* et une forme *alloplastique* de l'adaptation. Dans un cas, c'est l'organisme lui-même qui tente de s'adapter aux nouvelles données, dans l'autre il tente d'adapter le monde extérieur à ses propres besoins, de telle sorte que l'assimilation devient superflue pour le corps. On pourrait donc dire que le processus d'adaptation qui culmine dans l'État patriarcal et total était une tentative d'adaptation *autoplastique* aux conditions nouvelles d'existence sur la terre ferme, ce qui ne semblait possible qu'avec une mise au pas radicale de l'économie pulsionnelle, c'est-à-dire par la répression et le refoulement.

En revanche, le « retournement vers la mer » indiquerait la tentative de suivre une autre voie. La « révolution industrielle », liée on ne peut plus étroitement au choix de l'Angleterre d'une forme d'existence maritime, aurait pour fin d'adapter, *via* des prothèses techniques, le milieu donné d'avance aux besoins de l'homme. Ce serait donc une option *alloplastique*.

L'interprétation originale par Carl Schmitt de la genèse de la « technique » renvoie tout à fait dans cette direction. « Que la révolution industrielle ait pris son départ dans le pays qui franchit le pas menant à une existence maritime, voilà qui est essentiel [1]. »

Élucubrations, imaginations ? Assurément. Il n'empêche que leur signification nous permet non seulement de voir sous un

---

1. *Entretien radiophonique.* Que Carl Schmitt en soit venu à son théorème de la terre et de la mer peut-être aussi à la suite de réflexions sur le problème de l'adaptation, c'est ce que fait présumer la phrase suivante : « Les vieux éléments, feu, eau, air et terre, sont néanmoins aussi quatre espaces d'activité humaine, quatre dimensions et quatre situations, champs de force pour le travail et appuis par rapport auxquels l'homme apprend à s'organiser » (J. SCHICKEL, p. 27). Carl Schmitt aurait-il tout de même lu Ferenczi ?

nouveau jour les réflexions sur l'histoire du droit et sur la philosophie de l'histoire de Carl Schmitt (l'opposition élémentaire
de la terre et de la mer), mais aussi de reposer la question qui
l'anime de l'opposition entre la constitution de l'État en Allemagne et l'empire mondial des Anglais. Pour lui, cette dernière
question portait sur les causes de l'échec politique des uns et
sur la réussite politique des autres. Elle recelait peut-être l'espoir
de trouver une réponse surprenante à la question des causes les
plus profondes du « malheur allemand ».

Sans arrêter précipitamment de décision « scientifique »
quant à la justesse de cette hypothèse, examinons donc sa fécondité heuristique : dans le tournant pris par l'Angleterre vers la
mer, on pourrait discerner une potentialisation historique de la
régression thalassale et un retour de l'espèce à l'existence sur
mer, celle qu'elle ne connaissait plus depuis la nuit des temps ;
en revanche, on pourrait discerner dans le modèle d'organisation
patriarcale et dans la fixation becs et ongles à la terre ferme,
moyennant le secours de l'État, un défaut de construction ayant
mené à une impasse.

Une chose apparaît tout de suite clairement. La possibilité
pour une société (pour un peuple) de décharger son potentiel
pulsionnel dans l'aventure de la conquête des mers et dans son
ouverture, au lieu de le brider par le renoncement pulsionnel,
la pression du refoulement et la guerre à la sexualité, ne peut
être éprouvée que comme exceptionnellement voluptueuse.
Égaillés d'un coup, les « écumeurs des mers », corsaires, bou-
caniers et pirates réalisèrent un grandiose et libérateur *acting-out*
où la prime de plaisir dut être immense.

Cette grande sortie dans l'espace maritime fut couronnée de
succès. Alors, de toutes nouvelles possibilités d'organisation de
l'économie pulsionnelle des hommes se présentèrent. Le potentiel libidinal trouve ainsi d'autres issues que celles admises par
un coït cerné d'interdits sociaux et qu'une sexualité ponctuelle
rend précaire. Il peut s'épanouir sans entraves. L'investissement
d'« objet » peut s'effectuer et se renouveler selon des dimensions tout autres. Le « tabou de la mère » s'estompe sitôt que
l'accès à la mer est libre. La fixation du moi sur ses désirs
fonctionne dans d'autres « groupes de représentation » où
l'élément génital n'est pas refoulé, mais dépassé.

L'excédent des pulsions refoulées n'est pas canalisé partiellement vers le « surmoi » pour servir au renforcement et à la
défense des mécanismes patriarcaux de domination et de protection, mais repousse le « moi » vers l'extérieur, dans la vastitude du monde et de la mère nature. Une telle relation d'expansion vers l'extérieur décharge la relation régulative interne et

facilite donc le mode de fonctionnement de l'appareil psychique. Le « ça », source d'une menace permanente, ne doit plus être contenu ni clôturé par une censure rigoureuse. Il est bien plutôt un autre domaine de la stratégie d'expansion d'un moi qui se fortifie sans cesse grâce aux succès qu'il marque dans sa « maîtrise de la réalité ». Une organisation de la structure de la personnalité autre que celle qui est possible « sur la terre ferme » peut ainsi se former. Elle est plus ouverte, plus souple, plus autonome et ne forme pas une enclave au sein du monde.

Ce qui, bien entendu, se ressent profondément dans les relations entre les sexes. Les dispositions des hommes à l'égard des femmes et du féminin sont autres que sur le continent, et les femmes aussi ont un autre rapport aux hommes. La fixation des désirs pulsionnels sur l'« objet imaginaire » qu'est la mer est un soulagement pour la femme. Elle peut élaborer tout autrement *son* « complexe de castration » et sa corporéité, c'est-à-dire autrement que comme un corps dont la « pénétration » doit être obtenue par la contrainte (« complexe de perforation », dit Marie Bonaparte). Ainsi, la dissymétrie sexuelle constitutive de l'ordre patriarcal peut être corrigée. Ce ne sont plus uniquement les hommes qui peuvent revendiquer à leur seul avantage l'exaucement du désir de régression et par là la légitimité de la décharge pulsionnelle. La possibilité de satisfaire ses désirs de régression est également offerte à la femme, et cela non pas dans la seule soumission masochiste, mais en vivant jusqu'au bout sa composante masculine. La « mer » lui est aussi ouverte ! Ce ne sont pas seulement les hommes qui peuvent se faire « poissons dans l'eau » en aspirant à revenir dans le sein maternel, les femmes aussi peuvent être « poissons dans l'eau » dès qu'elles dirigent leur libido vers la mer, telles les nixes, les ondines ou les mélusines.

Or la participation active des femmes à la conquête de la mer par l'Angleterre n'a pas échappé à Carl Schmitt, lui inspirant étonnement et admiration. Dans l'histoire qu'il narre à son Anima perce même en quelque sorte la supposition que c'est à des femmes hors du commun que l'on doit en grande partie le retournement vers la mer. Abstraction faite du tribut dont il s'acquitte auprès de la reine Élisabeth, son portrait de Lady Killigrew [1] est une contribution importante au thème des « femmes anglaises », et également une sorte de dédommagement pour la misogynie intrinsèque des hommes-« soldats » prussiens et allemands. Il y a aussi sa réhabilitation tardive de l'impératrice Friedrich, et simultanément son amorce d'une

---

1. *Terre et mer*, p. 45 s.

explication de la supériorité écrasante des femmes anglaises et de leur rôle dans l'histoire et la société anglaises – ces femmes dont le degré de conscience leur avait toujours permis de résister à toutes les tentatives de dépréciation, ces grandes dames, une duchesse de Devonshire, une Lady Hamilton ou une Lady Stanhope, comme l'Angleterre et nul autre pays en Europe en a produit. Elles n'ont jamais cessé de fasciner les hommes du continent. Femmes authentiquement souveraines, reines de la mer, jusqu'à cette princesse royale qui fut la seule à oser tenir tête à Bismarck. Harry comte Kessler en dessine la « silhouette en société » quand il fait le portrait de sa mère : « Elle était de la race royale des Anglaises, avec le mélange de *matter of fact*, de passion ambitieuse, d'imagination et d'irrationalité de certaines grandes héroïnes de Shakespeare[1]. » Guillaume II ne parlait pas autrement de sa propre mère[2].

Tout ce que Carl Schmitt répète, sans cesse et non sans quelque envie, de l'Angleterre (qu'elle n'avait besoin « ni de la monarchie absolue ni d'une armée permanente [...] ni d'un système juridique instauré par les lois de l'État » ; qu'elle s'est soustraite par instinct à la « clôture de l'État et est restée "ouverte". Le décisionnisme [...] n'a pas d'affinités avec la tournure d'esprit anglaise[3] », etc.), on peut le référer par analogie à l'organisation d'une structure de la personnalité typiquement « anglaise » s'énonçant ainsi : pas de surmoi à l'autorité draconienne, pas de mécanismes de censure et de répression, pas d'interdits ni de tabous, mais la liberté pour l'« instinct », c'est-à-dire l'intégration dans la pulsion du moi des impulsions issues du ça. Pas de compulsion obsessionnelle à la décision, sur un mode névrotique ou paranoïaque, mais une capacité supérieure d'adaptation (ouverture d'esprit), où la réalité est perçue et maîtrisée. Nous sommes ici confrontés à l'opposition de l'« obsession de l'État[4] » et de la société « sans État[5] », « une forme d'existence non pas étatique, mais sociale[6] ».

Dans la pratique constitutionnelle anglaise concrète, ce qui vaut pour le « type qui lui est subordonné » a valeur de loi. La constitution anglaise est une constitution « mixte », dans

---

1. Harry comte KESSLER, *Tagebücher 1918-1937*, Francfort-sur-le-Main, 1961, p. 202 [cité d'après l'original, la traduction de B. Simon n'ayant pas repris ce passage – N. d. T.].
2. Voir son introduction aux *Lettres de l'impératrice Friedrich (Briefe der Kaiserin Friedrich)*, éd. Sir Frederick Ponsonby, Berlin, 1929.
3. L, p. 121.
4. VRA, p. 379.
5. *Terre et mer*, p. 74.
6. GK, p. 160.

laquelle les femmes – le principe féminin – ont également voix au chapitre. Les procédures de décision ne sont pas de nature dictatoriale-décisionniste, mais sont fondées sur le « débat » (parlementaire) et sur la controverse. « Le gouvernement mène un débat avec l'opposition ». *Bargaining*, expérimenter, rechercher des accommodements, voilà ce qui est déterminant. Si, du point de vue de la terre, l'impératif se résume à l'injonction de « se fixer », alors, du côté de la mer, l'impératif a pour devise : « ne se fixer à aucun prix » et rester « ouvert ».

Il semble du reste évident que la voie de l'« adaptation allo-plastique » touche par principe à la « révolution » et à l'« émancipation ». Car il s'agit de se transformer, soi et le monde, au lieu de mesurer le monde aux conditions d'existence qui sont les siennes sur place et de lutter d'arrache-pied pour les conserver en l'état. « Les énergies porteuses d'avenir de la puissance maîtresse des mers étaient du côté de la révolution [1] », dit Carl Schmitt. L'État de Bismarck avait été fondé pour barrer la route à cette révolution. « La nation anglaise s'en rendit maîtresse [2]. »

Ce point est peut-être aussi l'explication de l'affinité du judaïsme avec le « patrimoine d'idées occidental », fonds anglais en tout état de cause, et avec l'Angleterre, tout particulièrement à la suite de la fondation du Reich par Bismarck, car le judaïsme, fondamentalement, n'a pas de lien avec la terre ferme, il est désireux d'émancipation et regarde vers l'avenir. Par rapport à toutes les tendances régressives, les Juifs étaient des adeptes des idées de progrès dont ils devinrent les porte-parole en Allemagne. La faveur qu'ils leur marquaient, plus encore que le rôle qu'ils jouèrent en Angleterre, mena finalement, dans la perspective de l'« idéologie allemande », à l'égalité établie entre l'Angleterre et le judaïsme – équivalence qui devint pour Hitler l'axiome de sa compréhension paranoïaque de la politique, et cela jusque dans les ultimes déclarations de son « testament politique ».

Et si l'antisémitisme allemand fit grief aux Juifs de leur talent particulier dans le commerce avec les femmes (surtout de la fascination singulière qu'ils exerçaient sur les femmes non juives), peut-être était-ce vraiment cette faculté qui facilita leur propre émancipation dans une société où les femmes n'étaient pas opprimées comme dans l'État mâle d'Europe centrale mais largement émancipées et où, par rapport aux hommes, elles affirmaient leur quant-à-soi et leur autonomie (« *on their own right* »)... Du moins dans la tête des « hommes d'Allemagne »,

---

1. L, p. 120
2. *Ibid.*

de telles imaginations font bloc sous la rubrique « civilisation », « femmes anglaises » et « Juifs ».

Le sort de deux personnalités juives – Lassalle en Allemagne et Disraeli en Angleterre –, la mort absurde de l'un, brisé (intérieurement) par les contraintes de l'ordre patriarcal, le triomphe de l'autre (il put devenir le maître d'œuvre de la domination de l'Angleterre sur le monde et la mener à son terme), nous font voir clairement à quel point les chances d'adaptation et de promotion sociale se distribuaient différemment dans l'un et l'autre cas...

D'une manière générale, on pourrait dire que les espérances des Juifs, qui s'étaient depuis toujours rapportées à un ici-bas, et leur désir de voir se réaliser partout en même temps un royaume de paix à l'intérieur de ce monde, trouvèrent pour s'exaucer de meilleures conditions dans l'universalité de la domination britannique sur les mers, déployée en empire, que dans l'État allemand. La domination sur « les mers et leur liberté » était une chose plus concrète que l'Esprit absolu de Hegel et que l'« empire de la moralité ». D'un autre côté, il faut sans doute observer que le refus opposé par les « hommes d'Allemagne » à l'offre d'alliance faite par les Juifs fut assurément un grand malheur, mais qu'ils n'ont pu agir autrement. Ce refus était dans la logique de leur mentalité continentale ethnocentrique, et était inhérente à l'Europe centrale et à l'esprit du ban des mâles. Il était la ligne de fuite de l'adaptation « autoplastique » dans l'histoire de l'évolution.

« Reste la mer ».

Nous allons une dernière fois revenir encore à Bismarck, lui qui, conseiller référendaire de vingt-deux ans, « pour une jeune Anglaise aux cheveux blonds et d'une rare beauté [1] », pour Isabelle Loraine-Smith, âgée de dix-sept ans, abandonne, oublieux de tous ses devoirs, son poste à Aix-la-Chapelle pour suivre la jeune fille à travers l'Europe des mois durant. Il voulait l'épouser, ce qui, étant donné l'anglomanie du futur chancelier du Reich, ne saurait surprendre. Et la chose eut lieu en 1837, année où la reine Victoria gravit les marches du trône et où Disraeli emporta son premier siège de parlementaire.

Une lettre que Bismarck écrivit plus tard à Gustav Scharlach nous fait mesurer à quel point le groupe des représentations de

---

1. Cité d'après E. LUDWIG, *Bismarck*, trad. fse A. Lecourt, Paris, Payot, 1984, p. 33.

la « mer » jouait un rôle d'importance. La vie de Bismarck aurait
peut-être pris un autre cours, lisons-nous, « si une Anglaise belle
comme une image ne m'avait engagé à changer de direction, et
ne m'avait entraîné pendant six mois dans son sillage sur des
mers étrangères. Je la contraignis enfin à mettre en panne, elle
baissa pavillon, mais, après l'avoir détenu deux mois, mon butin
me fut repris [1]. » Lignes où l'on croirait entendre la parodie d'un
cours de Carl Schmitt sur le droit de la mer anglais. La mer
ouverte, le cap suivi par un corsaire et la répartition du butin !
« La propriété privée de l'ennemi [...] ressortit au droit des
corsaires [2]. » Nous n'inventons rien. *« They... hm... hm... had an
affair »* – pour le junker de cis-Poméranie, c'était une révélation !

C'est un malheur pour l'histoire universelle que la chose n'ait
pas eu de suite. Nous le savons, le « junker extravagant » qui,
jadis, comme il le croyait, avait encore « trop de romantisme
au corps [3] », caressait le projet de partir avec son ami d'école,
Arnim, « en Égypte, en Syrie [...] peut-être plus loin encore [...]
et je pense à jouer l'Asiatique quelques années, pour apporter
quelque changement aux décors de ma comédie et fumer mes
cigares au bord du Gange au lieu de la Rega [4]. » L'Orient et
l'Inde l'attiraient lui aussi ! Avec une lady anglaise, il aurait pu
réaliser de tels plans. Au lieu de fonder le Reich, il aurait mis
ses talents de condottiere au service de l'empire mondial britannique et serait mort comme *Vice-Roy of India*, partout porté
aux nues – comme le descendant de ce Battenberg qu'il chassa
d'Allemagne parce qu'il voulait à tout prix réserver la princesse
Victoria à son fils Herbert.

Au lieu de quoi, il se retire sur ses terres – sur sa base
terrestre – et épouse par pure endogamie Johanna von Puttkamer, le complément féminin typique de l'« homme d'Allemagne », « compagne, victime et témoin [5] ». Il cède du terrain.
Quand plus tard il évoquera les « femmes anglaises », il saura
bien de quoi il parle. C'étaient des « créatures matoises »
comme lui et qui, sur le plan sexuel, revendiquaient pour elles
la même liberté que lui pour son propre usage. C'étaient des
êtres d'un « autre royaume ».

Prévenons tout malentendu. Oui, Otto von Bismarck *était* un
génie, un titan et un géant « formidable et unique en son genre ».

---

1. *Ibid.*
2. VRA, p. 382.
3. E. LUDWIG, p. 32.
4. *Ibid.*, p. 46. [La Rega est un petit fleuve du nord de l'Allemagne
– N.d.T.]
5. ExC, p. 44.

Mais je n'entends par là qu'une chose : pour l'Allemagne, il fut un désastre. D'une manière générale, en matière de « grands hommes », de « culte de la personnalité » et de *hero-worship*, mes réserves se ramènent au dicton chinois : « Un grand homme est un malheur public. » Le parti que je prends fait entendre la consternation suivante : c'est hélas le type des junkers de l'est de l'Elbe qui imposa son style à la culture politique allemande, et non la variante romantique, celle qui trouva sa version exemplaire en la personne des frères Humboldt. Quand il est question des « hommes d'Allemagne raides comme des piquets » (Steding), on ne devrait jamais perdre de vue que, dans les couches supérieures de la société prussienne, il y eut aussi ce type d'hommes amènes, pétris d'humanisme et d'érotisme. Seulement, au moment de « Versailles » au plus tard, il avait disparu. Le style bismarckien fit son entrée en force. Dans ses souvenirs de jeunesse, Eulenburg dépeint le contraste des deux palais de la Wilhelmstrasse * : d'un côté, le ministre de la maison du roi ** et le salon de la comtesse Schleinitz (plus tard, comtesse Wolkenstein exilée à Vienne), un dernier vestige du Berlin de l'aristocratie cultivée ; de l'autre, le panier de crabes du clan Bismarck où se réunissaient les haineux et où l'on « faisait de la politique ».

Mais peut-être Bismarck était-il lui-même une victime, non seulement de son « démon », mais aussi des « circonstances » ? Peut-être était-il lui aussi, au fond, un « romantique » qui aurait pris sur lui de pratiquer la *Realpolitik* ? Suggérant ce point de vue, l'éclairage jeté sur Bismarck par l'historien allemand Otto Westphal est intéressant [1]. Selon lui, la performance de Bismarck tient à la « repolarisation du romantisme, passant du féminin au masculin ». « Considéré en lui-même, le romantisme, avec son emphase du naturel, du sensuel, de l'inconscient,

---

* À Berlin, jusqu'en 1945, centre de la vie politique et quartier des bâtiments officiels. [N.d.T.]

** Autrement dit, le ministre responsable de la cour et des biens de la couronne. [N.d.T.]

1. Par son ouvrage *Feinde Bismarcks. Geistige Grundlagen der deutschen Opposition 1848-1918* (Les ennemis de Bismarck. Fondements intellectuels de l'opposition allemande, 1848-1918), Munich-Berlin, 1930, Otto Westphal fait directement partie du groupe symptomatologique des « hommes d'Allemagne » auxquels nos recherches sont consacrées *via* le cas de Carl Schmitt. Lui aussi, il a rejoint le mouvement national-révolutionnaire, se compromettant fâcheusement après 1933. Mais, à l'opposé de ses compagnons d'âge en vue – Schmitt, Jünger, Heidegger –, il ne s'est pas drapé dans le silence après 1945, tentant plutôt avec courage d'expliquer, à lui et au monde, son « erreur ». Ce que sa confrérie ne lui pardonna pas – un silence de mort l'entourait.

du souterrain et du nocturne, était un rejeton du génie féminin, de même que les femmes ont joué, ô combien, un grand rôle tant en littérature que dans les salons du romantisme. Ce couple du féminin et du romantisme, Bismarck l'a torpillé. Au romantisme il a pris ainsi beaucoup de son arôme de secret, la poésie des nuits envoûtantes et pleines d'éclat lunaire. Il l'a virilisé [1]. » Bismarck, dit Westphal, « vivait et tissait une sorte de métaphysique des sexes [2]. » Westphal a bien vu là, je crois, quelque chose d'essentiel.

Bismarck a sans cesse utilisé le topos de la discrimination des peuples et des races masculines et féminines. Devant le juriste suisse Bluntschli, il a souligné le mélange de l'élément masculin – dans les couches supérieures germaniques – et de l'élément féminin – dans les couches subalternes slaves – comme le caractère spécifique de l'État prussien [3]. Toute la race des hommes et son histoire, jugeait-il, se fonde sur l'opposition frontale de l'homme et de la femme. Sur ses vieux jours, Bismarck a ruminé la question de savoir s'il n'y aurait pas, commise au service du Dieu imaginé comme régnant en monarque sur ce monde et qui est évidemment de sexe masculin, quelque figure de femme, c'est-à-dire une « conseillère » féminine, qu'assurément il se sera de préférence représentée sur le patron de sa Johanna, plutôt que sur celui de l'impératrice Friedrich – mais qui sait ? Je ne saurais dire si ce sont ces élucubrations d'une théologie hétérodoxe qui poussèrent la faculté de théologie de Giessen à décerner à Bismarck le titre de docteur *honoris causa* – peu importe. Lorsque, en présence de Harden, Bismarck mettait en avant l'« éternel féminin » comme le péril le plus effroyable pour la monarchie, il savait donc de quoi il parlait. Voilà une variante intéressante de « théologie politique ».

La misogynie politique de Bismarck était une facette de la *Realpolitik* au moyen de laquelle il combattait en lui-même le « romantique » et le féminin.

À la fin de sa vie, il doit avoir pressenti que la domination des hommes, elle aussi, connaîtrait un jour son terme. « Car tout n'est finalement qu'une question de temps. Peuples et êtres

---

1. Otto Westphal, *Weltgeschichte der Neuzeit 1750-1950* (Histoire universelle des Temps modernes), Stuttgart, 1953, p. 100.

2. *Ibid.*

3. Voir aussi la remarque faite au docteur Eduard Cohen : « C'est pourquoi les Celtes et les Slaves avaient aussi des femmes plus attrayantes que les Germains » (E. Cohen, *Worte Bismarcks [1880-1884]*, dans : *Erinnerungen an Bismarck*, p. 323).

humains, folie et sagesse, paix et guerre vont et viennent comme les ondes – *reste la mer* [1]. »

« Une opposition qui domine le monde ».

L'« opposition qui domine le monde », celle de la « terre » et de la « mer », est-elle autre chose qu'une nouvelle variante de la pensée dichotomique de Carl Schmitt ? Ne retrouvons-nous pas tout bonnement dans le face à face de deux « formes d'existence », l'une « terrienne », l'autre « maritime », la vieille opposition du « bourgeois » et du « soldat » où nos réflexions ont toutes pris leur point de départ ?

Le propos tenu sur les deux « types d'humanité fondamentalement différents », propos qui s'annonçait dans le *Romantisme politique* et, dans la *Théologie politique*, prenait l'acuité d'un affrontement entre deux types de visions du monde pour culminer sans fard, en 1934, dans l'opposition du « soldat » et du « bourgeois » et, pour finir, dans celle de l'« Allemand » et du « Juif », ce propos se radicalise maintenant pour distinguer *deux variétés de l'espèce Homme*, et cela dans une acception anthropologique et au plan de l'histoire de l'espèce. « L'homme de la terre ferme », déclare Schmitt en 1969 dans un entretien avec le maoïste Joachim Schickel, « est, aurais-je presque envie de dire, d'une autre espèce que l'homme des mers [2] ». Ce qui est tout sauf une simple manière de parler.

Avec une déclaration de ce genre, Carl Schmitt abandonne le terrain des analyses socio-historiques et redéploie ses essais d'interprétation des constellations de l'histoire universelle sur un plan où le fondement en est « élémentaire ». Il n'argumente plus du pur point de vue de l'histoire des idées, mais de celui de l'histoire de l'évolution – non pas, il est vrai, dans la langue des sciences de la nature, mais de manière allégorique, emblématique et symbolique.

Dans l'« élément » de la mer, c'est le principe de l'ouverture et de la vastitude, du mouvement, de la transformation et de la révolution, qui prend une valeur symbolique – cela n'est vrai que pour le Carl Schmitt de la maturité. Dans l'« élément » de la terre ferme, le principe de conservation des délimitations opiniâtres, de la solidité et de l'ordre spatial prend une valeur

---

1. « J'ai appris à devenir dur. Je ne suis qu'un paquet de nerfs, et cela à tel point que la seule tâche de ma vie aura été de me maîtriser moi-même » (cité d'après S. HAFFNER, « Otto von Bismarck », dans : S. HAFFNER et Wolfgang VENOHR, *Preußische Profile*, Königstein, 1980, p. 97).

2. *Entretien radiophonique*, p. 27.

symbolique. Tels sont les deux pôles d'un champ de tensions dialectiques dont la dynamique donne à l'histoire universelle sa « direction ». Les « types d'humanité » correspondants sont subordonnés à ces deux pôles.

Met-on le doigt, avec un tel diagnostic, sur la couche la plus profonde de la métaphysique historique de Schmitt ? Tout indique que cette « opposition élémentaire » n'est, elle aussi, qu'une parabole, en quelque sorte, pour une ultime dichotomie plus profondément enfouie encore. Afin de trouver la réponse à la question de Carl Schmitt sur « le noyau de la structure de la tension dualiste [1] », il nous faut forcer le passage jusqu'à un méta-niveau signalé par le topos du « lieu central ». La polarité fondamentale qui structure les destinées de l'homme et de l'humanité dans toutes les couches de l'être est le dualisme des sexes, c'est-à-dire la polarité du principe masculin et du principe féminin.

Au fil de nos analyses des œuvres de Carl Schmitt, nous avons pu mettre à chaque fois en évidence le tracé des lignes de clivage. Nous avons vu que ses concepts et ses positions, ses distinguos et disjonctions sont marqués en fin de compte par le dualisme des sexes, quoique Schmitt ne désigne pour ainsi dire jamais *expressis verbis* les deux pôles.

Quel que soit le plan où Carl Schmitt aura hypostasié les deux types d'humanité « différents en substance », quels qu'aient été les noms et les sigles qu'il a utilisés pour désigner le couple de contraires, nous retrouvons toujours le même modèle d'une bipolarité fondamentale. Dans l'une des deux positions, c'est l'ordre des pères légué par la tradition et le régime des mâles qui est défendu. Dans l'autre position, ce même ordre est remis en question, ouvertement combattu et subverti, et cela s'effectue, même si ce n'est pas toujours consciemment, sous le signe d'un autre principe auquel on peut donner une quantité confondante de noms, qui ont néanmoins une chose en commun, à savoir : *le désir d'une organisation des conditions de vie humaines différente du régime de la domination des mâles*. Parler d'un « projet d'ordre » alternatif pourrait donc induire en erreur, parce que la notion d'« ordre » a toujours été marquée par le modèle de domination des hommes. Dans la perspective de ce régime, ce qui décidément est commun à toutes ces projections et revendications est la négation affirmée de *tout* ordre. Sous quelque forme que se présente cas par cas cette menace (ou ce que l'on perçoit ainsi) – liberté, émancipation, sexualité, poésie, révolution, anarchie –, il s'agit

---

1. GK, p. 137.

d'expressions d'un *contre*-monde et d'affirmations d'un *contre*-pouvoir. Ce qui les lie entre elles est une échelle de valeurs autre que celle posée de manière inconditionnelle par les hommes et imposée par la violence – à savoir la guerre, l'État, l'esprit *(logos)*. En d'innombrables métamorphoses, le « féminin » s'affirme là comme le principe de vie et trouve ainsi une efficace historique.

L'œuvre de Carl Schmitt est placée sous le signe de la lutte totale de l'ordre patriarcal des mâles s'opposant à l'assaut du « féminin » embusqué derrière tous ses ennemis. Schmitt lui-même, pour donner un nom à cette puissance de sinistre augure, a parlé de matriarcat, employant ainsi, à bon escient et avec pertinence, un mot balise de son époque.

Si l'on peut sommairement désigner la position de ce régime des mâles dans toutes ses variantes et manifestations, dans ses conceptions politiques et sociales de l'ordre, sa mentalité, ses techniques de vie et sa conception de l'existence, dans ses peurs et ses fantasmes, en utilisant le slogan de « patriarcat », parce que chacun sait de quoi il retourne, il est bien plus problématique d'utiliser la notion de « matriarcat » pour la position adverse, parce qu'elle ne correspond à aucune réalité et à aucune expérience concrète, historique ou sociale, mais balaie, large et sans contours précis, un champ d'aspirations, de désirs, de modèles anticipés, d'idéaux, d'élucubrations et de revendications sociales. Ainsi donc, à son corps défendant, le régime de domination patriarcal a aussi engendré son contraire : un univers d'amour délivré de l'oppression et de la violence, « utopie sentimentale » qui est un thème permanent de la culture occidentale. Il ne s'agit pas là d'une idée dont les femmes seraient à l'origine, mais d'un simple rêve d'homme.

« Patriarcat » et « matriarcat » ne sont des grandeurs ni symétriques ni équivalentes. Il n'y a très probablement jamais eu de « matriarcat » tel que Bachofen le décrit. C'est là une projection des hommes endurant les contraintes internes et externes de l'ordre patriarcal. En fait, dans le topos du retour du matriarcat, se condensent, avec toute la virulence du « retour du refoulé », les espoirs placés dans les effets bénéfiques d'une réhabilitation du féminin, espoirs qui prennent l'épaisseur d'une image sécularisée du paradis, à la fin des temps, ici-bas et en ce monde.

La présence des mécanismes de la dynamique pulsionnelle individuelle et collective se mesure ici au fait que leurs désirs sont aux uns ce que leurs peurs sont aux autres. Le matriarcat n'est pas seulement la métaphore d'une aspiration nostalgique, mais celle aussi de la peur de quelque chose de menaçant – peur des flux déchaînés, de la « sauvagerie anarchiste » débridée, des pulsions sans frein, autant dire peur de la sexualité assimilée au chaos. Le retour du matriarcat est exactement ce qu'il s'agit d'empêcher. Que cèdent les digues, et sonne l'heure de leur capitaine.

Le « matriarcat » est essentiellement un mythe, une utopie et un fantasme. Comme phénomène historique, le mythème relève de l'histoire des idées du XIXe siècle. Dans les controverses du siècle sur les sens possibles du règne humain, il est la grande métaphore de l'« autre » principe, c'est-à-dire le principe refoulé et dénié de la formation du monde socio-historique qu'il s'agit de redécouvrir, de reconnaître et d'intégrer.

La réalité du « patriarcat » et le *mythe* du matriarcat, avec le défi qu'il jette au premier et avec sa remise en question et son expression d'une irrépressible dynamique du changement, tels sont les deux pôles par rapport auxquels se déterminent tous les clivages, les mots d'ordre, les concepts, les arguments, les espoirs et les peurs. On ne comprend rien à notre époque si l'on ne voit pas que ses conflits, sur quelque plan que ce soit – politique, social, économique, culturel –, s'inscrivent dans le champ magnétique de cette confrontation. Pour en juger, il faut, assurément, avoir en vue le contexte dans toute son ampleur. La production littéraire et artistique, l'épanouissement des sciences humaines, la production d'idées politiques et leur influence, mais aussi la genèse de troubles psychiques et de maladies mentales ne sont pas des éléments dissociables. Contre le discours officiel de la domination des mâles, une autre pensée, un autre savoir et une autre manière de sentir s'imposent opiniâtrement. Le regard synoptique discerne distinctement où passe la ligne de front, même s'il est parfois difficile de percer les masques, les occultations, les rationalisations et les déformations idéologiques.

Il s'agit encore et toujours de la nouvelle forme à donner au rapport des principes masculin et féminin qui, disposés dans la bisexualité de l'homme comme créature générique, impriment leur sceau à la réalité sociale et historique, et qui, vraisemblablement, en tant que phénomène primordial de la « nature » et en tant que dualisme cosmique bien au-delà de la sphère vitale de l'espèce, en commandent le destin. Il ne s'agit pour nous que de savoir si les facultés de connaissance humaines portent assez loin pour en déchiffrer les relations. En tout cas, nous remarquons que se modifient incessamment non seulement les représentations anthropologiques de la nature de l'homme, mais aussi le rapport de l'homme à la nature, dans la nature et comme nature.

Nous n'avons pas à déterminer ici s'il y va d'un principe

universel embrassant toutes choses ou d'une projection de l'esprit humain. Contentons-nous d'observer que toutes les grandes cosmologies engendrées par l'activité de l'esprit humain au cours de la longue histoire de la culture – les enseignements des sages chinois, le tantrisme, la kabbale, etc. – hypostasient unanimement la polarité des sexes comme un principe fondamental de l'ordre du monde. Non sans une exception, assurément : celle de la métaphysique occidentale, dont, aujourd'hui, il nous faut dire qu'elle se fonde sur une désexualisation de l'idée que l'homme se fait de lui-même, ce qui n'était rien d'autre qu'une manière unilatérale et violente de donner une valeur absolue à un mode de pensée spécifiquement masculin proclamé pensée par excellence, tout en niant et en refoulant le « féminin » et par là la sexualité de l'homme. Singulière « prestation culturelle », certes. Mais qui fait les comptes ? L'alliance passée entre la philosophie des hommes et l'idéologie chrétienne, ou, pour mieux le dire, l'usage qu'eut cette philosophie de la théologie chrétienne, voilà qui fut particulièrement fatal.

Principe d'ordre prédominant, le « patriarcat » est le produit d'une évolution au terme de laquelle nous aboutissons aujourd'hui. « Nous scrutons l'œil de Vénus » (Nietzsche). La déconstruction de la métaphysique occidentale est assurément en route sur des chemins qui ne mènent nulle part ; elle y restera tant que l'on ne remarquera pas qu'il n'y va pas du dégagement de l'« être » *(Sein)*, mais de l'essence *(Wesen)* et de la vérité de la bisexualité. « La mort de Dieu » et la « fin du sujet » sont des étapes non d'un déclin, mais d'un essor. Ce n'est pas la *tabula rasa* du nihilisme qui est devant nous. L'image qui doit nous servir de boussole est celle du phénix renaissant de ses cendres, c'est-à-dire la palingénèse.

Au long des siècles, un « savoir » originaire portant sur la bisexualité de l'homme (et du monde) s'est, il est vrai, opiniâtrement maintenu, sous forme de tradition ésotérique, et, en dépit de toutes les persécutions, a continué de faire sentir ses effets souterrains. Ce n'est qu'avec le mouvement romantique qu'il a retrouvé toute sa force d'impact et qu'il domine depuis lors les conflits d'idées qui tournent autour des fins et de la destinée de la race humaine. En substance et selon sa structure, le noyau irréductible de toute tentative de lecture du sens est nécessairement une « métaphysique du sexe ».

Celle-ci, entre-temps, est devenue le thème central d'une anthropologie culturelle historique – ce qui ne désigne pas ici quelque discipline, mais le large éventail des sciences humaines visant à la compréhension et à l'interprétation de l'« essence » de l'humain, sciences qui du reste se différencient de plus en plus. Il se révèle que le modèle fondamental du travail de la connaissance est encore et toujours la topique du champ de tension bipolaire, topique qui permet de repérer le secret de la bisexualité de l'humain sur tous les plans de l'existence – physiologique, psychologique, social et historique.

Le doute n'est plus permis, la connaissance de l'« influence sur la vie des peuples des rapports des sexes et de la façon plus ou moins noble de les concevoir » – au sens de Bachofen et de sa postérité – est la voie royale pour comprendre les « questions éminentes de l'histoire » et la « clef de l'histoire universelle » que recherchent tous ceux qui ne veulent pas renoncer à identifier les lois de la vie de l'espèce.

C'est ainsi qu'il faut apprendre à lire l'histoire des idées du XIXe et du XXe siècle. C'est ainsi que Carl Schmitt l'a lue, et c'est ainsi qu'il faut apprendre à le lire, lui. Sa pensée, sa vie et toute son œuvre se situent dans le champ magnétique de la domination des mâles et du « mythe du matriarcat ». Même s'il croyait devoir se décider en faveur du patriarcat, c'est l'autre pôle qui le fascinait. Il se tenait sur la terre ferme et scrutait la mer tout ouverte. Il était envoûté par les pères et aspirait au royaume des mères.

C'est cette « indécision » pleine d'ambivalence que le comte Harry Kessler avait en vue lorsqu'il écrivait : « C'est justement à cause d'une certaine insécurité intérieure que l'Allemand est un militariste parfait, qui se réfugie volontiers dans l'espérance d'un paradis, ici-bas ou dans un au-delà quelconque [1]. »

---

1. Harry comte KESSLER, *Cahiers*, trad. Boris Simon, Paris, Grasset, 1972, p. 258.

CHAPITRE XIII

HAMLET

« Mais j'ai ceci en moi qui surpasse l'apparence ; le
reste n'est que faste et parure de la douleur. » (Hamlet, à
sa mère, dans : SHAKESPEARE, *Hamlet*.)

JOCASTE, *à Œdipe* : Ne redoute pas l'hymen d'une
mère : bien des mortels ont déjà dans leurs rêves partagé
le lit maternel. Celui qui attache le moins d'importance à
pareilles choses est aussi celui qui supporte le plus
aisément la vie. (SOPHOCLE, *Œdipe roi*.)

« Mon travail est consacré à l'élucidation scientifique du
droit », écrivait Carl Schmitt en 1946. « Je suis le dernier admirateur lucide du *jus publicum europaeum*, le dernier à l'ensei-
gner et à l'explorer, dans un sens existentiel [1]. » Témoignage
qui en impose, où Schmitt rend compte de l'idée qu'il a de
lui-même et de sa manière de faire ses choix. Qui oserait le
contredire ? Que l'on nous permette en revanche de nous demander : qu'est-ce qui amena le professeur de droit Carl Schmitt à
écrire un livre sur Hamlet à l'âge de soixante-dix ans ? *Hamlet
oder Hekuba* (Hamlet ou Hécube) est une contribution à l'interprétation du drame de Shakespeare, qui aurait fait le bonheur
d'un historien de la littérature. Nous voudrions donner une
réponse à cette question.

Le « tabou de la reine ».

Dans un court tapuscrit larmoyant et hypocrite (il y est trop
souvent question de « sincérité » pour qu'il soit vraiment sin-
cère) qui circula sous forme de texte ronéotypé après la publication du livre sur Hamlet, sous le titre *Was habe ich getan ?*
(Qu'ai-je fait ?), Carl Schmitt incrimine en lui des « troubles de
sa capacité de travail, la transgression d'un tabou et l'atteinte à
un monopole », ce qui lui vaut immanquablement – *poor
Edgard !* – de figurer au registre des criminels. « Mon opuscule

---

1. ExC, p. 75.

sur Hamlet n'a pas de fil conducteur et pour ainsi dire pas de plan. Et même, dans son contenu comme dans sa rédaction, je ne l'ai pas voulu, seulement rêvé [1]. »

Que ce texte entretienne des liens avec le monde du rêve, non seulement nous ne voulons pas le mettre en doute, mais nous comptons même en faire la démonstration. Mais nous ne croirons pas le vieux grand maître des sorcières quand il affirme qu'il n'a pas été voulu et qu'il n'a pas de fil conducteur, et pour ainsi dire pas de plan. Ce livre est – mystification dans la meilleure manière de Schmitt – la *mise en scène** du théâtre dans le théâtre. Cette fois-ci, c'est Schmitt en personne qui est, héros ou antihéros, celui dont traite ce jeu de masques. Le livre sur Hamlet est une œuvre dûment méditée, il est l'échantillon d'une apologie faite selon toutes les règles de l'art. Il pourrait s'intituler : « Que *n'ai-je pas* fait ? »

« Sigmund Freud, le fondateur de l'école psychanalytique, a affirmé : tout névrosé est soit Œdipe soit Hamlet, selon que ses complexes névrotiques le lient à son père ou à sa mère [2] », relève Schmitt dès les premières lignes. Le grand problème dans la vie de Schmitt aura certainement été sa relation étroite à sa mère. Dans son livre sur Hamlet, il thématise *son* complexe de Hamlet, c'est-à-dire *sa* relation perturbée au féminin, tout en problématisant l'option qui est la sienne, le parti pris pour le « père ».

Schmitt s'est décidé pour l'ordre patriarcal et autoritaire – pour les pères, c'est-à-dire, concrètement, pour la Prusse, pour la capitale, Berlin, et pour Hegel – mais n'en est pas moins toujours resté sous l'emprise de la « mère », c'est-à-dire, concrètement, sous l'emprise de la contre-culture allemande juive et de la bohème dont Munich et Vienne étaient les métropoles et où le mythe du matriarcat fit florès.

Pour Carl Schmitt, ce mythe était tout sauf un produit de l'imagination littéraire. Il savait de quoi il en retournait avec les mythes, et il prenait ce mythe au sérieux autant que n'importe lequel de ses hérauts. En témoigne non seulement l'attention qu'il a consacrée à *Nordlicht*, l'épopée de son ami Theodor Däubler, mais surtout les allusions au psychanalyste, anarchiste et prophète du matriarcat Otto Gross que, dans un passage chargé de sens, il intitule, nous l'avons déjà évoqué, son adversaire, son véritable ennemi. Ce double témoignage se trouve déjà dans la *Théologie politique*, cet écrit militant rédigé contre le « matriarcat » et au service de l'« ordre patriarcal ».

---

1. C. Schmitt, « Was habe ich getan ? » (tapuscrit, collection particulière N. Sombart.)
2. *Hamlet ou Hécube*, p. 12.

Il suffit de se remettre en mémoire cette œuvre des débuts, sur laquelle Carl Schmitt assit sa renommée, pour discerner que le « dernier à avoir enseigné et exploré le *jus publicum europaeum* » s'est au fond toujours compris lui-même comme le représentant résolu de la pensée de l'ordre de l'âge patriarcal. Nous pouvons dire aujourd'hui qu'il fut le dernier de ses représentants. Il a vu pointer le « matriarcat » et s'est lancé dans une tentative vaine et désespérée – ainsi que cela allait se révéler – pour y parer. Sa tâche a échoué. Comment et pourquoi, c'est ce qu'il nous dit dans son livre sur Hamlet.

« Hamlet est le fils d'un père assassiné [1] », qui doit venger ce père – ce que toutefois *il ne fait pas*. Il est irrésolu. Il est l'indécision en personne. Car, à proprement parler, le meurtrier de son père n'est pas le frère de ce dernier, l'usurpateur qui, attentant aux lois du sang, a épousé la mère – la reine veuve –, mais la *mère elle-même*. Qu'elle ait inspiré le méfait, qu'elle en soit la complice adultère, qu'elle en ait été l'exécutrice – ainsi que le suggère la « pièce de théâtre dans le théâtre » mise en scène par Hamlet –, peu importe, le problème proprement dit n'est pas la liquidation de l'usurpateur, mais – comme l'explique Carl Schmitt – la « question de la culpabilité de la mère [2] ».

L'idée que sa « mère soit coupable » paralyse le fils parce qu'elle le subjugue au plus profond de lui-même. Ce n'est pas tant qu'elle ait assassiné son père qui le rend chagrin, mais qu'elle se soit donnée à un autre homme – et non pas à *lui*, le fils, lui qui voudrait la posséder. Le scandale du choix qu'elle a fait d'un époux incestueux tient à ce qu'il donne à la possibilité et au désir de l'inceste toute leur actualité. La *mise en scène**
de ses désirs propres – et non le meurtre –, telle est la « faute ». La « culpabilité de la mère » est une projection des sentiments de culpabilité du fils, qui se fait grief de ses désirs – refoulés – d'inceste et de ses envies parricides. Impliqué comme il l'est, il lui est impossible de réfléchir rationnellement sur le fait même du « régicide ». Les projections, d'une part, et la censure, d'autre part, en défigurent l'image. Le fils ne peut ni percevoir la culpabilité supposée ou effective de sa mère ni en admettre la réalité ; paralysée, sa faculté d'action est annihilée.

La fixation œdipienne sur sa mère, le désir, donc, de faire exactement ce qu'interdit le « père », l'empêche de faire ce qu'exige son père. Dans la situation où l'on attend de lui une entière détermination, le fils est incapable de se résoudre. Le vengeur présomptif du père (l'héritier) est au fond le complice

---

1. *Ibid.*, p. 18.
2. *Ibid.*

de sa mère et son « mandataire ». La « philosophie de la décision » d'un Carl Schmitt apparaît ainsi comme la figure inversée
de l'incapacité de Hamlet à prendre une décision – ou si l'on
veut comme une tentative de thérapie, non point par le recours
aux techniques intropathiques de la psychanalyse, mais par un
remède de cheval à la Schreber.

Et, de fait, le syndrome de Hamlet (variante particulière du
complexe d'Œdipe) est la névrose caractéristique des « hommes
d'Allemagne ». Il est une conséquence de l'organisation de
l'économie pulsionnelle qui fait leur singularité, et qui est fondée sur un refoulement radical du « féminin ». Le « féminin »
– la mère, toujours, dans son absolu – est marqué du sceau d'un
tabou.

Carl Schmitt met le « tabou de la mère » au centre de son
livre sur Hamlet. Il ne veut rien entendre de la psychanalyse,
mais procède d'une manière bien à lui : il manipule les
« connexions dans l'histoire des idées, dont la connaissance
signifie pour moi l'accès au savoir [1] ». Par le détour de la figure
d'une reine, il s'ouvre un accès à la problématique de la mère,
ce qui, pour un spécialiste de droit public, est tout à fait légitime.
Quand il dit : « Voilà ce que j'appelle le tabou de la reine [2] »
pour suggérer ce qui lui importe s'agissant de Hamlet, il énonce
là la formule décisive.

Quand il écrivit son livre sur Hamlet, Carl Schmitt avait près
de soixante-dix ans : il ne lui fallut pas moins de temps pour
vendre la mèche. Maintenant, avec ce « tabou de la reine », il
s'explique laborieusement. Ce thème est le thème de sa vie
entière et constitue pour lui un échec. Mais c'est aussi à cause
de ce « tabou de la reine » que l'Allemagne est allée au fond
de l'abîme.

Proscrivant toute psychologie et toute psychanalyse, Carl
Schmitt parle d'un « tabou de l'œuvre d'art qui, détaché de sa
genèse historique et sociologique », est « un tabou de la forme
absolue, le véritable tabou d'une philosophie idéaliste, un tabou
de pureté ». Il aimerait se dissimuler derrière ce tabou de pureté
qui « plonge des racines profondes dans la tradition de la culture
allemande [3] ». Alibi qui semble utilisable pour la faute d'un fils
ne pensant pas la « chose en elle-même ». Cette attitude correspond à la tradition allemande pour laquelle, depuis Hegel, la
« culture » *[Bildung]* est « une religion de la divinisation de
l'État ».

---

1. ExC, p. 51.
2. C. SCHMITT, « Was habe ich getan ? ».
3. *Ibid.*

Ce « tabou de la pureté », Carl Schmitt, même dans son livre sur Hamlet, ne veut pas le briser. Cela passe ses forces. Dans cette mesure, il est dans le faux quand il se fait grief d'avoir « attenté au tabou ». Mais, en le thématisant, il se risque jusqu'à son extrême limite. Pour qui a l'oreille fine et sait entendre, la façon dont son discours longe et frôle la frontière de l'observance du tabou et de son infraction est rien moins qu'excitante : l'auteur cache de cette manière et livre en même temps son secret.

Hamlet – Jacques.

Il s'agit donc ici d'une ligne de crête passant par trois plans : le plan de l'histoire littéraire, où est interprété un drame de Shakespeare, le plan historique où, les personnages du roi Jacques et de sa mère, la reine Marie Stuart, servant d'arrière-plan, le motif de Hamlet est placé dans le « contexte de l'histoire universelle », et, pour finir, le troisième plan, sur lequel Carl Schmitt commente indirectement son propre destin. Quoiqu'il s'agisse clairement d'une problématique du père et de la mère qui n'est intelligible que dans les termes de la psychologie des profondeurs, Schmitt procède par des théorèmes empruntés à l'histoire des idées et à la philosophie politique. Ce qu'il dit n'est jamais dit directement. Pour déchiffrer ce discours hybride, il faut recourir aux techniques herméneutiques de l'interprétation psychanalytique des rêves. Schmitt, finira-t-on par conclure, ne nous livre pas seulement une interprétation de son propre destin, mais encore – ce destin servant d'exemple – une interprétation des destinées de l'Allemagne. Quand il écrit que « le gain ultime, et le plus important, ce qu'au fond j'ambitionnais en tentant d'interpréter le problème de *Hamlet* » est de « [découvrir] le noyau irrévocable, et incontestablement supérieur à toute invention subjective, d'une réalité historique singulière et [de comprendre] comment il s'élève à la dimension du mythe [1] », on comprendra que son exégèse de Hamlet sert une fin, promouvoir en mythe le syndrome de Hamlet (comme paradigme de l'affrontement du matriarcat et du patriarcat) – mythe dans lequel la réalité historique unique de son temps peut être conçue.

Nous pouvons ici laisser de côté le premier niveau. Carl Schmitt lui-même ne s'en sert que comme d'un outil. L'histoire de la littérature fait office de tréteaux du « théâtre dans le théâtre » sur lesquels la réalité historique, dans la distanciation

---

1. *Hamlet ou Hécube*, p. 86.

du jeu de masques, fait irruption pour apparaître au public dans sa dimension mythique.

Que voyons-nous sur la scène (non pas celle de Shakespeare, mais celle qui est montée par Carl Schmitt) ? Un roi et une reine. Mais c'est l'agencement qui est décisif, la reine est la *mère*, et le roi est le *fils*. Or la « découverte » de Carl Schmitt est que, dans le *Hamlet* de Shakespeare, une situation contemporaine est donnée à voir par « distanciation », à savoir : dans son actualité, la problématique du roi Jacques et de sa relation avec sa mère, la reine Marie Stuart. Mais tout autre est la situation d'actualité qui importe à Schmitt. Qu'a-t-il sous les yeux ? Que voit son « œil d'historien des idées ? » Le personnage formidable de la reine Victoria, qui a dominé le XIXᵉ siècle, l'« impératrice des Indes » à la tête d'un empire mondial né sur les mers, c'est-à-dire l'*imago de la domination féminine*. Elle lui apparaît, conformément au trouble de la perception caractéristique des « hommes d'Allemagne », sous la forme de la « mauvaise mère » et dans le rôle de la femme sicaire régicide, adultère et incestueuse.

L'intérêt qui dirige la recherche de Schmitt ne se polarise pourtant pas sur elle, mais sur le fils, le roi Jacques Iᵉʳ. Et il aboutit par là à son thème de prédilection, le personnage du monarque absolu. Jacques fut effectivement le premier et le seul roi de l'histoire à élaborer une doctrine de la fonction monarchique et à tenter non seulement de la vivre, mais encore de la fonder dans un ouvrage théorique. Sur le plan de l'histoire des dogmes, la théorie du roi Jacques est restée jusqu'à nos jours l'expression la plus pure de la monarchie consciente de soi.

Mais l'homme a échoué, personnage historique plutôt ridicule ou tragique. Carl Schmitt médite sur ce revers. L'« infortuné Stuart » était un « roi qui, dans son destin et dans son caractère, était lui-même le produit de la déchirure de son époque [1] ». Ce par quoi il faut entendre évidemment – nous dit Carl Schmitt – la « guerre civile ». Ces déchirements sont ceux des schismes de l'Europe. Jacques « fut projeté littéralement depuis le ventre de sa mère dans le clivage de son époque [2] ».

Cependant son « problème hamletien » n'était pas le problème des guerres de religion, mais son destin familial personnel, ce dont Shakespeare fit justement l'objet de sa pièce d'actualité à cause des passions qu'il déchaînait dans la sphère publique. Le problème de Hamlet, c'est-à-dire de Jacques, est la question de la « culpabilité de sa mère », de la reine Marie

---

1. *Hamlet ou Hécube*, p. 48-49.
2. *Ibid.*, p. 44.

sur laquelle pèse le soupçon d'être responsable de la mort de son père.

Carl Schmitt réactualise ce problème de la mère en un problème politique. Mieux encore, la problématique de Hamlet lui permet d'exprimer son problème essentiel. Car il lance la question des paramètres psychologiques (au sens de la psychologie des profondeurs) de la capacité de décision du « souverain ». Nous savons que, pour Carl Schmitt, le « souverain » est celui dont la fonction consiste à mettre un terme à la « guerre civile ». La faute historique de Jacques tenait à ce que, en tant que « souverain », il échoua. Son problème fut celui de son « incapacité à prendre une décision », qui contrastait vivement avec sa propre théorie du monarque absolu. Mais les causes de cette incapacité doivent être cherchées ailleurs que sur le plan historique. La réalité historique, les « déchirements » et le « schisme » deviennent, dans l'analyse de Schmitt, des cryptogrammes qu'il faut interpréter par rapport au problème psychologique que masque le problème historique. La valeur d'actualité d'une telle interprétation n'est pas, à ses yeux, de révéler le secret que Shakespeare a « voilé » dans sa pièce (car Schmitt respecte le tabou), elle est dans la chance qu'elle lui offre de comprendre et de justifier son propre échec – non comme « souverain », mais comme théoricien de la souveraineté. « Je suis aujourd'hui », avait-il écrit en 1945, « le seul professeur de droit au monde qui a saisi le problème [...] de la guerre civile dans toutes ses couches profondes et ses raisons, et à en avoir fait l'expérience [1] ». C'est de ces « profondeurs et raisons » qu'il est maintenant question. Et lorsqu'il affirme vouloir laisser « de côté toutes les explications [...] juridiques qui travaillent en termes de patriarcat ou de matriarcat [2] », nous pouvons, suivant en cela le bon usage de la pratique analytique, en déduire qu'un penchant aussi marqué nous indique en toute certitude l'armoire où se trouve le cadavre.

Sur fond de *syndrome de Hamlet*, Schmitt veut mettre en évidence de quoi il retourne dans la « guerre civile » et quelle est la portée de ce topos du point de vue de la psychologie des profondeurs (« dans toutes ses couches profondes et ses raisons », « de façon existentielle »). Ainsi « s'ouvre un horizon où il paraît judicieux de se souvenir de cette source d'un profond tragique [3] ». Le « souverain » qui met fin à la guerre civile de

---

1. ExC, p. 11 s.
2. *Hamlet ou Hécube*, p. 24.
3. *Ibid.*, p. 87.

par sa décision, ce modèle de droit public devient transparent à la lumière du destin de ceux qui échouent dans cette tâche, qui, tel Hamlet, sont « en plein dans la fracture qui a déterminé le destin de l'Europe [1] », et ce « dans le sein maternel déjà » – eux dont la tâche était de surmonter la « fracture ». « Fracture » *(Spaltung)*, le choix de ce terme dans ce contexte doit nous faire dresser l'oreille, même si c'est de schisme *(Glaubensspaltung)* qu'il est question. Pensons à la langue de l'inconscient, et nous verrons de quel champ sémantique participent des mots comme *Spalte* et *Scheide*, et nous comprendrons à quel tabou on touche alors dans le cas d'un conflit entre mère et fils !

Hamlet est le « fils » qui échoue face au commandement de la dé-« cision ». Son incapacité à obtempérer est thématisée comme une incapacité à venger la « faute de la mère » – de la mère qui a tué le père. La cise qui des hommes ne fait qu'une bouchée, s'est entrouverte. Hamlet fait face à la « cise » de la mère (à son corps). La « guerre civile » est la métaphore pour ce gouffre (le fameux « chaos » qui menace dès que la pensée de l'ordre des hommes est « paralysée »). Carl Schmitt veut nous dire que Hamlet échoue dans la tâche concrète de plier sa mère, la reine, à la loi. Il ne réussit pas à endiguer et à repousser la puissance d'irruption du féminin dans la sphère de l'ordre politique. Le « tabou de la reine » est là et fait obstruction.

Le dernier thuriféraire conscient de la pensée et de l'ordre patriarcal désigne ainsi le point où cette pensée de l'ordre bute contre ses limites. La violence patriarcale cesse là où le féminin se révèle comme étant virtuellement le plus puissant. Ce point est occupé par un tabou, c'est-à-dire par l'interdit du contact physique qui est avant tout l'interdiction de penser le féminin autrement que par sa négation. (Freud parle de forclusion.)

Le « fils » Hamlet n'est pas à la hauteur du défi de sa « mère », quand bien même sa conscience (ou l'autorité de l'ordre patriarcal intériorisée en son surmoi) le somme vivement de restaurer l'ordre des pères. Il n'est pas à sa hauteur, parce qu'il aime les mères et déteste les pères. Son allégeance « refoulée » à sa mère se révèle plus forte que sa fixation « consciente » sur son père.

La « faute » de la mère est une projection des sentiments de culpabilité du fils. Elle est son désir secret de tuer le roi et de ramper sous la dentelle des jupons maternels. Le potentiel subversif et anarchiste de son angoisse (le « féminin » en lui), voilà sa « faute », et c'est là où Carl Schmitt veut en venir.

---

1. *Hamlet ou Hécube*, p. 86.

Le roi Jacques – le Kaiser Guillaume II.

Carl Schmitt, dans son livre sur Hamlet comme dans tous ses livres, réfléchit aussi – *post festum* – à la problématique de l'Allemagne wilhelminienne. Il nous fournit maintenant une nouvelle explication, chiffrée et en même temps transparente, du fiasco de ce malencontreux organisme : l'État-soldat monarchique a achoppé sur le « problème Hamlet » des hommes d'Allemagne qui n'ont pas vengé avec assez de résolution et de décision la « faute des mères ». Les pères fondateurs, en faisant du IIe Reich un État mâle contre la « Révolution », avaient eu tout juste la force de contenir l'« éternel féminin » à bonne distance. Mais, pour les « fils », il en alla tout autrement. Après la mort de Guillaume Ier et avec la chute de Bismarck, ce fut un « fils » du genre de Hamlet qui prit la tête du Reich. Il était le « fils » par excellence, qui ne savait plus mobiliser les ressources nécessaires à la défense et au maintien de cet État. Que Guillaume II soit resté simple « fils » (« notre jeune Kaiser ») sans jamais devenir père, voilà qui est bel et bien un élément essentiel de son image. Comme « fils » et « petit-fils » de reines anglaises, il se trouvait, « avant même que sa mère ne l'eût mis au monde, dans la fracture ».

Mais cette fracture n'était plus, dans l'Europe centrale du XIXe siècle, la situation de conflit des « guerres de religion » (dans lesquelles, soit dit en passant, à suivre le Carl Schmitt de la maturité, il y allait, pour l'essentiel, du culte marial !). La ligne de rupture passait entre l'État absolu et la « subversion », entre l'ordre étatique et un ordre social sans État et « non violent », entre la monarchie militaire terrienne et l'*Empire* * libéral, parlementaire et maritime.

Alternative que Guillaume II n'a pu trancher clairement. Il se sentait l'obligé de l'État allemand et mâle, mais l'Angleterre le fascinait. Il voulait combattre les forces du chamboulement, mais « si les choses s'aggravent, il ne donnera pas l'ordre de tirer », ainsi que le disaient les militaires de son entourage. Il a limogé Bismarck et pourtant il ne voulait pas dérober aux Allemands leur idole (en d'autres termes : leur père symbolique). Il armait le pays en vue de la guerre, quoiqu'il souhaitât ardemment la paix.

Guillaume II – le fils infortuné de la *princess royal* – a échoué devant le tribut du « refoulement » exigé d'un « homme d'Allemagne » qui était l'obligé de la société des mâles. C'était là sa tragédie et sa « faute » historique.

---

* En anglais dans le texte. [N. d. T.]

Le livre consacré à Hamlet par Carl Schmitt est également une justification tardive de Guillaume II. S'il avait, vers la trentaine, dans son *Romantisme politique*, indirectement condamné, et avec rigueur, le dernier monarque allemand, faisant sienne la critique de Bismarck et Harden à propos du prince efféminé de la paix – il aurait mené, sous l'influence d'« hommes en jupons » égarés dans la politique, le Reich à sa perte –, le septuagénaire tente, en revanche, de comprendre l'univers tragique du malheureux prince. Ce à quoi il s'emploie en faisant de « son héros un Hamlet ».

Après 1918 – la chose est saillante –, Schmitt s'en prend au Kaiser avec beaucoup de circonspection, voire de prudence, mobilisant toutes ses facultés d'empathie. Nul n'a du reste mieux que lui analysé les difficultés objectives rencontrées par le Kaiser en matière de droit public et constitutionnel, qui le gênaient dans sa fonction de détenteur de la décision suprême, ni mieux que lui observé l'« impossibilité » pour le monarque d'arriver à ses fins.

Et pourtant, auprès des historiens, l'infortuné monarque n'a pas bonne presse. Tout comme Jacques Ier. « L'image défavorable l'a emporté jusqu'à nos jours », constate Schmitt, et il poursuit : « Michael Freund [...] fait encore de Jacques Ier une figure grotesque », et pourtant il doit lui aussi « reconnaître que le malheureux Stuart, malgré sa volonté impuissante, a vu beaucoup plus clair que la plupart de ses contemporains [1] ». C'est aussi ce que mot pour mot, l'on pourrait dire de Guillaume II, et c'est ainsi que l'entend Carl Schmitt. Il en va de même quand il dit de Jacques : « À vrai dire, le droit divin des rois était l'affaire de sa vie [...]. Sa position idéologique, il est vrai, était purement et simplement sans espoir [2]. »

Nous ne pouvons malheureusement pas exposer plus avant ces analogies, d'un grand intérêt, entre la notion de « grâce divine » du roi Jacques et celle de Guillaume II. Carl Schmitt les analyse sous toutes les coutures (elles ont leur importance pour ce qui est de la « capacité de décision » et de son « mode de fonctionnement »). Ce qui importe à Carl Schmitt est l'« absence de perspectives » ou, dirons-nous plutôt, le « caractère désespéré » de la position d'un monarque absolu, et par là l'absence d'avenir d'une structure politique qui mise tout sur la souveraineté des hommes et se barre l'accès au féminin avec le « tabou de la reine ».

Décidément, les augures ne sont pas bons pour l'État que la

---

1. *Hamlet ou Hécube*, p. 47.
2. *Ibid.*, p. 46-47.

théorie destine à mettre fin à la guerre civile. Il réduit la fracture, il est « décision », il recouvre le refend, la cise. Mais si la passe échoue ? Si la « dé-cision » rate ? Alors les forces, les pulsions ou les puissances qu'il s'agissait de réprimer se renforcent. Alors la « marée fait irruption », alors les « digues cèdent », alors triomphent la révolution et l'anarchie, alors l'emporte la « mauvaise mère ». C'est exactement ce qui est arrivé aux Allemands.

Pour Carl Schmitt, il ne fait pas de doute que cette intrusion du « féminin » – « patrimoine culturel occidental importé d'Angleterre », « constitutionnalisme », « libéralisme », mais aussi « romantisme politique » de tendrons efféminés – a été la cause de la débâcle du IIe Reich. Les « fils » de Bismarck ont succombé au péril parce que, quelque part, malgré toutes leurs stratégies de défense et toutes leurs mesures répressives, ils n'ont pas su résister à la fascination du féminin. En 1918, le destin les frappe, la « révolution » prend le dessus, *le roi est assassiné.*

Puis échouera aussi, inéluctablement, la tentative de mettre sur pied, dans le « vide » qui avait surgi, un nouvel État plus fiable – un État fort, ainsi que Carl Schmitt s'y est employé, dans l'esprit du père (Bismarck).

C'est là, en fait, que le livre sur Hamlet se fait le plus subtil. S'il est vrai que Carl Schmitt doit cette fois aussi repenser les problèmes non résolus de l'Allemagne wilheminienne, il s'agit visiblement pour lui, dix ans après la fin de la Seconde Guerre mondiale, du « wilhelminisme de l'après-guerre » (Steding), à savoir de la problématique de la République de Weimar (qu'il ne pouvait percevoir autrement que comme une « situation de guerre civile »), de son ignominieux échec et du triomphe du mouvement national-socialiste.

Hitler – le délégué de la mère.

Qu'était-il arrivé en 1933 ? Les hommes d'Allemagne – comme Carl Schmitt – qui « s'attaquèrent à une œuvre révolutionnaire, à savoir fonder un ordre politique en Allemagne [1] », qui voulaient, au lieu du vide qu'était à leurs yeux la République de Weimar, un État plus fiable et une meilleure monarchie, se laissèrent berner par Hitler ! Ils voulaient amender l'État, mais ils passèrent alliance avec un « mouvement » de scélérats. Ils n'ont pas pu ou pas voulu voir que Hitler

---

1. SZ, p. 49.

n'était pas dans le camp des « pères », mais qu'il était un « délégué des mères [1] ».

Le nom de Hitler personnifie tout le dilemme de l'histoire allemande (l'« histoire du malheur allemand »). Dans la langue du mythe (littéraire) de Hamlet, il conviendrait de décrire Hitler comme la combinaison de l'usurpateur adultère (celui qui a détrôné le roi légitime) *et* de la reine incestueuse (la « révolution ») qui lui en a donné les moyens. Il était dans la légalité, il représentait les intérêts de la nation, *et* était simultanément révolutionnaire et socialiste. Une créature hybride.

Sa « prise du pouvoir » était, d'un côté, une « révolution » complète – la cause d'un « mouvement », ainsi que Hitler ne se lassait pas de le souligner –, de l'autre côté, elle revendiquait pour elle la légalité et l'État. L'étonnement pétrifiait les hommes d'Allemagne. Hitler accomplissait ce qui leur avait toujours été interdit (la révolte contre les pères) en s'autorisant du droit ! Il aidait la « révolution » à vaincre sous le masque du père. Son « Reich » ne ressemblait pas à quelque avorton des angoisses masculines, mais désinhibait les désirs les plus secrets de leurs rêves. Selon la psychologie des profondeurs, la sujétion à l'autorité du père (de la classe dominante, des « Bismarck, Moltke, Roon ») avait aussi toujours été liée à la haine œdipienne, aux tourments de l'affliction narcissique et au désir de tuer le père (de se libérer des contraintes auxquelles on devait se soumettre). Le fait d'avoir intériorisé l'*imago* du père et fétichisé l'État n'y changeait rien. Le travail du refoulement n'en rendait que plus fort le poids de la souffrance. Derrière ce que le « devoir exige pour le compte de l'État », il y avait toujours la nostalgie des « royaumes paradisiaques » auxquels toutefois le tabou des mères barrait l'accès.

Ainsi, selon la psychologie des profondeurs, l'ascension de Hitler et de son mouvement équivalait à un vigoureux « retour du refoulé ». Le féminin refoulé faisait son irrépressible irruption dans l'*imago* de la mauvaise mère. Nous trouvons « dans le nazisme, dans l'idéologie créée par Hitler, pour la première fois l'expression libre du refoulé maternel (l'*imago* de la mère emauvaise) [2] ».

Le transfert symbolique du potentiel de haine œdipienne sur un succédané de l'ennemi symbolique rendit possible la dissimulation du « parricide » ! En faisant des « Juifs » l'ennemi

---

1. Helm STIERLIN, *Adolf Hitler : Étude psychologique*, trad. partielle de l'allemand de Jeanne Étoré, Paris, PUF, coll. « Perspectives critiques », 1980, p. 65 s.

2. Gérard MENDEL, *La Révolte contre le père. Une introduction à la sociopsychanalyse*, Paris, Payot, 2e éd., 1988 (1re éd., 1968), p. 224.

absolu, Hitler permettait aux Allemands de se délester de la « haine du père » accumulée en eux depuis des générations – haine qui, en réalité, aurait dû se retourner contre la vieille classe dominante et son idée de l'État. Ils pouvaient même croire servir ainsi fidèlement leurs pères en exterminant les Juifs qu'ils rendaient responsables d'avoir disloqué la vieille idée de l'État. Mais, ce faisant, ils étaient au service de la mauvaise mère qui s'était justement fixé pour objectif d'éliminer cet État des pères par des moyens révolutionnaires. Tragique quiproquo. (Gérard Mendel a exposé dans son analyse de la biographie et de l'idéologie de Hitler comment la haine refoulée du père put devenir une haine paranoïaque des Juifs ; de son côté, Saul Friedländer, à peu près en même temps, a mis en évidence le caractère œdipien de l'antisémitisme de Hitler [1].)

Le fait que Carl Schmitt, *lui aussi*, ait été subjugué par la prise du pouvoir national-socialiste sur la base d'un effroyable malentendu, et qu'il ait sympathisé avec la « révolution » que, toute sa vie, comme professeur de droit public, il avait tenté d'empêcher, *voilà* ce qu'il veut nous faire comprendre en empruntant son costume à Hamlet. Il en va de sa faute de fils. Pourquoi cette génération d'« hommes d'Allemagne » n'a-t-elle opposé aucune résistance à Hitler ? Parce qu'ils avaient depuis toujours succombé aux « mères ». Sous la férule du père (charnel) – représentant petit-bourgeois de la violence structurelle du pouvoir –, leur mère (charnelle) avait autant souffert qu'eux et, par transfert névrotique, avait renforcé ces structures dans leur imaginaire subversif et mégalomane (chez le jeune Carl Schmitt, la structure familiale est la même que chez le jeune Hitler). Une « culpabilité » des mères qui s'était imposée à eux à leur insu dans l'*imago* de la mauvaise mère, et cela d'autant plus que la possibilité leur fut offerte de mettre en œuvre impunément leur désir de « parricide ».

Carl Schmitt fournit l'analyse de la perplexité des « hommes d'Allemagne » (des fils) qui se trouvaient au centre de la « fracture », sans comprendre ce qui leur arrivait. Et s'ils ne le pouvaient pas, c'était à cause de leurs structures mentales et de celles de leur personnalité. Dictée par la névrose obsessionnelle, leur réaction ne fut pas la bonne.

Les trois funestes « actes manqués » de Carl Schmitt laissent distinctement reconnaître ce qu'il en résulta : son livre *Staat, Bewegung, Volk* (État, mouvement, peuple, 1934), où il a tenté de poser les fondements d'une « doctrine politique » national-

---

1. S. Friedländer, *L'Antisémitisme nazi. Histoire d'une psychose collective*, Paris, Éd. du Seuil, 1971.

socialiste, l'essai de sinistre mémoire *Der Führer schützt das Recht* (Le Führer protège le droit, 1934), une justification de la « nuit des longs couteaux », et le « discours pogrom » de 1936, *Die deutsche Rechtswissenschaft im Kampf gegen den jüdischen Geist* (Les sciences juridiques allemandes en lutte contre l'esprit juif), discours qui se clôt sur ces mots : « Ce n'est pas la personne du Juif qui nous occupe. Ce que nous recherchons et ce pour quoi nous combattons, c'est [...] la pureté immaculée de notre peuple allemand [1]. » Il s'agit là de tentatives maladroites et sans issue pour enfermer le « Führer » dans le rôle de chef d'État patriarcal, autoritaire et responsable, et pour faire du « délégué des mères » un « souverain », c'est-à-dire celui qui « dé-cide » (qui met fin à la « guerre civile » parce qu'il dispose par principe de « prérogatives illimitées »). En d'autres termes, il s'agissait de la tentative d'intégrer la « révolution » à l'« État ».

Roland Freisler, qui fut plus tard un juge sanguinaire et qui, dans le IIIe Reich, joua si parfaitement le rôle du « bourreau » – celui des théories de Joseph de Maistre –, n'était, à cette époque, qu'un fonctionnaire prussien, secrétaire d'État au ministère de la Justice (Schmitt l'évoque nommément comme témoin clé [2]), et ainsi, de par sa charge, un collègue du président Schreber. Freisler salua l'opuscule *Staat, Bewegung, Volk* d'un commentaire du plus haut intérêt : « Cette brochure, quelle rédemptrice délivrance ! On lit l'ouvrage [...] avec un soulagement jamais démenti » (compte rendu dans la revue *Deutsche Justiz* [3]). Mais de quoi est-on délivré ? Pourquoi notre homme éprouve-t-il ce soulagement ? Parce que l'on peut se réclamer en même temps de la « révolution » et de l'« État », de la « mère incestueuse » et de son époux – l'usurpateur par le pouvoir illégitime duquel un semblant d'État sera maintenu. « La révolution allemande était légale [4]. » La révolution légalisait le parricide.

Quoiqu'il en allât de la tradition de l'État patriarcal de la Prusse et de l'éviction de l'ancienne couche dirigeante, le parricide révolutionnaire ne fut pas exécuté par les « fils » sur la personne des pères, leurs pères légitimes, mais, selon un transfert symbolique de leur potentiel de haine œdipienne, sur un ennemi symbolique, moyennant le fratricide et l'anéantissement

---

1. C. Schmitt, « Die deutsche Rechtswissenschaft im Kampf gegen den jüdischen Geist », discours de clôture, p. 1199.
2. SBV, p. 44.
3. Cité d'après l'encart publicitaire de la maison d'édition.
4. SBV, p. 8.

du rival en vue de se ménager les faveurs de la mère. Le prix de cette « révolution allemande » fut l'extermination des Juifs.

Carl Schmitt, lui aussi, s'était laissé emporter par la vague révolutionnaire. Dans ses débordements antisémites, il a commis son « parricide ». Mais il n'a pas pu sauver l'« État ». Les « monstres du matriarcat », pour paraphraser ici Max Weber, ont triomphé. Et lorsque fut venue l'heure de la raison, il était trop tard pour une vengeance. Châtier la « faute » des mères, c'est ce que ces fils ne pouvaient pas. Et ce qui les en empêchait, Carl Schmitt l'appelle le « tabou de la reine ».

La question qui se pose à nous est la suivante : qu'est-ce qui aveugle un homme qui peut revendiquer pour lui de disposer d'un regard exceptionnellement aigu ? À quoi tient l'incapacité de percevoir la réalité, chez quelqu'un dont toute la méditation et tout l'effort visent à la reconnaître ?

Il ne peut y avoir qu'une réponse : les capacités intellectuelles sont diminuées par l'organisation de l'appareil psychique. La perception des faits est obscurcie par des projections. Des fantasmes en viennent ainsi à passer pour la réalité. « Ne pas voir » le point aveugle est en l'occurrence aussi aberrant que voir ce qui est.

Dans la structure de la personnalité des « hommes d'Allemagne », ce n'est pas le « moi » autonome qui est maître de la situation, mais le « surmoi » qui contrôle les mécanismes de refoulement, c'est-à-dire la fixation à un martial « idéal de virilité », dont l'affirmation exige une répression permanente du « féminin ».

Les hommes ne peuvent donc penser que dans les catégories du « père ». Mais le féminin en eux n'est pas mort, il est seulement, pour ainsi dire, refoulé. Dans l'inconscient, il continue d'exercer son pouvoir. Seulement, refoulée, l'aspiration au féminin se transforme en culpabilité. Le travail du refoulement a pour conséquence l'oubli de l'« art du commerce avec le féminin ». La capacité de faire accueil au féminin s'atrophie. Et, s'il s'impose, la perception en sera distordue. Les stratégies de défense échouent, et l'on se touve totalement submergé. Puis vient la faute allemande (la « source du tragique le plus sombre »), dont on se dédouane en s'inclinant devant un « tabou de pureté ».

Avec son ouvrage sur Hamlet, Carl Schmitt tâche de nous expliquer son « erreur » au sujet de Hitler. Y est-il parvenu ? La question reste ouverte. Dans tous les cas, il fournit une contribution d'importance à une meilleure compréhension de la réaction en porte-à-faux de toute une génération.

CHAPITRE XIV

FIN DE PARTIE

Le paradigme de Kleist.

« ¡ La tumba es todavia un sexo de mujer que atrae al hombre ! » (César VALLEJO.)

Le « désespoir des hommes » est le revers de leur détermination. Le travail de refoulement continuellement exigé du moi mis à mal par le surmoi et l'obsession incessante de la décision mènent à un état d'angoisse permanent, qui n'est levé que dans le bref moment extatique de l'« état d'exception » pour faire place à un sentiment d'apaisement euphorique, malheureusement de très courte durée. Le dernier recours protecteur est de se cramponner aux autorités que le surmoi a intériorisées : Dieu, le Roi et l'État. La détresse personnelle et le désespoir poussent donc les hommes dans les bras de l'État. « Ce n'est pas la morgue, mais le désespoir qui les conduisit vers l'État [1] », dit Carl Schmitt de Hobbes et de Bodin. Et de Hobbes, il croit savoir que son désespoir « était infiniment plus profond que celui de Bodin ».

Plus que la peur de la guerre civile, le désespoir est la matière première de ce type d'homme qui, dans un effort surhumain, tente de maintenir en l'état l'ordre patriarcal. Carl Schmitt a apporté une contribution importante au problème du « désespoir masculin ». Il nous en présente le paradigme dans l'analyse du suicide du jeune noble prussien Heinrich von Kleist [2]...

Les dissensions qu'il avait avec lui-même ont brisé Kleist, tout comme l'antinomie entre l'univers prussien et l'idéal auquel il aspirait pour lui-même, et son incapacité à approcher le féminin. Il est l'auteur de l'étonnant drame qui, pour la première fois dans la littérature allemande, thématise la polarité qui relie le ban des mâles au mythe du matriarcat, et cela d'une manière indépassable – il s'agit de *Penthésilée*, une œuvre qui, pour le

---

1. ExC, p. 73.
2. *Ibid.*, p. 38 s.

Carl Schmitt de la dernière période, joua « un rôle grandissant », au moment où « l'ennemi tapi dans son propre cœur [le] précipitait dans le mælström du désespoir [1] ».

Qu'est-ce qui a poussé Kleist au suicide ? Que recherchait-il lorsqu'il marcha à la mort « avec une femme comme compagne, victime et témoin [2] » ? Était-ce vraiment la mort ? Carl Schmitt pose la question et y répond : « Son suicide n'était pas quelque manœuvre militaire dans une guerre civile. La volupté de la mort s'est emparée de lui. Il connaissait la peur et recherchait la jouissance du tombeau [3] ». Mais la « volupté de la mort n'est pas la mort [4] ». Qu'est-elle donc ? Réponse lapidaire de Carl Schmitt : « Il recherchait le lit de l'impératrice [5]. »

Formule étonnante qui illumine comme un éclair l'œuvre tout entière, la pensée et l'existence de Carl Schmitt. Nous la lisons comme une transparente confession. Tout le tragique du désespoir masculin et toute la tragédie des hommes endurant l'impératif de l'État mâle trouvent là leur expression. Ce que Schmitt affirme de Kleist vaut aussi pour lui-même.

Les pulsions refoulées s'inversent et se transforment en angoisses. Les pulsions vitales deviennent des pulsions de mort. Le plaisir de la vie devient la volupté de la mort. L'autodestruction semble être l'ultime issue de la jouissance. Le suicide devient ainsi la tentative paradoxale de forcer l'accès à ce que, vivant, on ne peut atteindre – dernière et suprême « décision » où toute décision est menée *ad absurdum*. Kleist « cherchait la voie qui mènerait à un autre royaume [6] ». Quel royaume ? Le royaume des mères ! En prenant avec lui une femme qui est disposée à le suivre, il espère atteindre, en se donnant la mort, dans l'*unio mystica*, la fusion avec ce dont il est séparé. Non pas dans l'« amour », mais en se tuant avec elle, face à l'eau immense. « Le saut dans le royaume de la liberté [7] » se fait pour lui acte de violence. Chez Kleist, candidat au suicide, la structure du comportement, comme dans la névrose obsessionnelle,

---

1. Voir Ernst HÜSMERT, « Die letzten Jahre von Carl Schmitt », dans : Piet TOMMISSEN (éd.), *Schmittiana*, I, *Ecclectica*, 17ᵉ année, n° 71-72, Bruxelles, 1988, p. 45 et 43.

2. ExC, p. 41.

3. *Ibid.*, p. 43.

4. *Ibid.*, p. 41.

5. *Ibid.*, p. 43. Dans sa lettre d'adieux à Marie von Kleist du 21 novembre 1811, Kleist écrit en pensant à Henriette Vogel : « [et je ne puis nier] que sa tombe m'est plus douce que le lit de toutes les impératrices du monde » (*Correspondance complète*, Paris, Gallimard, 1976, trad. fse J.-Cl. Schneider, p. 431).

6. *Ibid.*, p. 44.

7. *Ibid.*

est, d'une certaine manière, dans son paroxysme, le contraire de la *sorcery*. La transgression n'a pas lieu comme un acte voluptueux, mais dans la négation de toute volupté. Ce n'est pas là une évasion, mais le réflexe ultime d'un individu soumis à l'interdit. L'acte ne libère pas de l'interdit, mais le scelle. La violence structurelle de la relation des sexes et de leur malentendu conduit à la violence contre soi. « La compagne, au lieu d'être témoin, n'était plus que l'écho impuissant du désespoir masculin [1]. »

Tout cela, Carl Schmitt le voit et le dit avec beaucoup de lucidité, et avec un mélange de mélancolie et de sévérité où l'on repère même un trait de nostalgie et de volupté de la mort qui a dû rentrer dans *son propre* désespoir d'homme, et où l'on pressent aussi quelque chose de la vaillance avec laquelle il a su s'en prémunir. Le suicide de Kleist était un acte improvisé, sans raison vraiment valable, et inutile. Carl Schmitt l'en blâme. Mais il invoque aussi la seule image qui permette à un homme allemand d'accepter ce féminin de sinistre augure, avec lequel Kleist n'a pas su trouver l'entente. Ce qui le console, et nous avec lui, c'est que de Marie l'Immaculée une brillante lumière s'est répandue sur les personnages féminins de Kleist – sur les Amazones, sur la somnambulique Käthchen –, et fait espérer que « Marie, la mère secourable, [...] ne [peut] avoir laissé dans la détresse le poète qui a imaginé de telles figures féminines [2] ». En d'autres termes, il invoque la grande déesse. Là où rôde la sorcière, la madone n'est pas loin.

Le paradigme de Kleist ne jette pas seulement un éclairage macabre sur les hommes d'Allemagne, il en dit long sur le destin des femmes dans cet univers marqué par la mort, et aspirant à la mort et à la décadence. Ou bien ce sont des fictions littéraires, dans toute la gamme qui va de l'Amazone Penthésilée à Käthchen la douce et simple d'esprit, ou bien, même si ce sont des femmes de chair et de sang, elles sont condamnées, « comme compagne, victime et témoin », à devenir – et cela non pour elles-mêmes ou à partir d'elles-mêmes – la proie du destin des hommes et l'« écho du désespoir masculin ». Ce sont des personnages-écho. La marche à la mort aux côtés d'un homme est la conséquence poussée à l'extrême d'une dépendance et d'une sujétion de toute une vie, conséquence inhérente à la logique d'une conception aux termes de laquelle une femme n'a pas d'autre tâche que d'être « pour la vie la compagne dévouée » de l'homme.

---

1. *Ibid.*
2. *Ibid.*, p. 45.

Johanna von Puttkamer, par exemple, qui partage et couve la haine de Bismarck, fait partie de ce monde de femmes effacées, tout à la remorque des besoins de l'homme, de ses angoisses, de ses soucis, et en fin de compte de son « désespoir ». Selon les termes de la distinction opérée par Freud – exigence, déficience et renoncement –, elles incarnent le *type du renoncement*, le seul dans cette société d'hommes qui soit accepté et validé par elle, c'est-à-dire le type de la femme « convenable ». Avec pour préalable, cela va de soi, la frigidité. La composante phallique de la sexualité féminine était tout entière tournée vers la reconnaissance sans réserve de la supériorité masculine (ou transférée sur l'enfant, « le fils »).

Au vu et au su du paradigme de Kleist, on ne peut s'empêcher de penser à la tragédie de Mayerling, dans laquelle une jeune fille aussi est entraînée « comme compagne, victime et témoin » dans un rituel de « désespoir masculin ». Si l'on est convaincu qu'il ne s'agissait *pas* là d'une affaire sentimentale, mais d'un acte politique, d'un cas de haute trahison, et somme toute, au plus haut niveau de la société, du conflit d'un père et d'un fils poussé à son paroxysme, si donc l'on pose que c'était le vieux Kaiser qui, de tout l'avantage que lui donnaient sa patriarcale autorité et son trop-plein de pouvoir, poussa à la mort l'héritier du trône, alors, le fait justement d'« avoir emmené avec » soi la petite baronne devient d'autant plus monstrueux.

Il faut bien sûr évoquer ici la mort d'Eva Braun, la sacrifiée. Conclure un mariage à des fins de suicide partagé, c'est là une variante particulièrement piquante et qui aurait pu tout aussi bien se passer de l'acte de mariage délivré par l'état-civil. Mais, pour le « monstre du Matriarcat », c'était un ultime geste de soumission petite-bourgeoise aux lois du patriarcat, une sorte de Potsdam en matière de droit de la famille.

La femme avide de se dévouer et de se sacrifier, et qui a entièrement renoncé à sa propre identité, sert d'accessoire à un homme qui se suicide et qui ne lui avait pas non plus réservé d'autre rôle dans sa vie que celui de colifichet mondain. Bismarck, qui, comme on sait, dans tous les moments décisifs de son jeu de quitte ou double politique, regardait le suicide comme l'alternative qui s'imposait en cas d'échec, aurait-il « emmené avec lui » sa Johanna ? Sans aucun doute, elle l'aurait suivi par consentement (libre). Je ne sache pas de situation où Bismarck serait apparu en public avec elle, en « couple » d'égaux, bien que, s'agissant de représentation, l'étiquette lui avait donné tous les moyens d'exhiber le « *sweet home* et l'âtre » dans tout son apparat. Mais il aurait vu là une faute de style. Il est d'autre part typique – et cela aussi relève du « syndrome » – que

Lassalle ait imaginé qu'il passerait la porte de Brandebourg en couple, avec sa *femme*, la belle Denise, la baronne rousse (c'est du moins le dessein que lui prête le comte Harry Kessler).

Le suicide de Heinrich von Kleist, l'homme prussien qui « emmène » une femme à la mort, nous fournit l'image négative de la connivence positive de l'homme et de la femme – connivence de deux partenaires, qui, dans la relation de la « sorcière et du grand maître », devient une combinaison totalement irrésistible. D'un côté, c'est la capitulation devant l'interdit, la négation de la sensualité, la conversion de l'énergie vitale en désirs pulsionnels de mort, et la soumission dans laquelle en fin de compte ni l'homme ni la femme ne trouvent le bonheur, – c'est-à-dire, en vérité, le symbole de l'impuissance à son comble. De l'autre, c'est la *connivence dans la transgression de l'interdit*, la force partagée fondée sur la complicité sexuelle qui autorise à transgresser la loi. C'est la prime de plaisir qui devient le surcroît de pouvoir, le symbole de la puissance poussée à son comble.

Ce que Carl Schmitt nous dit de Kleist est un chant funèbre sur le sépulcre – il y avait chez lui, accroché au mur, un tableau représentant ce tombeau de Wannsee. Ce chant funèbre est en rapport direct avec l'ultime et tardive déclaration où il se réclame de Theodor Däubler et à laquelle il a aussi donné la forme d'une méditation face à une tombe. Il n'est pas fortuit que Bachofen soit nommé à cet endroit. Le « culte de la tombe » est une composante du matriarcat. Il est l'hommage rendu à la grande Mère, dispensatrice de vie et déesse de la mort.

L'indice d'importance pour mesurer la portée du paradigme de Kleist est le fait que Schmitt dédie à sa fille les deux nécrologies. À Anima, il révèle qu'elle pourrait trouver ici la clef de l'« *arcane du fatum* » de son père [1]. C'est là qu'il nous est permis de sentir, comme nulle part ailleurs dans l'ensemble de son œuvre, que nous touchons « au noyau le plus intime de son existence ».

Le partisan.

La dernière phase de la vie de Carl Schmitt, de loin la plus longue – nommons-la donc « fin de partie » – fut placée aussi tout entière sous le signe de son attitude ambivalente à l'égard du tabou. La construction théorique, toutefois, n'est plus, maintenant, militante, agressive ou lourdement engagée. Elle se

---

1. ExC, p. 52.

colore d'une nuance ludique. Ses mythèmes ont à présent quelque chose de parodique et d'ironique, et même les plaidoyers où perce quelque chose de maniaque dans la justification perdent de plus en plus ce ton solennel qui les caractérisait encore après la débâcle de la Seconde Guerre mondiale. Transperce de plus en plus une ironie dont il est lui-même la cible, un ton allégé et plein d'humour, un sourire en coin, quelque chose que Heidegger aurait appelé « das Kunzige * ». C'est que Schmitt ne vagabonde pas, dans l'attente de sa délivrance, en « Hollandais volant » sur un vaisseau fantôme allant par les mers. Il s'est retiré dans une petite maison, dans le Sauerland où il est né. Le « vaisseau » relève de la mer, la « maison » relève, elle, de la terre ferme.

C'est qu'entre-temps « Charlie l'impertinent », comme l'appelait son ami Popitz, le « Don Capisco » des *Journaux* d'Ernst Jünger, était devenu un monsieur vénérable, pour ne pas dire « un vieillard » menant dans la petite ville où il était revenu une calme existence de rentier, une idylle à la Mörike. C'était un sage qui, retiré du monde, l'observait, et commentait l'histoire universelle pour le plaisir du cercle de ses fidèles. Mais, dans son crâne, les choses n'allaient pas un train si paisible.

La paix laissa toujours Carl Schmitt indifférent. Dans sa première phase, il l'abhorrait carrément. « La paix, c'est une idée pour jeunes filles de pensionnat », écrivait Maximilian Harden. « Une planète définitivement pacifiée, ce serait un monde où l'on ne distinguerait pas l'ami de l'ennemi et, conséquemment, un monde sans politique. On y trouverait peut-être maintes oppositions et maints contrastes très intéressants [...], mais, comme l'implique la chose dans son plein sens, pas l'opposition en vertu de laquelle [...] des hommes sont autorisés à verser le sang et à tuer d'autres hommes [1] ». C'était là une conviction que rien ne pouvait ébranler. L'idée de se donner la paix comme objectif était en soi déjà répugnante et subversive, une idée bonne pour l'« autre fraction », celle où les bourgeois, les Juifs, les libéraux, les romantiques, les anarchistes et les Anglaises traînent leurs basques. En irait-il autrement dans un grand espace de dimension planétaire ? Même octogénaire, Schmitt n'en démord pas, le ton seulement est moins dogmatique et

---

* *Kunzig* : terme intraduisible de dialecte badois, désignant une sorte de désinvolture grave. On en trouve une trace dans *Le Chemin de campagne*, de M. Heidegger, dans la traduction de J. Beaufret, F. Fédier, J. Hervier et F. Vézin, M. Chandeigne (éd.), 1985, p. 13. « Pince-sans-rire » s'approcherait peut-être de la nuance visée. [N.d.T.]

1. *La Notion du politique*, p. 75.

laisse percer un certain désarroi. La paix, voilà qui ne l'inspire pas le moins du monde. Paix et politique sont deux grandeurs qui s'excluent réciproquement. Là où règne la paix, il n'y a plus de politique. « Le critère du politique », se souvient-il dans un entretien radiophonique de 1969 avec Joachim Schickel, « c'est la discrimination entre l'ami et l'ennemi », mais il ajoute cette fois, sur un ton quelque peu résigné et ironique, comme si cela n'était peut-être pas le fin mot de l'histoire : « Si nous en restons à l'amitié à cent pour cent et non réfléchie, alors nous aurions aussi bien pu rester au paradis, ou dans la société matriarcale des origines [1]. » Il énonce ainsi ce dont il retourne dans la célèbre formule. Car elle est en fait un cri de guerre et une menace qui sert de paravent à la peur de la possible fin d'un monde où la parole est aux hommes (d'Allemagne). La négation de la paix parce que le « combat » est l'emblème du monde des hommes, telle est la vérité de la distinction entre l'ami et l'ennemi en tant que critère du « politique ».

Mais que signifie cette négation, dans un monde où la guerre universelle détruit les États, et où l'ordre de la paix universelle des grands espaces est tout sauf établi ? Par où passent les lignes de front ? L'ami, l'ennemi, où sont-ils ? Le vieil ordre étatique, avec sa séparation bien visible de l'intérieur et de l'extérieur, s'était volatilisé. Et maintenant, la structure pluraliste des grands espaces est travaillée par des oppositions moins clairement délimitées. Âge de transitions chaotiques voire d'anarchie générale tenant lieu de condition permanente, état que l'on pourrait désigner, faute de mieux, comme celui de la « guerre civile mondiale ».

Dans cette situation, la polarité de l'« État » et du « non-État » – du « soldat » et du « bourgeois » –, qui est aussi l'opposition de la « terre » et de la « mer », et en dernière analyse, nous l'avons vu plus haut, l'opposition du principe « masculin » et du principe « féminin » est soumise à une réévaluation. L'accent positif se déporte du principe d'ordre de l'État vers l'aspect de guerre civile de l'anarchie.

On relève une semblable réévaluation chez le Jünger des œuvres tardives. La ligne de front intellectuelle ne passe désormais plus entre ordre et anarchie, mais entre anarchie et nihilisme, ce dernier étant compris comme l'ultime négation radicale de l'« humain », comme le danger d'anéantissement de l'homme et comme le produit des mécanismes et des automatismes mis par lui en branle (l'État, dans sa forme moderne, en faisant aussi partie). « Par rapport au nihilisme propre à un ordre

---

1. Joachim SCHICKEL, *Guerilleros, Partisanen*, Munich, 1970, p. 23.

centralisé qui s'impose grâce à des moyens de destruction modernes, l'anarchie peut apparaître aux hommes plongés dans le désespoir non seulement comme un moindre mal, mais encore comme une voie de salut. Cela est surprenant et mérite d'être pris en considération par tout homme qui réfléchit sur le présent et l'avenir [1]. » L'« anarchisme » paraît être la seule philosophie qui, dans le monde chaotique de la « guerre civile mondiale » fournisse à l'individu une technique de survie. Il est la seule chance de survie de l'homme menacé dans son existence.

Il n'est plus exigé de l'individu de se soumettre à un ordre précis et aux autorités qui l'appliquent. Il lui est bien plutôt recommandé de se régler par rapport à un statut qui garantisse la sécurité. La « terre » qui joue dans les dernières années de la vie de Carl Schmitt un rôle décisif n'est pas le terrain de modèles étatiques, mais un sol mythique et un « élément ». Sur le plan de la langue aussi, elle n'est pas simplement une terre *terrienne*, mais une terre *tellurique*. Elle est la « terre mère », et c'est sur elle que sont maintenant transférés les désirs de régression qui avaient commencé par déclencher l'oblation à la mer.

Le « symbolisme de la mer » enregistre un changement de signification. L'équation « la mer égale la mère » *(Meer-Mutter)* le cède à une autre équation, « la terre égale la mère » *(Erde-Mutter)*. Chacun sait, pour peu qu'il se soit penché sur de telles questions, que les deux équations finissent par se confondre. Le lexique de l'inconscient n'est pas seulement polyglotte, il est aussi polyvalent. Le « corps maternel » peut tout aussi bien être imaginé comme le *corps de la terre mère*. Si, à la surface des ondes, on aspire à « se sentir comme un poisson dans l'eau », à la surface des terres, on recherche le sentiment exquis éprouvé à « se faufiler dans quelque terrier ».

C'est dans le « terrier » que le *partisan* trouve son abri, et le partisan est le personnage de l'histoire universelle dans lequel Carl Schmitt investit maintenant son ultime espoir de survie pour l'homme.

En élaborant les attributs terriens-telluriques du partisan, Carl Schmitt nous ménage une nouvelle surprise dans le choix qu'il fait du maître penseur qu'il invoque. Après de Maistre et Donoso Cortés, c'est Mao Tse-Toung qui fait maintenant autorité au plus haut niveau. Derrière la théorie du partisan de Mao Tse-Toung, Schmitt retrouve en fait la souplesse de la philosophie du *yin* et du *yang*. « Il y a plus de force dans la souplesse que dans la dureté », ne craint pas de confesser Schmitt dans son entretien avec Joachim Schickel.

_____

1. DC, p. 9.

Telle est la dernière position de notre homme – cet « homme » qui devait être « dur », ce fier « soldat » qui naguère devait défendre de son glaive son Dieu, son roi et son État s'est maintenant dégradé en un desperado sans statut légal et prêt à se défendre contre tout ce qui se pose comme État légitime et comme armée régulière. Il se morfond maintenant dans sa tanière « dans l'attente d'un Nouveau Monde avec un Nouvel Homme [1] ».

Tel est le scénario de la « fin de partie ». Le dernier hégélien est un maoïste, le dernier Prussien est un partisan. Carl Schmitt accorda une valeur toute particulière à la remarque selon laquelle la théorie moderne du partisan des Scharnhorst, Gneisenau et Clausewitz n'aurait pu être conçue depuis un autre lieu que la Prusse [2].

Cette retraite du partisan dans sa tanière ressemble désespérément à la régression des personnages de Beckett dans leur boîte à ordures ou sur leur tas de sable. Assis là sans plus rien attendre de Dieu ni du monde, ils guettent la « mort atomique » à laquelle ils espèrent tout de même échapper. Et, pour tuer le temps, ils multiplient les blagues dadaïstes : « Il n'est plus possible de reconstruire, pour ainsi dire *ab ovo*, une théologie politique ; en réalité, il n'y a plus d'*ovum* du tout, que ce soit en un sens ancien ou renouvelé ; il n'y a plus que du *novum* ; toutes les déthéologisations, les dépolitisations, les déjuridifications, les désidéologisations, les déshistoricisations et autres déquelque chose qui vont dans le sens d'une *tabula rasa* disparaissent ; la *tabula rasa* se *dé*-tabularise *[ent-tabularisiert sich]* elle-même, et sombre en même temps que la table ; la science nouvelle, purement mondaine et humaine, est le procès-progrès ininterrompu d'un élargissement et d'un renouvellement du savoir, confinés dans le purement humain et mondain et provoqués par une curiosité humaine sans limites [3]. » Et plus loin nous lisons : « L'homme nouveau qui se produit lui-même dans ce processus n'est pas un nouvel Adam, ni du reste un nouveau préadamite et encore moins un nouveau Christ Adam [...]. Le procès-progrès ne produit pas seulement lui-même et l'homme nouveau, mais encore les conditions de possibilité de ses propres renouvellements du neuf ; voilà qui signifie l'inverse d'une création *à partir du rien*, autrement dit c'est la création *du rien* comme condition de possibilité de l'autocréation d'une mondanéité sans cesse nouvelle [4]. »

---

1. P, p. 80.
2. *Entretien radiophonique*, p. 20.
3. *Théologie politique II*, p. 180.
4. *Ibid.*

C'est la « sagesse du partisan », celle d'un Carl Schmitt chenu. Avec elle, dans sa *Théologie politique II*, il insécurise ses élèves et les mène par le bout du nez, eux qui vénèrent encore sagement sa *Théologie politique I*. Un néo-anarchiste de la dernière heure joue ici une farce macabre en poussant à l'absurde les démonstrations de sa propre théologie politique. Ce trait était aussi un élément de l'idylle de Plettenberg. Les *Buribunken* du commencement reprenaient le dessus. Dans le grand âge, Carl Schmitt en revenait à ses débuts, c'est-à-dire au terroir dadaïste.

Ainsi par-delà toutes ses théories, le thème central de Carl Schmitt est en fait la bisexualité historiquement non maîtrisée de l'être humain. Si jamais un nouvel homme rampe un jour hors du terrier du partisan, ce sera un androgyne.

Panorama.

Avec Carl Schmitt, c'est une longue phase de presque cent ans de l'histoire intellectuelle allemande qui prend fin – histoire de la *Kulturkritik*, cette stratégie de la dernière chance des « hommes d'Allemagne » pour se défendre contre un monde hostile et perçu par eux comme une œuvre diabolique.

La troisième génération du wilhelminisme a touché au terme de son existence – et, avec elle, l'époque historique qu'elle a marquée de son empreinte et qu'elle a intellectuellement représentée. Je situerai cette période entre le viol de la constitution par Bismarck (1862) et la fin de la période Adenauer. Une fois fixés les principes de la fondation du IIe Reich, la Première Guerre mondiale opère une césure entre deux phases, le wilhelminisme d'avant-guerre et le wilhelminisme d'après la guerre, qui sont en quelque sorte l'ascension et le déclin, la splendeur et la ruine. 1945 a rendu définitive la défaite du Reich bismarckien de 1918. Adenauer, membre de la chambre haute du Landtag prussien et séparatiste rhénan, a ensuite liquidé la Prusse et l'unité allemande. L'histoire allemande peut alors reprendre au point où elle s'était arrêtée avant Bismarck.

On peut considérer que la tentative d'ériger un « Reich allemand » par la violence systématique a échoué. Et avec lui, le « pragma de la violence » comme ultime recours non seulement d'une raison d'État allemande et d'une idée de soi et de l'histoire propre aux Allemands, mais aussi comme dogme politique du régime de domination des hommes.

Hegel est mort. Bismarck est mort. Hitler est mort. Et surtout, le nihilisme héroïque est mort – cette pensée mortelle du tout ou rien. Le monde a complètement changé, et cela très exactement dans le sens qui, aux yeux des « hommes d'Allemagne », rendait indispensable de le combattre. Les Allemands aussi, je crois, ont changé. Ils ont payé pour cela le prix fort.

L'éon de la domination masculine est révolu. Ici ou là, ceux qui essayent de le maintenir en l'état – que ce soit à Téhéran ou à Rome – livrent d'ultimes escarmouches d'arrière-garde. L'histoire ne se déroule pas de manière linéaire. La simultanéité du non-simultané est un de ses attributs. L'ère planétaire a commencé, avec de nouveaux étalons de mesure et de nouvelles mythologies. Toutes les mesquineries ont été balayées. Ni la mer et ni la terre n'ont plus de poids. Le nouvel homme conquiert l'empire universel des airs. Nous sommes entrés dans l'ère de l'oiseau Ziz *.

De nouvelles élites, que la dépression et les jérémiades des intellectuels ne touchent pas parce qu'elles ne lisent plus, se frayent par-dessus leurs têtes de nouveaux espaces de liberté, de luxe et de plaisir.

L'histoire est tout sauf à sa fin. On peut même dire qu'elle ne fait que commencer. Le discours sur la *finis hominis* est une absurdité. L'utopie du sujet souverain, non pas siège d'une conscience philosophique et politique asexuée, mais réalité sensuelle d'une humanité comblée et de l'être humain dans sa bisexualité – synthèse suprême des principes masculin et féminin –, demeure le terme le plus élevé de l'évolution historique et le *telos* d'un nouvel humanisme. Les romantiques, nos prédécesseurs et nos frères, ne disaient-ils pas : « Dans l'idéal de l'humanité [...], masculinité et féminité devraient se rejoindre en l'individu. » « L'hermaphrodite est la tâche de l'humanité. »

---

* Oiseau légendaire du judaïsme antique : animal géant – comme le Léviathan ou Béhémoth –, il était censé protéger la terre des ouragans venus du sud et, comparable au phénix, avoir atteint l'immortalité. [N.d.T.]

Textes de Carl Schmitt cités

La liste ci-dessous n'est pas un répertoire exhaustif de l'œuvre de Carl Schmitt, elle comprend uniquement, par ordre chronologique de publication, les titres des ouvrages cités dans ce livre. Le plus souvent, les citations sont extraites non pas de l'édition ou du tirage le plus récent dont on dispose, mais, même si ce n'est pas de manière systématique, de la première édition. Mention particulière est faite dans les notes des citations provenant de textes qui n'apparaissent pas dans cette liste. *(Les sigles correspondent aux textes qui n'ont pas fait l'objet d'une traduction ou – dans le cas de* Politische Romantik *– dont la traduction n'a pu servir de référence.)*

Pour une bibliographie complète des œuvres de Carl Schmitt, nous renvoyons au travail de Piet Tommissen [1].

Der Wert des Staates und die Bedeutung des Einzelnen, Tübingen, 1914. (Sigle : WS).

Die Buribunken, trois essais publiés dans la revue *Summa* publiée par Franz Blei et Jacob Hegner, 1917-1918. (Sigle : B).

Theodor Däublers « Nordlicht ». Drei Studien über die Elemente, den Geist und die Aktualität des Werkes, Munich, 1916. (Sigle : N).

Politische Romantik, Munich-Leipzig, 1922 (nous avons évité la traduction de Pierre Linn publiée en 1928 : elle ne présente que des extraits de l'ouvrage original). (Sigle : PR).

Théologie politique, trad. de *Politische Theologie* (textes de 1922 et 1969) par J.-L. Schlegel, Paris, Gallimard, 1988.

Parlementarisme et démocratie, trad. de *Die geistesgeschichtliche Lage des heutigen Parlamentarismus* (2ᵉ éd., 1926) par J.-L. Schlegel, Paris, Éd. du Seuil, 1988.

La Notion de politique, trad. de *Der Begriff des Politischen* par M.-L. Steinhauser, Paris, Calmann-Lévy, coll. « Liberté de l'esprit », 1972 (comprenant aussi *Théorie du partisan*, trad. de *Theorie des Partisanen. Zwischenbemerkung zum Begriff des Politischen*, Berlin, 1963). Délibérément, dans toutes les citations faites de ce texte par N. Sombart, nous avons substitué *le* politique – *La Notion du politique* – à *la* politique – *La Notion de politique* –, pour revenir à la lettre du titre. [N.d.T.]

Théorie de la constitution, trad. de *Verfassungslehre* (Munich, Leipzig, 1928) par L. Deroche, Paris, PUF, coll. « Léviathan », 1993.

---

1. Signalons que le même auteur avait déjà publié en français une bibliographie des œuvres de C. Schmitt, arrêtée en mai 1978 (*Revue européenne des sciences sociales*, nᵒ 44, 1978). [N.d.T.]

Légalité, légitimité, trad. de *Legalität und Legitimität* (Munich, Leipzig, 1932) par W. Gueydan de Roussel, Paris, Librairie générale de droit et de jurisprudence, 1936, Paris, Pichon et Durand-Auzias, 1942.

Staat, Bewegung, Volk. Die Dreigliederung der politischen Einheit, Hambourg, 1933. (Sigle : SBV).

Staatsgefüge und Zusammenbruch des zweiten Reiches. Der Sieg des Bürgers über den Soldaten, Berlin, 1934. (Sigle : SZ).

Der Leviathan in der Staatslehre von Thomas Hobbes. Sinn und Fehlschlag eines politischen Symbols, Hambourg, 1938. (Sigle : L).

Positionen und Begriffe im Kampf mit Weimar-Genf-Versailles, 1923 bis 1939, Hambourg, 1940. (Sigle : PB).

Terre et mer. Un point de vue sur l'histoire mondiale, trad. de *Land und Meer. Eine weltgeschichtliche Betrachtung* (Leipzig, 1942) par J.-L. Pesteil, Paris, Labyrinthe, 1985.

Der Nomos der Erde im Völkerrecht des Jus publicum europaeum, Cologne, 1950. (Sigle : NE).

Ex captivitate salus. Erfahrungen der Zeit 1945-1947, Cologne, 1950. (Sigle : ExC).

Donoso Cortés in gesamteuropäischer Interpretation. Vier Aufsätze, Cologne, 1950. (Sigle : DC).

Die geschichtliche Struktur des heutigen Weltgegensatzes von Ost und West, Bemerkungen zu Ernst Jüngers Schrift « Der gordische Knoten », dans : *Freundschaftliche Begegnungen, Festschrift für Ernst Jünger zum 60. Geburtstag*, Francfort-sur-le-Main, 1955. (Sigle : GK).

Hamlet ou Hécube. L'irruption du temps dans le jeu, trad. de *Hamlet oder Hekuba. Der Einbruch der Zeit in das Spiel* (Cologne, 1956) par J.-L. Besson et J. Bourdeuil, Paris, L'Arche, 1992.

Verfassungsrechtliche Aufsätze aus den Jahren 1924 bis 1954. Materialien zu einer Verfassungslehre, Berlin, 1958 (citations d'après la réédition de 1973). (Sigle : VRA).

Table des matières

« P A S S A G E S »

COLLECTION DIRIGÉE PAR HEINZ WISMANN

Initiation rituelle ou découverte scientifique, la connaissance humaine se fonde sur l'expérience du passage. Celle-ci structure et, par là même, valide les certitudes dont nous sommes capables. En son absence, le savoir se sclérose et finit par devenir sa propre négation, mythe ou idéologie. D'où la nécessité, quels que soient l'horizon et le niveau des opérations intellectuelles, de restituer sans cesse l'écart qui sépare la connaissance finie de ses objets. Ce n'est qu'à ce prix que la pensée reste féconde, apte à avancer de nouvelles hypothèses, en prenant appui sur les limites mêmes que lui assigne la réflexion. Pour défétichiser les traditions savantes et redonner vigueur au projet dont elles se réclament, il est ainsi indispensable de rappeler le caractère expérimental, essentiellement provisoire, de la science. Mais au-delà de cette mise en garde qui reste, quant à son développement approfondi, du ressort de la philosophie, il convient d'encourager les recherches concrètes, tournées vers l'exploration du réel sous toutes ses formes, afin de contribuer au nécessaire renouvellement des problématiques. Critique et constructive à la fois, une telle démarche conduit à multiplier les ouvertures, sans crainte de bousculer la hiérarchie des questions admises, à libérer l'imagination méthodologique, au risque de transgresser les règles institutionnalisées, bref, à laisser l'expérience plaider pour elle-même.

La collection « Passages » accueillera les tentatives les plus exigeantes, récentes et moins récentes, de briser l'enchaînement de la routine scientifique, en proposant une triple orientation prioritaire :

1) contre le cloisonnement des compétences et des corporations savantes, mettre l'accent sur le *passage entre disciplines* ;

2) contre la rivalité néfaste des civilisations et des paradigmes collectifs, faire valoir le *passage entre cultures* ;

3) contre la fiction paresseuse d'une histoire linéaire et d'un progrès continu, rendre manifeste le *passage entre époques*.

Déjà parus :

- Heinz Wismann (éd.), *Walter Benjamin et Paris.*
- Bernard Guibert, *L'Ordre marchand.*
- Martine Broda (éd.), *Contre-jour. Études sur Paul Celan.*
- Jürgen Habermas, *Morale et communication.*
- *Devant l'Histoire. Les documents de la controverse sur la question de la singularité de l'extermination des Juifs par le régime nazi.*
- Tibor Papp et Pierre Pica (éd.), *Transparence et opacité. Littérature et sciences cognitives.* (Hommages à Mitsou Ronat.)
- Peter Szondi, *Introduction à l'herméneutique littéraire.*
- Edmund Leites, *La Passion du bonheur.*
- Friedrich Daniel Ernst Schleiermacher, *Herméneutique.*
- Manfred Frank, *Qu'est-ce que le néo-structuralisme ?*

- Wilhelm Dilthey, *Œuvres*, t. III. *L'Édification du monde historique dans les sciences de l'esprit.*
- Walter Benjamin, *Paris, capitale du XIXᵉ siècle. Le livre des Passages.*
- Ernst Cassirer, *L'Idée de l'histoire.*
- Jean Seidengart (éd.), *Ernst Cassirer. De Marbourg à New York, l'itinéraire philosophique* (actes du colloque de Nanterre, 12-14 oct. 1988).
- Ernst Cassirer, *Logique des sciences de la culture.*
- Yannis Thanassekos et Heinz Wismann (éd.), *Révision de l'histoire. Totalitarisme, crimes et génocides nazis.*
- Hans Jonas, *Le Principe Responsabilité.*
- Éric Fauquet, *Michelet ou la Gloire du professeur d'histoire.*
- Jürgen Habermas, *Écrits politiques.*
- Éric Alliez, *Les Temps capitaux*, t. I. *Récits de la conquête du Temps.*
- Pier Cesare Bori, *L'Interprétation infinie. Écriture, lecture, écriture.*
- Jacques Poulain (éd.), *Critique de la raison phénoménologique.*
- Jean Greisch et Richard Kearney (éd.), *Paul Ricœur. Les métamorphoses de la raison herméneutique* (actes du colloque de Cerisy-la-Salle, 1ᵉʳ-11 août 1988).
- Jacques Jaffelin, *Le Promeneur d'Einstein. Vers une théorie de l'information générale.*
- Jean-Marc Ferry, *Les Puissances de l'expérience*, t. I, *Le Sujet et le Verbe* ; t. II, *Les Ordres de la reconnaissance.*
- Ludwig Feuerbach, *Pensées sur la mort et l'immortalité.*
- Shmuel Trigano, *Philosophie de la Loi. L'origine de la politique dans la Tora.*
- Maurice de Gandillac, *Genèses de la modernité.*
- Heinrich Grätz, *La Construction de l'histoire juive* suivi de *Gnosticisme et judaïsme.*
- Wilhelm Dilthey, *Œuvres*, t. I, *Critique de la raison historique. Introduction aux sciences de l'esprit et autres textes.*
- Otfried Höffe, *Principes du droit.*
- Jürgen Habermas, *De l'éthique de la discussion. Que signifie Diskursethik ?*
- Peter Koslowski (éd.), *Imaginer l'Europe. Le marché européen comme tâche culturelle et économique.*
- Gérard Nahon, *Métropoles et périphéries sefarades d'Occident : Kairouan, Amsterdam, Bayonne, Bordeaux, Jérusalem.*
- Éric Alliez, *La Signature du monde ou Qu'est-ce que la philosophie de Deleuze et Guattari ?*
- Jacek Trznadel, *La Honte. Des intellectuels polonais face au communisme.*
- Robert A. Pois, *La Religion de la nature et le national-socialisme.*
- Alfred North Whitehead, *Aventures d'idées.*
- Ernst Tugendhat, *Être juif en Allemagne.*
- Françoise Proust, *L'Histoire à contretemps. Le temps historique chez Walter Benjamin.*
- Guitta Pessis-Pasternak, *Dérives savantes ou les Paradoxes de la vérité.*
- Christine, reine de Suède, *Apologies.* Texte présenté, établi et annoté par Jean-François de Raymond.
- Hermann Cohen, *L'Éthique du judaïsme.* Texte présenté, traduit et annoté par Maurice-Ruben Hayoun.
- Jonas Cohn, *Histoire de l'infini.* Texte présenté et traduit par Jean Seidengart.
- Alexis Philonenko, *Bergson ou de la philosophie comme science rigoureuse.*

- Georg Rusche et Otto Kirchheimer, *Peine et structure sociale. Histoire et « Théorie critique » du régime pénal.* Texte présenté et établi par René Lévy et Hartwig Zander. Traduit de l'allemand par Françoise Laroche.
- Jürgen Habermas, *Textes et contextes. Essais de reconnaissance théorique.* Traduit de l'allemand par Mark Hunyadi et Reiner Rochlitz.
- Wilhelm Dilthey, *Écrits d'esthétique* suivi de *La Naissance de l'herméneutique.* Édition et annotation par Sylvie Masure, présentation par Danièle Cohn, traduction par Danièle Cohn et Évelyne Lafon.
- Charles Sanders Peirce, *Le Raisonnement et la logique des choses. Les conférences de Cambridge (1898).* Édition anglo-américaine et introduction par Kenneth Laine Ketner, traduction par Christiane Chauviré, Pierre Thibaud et Claudine Tiercelin.
- Christian Berner, *La Philosophie de Schleiermacher. « Herméneutique », « Dialectique », « Éthique ».*
- Ernst Cassirer, *Écrits sur l'art.* Édition et postface par Fabien Capeillères, présentation par John M. Krois, textes traduits par Christian Berner, Fabien Capeillères, Jean Carro et Joël Gaubert.
- Ernst Cassirer, *Le Problème de la connaissance dans la philosophie et la science des temps modernes,* IV. Textes traduits de l'allemand par Jean Carro, Joël Gaubert, Pierre Osmo, Isabelle Thomas-Fogiel.
- François Lurçat, *L'Autorité de la science. Neurosciences, espace et temps, chaos, cosmologie.*
- Pierre-Henri Tavoillot, *Le Crépuscule des Lumières. Les documents de la « querelle du panthéisme » (1780-1789).*
- Pierre-André Stucki, *La Clarté des intentions. Savoir, devoir, croire.*
- Ernst Cassirer, *Éloge de la métaphysique. Axel Hägerström. Une étude sur la philosophie suédoise contemporaine.*
- Ernst Troeltsch, *Histoire des religions et destin de la théologie, Œuvres III.*
- Pierre-Yves Bourdil, *Faire la philosophie.*
- Karl-Otto Apel, *Discussion et responsabilité. I. L'Éthique après Kant.*
- Knut E. Løgstrup, *Norme et spontanéité. Éthique et politique entre technocratie et « dilettantocratie ».*
- Enzo Traverso, *L'Histoire déchirée. Essai sur Auschwitz et les intellectuels.*
- Ernst Cassirer, *Trois essais sur le symbolique.* Traduit de l'allemand par Jean Carro, avec la collaboration de Joël Gaubert.
- Peter Kemp, *L'Irremplaçable. Une éthique de la technologie.* Traduit de l'allemand par Pierre Rusch.
- Antoine Vergote, *La Psychanalyse à l'épreuve de la sublimation.*
- Georges Hobeika, *Lessing. De la révélation à l'âge adulte de la raison.* Préface de Jacques Colette.
- Françoise Proust, *De la résistance.*
- F. D. E. Schleiermacher, *Dialectique.* Présentation, traduction de l'allemand et notes par Christian Berner et Denis Thouard, avec la collaboration scientifique de Jean-Marc Tétaz.
- Heinz D. Kittsteiner, *La Naissance de la conscience morale.* Traduit de l'allemand par Jean-Luc Evard et Joseph Morsel.
- Pierre-Yves Bourdil, *L'Écriture et la Pensée. Spinoza et le problème de la métaphysique.*
- John Laurence Hylton Thomas, *En quête du sérieux. Carnets philosophiques.*
- Nestor Capdevila, *Las Casas : une politique de l'humanité. L'homme et l'empire de la foi.*

- Dick Howard, *Pour une critique du jugement politique. Comment repolitiser le jeu démocratique.*
- Peter Koslowski, *Principes d'économie éthique.* Traduit de l'allemand par Anne Saada.
- Charles Taylor, *Hegel et la société moderne.* Traduit de l'anglais par Pierre R. Desrosiers.
- Ernst Cassirer, Hermann Cohen, Paul Natorp, *L'École de Marbourg.* Préface par Massimo Ferrari. Textes traduits de l'allemand par Christian Berner, Fabien Capeillères, Marc de Launay, Carole Prompsy, Isabelle Thomas-Fogiel.
- Jacques Poulain, Françoise Gaillard et Richard Schusternan (éd.), *La Modernité en questions. De Richard Rorty à Jürgen Habermas.*
- Karl-Otto Apel, *Discussion et responsabilité. II. Contribution à une éthique de la responsabilité.*
- Denis Müller, *L'Éthique protestante dans la crise de la modernité. Généalogie, critique et reconstruction.*
- Jacques Poulain, *Les Possédés du vrai ou l'Enchaînement pragmatique de l'esprit. Exorcismes philosophiques.*
- José Maria Aguirre Oraa, *Raison critique ou raison herméneutique ? Une analyse de la controverse entre Habermas et Gadamer.* Préface par Jean Ladrière.
- Hyam Maccoby, *L'Exécuteur sacré.* Traduit de l'anglais par Elsa Rooke.
- Nicolaus Sombart, *Les Mâles Vertus des Allemands. Autour du syndrome de Carl Schmitt.* Traduit de l'allemand par Jean-Luc Evard.

Cet ouvrage a été enrichi
et achevé d'imprimer en mars 1999
dans les ateliers de Normandie Roto Impression s.a.
61250 Lonrai
N° d'édition : 10803
N° d'impression : 980157
Dépôt légal : mars 1999

Imprimé en France